한국 문명의
최전선

한국 문명의
최전선

도시
문헌학자
김시덕

한국
도시
아카이브
4

한강에서 금강까지,

대서울 너머 보이는 것들

들어가는 말

열 번째 답사책을 세상에 내놓으며

이번에 새로운 답사책을 또 한 권 세상에 내놓게 되었습니다. 이 책은 저에게 특히 각별한 의미가 있습니다. 2018년에『서울 선언』을 출판한 뒤로 열 번째 답사책이기 때문이지요.

우선 저의 한국 답사 첫 책인『서울 선언』을 시작으로『갈등 도시』(2019),『대서울의 길』(2021),『철거되는 기억』(2023),『문헌학자의 현대 한국 답사기』(2023)로 답사 시리즈가 이어졌습니다. 이번에 여러분을 찾아뵙는『한국 문명의 최전선』은 이 흐름에 놓여 있습니다.

한편 서울시의 지방 자치 단체에서 의뢰를 받아 집필한『관악 동네 역사』(2021)와『양천 동네 이야기』(2022)는 저에게 제70회 서울시 문화상 학술 부문 수상이라는 영광을 안겨 주었습니다.

『우리는 어디서 살아야 하는가』(2022)와『한국 도시의 미래』(2024)는 앞의 책들과는 결을 달리하는, 저의 답사책을〈땅의 내력〉을 알기 위한 참고서로 활용하는 시민분들을 위한 매뉴얼이었습니다. 이 두 권에 대해서는〈부동산 업계의 교양서〉라는 표현이 있더군요.

2017년 여름에 답사를 직업으로 삼겠다고 생각한 이후로 이렇게 여러 방면으로 집필을 해왔습니다. 물론 이 모든 집필 작업의 중심은

『서울 선언』에서 시작되어 이번 『한국 문명의 최전선』에 이르는 〈한국 도시 아카이브〉 시리즈입니다.

특히 이번 책부터 시리즈 전체 타이틀이 확정되고, 책의 디자인도 통일되었다는 점을 여러분께 강조해 드리고 싶습니다.

2024년부터 저의 답사책이 커버하는 대상은 대서울을 넘어서고 있습니다. 물론 아홉 권의 책을 출간하는 동안에도 저는 대서울권뿐 아니라 전국을 구석구석 들여다보고 있었습니다. 하지만 일에는 순서가 있는 법이어서, 우선은 대서울권에 대한 집필을 끝내고 나서 중부권, 그리고 전국을 대상으로 하는 책을 순서대로 출간하겠다는 생각을 갖고 있었습니다.

이번 책 『한국 문명의 최전선』에서 저는, 그간 〈한국 도시 아카이브〉 시리즈에서 다루지 못했던 대서울권의 서해안 지역, 그리고 새로이 대서울권에 편입되는 중인 충청남도 서해안 지역을 아울러 다루면서 금강에 다다릅니다. 이번에 시리즈 전체 타이틀을 새로 짓고 표지 디자인을 통일한 것은, 〈한국 도시 아카이브〉 시리즈가 한국 전체를 커버하는 장기 프로젝트가 될 것임을 드러냅니다.

농업 국가에서 공업 국가로의 전환이 빠르게 진행 중이던 1980년대에 뿌리깊은나무 출판사에서 『한국의 발견』 시리즈 11권이 출판되었습니다. 이 책의 정신은 『한국의 발견: 경기도』편에 실린 다음 구절에 압축되어 있습니다. 『대서울의 길』에서도 이 구절을 인용했었지만, 다시 한번 소개하고 싶습니다.

〈근대화 또는 도시화라는 것에서 눈여겨보아야 할 것은 땅과 사람의 변화 곧 그 쓰임새가 바뀐 땅에서 그 땅을 삶의 터전으로 삼고 살아오던 사람들의 생활이 어떻게 바뀌었느냐 하는 것이다.〉

특히 이번 책에서 다루는 경기도에서 충청남도에 걸친 서해안 지역에서는 대규모 간척 사업이 이루어져 뱃길이 끊기는 한편, 서해안고속도로와 서해선이라는 새로운 교통망이 놓이면서 시민들의 삶에 근본적인 변화가 일어났습니다. 또 굴 양식장과 염전을 간척해서 만든 농토가 다시 공업 지대로 바뀌면서 땅의 쓰임도 크게 바뀌었습니다. 이 지역에서 인간의 이동 경로와 속도가 바뀌고 땅의 쓸모가 바뀌어 온 과정은, 지난 1백 년간 한국 사회가 겪어 온 변화를 압축적으로 보여 줍니다.

『한국의 발견』시리즈가 출판되고 나서 한국 사회는 세계적인 선진 공업 국가로서 입지를 굳혔습니다. 그간 한국의 농업적 구조는『한국의 발견』시리즈가 출판된 40여 년 전보다 더 격심하게 해체되어, 더 이상 사회에서 중심적 기능을 하지 못하게 되었습니다. 이 40여 년 사이에 사라져 간 것들의 마지막 모습을 기록으로 남기고, 변함없이 변화하고 있는 한국 사회의 모습을 꼼꼼히 기록하는 것이 저의 할 일이라고 믿습니다. 사회가 조금씩이라도 더 앞으로 나아가고, 시민 한 사람 한 사람의 삶이 조금씩이라도 더 나아지기를 바라는 민주 공화국 시민으로서, 열 번째 답사책을 동료 시민 여러분께 바칩니다.

현장을 찾아가는 저와 함께해 주신 지인들과 답사 팀, 자료를 제공해 주신 동료들, 귀중한 증언을 들려주신 현지의 주민 여러분, 아내 장누리와 딸 김단비, 그리고 〈한국 도시 아카이브〉를 이어 갈 수 있게 해주신 열린책들 관계자들께 감사드립니다.

김시덕

차례

제1부

1
벽해상전의 한국 서해안

벽해상전의 경기·충청남도 서해안

태안반도의 북쪽에 자리한 당진시의 중심지를 통과해서 흐르는 당진천이라는 하천은, 시가지를 벗어난 북쪽에서 역천이라는 또 다른 하천과 만나 다시 북쪽으로 흘러 서해안에 들어섭니다.

　당진천과 합쳐진 역천은 서해안으로 흘러들어 가기 전에 송산면 당산리의 오도(鰲島)라는 마을을 지나갑니다. 자라섬이라는 뜻을 가진 오도 마을은, 지금은 평야에 솟아 있는 언덕이지만 원래는 지명 그대로 섬이었을 겁니다. 1915년에 제작된 5만분의 1 지도에는 당진천과 역천이 평야에서 만나는 게 아니라, 갯골의 형태로 개펄 위에서 합류하는 것으로 그려져 있습니다. 그리고 오도는 이 개펄 옆의 어촌 마을로서 묘사되어 있습니다.

　이 1915년의 지도가 만들어진 시점에도 이미 오도는 섬이 아니라 평야 중간의 언덕이 되어 있었던 것 같습니다. 그런데 오도의 오른쪽으로 벌판과 염전이 그려져 있고, 그 끝에 당산리(堂山里), 그리고 그 위에 고잔리(古棧里)라는 지명이 보입니다. 고잔이라는 지명은 곶안, 그러니까 육지에서 바다를 향해 튀어나와 있는 곶의 안쪽에 형성된 마을을 가리킵니다. 고잔이라는 지명은 전국에 분포하는데, 이런 지명이 내륙에 있을 경우에는 곶 안쪽이 간척되어 바다가 육지로 바뀌었다고 생각하시면 됩니다. 이 당진의 고잔리도 마찬가지였을 겁니다. 그리고 고잔리 앞바다가 간척되기 전에 오도는 섬이었겠죠.

다시 한번 1915년의 지도를 보시면, 당진의 중심지인 읍내리에서 오도까지는 당진천을 따라 평야로 이어져 있어서 이동이 편리했음을 짐작할 수 있습니다. 그래서 당진 읍내 사람들은 오도에서 배를 타고 인천까지 이동했습니다. 육지 교통이 불편했던 반세기 전까지, 태안반도 사람들은 이렇게 태안반도 곳곳의 곶 안에 자리한 포구에서 배를 타고 인천과 왕래했습니다.

오늘날 오도의 중간에는 오도회관이라는 마을회관이 자리하고 있고, 그 앞 마당에는 〈당진 축항 준공 기념비〉라는 비석이 서 있습니다. 1935년에 오도항을 근대적인 항구로 조성했음을 전하는 비석입니다. 비석 뒷면 아래쪽에는 항구 건설에 힘을 보탠 주체 가운데 하나로 인천기선주식회사의 이름이 새겨져 있습니다. 인천기선주식회사는 오도항과 인천 사이에서 조운호, 신흥호, 한성호, 칠복호, 풍천호 등 많은 수의 정기 여객선을 운영했습니다.

한편, 오도의 남쪽에는 〈소금창고〉라는 이름의 복합 문화 공간이 자리하고 있습니다. 이 소금창고의 남쪽으로는 평야가 넓게 펼쳐져 있는데, 이 평야는 백 년 전에는 개펄이었고, 그 뒤에는 염전으로 운영되다가 오늘날과 같이 농업 지대로 모습을 바꾸었습니다. 1915년의 지도에 이미 오도의 좌우로 염전이 조성되어 있음이 표시되어 있습니다. 1976년에 충청북도청에서 출판한 『새마을의 승자상』에 실린 오도 사진에도 아직 소금창고 앞으로 개펄이 보입니다. 지금은 산기슭에 자리 잡게 된 소금창고가, 이 사진에서는 개펄 앞에 자리잡고 있는 것으로 나오네요.

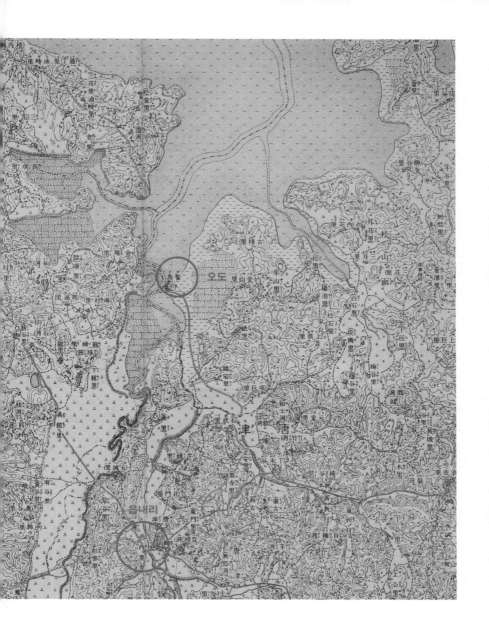

옛 당진포항 일대의 지형 변화를 보여 주는
5만분의 1 지도(부분). 조선총독부 육지측량부
발행, 1915년.

(위)당진 축항 준공 기념비. 2022년 2월.　　(아래) 당진 축항 준공 기념비에 보이는
인천기선주식회사 사명. 2022년 2월.

(위) 옛 당진포항에 세워졌던 소금창고의 현재.
2022년 2월.

(아래) 『새마을의 승자상』에 실려 있는 송산면
오도리 외섬 전경.

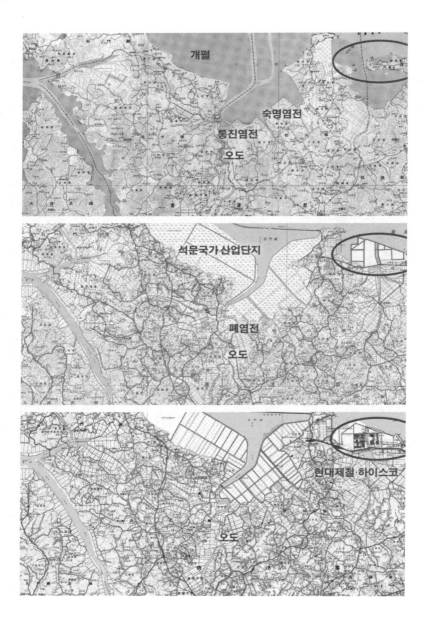

(위) 옛 당진포항 일대의 지형 변화를 보여 주는
5만분의 1 지도(부분). 국립지리원 발행, 1979년.

(가운데) 옛 당진포항 일대의 지형 변화를 보여
주는 5만분의 1 지도(부분). 국토지리정보원 발행,
2004년.

(아래) 옛 당진포항 일대의 지형 변화를 보여 주는
5만분의 1 지도(부분). 국토지리정보원 발행,
2008년.

1979년이 되면 1915년 지도에 염전으로 표시되어 있던 곳들은 농경 지대로 바뀌어 있고, 오도의 북쪽으로 통진 염전·숙명 염전·영진 염전·인화 염전·연동 염전·동산 염전·동심포 염전 등 크고 작은 염전이 10여 개 새로이 조성되어 있음을 확인할 수 있습니다. 숙명 염전 같은 경우는 숙명여대가 수익 사업을 위해 조성한 염전이며, 홍대 염전처럼 대학 재단이 염전을 조성한 사례는 쉽게 찾을 수 있습니다. 소금이 비싼 상품이던 시절의 모습입니다.

그리고 1979년으로부터 25년이 지난 2004년의 지도를 보면, 예전의 염전들은 지도 위에 흔적만 남기고 있을 뿐, 대부분은 농경 지대나 습지 사이에 파묻혀 버렸음을 알 수 있습니다. 특히 옛 통진 염전 자리에는 〈폐염전〉이라고 적혀 있어서, 이 염전의 영업이 정지되었음을 분명히 드러냅니다.

통진 염전은 아마 경기도 김포시의 북쪽에 자리한 통진읍과 관련된 명칭으로 보이는데요, 그 정체를 확인하기 위해 구글에서 검색해 보니 통진 염전 사무소가 충청남도 당진시 읍내동 1096에 있었던 것으로 나오더군요. 이 위치에는 2005년에 아파트 단지가 조성되었고, 예전의 사무소 전화번호는 현재 대리운전 업체가 사용하고 있어서, 이 통진 염전의 정체를 밝히는 작업은 여기에서 중단할 수밖에 없겠습니다.

한편 1979년과 2004·2008년 지도를 비교해 보면, 그 사이에 거대한 변화가 일어나고 있음을 확인할 수 있습니다.

석문 방조제가 만들어지면서 예전의 바다가 석문호라는 이름의 호수로 바뀌었고, 1979년 시점에 개펄이었던 곳이 2004년 지도에는 매립되어 있습니다. 매립지에는 석문국가산업단지라는 글자가 적혀 있는데, 현재 이곳은 산업 단지 조성을 위한 부지 공사가 끝나고 업체 및 대학 등의 입주가 진행되고 있습니다.

또 석문호 오른쪽에도 개펄과 바다를 메워 무언가 부지가 조성된 모습이 2004년 지도에 그려져 있는데, 2008년 지도에는 이 위치에 현대제철과 현대하이스코 공장이 표시되어 있습니다. 2004년도 지도에 그려진 이 부지는 옛 한보철강을 나타낸 것이며, 현대제철은 현대 그룹이 한보철강을 인수해서 세운 업체입니다.

이처럼 오도 주변의 지형은 지난 백 년 동안 어지러이 그 모습을 바꾸었습니다. 개펄은 염전을 거쳐 농지로 바뀌거나, 염전을 거치지 않고 농토나 공업 단지로 바뀌기도 했습니다. 바다는 호수가 되었고, 오도를 비롯한 수많은 섬들은 육지 속의 언덕이 되었습니다. 바다와 항구가 사라지면서 당진과 인천을 잇던 뱃길이 끊겨 버려, 한때는 인천과 바다를 통해 연결되어 있던 태안반도 북쪽은, 서해안고속도로가 완성되기 전까지 교통이 불편한 외진 지역으로 그 성격을 바꾸었습니다.

고대 중국에 〈상전벽해〉라는 말이 있습니다. 뽕밭이 푸른 바다로 바뀐다는 뜻이죠. 갈홍(葛洪, 283~343)의 『신선전(神仙傳)』이나 노조린(盧照鄰, 637?~689)의 「장안고의(長安古意)」 같은 작품에 나오는 말인데, 원래는 육지가 바다로 바뀌는 것만이 아니라 바다가 육지로 바뀌는 것도 아울러 뜻합니다. 이런 의미에서 오도를 중심으로 하는 태안반도 북부, 나아가 서해안과 남해안에서 확인되는 지난 백여 년의 변화는 상전벽해라는 말로 표현하는 것이 어울립니다. 좀 더 정확히는 바다가 육지로 바뀌었다는 뜻의 벽해상전이라는 말이 더 어울리겠군요.

간척 사업으로 바다가 사라지는 바람에 뱃길이 끊기고 항구가 사라진 사례는 당진에서만 확인되는 것이 아닙니다.

당진시의 서쪽에 자리한 서산시. 대호 방조제가 만들어지면서 바다에서 호수로 바뀐 대호지의 남쪽 끝에는 명천포구라는 이름의 버스 정류장이 있습니다. 하지만 그 이름만 보고 이곳에 오신다면, 여러분은

주변으로 펼쳐진 평야를 바라보고는 어디에 바다가 있고 어디에 항구
가 있는가 하고 놀라게 될 것입니다.

예전에 이곳에는 실제로 명천항이라는 항구가 있었습니다. 한때
는 서산·태안 지역에서 인천을 오가는 정기 여객선이 하루 이틀 사이
로 운행되고는 했습니다. 하지만 1970년대 중엽 들어 버스 운행이 활
발해지면서 정기 칠복호·3조은호·장국천환·녹두환 같은 이름의 여
객선은 폐지되었습니다. 그리고 1984년에 대호 방조제가 완공되면서
바다가 육지로 바뀌어, 뱃길은 완전히 사라졌습니다.

오늘날 명천포구 버스 정류장에 내리면 현대트랜시스 지곡공장,
서산제2일반산업단지, 서산성연농공단지, 서산테크노밸리일반산업
단지 등의 공업 단지, 그리고 고압 송전탑에 포위되어 버린 간척지만을
볼 수 있습니다. 명천포구가 아직 항구로서 기능할 당시부터 같은 자리
에서 영업하고 있는 배턱새우젓집만이 도시 화석으로서 과거를 증언
하고 있습니다.

몇 년 전까지 매달 출판되던 『관광교통 시각표』에는 1994년경까
지 인천항에서 서산시 대산읍의 삼길포 간을 운행하던 〈충남삼길선〉의
운행 정보와 요금이 실려 있습니다. 이 충남삼길선은 인천과 충청남도
서해안을 활발하게 이어주던 정기 여객선의 마지막 흔적입니다.

삼길포는 대호 방조제 바깥에 자리한 덕분에 간척되지 않고 여전히
포구로서 기능하고 있지만, 인천과의 뱃길은 끊긴 지 20년이 넘었습니
다. 이 지역에는 현재 여객 철도가 놓일 계획도 없기 때문에, 주말에라도
다시 인천 등 주요 항구를 오가는 정기 여객선을 투입한다면 서해안고속
도로를 통해 서산·태안으로 접근하는 것보다 시간이 덜 걸릴 겁니다.

또 이런 정규 여객선뿐 아니라, 소규모의 나무배를 타고 인천으로
가는 사람도 많았습니다. 만리포·천리포·신두리 사구 등 태안군의 유

명 관광지 근처에 의항이라는 마을이 있습니다. 1960년대에 의항에서 인류학적 조사를 한 빈센트 브란트가 훗날 남긴 『한국에서 보낸 나날들 *An Affair with Korea*』에는, 그가 인천으로 갈 때 탔던 소형 나무배의 사진이 실려 있습니다. 사진을 보면서, 이렇게 작은 배를 타고 인천에 갈 만큼 태안반도와 인천은 뱃길로 단단히 이어져 있었구나 하는 느낌을 받았습니다.

사정이 이렇다 보니, 한때 인천으로 전입 신고하는 타지 주민들 가운데 당진·서산·태안 출신자들은 큰 비율을 차지했습니다. 인천시가 1969년에 출판한 『인천시 종합개발계획 현황보고서』에는 「인천시 인구유동 상황 1967」이라는 지도가 실려 있습니다. 이 지도에는 당진·서산·태안에서 인천으로의 전입 인구가 1만 9167명, 인천에서 당진·서산·태안으로의 전출 인구가 5,597명으로 나와 있습니다. 전입과 전출 모두 서울을 비롯한 전국 다른 지역을 압도하는 수치입니다. 당시의 교통 상황을 생각하면, 육로로 이동해서 장항선을 타고 서울을 거쳐 인천에 도달하는 것보다는 뱃길로 인천에 곧바로 도착한 사람들의 숫자가 더 많았을 것입니다.

또, 중국에서 인천에 도착한 화교들도 이 루트로 태안반도를 비롯한 전국 곳곳의 항구에 도착한 뒤 근처 대도시에 정착했습니다. 전국에 흩어져 있는 화교들의 친인척 관계를 관찰할 때에는 이 뱃길을 염두에 두는 것이 중요합니다.

이렇게 활발히 운영되던 인천과 태안반도의 뱃길은 간척으로 인해 끊겼습니다. 그 뒤로 이 지역 주민들은 사정이 좋지 않은 도로를 버스나 도보로 이동해 근처의 장항선 철도역에 도착, 열차를 타고 서울·경기·인천으로 이동했습니다. 아직 뱃길이 살아 있던 1960년대에 태안군 소원면 의항리에 머물렀던 빈센트 브란트 선생은 『한국에서 보낸 나날들』에서, 의항에서 서울까지 육로로는 9시간, 배로는 7시간 미만이 걸렸다고 적고 있습니다. 서울까지의 시간이 이랬으니, 인천까지는 육로보다 배가 훨씬 더 시간이 덜 걸렸을 터입니다. 이렇게 편리하던 뱃길이 끊기자 태안반도는 하루아침에 교통 오지가 되었고, 2001년에 서해안고속도로가 완공되기 전까지는 장항선이 거의 유일한 간선 네트워크였습니다.

뱃길이 끊기면서 교통의 요지가 하루아침에 오지로 바뀐 곳은 태안반도뿐이 아닙니다. 안산시와 화성시 사이, 시화호의 동쪽 끄트머리에는 신외동이라는 마을이 있습니다. 행정 구역명으로는 경기도 화성시 남양읍 신외리입니다.

이 신외동의 마을회관 앞에는 한때 뱃길로 인천과 활발히 교류했음을 전하는 안내문이 적혀 있습니다. 이 안내문에 따르면 신외동은 워낙에 인천과 관계가 깊어서 〈남양 인천〉이라 불렸다고 합니다. 오늘날의 화성시 서부 지역은, 1914년에 수원군과 통합되어 사라지기 전까지는 남양군이라는 독립적인 행정 구역이었습니다. 〈남양 인천〉은 남양군 안의 작은 인천이라는 뜻이죠.

이 안내문에는 〈옛날 클럽을 만들어서 놀러 다니던 구럽산(클럽산)〉이 마을에 있다고 적혀 있습니다. 영어 클럽club을 일본어식으로 읽으면 구라부(クラブ)이고, 한자로 표기하면 구락부(俱樂部)가 됩니다. 신외동의 구럽산은 구라부라는 일본어를 구락부로 옮기지 않고 그대로 사용한 것으로 보입니다.

구럽산은 한때 여러 하천이 모여들어 서해안과 만나는 접점에 자리하고 있었습니다. 강줄기들이 모여 바다로 흘러드는 경관을 보기 위해 이 구럽산 위에 마을 주민들이 모여들었을 터입니다. 그리고 1950년의 6·25 전쟁 이후에는 북한으로부터의 스파이가 침투하는 것

(위) 대호 방조제가 건설되면서 항구로서의
기능이 정지된 서산시 성연면 명천포구. 2022년
1월.

(아래) 옛 명천포구 맞은편의 공단에는 2년 사이에
건물이 많이 올라갔더군요. 2024년 3월.

(위) 포구는 사라졌지만 버스 정류장에는 여전히 명천포구라는 이름이 남아 있습니다. 2022년 1월. (아래) 이제는 사라진 명천포구 앞에서 예전대로 새우젓을 판매하는 배턱새우젓집. 2024년 3월.

1. 인천항지역 (외포항포함)

인천·강화항

【터미널 소재지】 인천시 중구 항동 7 가 60-1
【전　　　화】 (032) 884-3695~7
【접 근 방 법】 서울역전터미널 -연안부두간 시외버스 20분간격 운행.
　　　　　　　　12, 14, 24, 25, 28, 33, 36번 인천시내버스 이용.
● 자료제공 ; 한국해운조합 인천지부　　　전화 ; (032) 882-2445,0693
　　　㈜ 원광해운　　　전화 ; (032) 882-0655 (선편문의)　884-3695 (매표문의)

No.	행선지	선명	출항 시각	복항 시각	거리 (마일)	소요 시간	기항지 및 비고
1	백령도	옹진	800	800	120	10:00	소청, 대청 (낙도 보조 항로) ㄱ 2대교체 운항
2	백령도	새경기			120		소청, 대청 (낙도 항로)
3	연평도	황진·코모도·고속2	1000	1000	66	5:30	소연평 (낙도 보조 항로 · 2대교체운항)
4	덕적도	은하	1000	1330	42	3:30	진리, 북리, 서포리
5	장봉	송림	800	1430	22	2:30	세어도, 신도, 시도, 모도, 옹암 (조수간만에 차로 매일시간 변경됨)
6	영종	뉴돌핀2			3	0:15	
7	이작	관광	1100	1500	38	3:00	자월도, 승봉도
8	용유	관광5	1000	1530	17	2:00	소무의도 (토·일·공휴일 2 회운항) 10:00, 15:00출항, 11:00, 15:00복항
9	대부	관광6	1030	1400	12	1:30	(토·일·공휴일·12/31일)10:00 16:00출항, 11...17:30복항
10	영흥	관광7	1100	1530	16	1:50	선재도 (토·일·공휴일·12/31일) 10:00, 15:00 출항 11:00, 15:00 복항
11	작약도	한보101, 2, 3	900	1700	3	0:20	(평일) 1시간간격출항, (일요일) 30 분간격출항
12	삼길리	2왕경	930	1400	55	4:00	국화도, 장고항, 육도, 풍도, 난지도
				각 톤 출항자 및 행선지			
13	진리-울도	새마을6	800 1300	1230 1730	31	3:00	문갑도, 굴업도, 백아도, 지도 ※ 8:00출항 ; (1,5,9,13,17,21,25,29) 13:00출항 ; (3,7,11,15,19,23,27)
14	외포-주문	강화	1500	700	18	3:30	
15	외포-주문	서도	1600	830	18	2:20	어유정, 아차도

• 인천 (연안부두) ←→ 백령도간　　매주 월·목요일 인천 출발
• 인천 (연안부두) ←→ 연평도간
• 인천 (연안부두) ←→ 작약도간 : 월~토 ; (출항) 9:00, 1시간간격, 20분 소요.
　　　　　　　　　　　　　　　　(복항) 18:30
　　　　　　　　　　　　　일 ; (출항) 9:00, 50분 간격.
• 인천 (연안부두) ←→ 삼길리간 : 인천 발 - 9:30　　삼길리발 - 1일왕복

• 편리한 "관광안내전화번호"는 221 페이지에 있습니다.

인천항-삼길포항 운항 상황을 지도에 나타낸
『관광교통 시각표』1987년 호. 류기윤 소장.

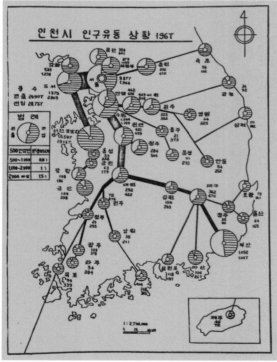

(위) 현재의 서산시 삼길포항. 저 멀리
당진화력발전소가 보입니다. 2022년 1월.

(아래) 『인천시 종합개발계획 현황보고서』
(1969)에 실린 인천시 전출입 상황 지도.

을 감시하기 위해, 이 구럽산 위에 해안 초소가 설치되었습니다.

1994년에 시화 방조제가 완성되면서 바다는 육지로 바뀌었고, 구럽산 주변의 간척지에서는 테마파크 공사가 진행되고 있습니다. 한때 바닷가 절벽이던 구럽산은 오늘날 정말 산이 되었고, 옛 해안 초소에서는 테마파크 공사 현장이 내려보입니다.

여기까지 살펴본 것처럼, 한국의 서해안 지역은 지난 백여 년 사이에 극적으로 그 모습을 바꾸었습니다. 이 지역에서 확인되는 변화의 요인들은 크게 세 가지로 정리할 수 있을 겁니다.

첫 번째 변화 요인은 바다의 개펄을 염전·농지·공업용 택지 등으로 바꾼 사업들입니다. 예전에는 개펄을 염전이나 농지로 바꾸는 경우가 많았고, 최근 수십 년 사이에는 개펄·염전·농지를 공업용 택지로 바꾸거나 방조제를 쌓아 바다를 매립하고 곧바로 택지로 바꾸는 경우가 늘고 있습니다. 또 염전업이 쇠퇴하면서 폐쇄된 염전에 태양광 패널을 설치하는 사례도 최근 몇 년 사이에 서해안에서 널리 확인되고 있습니다. 얼마 전 답사한 홍성군 결성면 성남리의 옛 염전에는, 예전에 염전 바닥에 깔았던 정방형의 타일들이 태양광 패널 옆의 둔덕에 파묻혀 있더군요.

두 번째 변화 요인은 20세기 전기에 제국 일본과 중화민국이 서해 지역에 형성했던 질서가 깨진 것입니다. 1945년에 제국 일본이 태평양 전쟁에 패하면서, 연합군은 한반도를 남과 북으로 분단시켰고 이 두 개의 국가가 1950~1953년 사이에 전면전을 벌였습니다. 이로 인해 서해안 일부 지역과 한강·임진강 등에서는 선박 운항이 금지됩니다.

또 중국에서는 연합국의 일원이었던 국민당이 공산당과 전면전을 벌였다가 1949년에 패했습니다. 공산당이 중국을 점령하면서, 서해를 통해서 이어져 있던 국민당의 중화민국과 한국의 관계가 끊기고, 서

(위) 신외리의 옛 해안 절벽에 설치된 초소. 현재는
시화 방조제 설치 이후 육지의 산으로
바뀌었습니다. 2023년 2월.

(아래) 시화호와 서해선 공사 현장. 간척지 너머로
구립산과 화성시 새솔동 아파트 단지가 보입니다.
2023년 2월 류기윤 촬영.

(위) 홍성군 결성면의 폐염전에 깔린 태양광 패널.
2024년 1월.

(아래) 홍성군 결성면의 옛 염전에 깔렸던 타일.
2024년 1월.

해는 자유 진영과 공산 진영 간의 최전선으로 그 성격을 바꾸었습니다. 서해 바다를 자유로이 오가던 〈마카오 신사〉가 모습을 감추었고, 이때부터 한국 서해안의 도시들은 쇠락 일로를 걷게 됩니다.

　한국군과 주한 미군은 북한으로부터 한국을 지키기 위해 경기도와 강원도에 군사 기지를 배치한 것뿐 아니라, 중국 공산당으로부터 자유 진영을 지키기 위해 강화도부터 전라도까지 한국의 서해안 곳곳에도 군사 기지를 배치했습니다. 많은 한국 시민들은 한국 북쪽의 휴전선만을 최전방이라고 생각해 왔지만, 사실 서해안은 또 하나의 숨겨진 최전방이었던 것입니다.

　1980년대 말부터 소련·중국 등이 개방 정책을 취하면서 특히 서해안 지역의 군사적 긴장은 한때 완화되었습니다. 하지만 신냉전이 시작되면서 서해안 일대는 자유 진영과 권위주의 진영 간의 최전선으로서의 성격을 다시 한번 강화하고 있습니다. 신냉전 구조뿐 아니라, 서해안 곳곳에서는 중국으로부터의 불법 이민이나 불법 조업을 막기 위한 크고 작은 충돌이 지금 이 시간에도 발생하고 있습니다. 서해안은 한국의 최전방입니다.

교통 변화와 서해안 지역의 흥망성쇠

서해안 지역의 세 번째 변화 요인은, 교통 수단이 바뀌면서 중요성을 상실한 지역이 있고 새로운 중심으로 떠오른 지역이 있다는 것입니다. 이 지역에서 교통 수단은 뱃길, 경부선·장항선·호남선 등의 재래선 철도, 서해안고속도로, 그리고 이 책을 쓰고 있는 2024년 현재 경기도 고양시에서 충청남도 홍성군까지 공사가 진행 중인 서해선 철도입니다.

　뱃길이 있을 때에도 서해안 주민들은 대중교통이나 도보로 근처의 철도역까지 이동한 다음, 그곳에서 열차를 타고 다른 지역으로 이동하고는 했습니다. 홍성군 결성면이나 보령시 주포면 보령리 같은 곳은 전근대의 중심지였지만 장항선 철도가 비껴가는 바람에 쇠락했습니다. 장항선의 선로를 곧게 펴는 개량 공사로 인하여 철도 없는 지역이 되어 쇠락한 서천군 판교면 현암리나 예산군 오가면 역탑리를 답사하면서, 철도는 없던 마을을 만들기도 하고 있던 마을을 소멸시키기도 하는 힘을 지니고 있음을 절감합니다.

교통의 힘이 어떤 지역의 흥망성쇠에 미치는 영향이 얼마나 큰지를, 홍성군 결성면이 거쳐 온 지난 백 년간의 성쇠를 통해 잘 알 수 있습니다.

결성면은 오늘날 충청남도는 물론 홍성군의 주민분들께도 낯선 지명이 되어 버렸지만, 한때는 태안반도 남쪽의 서해안 지역에서 교통의 요지로서 번성하던 곳입니다. 해상 교통과 육로가 만나는 지점에 자리하고 있기 때문이었죠. 그래서 1914년에 조선 총독부가 홍주군과 결성군을 통합해서 오늘날의 홍성군을 만들 때, 홍주군의 〈홍〉과 결성군의 〈성〉을 합쳐서 이름을 삼을 정도였습니다.

인천의 소래포구에서 영업하는 결성건어물 가게는 황해도 옹진에서 피란 온 장영수 사장이, 자신의 본관인 결성이라는 지명을 따와 가게 이름을 지었다고 합니다. 본관이 탄생할 정도로 큰 고을이었던 결성면의 옛 위세를 이로써 짐작할 수 있고, 옹진과 인천과 결성이 뱃길로 이어져 있던 시기를 상상하게 해주는 도시 화석입니다.

뱃길이 쇠퇴하는 반면 장항선 철도를 비롯한 육로가 정비되고, 홍성 방조제·보령 방조제가 만들어지며 내륙의 항구들이 모두 소멸하면서, 옛 결성군 지역은 쇠락한 농어촌 지역으로 그 모습을 바꾸었습니다. 얼마 전 결성면사무소 일대를 촬영한 영상을 저의 개인 유튜브 채널에 올리면서 이와 같은 설명을 적었더니, 홍성군이라는 지명의 유래나 결성면의 흥성하던 옛 모습을 몰랐다는 코멘트를 어떤 홍성 시민께서 적어 주시기도 했습니다.

21세기 초에 놓인 서해안고속도로는, 서울·인천에서부터 전라남도 목포·무안에 이르기까지 한국의 서해안 전역에 큰 충격을 준 또 하나의 교통망입니다. 예를 들어, 서해안고속도로에서 비껴 나간 홍성군 광천읍 옹암리의 새우젓 마을은 상권에 큰 타격을 입었습니다.

또 당진의 옛 중심지였다가 당진읍에 중심성을 빼앗겼던 면천면은, 서해안고속도로도 비껴가는 바람에 발전이 완전히 정지되어 버렸습니다. 면천 출신자들은 〈지금이야 면천이 면이지만 예전날에는 군이었거든〉하는 식으로 면천군이 당진군에 편입되어 사라진 것을 아쉬워하는 모습을 보이시고는 합니다. 이렇게 발전이 멈춰 버리다 보니 면천면에는 옛 읍성 마을의 경관이 잘 남아 있어서, 최근에는 이런 점이 주목받아 관광지로 부상하려는 움직임이 보이기도 합니다.

원래 서해안고속도로는 인천부터 목포까지 서해안을 따라 남쪽으로 내려간 뒤, 목포에서 동쪽으로 광양까지 이어질 예정이었습니다. 하지만 6공화국 수립 당시에 대대적으로 선전했던 이 노선이 어느새 인천-목포 간으로 축소되면서 물의를 빚기도 했습니다.

1989년 10월에 국토개발연구원이 출간한 『서해안 개발사업 사전조사』, 『서해안 고속도로 건설 기본조사』, 『서해안 고속도로 건설 기본조사 도면집』 등을 보면 정부는 인천-목포-광양 간에 고속도로·고속화도로를 어떻게 건설할지를 둘러싸고 여러 가지 안을 검토하고 있었음을 알 수 있습니다. 1년 뒤 문제가 된 목포-광양 사이에 대해서도 고속도로·고속화도로의 두 가지 모두 검토가 되고 있었습니다.

만약 가장 이상적으로 인천-목포-광양 간에 모두 고속도로가 놓였다면, 오늘날 서해안고속도로상의 여러 지역에서 확인되는 흥망성쇠를 강진·장흥 같은 남해안 바닷가에서도 확인할 수 있었을 터입니다. 2015년부터 경전선 보성역-임성리역 사이에 경전선 지선으로서 가칭 남해안선 철도가 건설되고 있습니다. 이 철도는 장항선이나 서해안고속도로가 서해안 지역에 가져다준 것과 비슷한 정도의 변화를 전라남도 남해안 지역에 일으킬 것으로 예상됩니다.

　서해안고속도로는 장항선으로 감당하지 못하던 경기·충청남도 서해안 지역의 교통 수요에 부응한 획기적인 교통망입니다. 하지만 서해안고속도로를 한 번이라도 이용하신 분들이라면 모두 경험하셨겠습니다만, 이 노선의 교통 체증은 아침부터 저녁까지 사라질 줄을 모릅니다. 그러다 보니 한국의 새로운 산업 거점으로서 떠오르고 있는 경기·충청남도 서해안 지역을 교통적으로 뒷받침해 주기 위해 서해선 철도가 건설되고 있습니다.

　서해선 가운데 고양시 일산역에서 안산시 원시역까지의 구간은 2023년에 전체 구간의 운행을 시작했습니다. 고양과 안산 사이를 오가는 데는 서해선 철도가 운행하기 전까지는 대중교통으로 3시간 가까이 소요되던 것이, 철도가 운행을 시작한 뒤로 소요 시간이 거의 절반으로 줄어들었습니다. 서해선이 완성된다면 이런 파급 효과가 연선 구간 전역에 미치게 될 것입니다.

　화성·평택·아산·당진·예산·홍성에서 그간 철도가 다니지 않던 지역을 서해선이 관통할 예정입니다. 서해선 철도는 장항선이나 서해안고속도로가 이루지 못한 대서울권의 충청남도로의 확산을 이루어 낼 것으로 예상합니다. 대서울권은 서해선 철도를 따라 서남쪽으로 확대되고 있습니다.

　또한 반세기 전인 1967년에 전라북도 북쪽 끝에서 전라남도 남쪽 끝까지 서해안선 철도를 건설한다는 공약이 발표되었다가 철회된 적

(위) 장항선 선로 개량으로 쇠락한 서천군 판교면　　(아래) 장항선 선로 개량으로 폐역된 예산군
역전 마을. 2021년 5월.　　　　　　　　　　　　오가역 폐역. 2022년 11월.

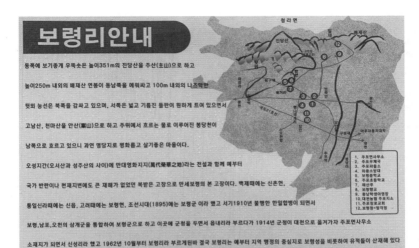

보령리안내

동쪽에 보기종게 우뚝솟은 높이351m의 진당산을 주산(主山)으로 하고

높이250m 내외의 배재산 연봉이 동남쪽을 에워싸고 100m 내외의 나즈막한

텃외 능선은 북쪽을 감싸고 있으며, 서쪽은 넓고 기름진 들판이 훤하게 트여 있으면서

고남산, 천마산을 안산(案山)으로 하고 주위에서 흐르는 물로 이루어진 봉당천이

남쪽으로 흐르고 있으니 과연 명당지로 평화롭고 살기좋은 마을이다.

오성지간(오서산과 성주산의 사이)에 만대영화지지(萬代榮華之地)라는 전설과 함께 예부터

국가 반란이나 천재지변에도 큰 재해가 없었던 복받은 고장으로 만세보령의 본 고장이다. 백제때에는 신촌현,

통일신라때에는 신읍, 고려때에는 보령현, 조선시대(1895)에는 보령군 이라 했고 서기1910년 불행한 한일합병이 되면서

보령,남포,오천의 삼개군을 통합하여 보령군으로 하고 이곳에 군청을 두면서 읍내리라 부르다가 1914년 군청이 대천으로 옮겨가자 주포면사무소

소재지가 되면서 신성리라 했고 1962년 10월부터 보령리라 부르게된바 결국 보령리는 예부터 지역 행정의 중심지로 보령성을 비롯하여 유적들이 산재해 있다

1. 주포면사무소
2. 주포우체국
3. 주포파출소
4. 외송소방대
5. 보령중학교
6. 주포초등학교
7. 배산루
8. 보령향교
9. 충남학생야영장
10. 대천농협 주포지소
11. 주포장로교회
12. 보령읍성·팔각정

주포면 노인회

(위) 보령군의 옛 중심지인 주포면 보령리.
2021년 5월
(아래) 인천 소래포구의 결성건어물. 2024년 2월.

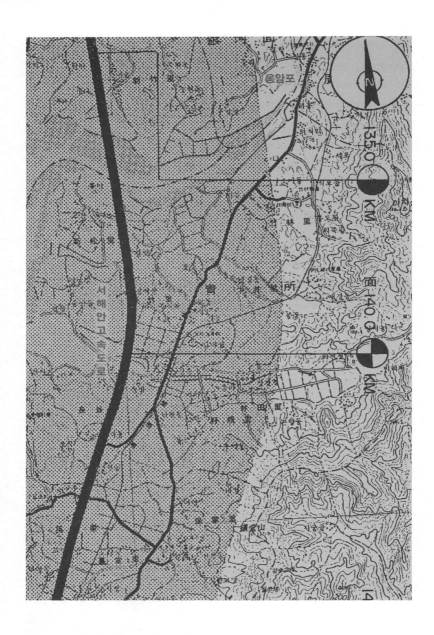

홍성군 광천읍 옹암리에서 벗어나는 것으로
설계된 서해안고속도로. 『서해안 고속도로 건설
기본조사 도면집』 수록.

(위) 근대 이후 당진의 중심성을 빼앗기고, 서해안고속도로에서도 비껴 나간 면천면의 현재. 2024년 2월.

(가운데) 경전선 또는 남해선 강진역 예정지와 주변 지역의 경관. 2023년 2월. 류기운 촬영

(아래) 경전선 또는 남해선 장흥역(정남진역) 예정지에서 바라본 장흥 읍내. 2023년 2월.

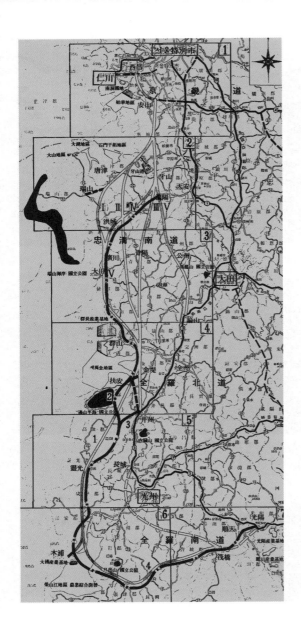

인천에서 광양까지 고속도로·고속화도로의 여러
설계안이 검토되던 서해안고속도로. 『서해안
고속도로 건설 기본조사 도면집』 수록.

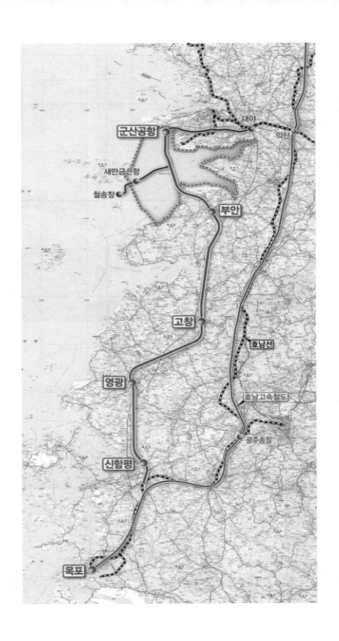

2024년 2월 4일 윤준병 국회의원이 발표한
서해안 철도 구상도.

(위) 당진시 한진포구에서 본 아산국가산업단지
경기포승지구. 2022년 2월.

(아래) 당진시 고대공단에서 본
아산국가산업단지 경기원정지구. 2022년 2월.

이 있습니다. 2024년 국회의원 선거를 앞두고 전라북도 서해안 지역의 모 후보가 이 서해안선 철도의 부활을 공약했습니다. 20세기 전기·중기에 제안된 각종 행정 구상을 끄집어내서 공약으로 삼는 것은 제가 주장하는 〈행정의 연속성〉을 보여 주는 사례에 해당하기에, 저는 이 공약의 추이를 흥미롭게 지켜보고 있습니다.

서해선 철도가 완공되면 서해안 지역에서는 서해선이 장항선 대신 이 지역의 간선 철도망으로 기능할 것입니다. 나아가 서해선은 호남선과 묶여서 서해선이라는 단일 단위로 묶일 것이 예상됩니다. 제국 일본이 동해안 지역에 건설하다가 중단된 동해선 철도 공사가 재개되어 2024년 현재 완공을 눈앞에 두고 있는데, 서해선과 동해선이라는 두 간선 철도망의 완공은 서해안과 동해안 지역에 천지개벽에 가까운 변화를 가져올 터입니다.

이처럼 경기·충청남도 서해안 지역에서는 뱃길에서 철도·도로로 교통 시스템이 바뀌고, 바다·개펄에서 염전·농지를 거쳐 산업 단지 택지가 만들어지고 있습니다. 이런 변화는 물론 전국의 해안 지역에서 모두 일어나는 것이기는 합니다. 하지만 경기·충청남도 서해안 지역은 이미 대서울권이거나 현재 대서울권이 되어 가고 있는 지역으로서, 경기도와 충청남도에 걸친 아산국가산업단지, 서산시 북쪽의 대산산업단지처럼 산업 기지로서의 기능을 키워 가고 있습니다. 이런 의미에서 경기·충청남도 서해안 지역은 세계적인 공업 국가인 한국의 미래가 만들어지고 있는 최전선입니다.

이 지역이 산업화됨에 따라, 크고 작은 공장에서 근무하는 외국인들이 이 일대에서 점점 늘고 있습니다. 외국인들은 공장뿐 아니라 농업이나 어업에도 대규모로 종사하고 있어서, 도시뿐 아니라 읍·면 단위에서도 이들의 존재감을 쉽게 확인할 수 있습니다. 이들은 지금 상태에서도 한국 사회의 중요한 일원일 뿐 아니라, 이들 가운데 일부가 한국 국적을 취득하면서 〈우리〉의 일부가 되고 있습니다. 경기도 김포에서 충청남도 서천에 이르는 경기·충청남도 서해안 지역은, 농산어업에서 제조업으로 핵심 산업을 바꾸어 온 공업 국가 한국의 최전선이자 대서 울권의 최전선일 뿐 아니라, 다인종 국가 한국의 미래를 앞서서 구현한 문명의 최전선이기도 한 것입니다.

평민들의 삶을 찾아 서해안을 가다

지난 백여 년간 한반도에서 일어난 사건들을 가장 압축적으로 보여 주는 것은 간척 사업입니다. 개펄이 농지로 바뀌고 또 다시 공업 단지로 바뀌는 과정을 들여다보면서, 근현대 한반도에서 이루어진 농업화·공업화의 속도를 절감합니다.

한반도에서 간척 사업이 대규모로 실시된 첫 시기는 고려 시대입니다. 몽골의 침략을 피해 지배 집단이 강화도로 피신하면서, 갑작스럽게 늘어난 인구를 부양할 긴급한 필요성이 생겨났습니다. 그래서 십수 개의 섬을 방파제로 얼기설기 묶고, 그 사이의 개펄을 농토로 바꾼 것이 오늘날 고구마 모양의 강화도를 만들었습니다.

물론 어촌에서 마을 단위로 만(灣)을 메꾸어 바다를 농지로 바꾸는 민간 차원의 소규모 간척 사업도 많이 이루어졌습니다. 〈현재의 경지 중에도 해안에 인접한 평탄한 저지의 논은 대개 어느 시대인지는 모르나 간척지라고 생각할 수 있다〉거나, 〈태안반도의 거의 모든 지역에서 육지의 굴곡부와 바다가 만나는 지점에는 주민들도 그 연대를 알지 못하는 오래된 방조제가 축조되어 농경지로 이용되고 있는 곳이 많〉다는 등의 설명이 이러한 민간 레벨의 소규모 간척 사업을 잘 묘사하고 있습니다.

　　지도 애플리케이션을 위성 사진 모드로 켜고 서해안 바닷가를 살펴보시면, 내륙에서 바다를 향해 점차 넓어지다가 직선을 그리며 바다와 접하는 평지를 쉽게 찾을 수 있을 겁니다. 직선은 예전에 놓은 방파제이고, 평지는 바다였으며, 평지 양쪽의 언덕은 예전에는 곶이었습니다. 평야의 안쪽에는 대개 고잔·곶안이라는 지명이 있고요. 이렇게 고려 시대 이래로 국가와 민간이 앞다투어 간척 사업을 한 결과, 한국의 바닷가 지형은 밋밋해졌습니다. 그 극단적 사례가 강화도와 새만금이죠.

　　앞에서 살펴본 것처럼 지난 천 년간 민간 레벨의 간척 사업도 활발히 이루어지기는 했습니다만, 강화도나 새만금 같은 대규모 간척 사업은 국가가 주도하는 경우가 많았습니다.

　　6·25 전쟁 이후에는 미국이 원조해 준 PL 480-Ⅱ라 불린 구호용 양곡을 피란민이나 한센병 병력자 등에게 제공해서 간척 사업을 후원한 경우도 많았습니다. 예를 들어 경기도 평택시 포승읍의 연백정착난민농장들은 황해도 연백군에서 한국으로 피란 온 사람들이 조성한 간척지였습니다. 영종도의 초기 간척 작업은 경인선 동암역 근처에 있던 경인농장의 음성한센인들이 주도했습니다. 피란민이나 한센병 병력자가 간척 사업에 적극적으로 나선 것은, 이들이 이방인으로서 기존의 농촌에서 자신들의 농토를 가지고 있지 않았기 때문입니다. 간척 사업은 땅 없는 사람이 땅을 얻을 수 있는 기회였습니다.

　　민간이 간척을 추진하거나, 어려운 처지의 사람들이 국가의 지원을 받아 간척 사업을 수행해 왔다는 사실에 일찍이 주목한 사람이 있었습니다. 지리학자 최영준 선생입니다. 간척 사업과 같은 지형 변화를 들여다봄으로써 배울 수 있는 점을, 그는 명저 『국토와 민족생활사』의 서문에서 아래와 같이 설명하고 있습니다.

지역연구가 특정사건과 그 사건의 주역이었던 인물 중심으로 전개될 뿐 대다수 백성들의 생활은 소홀히 취급되는 것이다. 우리 선조들이 어떤 방법으로 농토를 넓혀 농사를 지었으며, 어떤 집을 짓고 마을을 이루어 살아왔는지는 관심의 대상이 되지 못하였다. 왜냐하면 지배층의 입장에서 볼 때 이와 같은 일상적인 일은 기록할 가치가 별로 없었고, 백성들 자신은 기록하고 보존할 여력이 없었기 때문이다. 그러나 비록 문자에 의한 기록은 부족할지라도 선조들의 삶의 자취는 현재의 문화경관 속에, 그리고 현지주민들의 의식과 생활관행 속에 남아있는 만큼 각 지역의 특성을 주민의 생활사를 바탕으로 밝히는 일은 전혀 불가능한 일이라고 생각되지 않는다.

과거에 기록을 남긴 것이 주로 지배 집단뿐이기 때문에 어쩔 수 없이 지배 집단 위주로 과거를 연구한다는 주장이 있습니다. 최영준 선생은 이런 주장에 맞서서, 새로운 관점을 갖고 자료와 현실 세계를 들여다보면 피지배층·평민·민중의 삶을 연구하는 것이 얼마든지 가능하다고 말하고 있는 것입니다. 『국토와 민족생활사』는 명저이다 보니, 한국의 좋은 책들이 대개 그렇듯 절판되었습니다. 혹시라도 도서관이나 헌책방에서 이 책을 보게 된다면 꼭 한 번 읽어 보십시오. 왕과 양반 이야기로 가득한, 그리고 정치 이야기로 점철되어 있는 수많은 책들과는 뚜렷이 구분되는, 지난 천 년간 한반도에서 살아온 평민들의 삶을 생생하게 느낄 수 있는 책입니다.

　『국토와 민족생활사』에는 강화도와 주변 섬들의 간척 과정을 표현한 지도가 실려 있습니다. 그 가운데 교동도의 경우는 섬의 운명이 극적으로 바뀐 사례여서 들여다볼 가치가 있습니다.

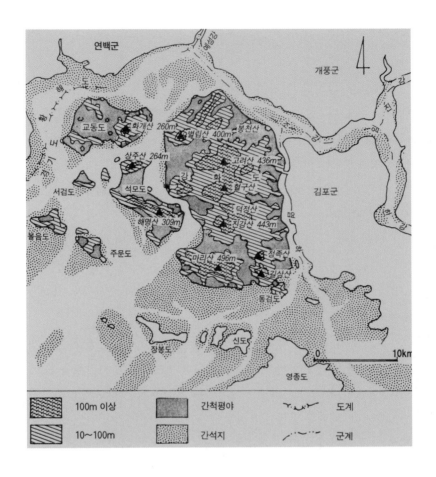

『국토와 민족생활사』에 실려 있는 강화도와 주변
섬들의 간척 상황.

예성강·임진강·한강이 만나는 접점에 자리한 교동도는, 고려 시
대에는 수도 개경으로 진입하는 입구에 해당하는 교통의 요충지였습
니다. 외국 사신들이 개경으로 들어가기 전에 들르는 곳이어서, 오늘
날의 경관에서는 상상할 수 없을 정도로 번화했던 것 같습니다. 또, 개
성·서울과 가깝다 보니 조선의 연산군 같은 지배 집단의 유배지로도
사용되었습니다.

한편으로 이 작은 섬에 10개 이상의 포구·나루터가 있었고, 인천
이나 서울까지 운항하는 정기 여객선도 있었던 데에서 알 수 있듯이,
고려 시대가 끝난 뒤에도 오랫동안 교동도는 교통의 요지라는 기능을
유지하고 있었습니다.

교동도의 성격이 바뀌게 된 중요한 계기는 6·25 전쟁입니다. 개
성과 서울을 잇는 물길의 한가운데 위치한다는 특성이 사라졌을 뿐 아
니라, 섬에서 배를 타고 외부로 나가거나 어업을 하는 활동에도 제약이
생겼습니다. 북한과 맞서는 최전방이다 보니 섬 전체가 민간인 출입 통
제선 안에 들어가 버리는 바람에, 교동도는 한국의 나머지 지역으로부
터 고립되었습니다.

한반도 북부에서 수많은 피란민이 교동도에 몰려들다 보니 식량
난도 심각해졌습니다. 하지만 포구·나루터에서 배를 타고 나가 어로
활동을 벌이는 것은 사실상 금지되었습니다. 이런 상황에서 교동도 주
민들은 섬 사람이지만 주변 바다에서 어업을 하지 못하고 농업에 종사
하게 되었습니다. 오늘날 교동도에 가 보면, 섬이지만 해산물을 이용한
요리가 별로 없고 대부분 농산물과 육류로 식사가 마련된다는 사실을
확인하실 수 있습니다.

여담이지만, 중국과 가까운 황해도와 교동도 지역의 주민들은 고
수(샹차이)를 김치에 넣는 고수김치를 먹어 왔는데, 황해도가 북한에

넘어가면서 한국에서는 교동도에서만 이 고수김치가 만들어지고 있습니다. 교동도 전체가 민통선 안에 편입되어 외부로부터 고립되다 보니 이 사실이 알려지지 않다가, 2014년에 교동대교가 놓인 뒤로 외부인들이 교동도에 많이 들어가게 되면서, 교동도에는 고수김치라는 것이 있다는 사실이 섬 바깥에도 널리 알려지게 되었습니다. 저는 개인적으로 고수를 좋아합니다만, 고수를 못 먹는 한국 시민들이 교동도에 갔다가 이 고수김치를 처음 먹고는 기겁했다는 이야기를 듣고는 합니다.

　고려 시대에 개성으로부터의 피란민들이 강화도로 몰려들면서 이들을 먹일 식량을 만들기 위해 교동도 간척이 시작되었습니다. 그리고 6·25 전쟁 때 또다시 피란민들이 몰려들면서 교동도의 간척 사업이 완성되었습니다. 두 시기 모두 국제 정세라는 외부적 요인에 의해 교동도가 외부로부터 고립되어, 해운이나 어로가 아닌 농업에 주목해야 했다 보니 간척 사업이 활발히 이루어졌다는 공통점이 있습니다.

　이처럼 간척 사업에 주목하면 문자 기록으로는 확인되지 않는 시민들의 삶을 생생하게 느낄 수 있습니다. 그래서 최영준 선생은 『국토와 민족생활사』에서 간척 사업이나 교통로의 변화 등에 주목해서 한반도 주민들의 삶의 모습을 재현하려 했던 것입니다.

　처음에 서울과 경기도에서 답사를 시작했다가 범위를 농산어촌으로 넓히게 된 저는, 도시와는 전혀 다른 환경과 역사를 가지고 있는 농산어촌을 답사하기 위해서는 어떤 관점으로 어떤 자료를 이용해야 하는가 하는 문제에 맞닥뜨렸습니다. 그래서 최영준 선생의 작업을 비롯해서 농산어촌에 대한 연구들을 닥치는 대로 찾아보고, 농산어촌 곳곳에 존재하는 문자 자료나 비문자 자료를 해독·기록하면서 농산어촌 답사의 방법론을 세우기 위해 고민했습니다.

　그러다가, 반세기 전의 평민의 삶과 생각, 지역의 경관 변화 등을

(위) 교동도에서 지금도 포구로 이용되는 남산포 근처에 남아 있는 이 돌은, 전근대에 교동도에 삼도수군통제영이 설치되어 있던 시기에 배를 묶어 두던 계류석입니다. 2018년 1월.

(아래) 고려 때 송나라 사신이 뱃길로 이곳에 도착했을 때 제사를 지냈다고 전하는 사신당지. 2018년 1월.

연구하기에 좋은 연구 자료가 다량으로 존재한다는 사실을 알게 되었습니다. 1970년대에 대량으로 만들어진 새마을운동 문헌입니다.

　새마을운동과 박정희 정권에 대해서는 정치적으로 첨예하게 입장이 갈라집니다. 그래서 처음에는 저도 새마을운동이나 그 관련 자료에 크게 관심을 갖고 있지 않았습니다. 하지만 어떤 농산어촌 마을을 답사하기 위해 자료를 찾다 보면 반드시 한두 건의 새마을운동 자료에 도달하게 되는 경험을 거듭하면서, 새마을운동 자료에 대해 궁금증이 생기더군요.

　충청남도 부여군 장암면 북고리의 북고 마을 앞을 흐르는 하천의 예를 들어 보겠습니다. 부여군청에서 금강 건너 남쪽으로 4킬로미터 정도 떨어져 있는 이 마을은 서북쪽에서 정암리, 동남쪽에서 장하리와 각각 언덕을 경계 삼아 맞닿아 있습니다. 정암리·장하리와 북고리를 구분해 주는 두 개의 언덕 사이로는 한 줄기의 하천이 서남쪽에서 북동쪽으로 흘러가서 금강과 만납니다. 이 하천의 서북쪽과 동남쪽 양쪽 기슭으로는 농지가 펼쳐져 있고, 농지와 서북쪽 언덕이 만나는 지점에 북고 마을이 자리하고 있습니다.

　이처럼 오늘날 북고 마을은 지극히 평범한 농촌 마을의 모습을 지니고 있습니다. 이런 마을이 답사 대상이 되어야 하는 이유를 찾기 어렵다고 생각하실 수도 있겠습니다. 한국의 농산어촌 마을 대부분에 대해 이런 생각을 할 수 있겠습니다. 이런 지역에 대해 어떤 답사 방법론을 가지고 어떤 포인트를 잡아야 하는가 하는 고민을 오랫동안 했습니다. 그래서『서울 선언』,『갈등 도시』,『대서울의 길』의 세 권이 나온 뒤에 이번 책이 나오기까지 공백이 있었던 것입니다. 그런 고민 끝에 새마을운동 자료에 다다르게 된 거죠.

　1976년에 충청남도청에서『새마을의 승자상』이라는 천 페이지

가 넘는 두꺼운 책을 출판했습니다. 이 책의 제목에 나오는 승자상이란
〈가난과의 싸움에서 승리한 마을이다〉라는 단순한 레토릭이 아니라,
〈마을 평균 소득 140만 원을 달성한 마을〉을 뜻하는 용어인 〈승자 마
을〉을 의미합니다.

　　새마을운동에서는 농촌 마을들을 근대적으로 정비된 정도에 따라
기초 마을, 자조 마을, 자립 마을이라고 불렀습니다. 그리고 정부 차원
에서 새마을운동을 시작한 1971년으로부터 10년이 지난 1981년에는
한국의 농촌 마을이 백 퍼센트 자립 마을이 되는 것을 당시 정부에서는
목표로 설정하고 있었습니다.

　　전국의 시·도·군이 이렇게 기초·자조·자립 마을이라는 단위를
이용하던 가운데, 유독 충청남도에서는 승자 마을이라는 단위를 충청
남도 훈령 제491호로 지정해서 별도로 포상하고 있었습니다. 충청남
도의 승자 마을 지정 움직임을 흥미롭다고 느끼고 관련 자료를 찾던 중
에, 온라인 옥션 사이트에 이 『새마을의 승자상』이라는 책이 출품되어
있는 것을 보고는 입찰했습니다.

　　마지막 순간에 어떤 헌책방과 낙찰 경쟁이 붙었는데, 제가 밀리지
않고 계속 단위를 올려 가면서 입찰하는 것을 본 헌책방 측이 포기하더
군요. 어차피 저는 이 책이 어딘가의 헌책방 판매 목록에 올라 있으면
구입할 생각이었기 때문에, 그 헌책방이 이 책을 낙찰받아서 더 비싼
가격을 붙여 판매해도 구입했을 거여서 결과적으로는 더 싸게 입수한
셈이죠.

　　옥션 사이트에서 책의 실물을 배송받은 뒤에 확인해 보니, 충청남
도 전역을 대상으로 229곳의 마을과 사진들, 그 마을의 새마을 지도자
얼굴 사진이 담겨 있었습니다. 천 페이지가 넘는 이 책을 찬찬히 읽어
나가다가, 위에서 말씀드린 부여군 장암면 북고리 북고 마을의 존재를

알게 되었습니다.

이 책에서 북고 마을을 소개한 이유는, 1972년에 마을 주민들이 마을 앞의 두 개의 하천을 하나로 합치는 작업을 했고, 그 결과 하천 범람을 막게 되어 농업 소득을 높일 수 있었기 때문입니다. 북고 마을 항목에는 두 장의 사진이 실려 있는데, 한 장은 두 개의 하천을 하나로 합치는 토목 공사 당시의 모습을 찍은 것이고, 또 한 장은 토목 공사 결과 수해의 위험에서 벗어난 평화로운 경관을 찍은 것입니다.

이 마을은 산간마을로서 주위에 헐벗은 산이 둘러있어 해마다 우기만 되면 꾸부러진 소하천에 범람하는 물이 농경지를 휩쓸어 해마다 농민들은 부채 속에 허덕이어야 하는 가난한 마을로써 농경지 중심부를 흐르는 2개의 꾸부러진 소하천을 바로잡는 것이 마을의 숙원사업으로 72년도 새마을의 열풍을 타고 문두호 지도자를 중심으로 마을 주민이 일치 단결하여 98,000천원의 정부 지원을 받아 피나는 노력을 한곳에 모아 마침내 2,500m의 소하천을 하나로 완공함.

오늘날 북고 마을 앞의 하천은 한 줄기로 흐르고 있습니다. 이런 자료를 보고 나면 이 하천을 바라보는 관점이 바뀌게 됩니다. 이 강은 왜 한 줄기로 흐르나? 이 강은 원래부터 한 줄기로 흘렀나? 지금 펼쳐져 있는 이 경관은 언제부터 지금의 모습을 갖추었나? 이 경관이 지금의 모습을 갖추기까지 누가 어떤 일을 했나? 하는 의문을 갖게 되는 거죠.

오늘날 볼 수 있는 북고 마을의 경관이 형성된 것은 불과 반세기 전의 일이었습니다. 이 마을의 과거와 현재를 비교함으로써 미래를 예측하려 할 때, 지금의 경관과 1972년 이전의 경관이 근본적으로 달랐

(위) 『새마을의 승자상』에 실려 있는 부여군 장암면 북고리 북고 마을 주민들의 하천 공사 당시 사진.

(아래) 『새마을의 승자상』에 실려 있는, 하천 공사 후의 부여군 장암면 북고리 북고 마을 모습.

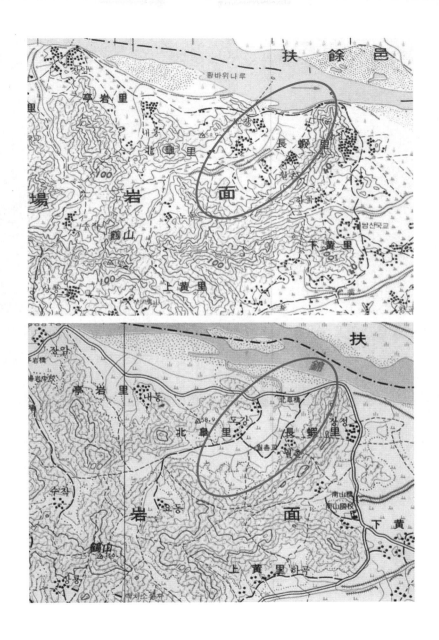

(위) 1974년 5천분의 1 지도(부분)에 보이는,
토목 공사 전 북고 마을 앞의 하천. 국립지리원
발행, 197.

(아래) 1977년 5천분의 1 지도(부분)에 보이는,
토목 공사 후 북고 마을 앞의 하천. 국립지리원
발행, 1978.

예산군 예산읍 예산리2구사무소.
2022년 11월.

다는 사실이 그 무엇보다 중요한 팩트가 됩니다.

한편 이 책에서는 북고 마을의 토건 사업을 소개하기에 앞서서, 이 사업을 주도한 문두호 새마을 지도자에 대해 〈37년 북고리 마을에서 태어나 가난한 가정 형편으로 겨우 국민학교를 졸업〉한 뒤 〈71년 12월 이장직과 72년에는 새마을 지도자로 선임〉되었다고 소개합니다.

여러분 주변에서 누군가의 업적을 칭송하는 글을 아무거나 하나 잡아서 읽어 보십시오. 어디 무슨 씨의 무슨 무슨 파이고, 청렴결백한 누구누구의 몇 대 손이라는 설명이 앞에서 장황하게 이어질 겁니다.

하지만 새마을운동 자료에서는 인물을 소개할 때 그런 식으로 하지 않습니다. 어떤 명문가나 어떤 마을의 유력 집안은 칭송의 대상이 아니라 〈적은 농토를 조상들한테 물려받고 가난하게 살고 있으면서도 노인들의 완고한 양반행세 때문에 마을 근대화라는 것은 생각조차 할 수 없던 봉건적인 마을이었다〉라는 식으로 마을 발전에 저해되는 고루함의 대상이 됩니다. 그리고 문두호 선생처럼 자수성가한 개인이야말로 칭송의 대상이 됩니다. 이런 식의 새로운 인간 이해를 새마을운동 기록물에서는 쉽게 찾을 수 있습니다.

농산어촌에 대해 말할 때 고려 시대의 절이나 조선 시대의 정치인만 언급해서는, 오늘날과 이어지는 모습이 형성된 진짜 이유를 이해할 수 없습니다. 그럼에도 불구하고 많은 지역민은 자신이 살고 있는 현대에는 관심 없고 조선 시대 지배 집단에만 관심을 보입니다.

예산군청이 있는 예산 읍내에는 식민지 시기의 일본식 사찰 건물이 남아서 마을회관 및 노인회관으로 사용되고 있습니다. 그 건물에 찾아갔을 때, 마침 몇 분의 노인이 계시더군요. 그곳을 찾아간 사정을 설명하고 건물의 유래 등에 대해 여쭤보았는데, 역사를 잘 안다고 자부하는 한 분께서 느닷없이 조선 시대의 유명한 정치인인 송시열이 예산군

의 조익이라는 사람의 비석에 글을 써 주었다는 이야기를 한참 하더니
〈예산은 예의의 고장이지!〉라고 외치면서 이야기를 끝내 버리더군요.
제가 알고 싶던 것, 즉 그분들이 들어와 계신 바로 그 건물의 내력에 대
한 이야기는 끝내 들을 수 없었습니다.

　　또 메가시티 문제로 토론하기 위해 충청권의 어떤 방송사에 초청
받아 갔을 때에는, 고정 출연진들께서 저를 보자마자 본인들의 조선 시
대 집안 내력을 한참 풀어내셨습니다. 메가시티라는 미래적 문제를 논
의하기 위한 자리에서 조선 시대 이야기, 그리고 가문 이야기가 먼저
나오는 걸 보면서, 큰 벽을 앞에 둔 막막한 느낌을 받았더랍니다.

　　그 지역 이야기를 하는 것이 곧 그 지역의 유명한 조선 시대 인물
이나 집안 이야기를 하는 것이라고 생각되는 경향이 21세기 한국 사회
에서도 농후합니다. 이런 퇴행적인 현상과는 반대로, 반세기 전에 제작
된 새마을운동 자료는 그 지역의 가난한 평민들에 주목하고 있어서 뚜
렷한 대조를 보입니다.

　　새마을운동 자료에는 1950~1970년대에 자수성가한 수많은 평
민들의 이야기가 실려 있습니다. 그 자료를 하나하나 읽어 가는 중에,
한반도의 역사상 새마을운동 시기만큼 농산어촌의 평민이 주목받은
적은 없었다고 생각하게 되었습니다. 이렇게 평민들의 자수성가가 칭
송받은 시기, 그런 인물들에 대한 기록이 국가 차원에서 대량으로 제작
된 시기는 그 이전에도 그 이후에도 없었습니다.

　　1979년에 박정희 대통령이 암살되면서 새마을운동에 대한 국가
적 지원은 끊겼습니다. 한국 사회에서 농산어촌의 평민들에게 주목하
던 분위기도 사라졌습니다. 한국 사회는 다시 조선 시대와 집안을 따지
는 상황으로 퇴행해 버렸습니다. 잘 아시다시피 저는 민주 공화국 시민
으로서, 한국 시민 대부분의 조상인 평민과 노비들이 어떻게 살아왔는

지에 관심이 있습니다. 새마을운동 자료는 이런 관점에서 답사에 활용할 수 있는 유용한 자료입니다.

간척 사업에 주목하고 새마을운동 자료를 잘 들여다보면, 좋게 말해 지역 유지, 나쁘게 말해 토호인 지배 집단을 언급하지 않고도 농산어촌을 이야기할 수 있습니다. 자연은 늘 모습을 바꾸고, 그 과정에는 사람들 특히 평민들의 노력이 개입됩니다. 특히 농산어촌 경관이 변화한 과정, 그 과정에 개입된 인간의 노력을 이해하기 위한 자료로서 1970년대의 새마을운동 자료를 사용할 수 있음을 지난 몇 년간 확인하고 있습니다. 새마을운동 자료는 농산어촌을 답사하기 위한 훌륭한 자료입니다.

앞서 당진시 송산면 당산리의 오도 소금창고에 대해, 1976년에 충청남도청이 출판한『새마을의 승자상』에 이 창고가 선명하게 찍혀 있다고 말씀드렸었죠. 항공 사진으로 찍힌 컬러 사진이다 보니 반세기 전의 경관을 상상하는 데 크게 도움이 됩니다. 그리고〈원래는 섬마을이었으나 일제 때 농경지 확장으로 연육이 되었고 마을 주위에는 넓은 농장과 염전이 펼쳐 있으나 오도마을 주민들은 이 토지를 하나도 차지하지 못하고 수대로 가난을 탈피하지 못한 마을〉이었다고 하여, 이 마을 주민들이 새마을운동에 나서게 된 배경을 아울러 설명해 주고 있습니다.

새마을운동 자료는 수없이 많이 존재하지만, 그 가운데에도 몇 개의 문헌은 농산어촌을 답사할 때 꼭 미리 찾아보는 참고서가 되어 줍니다. 가장 먼저 소개해야 하는 문헌은 1972년에 내무부에서 작성한『새마을 총람』입니다. 이 책에는 자연 마을 수, 가구 수, 인구 수, 한 집당 경지 면적, 지붕 유형과 지붕 개량 정도 등 한국의 모든 농산어촌 마을의 현황이 실려 있습니다. 새마을운동을 본격적으로 시작하기에 앞서서,

과연 한국의 농산어촌이 어떻게 구성되어 있는지를 수치로서 정리하려 한 정부의 의도가 느껴지죠.

저는 이 『새마을총람』을 한국판 『둠즈데이 북Domesday Book』이라고 부르고 있습니다. 『둠즈데이 북』은 1086년에 앵글로색슨족의 영국을 정복한 노르망디 공 윌리엄이 명령해서 제작된 문헌인데, 정복된 땅의 소유 형태, 인구, 호주, 심지어는 가축 수까지 모두 적혀 있습니다. 이와 비슷하게 박정희 대통령은 새마을운동을 시작하기에 앞서서, 자신이 지배하고 있는 한국이라는 나라의 농산어촌의 실상을 확실히 파악하고 장악하고자 했던 것으로 보입니다.

비슷한 의도에서 『새마을 하천표: 세천+소천+중천』(내무부, 1972), 『도서지』(대한지방행정협회, 1973), 『새마을 소득증대』(농수산부, 1975), 『민족의 대역사: 농촌주택사』(마을문고본부, 1978) 같은 두꺼운 책자가 잇따라 제작되었습니다. 이런 자료는 이제까지 정부 통계 자료로서, 또는 박정희 정부의 통치 이데올로기를 강화하기 위한 자료로서만 인식되어 왔습니다. 하지만 저는 농산어촌을 답사할 때 이런 문헌들이 큰 힌트가 되어 준다는 사실을, 답사 대상이 되는 현장에서 확인하고 있습니다.

새마을운동 자료를 들고 답사를 하다 보면, 이들 자료가 답사 자료로서 지닌 가능성을 실감하기도 하지만, 자료의 한계와 문제점을 확인하기도 합니다.

충청남도 논산시 연무읍 황화정리라는 곳을 찾아갔을 때의 일입니다. 이 마을은 호남고속도로를 만들면서 하나의 마을이 두 개로 쪼개지게 되자, 지금의 언덕배기로 마을을 재배치시킨 이른바 취락구조개선사업 마을입니다. 호남고속도로를 오가는 차량에서 보았을 때 아름답게 보이도록 위치시킨 것으로 짐작됩니다.

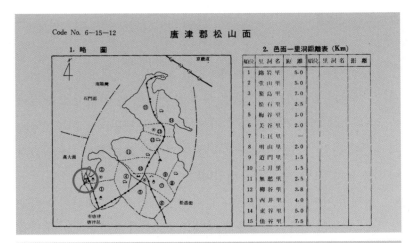

Code No. 6－15－12　　唐津郡松山面

1. 略圖

2. 邑面—里洞距離表 (Km)

順位	里洞名	距離	順位	里洞名	距離
1	錦岩里	5.0			
2	棠山里	5.0			
3	鷲島里	7.0			
4	松石里	2.5			
5	栖谷里	1.0			
6	美谷里	2.0			
7	上豆里	—			
8	明山里	2.0			
9	道門里	1.5			
10	三月里	1.5			
11	無愁里	2.5			
12	柳谷里	3.8			
13	西井里	4.0			
14	東谷里	5.0			
15	佳谷里	7.5			

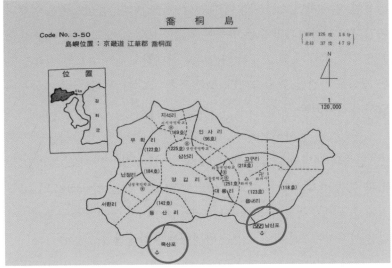

喬桐島

Code No. 3-50
島嶼位置：京畿道 江華郡 喬桐面

(위)『새마을 총람』에 실려 있는 당진군 송산면 오도리 현황. ③으로 표기된 오도 북쪽에 넓은 바다가 펼쳐져 있는 것으로 그려져 있습니다.

(가운데)『도서지』에 실려 있는 강화군 교동도 현황. 동남쪽의 남산포와 서남쪽의 죽산포에 항구 표시가 되어 있지만, 그 뒤에 죽산포는 포구로서의 기능을 상실했습니다.

(아래) 윌리엄 앤드루스William Andrews의 *Historic Byways and Highways of Old England* (1900)에 실려 있는『둠즈데이 북』의 삽화. 위키미디어 공용.

이 마을은 드라마 촬영 테마파크인 논산선샤인랜드에 붙어 있어
서, 이 테마파크에 가보신 분들은 아마 이 마을을 한 번씩 보셨을 겁니
다. 이 마을에 대한 특별한 사전 지식이 없거나, 일반적으로 농산어촌
의 상황에 관심이 없는 분이라면, 전국 어디에나 있는 흔한 마을이겠거
니 하고 눈여겨보시지 않았을 터입니다.

하지만 이 마을은 1970년대 말에 주민들을 재배치하면서 상하수
도 및 도로 등의 인프라를 갖추고 새마을 주택이라 불리는 문화 주택을
건설한, 말하자면 소규모의 택지 개발 지구입니다. 농산어촌은 어디나
똑같다고 생각한다면 모든 마을이 똑같이 보일 것이고, 모든 마을의 경
관은 각각 유래가 있고 각각 다르다고 전제하고 들여다보면 제각기 다
른 개성을 발견할 수 있습니다. 모든 것은 서로 다르다는 생각에서부터
답사가 시작되는 거죠.

논산시를 답사하는 중에 이 황화정리를 들러서, 새마을운동 자료
인 『민족의 대역사: 농촌주택사』에 실려 있는 사진 및 지도, 그리고 설
명과 실제 마을 상황을 비교하기로 했습니다. 마을에는 1982년 12월
말에 준공된 주택들이 몇 채나 남아 있어서, 1978년에 취락구조개선사
업을 시작하여 4년 뒤에 사업을 완성했음을 짐작할 수 있었습니다.

이렇게 마을을 살피며 걷고 있는데, 어떤 노인이 말을 거시더군요.
이 마을에 온 까닭을 말씀드리고 나서 그 노인의 정체를 여쭤보니 예전
의 마을 이장님이셨습니다. 한번 이장은 영원한 이장이어서, 답사를 하
다 보면 마을 입구에 들어설 때부터 나갈 때까지 가만히 바라보고 있는
이전 이장님들을 꼭 만나고는 합니다.

저는 주민분을 뵙게 되면 꼭 여쭤보고 싶었던 것을 이분께 여쭈었
습니다. 『민족의 대역사: 농촌주택사』라는 책에 실려 있는 내용이 실제
와 부합하는지, 그리고 취락구조개선사업에 대해서는 철도나 고속도

(위) 논산시 연무읍 황화정리. 2022년 11월.   (아래) 논산시 연무읍 황화정리의 전 이장님.
2022년 11월.

(위) 『민족의 대역사: 농촌주택사』에 실려 있는
논산시 연무읍 황화정리 사진.

(아래) 『민족의 대역사: 농촌주택사』에 실려 있는
장성군 북이면 원덕리 신목란 마을의 사진.

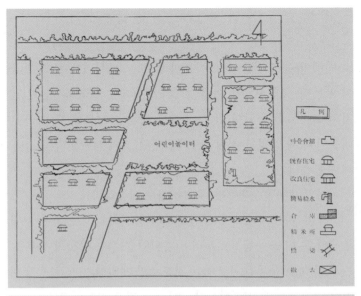

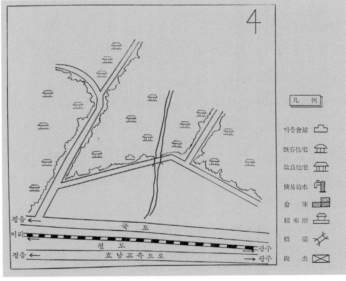

(위) 『민족의 대역사: 농촌주택사』에 실려 있는 논산시 연무읍 황화정리 지도.

(아래) 『민족의 대역사: 농촌주택사』에 실려 있는 장성군 북이면 원덕리 신목란 마을의 지도.

로 변에 마을을 만들어서, 이른바 높은 분 보시기에 좋게 했다는 비판이 있는데, 주민으로서 마을에서의 생활에는 만족하시는지 말이지요. 저의 스마트폰에 담아 간 책의 해당 항목을 그분께 보여드리니, 책의 내용이 대체로 맞고 취락구조개선사업 후의 생활도 만족스럽다고 답해 주셨습니다.

한편 새마을운동 자료에는 허점도 많습니다.

새마을운동은 20세기 전기부터 농산어촌 주민들이 자발적으로 추진해 온 마을 운동으로부터 비롯되었습니다. 박정희 정부도 초기에는 이런 마을 운동을 후원하는 정도로만 개입했기 때문에 각 마을별로 실질적인 환경 개선과 생산량 증대 효과가 있었습니다. 하지만 통치 후반으로 갈수록 정부 주도로 새마을운동을 추진하려 했고, 끝내는 박근혜 씨를 후계자로 키우기 위한 새마음운동이라는 추상적 이데올로기로 퇴화해 버렸습니다.

이런 정치적 변화가 새마을운동 자료에도 반영되어 있습니다. 처음에는 눈에 띄는 마을이나 인물이 세상에 알려지면 그들을 정부가 표창하는 방식이었지만, 나중에는 모범이 되는 마을이나 인물을 발굴해서 윗선에 보고하는 공무원식 일 처리가 두드러지게 되면서 현장과 괴리가 생긴 겁니다.

전라남도 장성군 북이면 원덕리의 신목란 마을이라는 곳에 갔을 때의 일입니다. 이 마을은 화전민을 정착시키면서 취락구조개선사업을 한 마을입니다. 김길용 새마을 지도자가 앞장서서 취락구조개선사업을 추진했다는 내용이 『민족의 대역사: 농촌주택사』에 실려 있더군요.

저는 취락구조개선사업과 화전민 문제에 모두 관심이 있어서 찾아갔습니다. 한참 답사를 하고 있는데, 어떤 여성분이 오셔서 〈무슨 일로 우리 마을에 오셨느냐)고 물으시더군요. 그래서 평소와 같이 스마트폰에 담은 책의 내용을 보여 드리면서 답사 이유를 말씀드렸는데, 갑자기 그분이 깜짝 놀라면서 반가워하시더군요. 책에 실려 있는 김길용 새마을 지도자가 본인의 아버지라는 것이었습니다.

그러면서 본인의 오빠와 현재의 마을 이장님을 데려오셨는데, 이 세 분 모두 김길용 선생의 행적이 담긴 『민족의 대역사: 농촌주택사』라는 책이 있다는 사실을 모르고 계셨습니다. 답사 후에 이장님께서 문자를 보내셔서, 마을 홍보에 활용하고 싶으니 책의 해당 부분을 사진으로 찍어서 보내 줄 수 있겠느냐는 요청을 하시기도 했습니다.

이런 일련의 반응을 보면서, 새마을운동의 모범 사례를 찾아내서 정부에 보고하고 책자로 만드는 공무원적인 일 처리가 앞서다 보니, 막상 마을 운동의 주체가 되는 본인과 가족들은 그런 과정이나 결과물이 이루어졌다는 것도 모르셨구나 하는 생각을 했습니다. 새마을운동이 민간 주도의 잘살기 운동에서 관 주도의 통치 이데올로기로 바뀌어 간 과정을 답사 중에 확인했습니다.

제가 신목란 마을을 답사한 2023년 4월 시점에 마을회관은 취락구조개선사업 당시에 지은 건물이었습니다. 저는 전국의 마을회관을 유심히 보면서 다니고 있는데, 신목란 마을의 마을회관은 다른 지역의 것들에 비해 모던하게 잘 만들었고 보존도 잘된 편입니다. 그런데 그 마을회관을 조만간 헐고 신축한다는 말씀을 세 분께서 들려주셨습니다. 아마 제가 조금만 늦게 갔더라면 예전 마을회관 건물을 실제로 볼 수 없었겠죠. 제가 모르는 사이에 모르는 곳에서 수많은 도시 화석들이 사라지고 있습니다. 그 모든 것을 제가 다 체크할 수는 없겠죠. 이 마을회관의 마지막을 기록할 수 있었던 것은 다행한 일이었습니다.

이렇게 정부가 제작한 새마을운동 자료의 내용을 하나하나 현장

에서 확인하는 작업을, 요즘 농산어촌을 답사하면서 진행하고 있습니
다. 도시 문헌학자로서, 종이나 영상으로 된 새마을운동 자료만 보면서
새마을운동의 성공과 실패, 당시 박정희 정부의 의도를 확인하려는 작
업에는 근본적으로 한계가 있음을 언제나 느낍니다. 새마을운동이 정
치적으로 정파 싸움에 등장하다 보니, 방대한 분량의 새마을운동 자료
들은 그 가치가 제대로 알려져 있지 않고 활용되지 않고 있습니다. 황
화정리나 신목란 마을에서처럼 하나하나 현장과 자료를 맞추어 가다
보면, 이런 기초적 작업도 하지 않고, 자신이 지니고 있는 이념을 앞세
워서 거대 담론을 만들어서는 정파적으로 싸우기 바쁜 사람들의 주장
과 행동에 동의하지 못하게 됩니다.

　일본의 역사학자 아미노 요시히코 선생의 『고문서 반납 여행』이
라는 책을 몇 년 전에 번역한 적이 있습니다. 이 책에서 아미노 선생은
일본 서북부의 사도(佐渡)라는 섬을 조사하던 1950년대의 자기 모습
을 반성하고 있습니다. 〈그 당시의 나는 전형적인 관념적《좌익》이어
서, 눈앞의 마을과 집, 어업의 실태를 관찰하기 보다는〉 자신의 추상적
이념에 관한 사안들로 〈머릿속이 꽉 차있었〉다보니, 〈초기 조사에 대한
기록은 신기할 정도로 거의 남아있지 않다〉고 말이죠.

　현장에 존재하는 문헌과 비문자 자료를 꼼꼼히 찾아서 기록하고,
예전에 제작된 문헌과 실제 상황을 하나하나 비교하는 기초 작업이 이
루어진 나라가 문화적·학문적 선진국입니다. 이런 저의 관점에서 보자
면, 한국은 아직 선진국이 아닙니다. 이런 문제의식에서 『고문서 반납
여행』을 번역했고, 남들이 하지 않는다면 나라도 해야겠다는 생각에서
이렇게 답사를 이어 가고 있습니다.

(위) 장성군 북이면 원덕리 신목란 마을.
2023년 4월.

(아래) 철거를 앞둔 신목란 마을회관. 2023년
4월.

보령시 남포면 읍내리의 훼손된 비석.
2021년 5월.

2
교동도·강화도에서 김포·고양을 거쳐 서울까지 이어지던 물길

간척 사업으로 사라진 섬, 남겨진 섬

제1장에서 말씀드린 것처럼, 강화도와 주변 섬들은 천 년간 간척 사업이 이루어져서 오늘날과 같은 밋밋한 해안선을 이루었습니다. 그뿐 아니라 오늘날 청라라고 불리고 있는 강화도 동쪽, 김포시 서남쪽, 인천시 서북쪽 지역도 지난 백 년 사이에 거의 모든 섬들이 방파제로 이어져 간척된 결과 태어난 땅입니다.

또한 전국적으로 많은 시민들께서 해외 가실 때 인천공항을 이용하실 텐데요, 이 인천공항이 자리한 영종도도 원래는 동북쪽의 영종도, 서남쪽의 용유도, 그리고 그 중간의 삼목도와 신불도를 하나로 이어서 만든 간척지입니다. 삼목도와 신불도는 삼목항과 신불IC 정도의 흔적만 남기고 있는 반면, 영종도와 용유도는 아직도 원래의 해안선과 마을 구조를 잘 남기고 있습니다.

옛 용유도에 속하는 남북동, 그리고 옛 영종도에 해당하는 운서동에는 19세기 말~20세기 초에 지어진 기와집이 남아 있습니다. 남북동의 기와집은 〈조병수 가옥〉이라 불리며 인천광역시 문화재자료 제16호로 지정되어 있고, 운서동의 기와집은 〈넙디고택〉이라 불립니다. 운서동 기와집 주변의 마을이 넓어서 〈넙디〉라고 불렸다 합니다.

또 옛 신불도 근처의 금홍 염전이 〈영종도 씨사이드 파크 염전보존 생태공원〉이라는 이름의 관광지로 정비되어 있고, 옛 용유도에는 늪목 염전이라는 염전이 현역으로 운영되고 있습니다. 이 늪목 염전의 〈늪목〉은 늙은 나무가 아니라, 원래 〈높은 산이 없어 평평하게 이어진 목〉이라는 뜻의 〈늘목〉이었다고 합니다.

지금의 영종도 일대에서는 금홍 염전과 늪목(늘목) 염전을 비롯해서 부흥 염전·난민정착지 염전·삼목 염전·금단 염전·건대 염전·홍대 염전·영일 염전·신흥 염전·부성 염전·은산 염전·정대 염전·왕산 염전이 운영되고 있었습니다. 이 가운데 난민정착지 염전은 6·25 전쟁 때의 피란민들이 생계를 유지할 수 있도록 염전 조성 사업을 일으켜 만들어진 곳입니다. 대학 재단에서 운영하던 건대 염전이나 홍대 염전, 정치대학 염전 등의 조성 공사에도 이들 피란민이 투입되었습니다. 이들 염전은 이제는 모두 폐업하여 택지로 개발되었습니다. 늪목 염전이 포함된 지역도 2030년까지 개발이 예정되어 있어서, 늪목 염전의 그 너르고 황량한 경관을 볼 수 있는 날도 얼마 남지 않은 듯합니다.

대규모 간척 사업이 이루어지기 전의 이 일대 경관을 한눈에 확인하실 수 있도록, 1910년대에 제작된 이 일대의 5만분의 1 지도 네 장을 합쳐 보았습니다.

뒤편에 게재한 지도를 보시면 한가운데의 옛 영종도를 중심으로 서쪽으로는 지금도 섬으로 남아 있는 신도·시도·모도·장봉도가 보이고, 서남쪽으로 옛 용유도 아래에 잘섬·실미도·대무의도·소무의도·팔미도 등의 섬들이 보입니다.

이 가운데 저는 용유도에 붙어 있는 작은 섬 〈잘섬〉 또는 〈조름섬〉이 재미있더군요. 이 섬의 현재 이름은 〈조름섬〉입니다. 이렇게 순수 한국어 지명만 보면 무슨 뜻인지 잘 알 수가 없는데요, 1916년의 지도를

보면 한자로 〈眠島(면도)〉라고 적혀 있고, 그 오른쪽에 일본 가타카나로 〈チャルソム(잘섬)〉이라고 적혀 있습니다. 〈잘 섬〉 〈자는 섬〉이 이섬의 원래 이름이었던 것 같습니다. 〈잘섬〉이 어느새 〈조름(졸음)섬〉으로 바뀌었네요. 왠지 이 섬에 가면 졸음이 와서 자버릴 것 같습니다.

또, 영종도의 동쪽에 보이는 거첨도·청라도·율도 등은 모두 매립되어 지금의 청라 신도시와 수도권 매립지가 되었습니다. 인천시 서구를 현재의 위성 사진으로 들여다보면, 서구의 서쪽에 해당하는 청라 신도시, 그리고 수도권 매립지의 원형이 되는 동아 매립지 등은 네모반듯하게 구획되어 있는 반면, 서구의 동쪽 지역에는 구불구불한 도로들이 보입니다. 이 구불구불한 도로들이 예전의 해안선이자 바닷가 마을들의 길이었습니다. 이렇게 지도를 보다 보면, 영종도나 송도 신도시에 상대적으로 가려져 있지만 청라 신도시·동아 매립지의 사업 규모도 상당하다는 것을 느끼게 됩니다.

영종도와 지금의 청라 신도시 사이에 간척되지 않고 남은 세어도·호도(범섬)·운염도·소운염도·매도 등의 섬들 가운데 세어도를 뺀 나머지는 모두 무인도가 되었습니다.

세어도는 1831년에 처음 사람들이 살기 시작했고, 한때는 70가구 그러니까 3백~4백 명이 살 정도로 번성하던 해운의 거점이었다고 합니다. 세금으로 걷은 쌀을 싣고 전국에서 모여든 배가 한양으로 들어가기 전에 마지막으로 머무는 섬이어서, 여기서 돈이 많이 풀렸었다 하네요. 그러던 것이 『도서지』가 출판된 1973년에는 42가구 214명, 1980년대 중반에는 30여 가구, 2015년 시점에는 36명으로 점점 인구가 줄어들었습니다. 그래도 아직 청라 신도시·강화도·영종도 사이에 이렇게 유인도가 있다는 그 자체가 놀라운 일입니다.

영종도에 공항을 만들기로 한 것은 1989년의 일이었습니다. 구 공

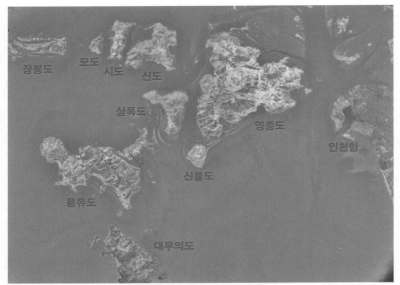

장봉도 　모도 　시도 　신도 　삼목도 　영종도 　인천항 　신불도 　용유도 　대무의도

청라도 　ASCOM City 　주안 염전 　월미도 　소래 염전 　남동 염전

(위) 1969년의 항공 사진.
영종도·삼목도·신불도·용유도의 바닷가에 빼곡히
염전이 조성되어 있음을 알 수 있습니다.

(아래) 1969년의 항공 사진. 청라 신도시와 동아
매립지가 조성되기 전의 인천·김포 서해안은 원래
이런 모습이었습니다.

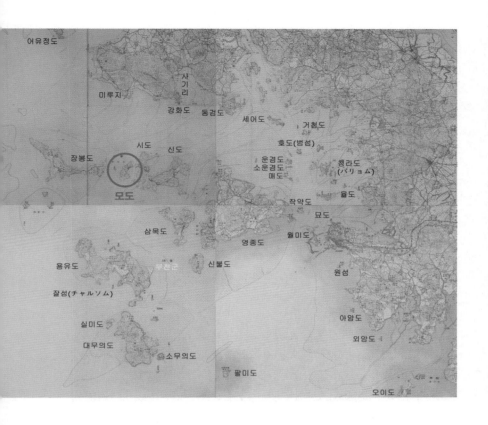

어유정도

미루지

사기리

강화도   동검도

세어도   거첨도

시도   신도   호도(범섬)

장봉도   운겸도   청라도
                   소운겸도   (パリョム)
                    매도
모도   율도

                    작약도

                      묘도

삼목도   월미도

영종도

용유도   부천군   신불도

잘섬(チャルソム)   원섬

실미도   아암도

대무의도   외암도

소무의도

팔미도

오이도

1916~1917년 사이에 간행된 5만분의 1 지도 네
장을 합쳐 보았습니다.

(위) 삼목항에서 신도·장봉도로 향하는 선박. 2023년 6월.

(가운데) 영종도의 백운산에서 삼목도와 용유도 쪽을 바라본 모습. 2006년 1월 이 모 씨 촬영.

(아래) 옛 신불도 주변에 있던 염전. 2006년 1월 이 모 씨 촬영.

(위) 운서동에 남아 있는 19세기의 기와집.
2023년 6월.

(가운데) 남북동에 남아 있는 19세기의 기와집.
2023년 6월.

(아래) 현역으로 운영되고 있는 옛 용유도의 늪목
염전. 2020년 12월.

산권이 개혁 개방 정책을 취하면서, 이들 국가와의 교류를 위해 서해안 지역에 대형 공항을 짓기로 한 것이죠. 처음에는 경기도 이천·광주나 충청북도 청주 등도 후보지였지만, 〈소음 공해에 따른 주민 피해의 우려로 서해안에 1천만평 규모의 해안을 매립키로 결정〉되었습니다. 영종도와 시흥 화성지구 간척지, 화성군 남양만 일대 등이 후보지로 거론되었다가 최종적으로 영종도를 매립해서 공항을 짓게 된 것입니다.

영종도·용유도·삼목도·신불도가 간척되기 전에도 이 네 개의 섬 사이에는 개펄이 넓게 펼쳐져 있었습니다. 그 개펄을 조금만 다듬으면 섬들 사이를 걸어 다닐 수 있는 다리가 만들어집니다. 요즘식으로 말하면 〈모세의 기적〉인 거죠. 김종현이라는 이름의 금광업자가 이 네 개의 섬 사이에 다리를 놓은 사실이 현지에서는 기려지고 있습니다.

그는 영종초등학교 건립을 금전적으로 후원하는 등 평소에 이 지역의 사회 복지 활동에 관심이 많았는데, 특히 옛 영종도의 금광에서 일하는 용유도·삼목도·신불도 주민들을 위해 섬 사이에 다리를 놓아 주었다고 합니다. 간척 사업만큼은 아니지만 섬 사이에 다리를 놓는 사업도 결코 쉬운 일은 아니었을 터입니다. 그래서 세 섬의 주민들은 이를 기념하기 위해 각각의 섬에 하나씩 〈김종현 씨 자선 송덕비〉를 세웠습니다. 영종도에는 그 당시 세운 비석이 2개, 그리고 훗날 새로 만든 비석이 1개 남아 있는데, 저는 그 가운데 옛 용유도의 늙목 염전 근처에 보존되어 있는 송덕비를 확인했습니다.

이렇게 공덕비가 세워진 것은, 섬 주민들이 다른 섬을 오가는 데 얼마나 고생했을지를 짐작게 합니다. 하지만 이제는 이 네 개의 섬이 간척되어 하나의 섬으로 변해 버렸으니, 80여 년 전의 그 사업은 결국 일장춘몽, 도로아미타불이라는 감회를 갖게 합니다. 이곳 영종도뿐 아니라 서해안과 남해안 곳곳에서 섬 주민들이 고생해서 다리를 놓고 염

용유도에 남아 있는 〈김종현 씨 자선 송덕비〉.
2020년 12월.

전을 만들고 어장을 조성한 것이, 간척 사업으로 인해 그 흔적마저 깨끗이 사라져 버린 사례를 많이 확인하고 있습니다. 지난 백 년간 한국에서 토목 사업이 얼마나 대규모로 이루어졌으며, 그렇게 생겨난 땅의 쓰임이 얼마나 눈부시게 바뀌어 왔는지를 실감합니다.

지금의 영종도 지역에서 이루어진 가장 큰 규모의 간척 사업은 물론 네 개의 섬을 잇고 인천공항을 만든 것이지만, 영종도에 대한 문헌에서 잘 언급되지 않는 하나의 간척 사업이 그 이전에 존재했다는 사실을 짚고 넘어가야겠습니다.

인천의 딱 중간 지점에 자리한 수도권 전철 1호선 백운역과 동암역 사이에는 〈경인농장(새마을농장)〉이라 불리던 한센병 병력자 정착촌이 있었습니다. 이곳의 주민들은 생활의 활로를 모색하기 위해, 1964년부터 1966년 사이에 영종도에서 간척 사업을 벌여 농토를 일구어 냈습니다.

한센병 병력자들은 영종도뿐 아니라 경상남도 사천시의 비토섬, 전라남도 고흥군의 오마도 등에서도 개간 사업을 벌였습니다. 비토섬에서는 섬 주민들이 이들을 학살한 〈비토리 사건〉(1957)이 발생했고, 오마도에서는 이들이 추진하던 간척 사업을 정부가 중단시켜 버린 〈오마도 사건〉(1964)이 있었습니다. 실패로 끝난 비토섬 정착이나 오마도 간척에 비하면 경인농장의 영종도 간척은 성공했다는 점에서 다행한 일입니다만, 영종도에 대해 이야기할 때 이들의 간척 사업이 잘 언급되지 않는 경향이 있는 듯해서 씁쓸함을 느낍니다.

간척은 영종도나 지금의 청라 신도시에서만 있었던 게 아닙니다. 제1장에서 살펴보았듯이 강화도와 교동도야말로 한국의 간척 사업에서는 선구적인 지역이죠. 강화도의 간척 사업은 고려 시대에 시작되어 최근까지도 계속되었습니다. 앞에서 보여 드린 1916~1917년의 5만

경인농장의 현재 모습. 수도권 전철 1호선 동쪽
구역은 아파트 단지로 재건축되었고, 서쪽 구역도
철거가 끝났습니다. 2018년 7월 19일.

(위) 비토리 사건의 희생자들이 살던 경상남도 사천시의 영복원. 2018년 11월.

(아래) 소록도의 한센인들이 간척하다가 정부에 빼앗긴 전라남도 고흥군의 오마 간척지. 2023년 10월.

(위) 교동도의 간척지에 농업용수를 공급하기 위해 1978년에 조성된 농업용 저수지인 고구 저수지는 겨울 낚시의 명소로 알려져 있습니다. 2018년 1월.

(아래) 강화도 길상면 선두리와 사기리 사이의 간척지. 2021년 6월.

분의 1 지도를 보시면, 강화도 남쪽에 제가 〈사기리〉라고 표시해 둔 부분은 바다였습니다. 그런데, 오늘날의 위성 사진에는 이 바다가 모두 간척되어 있습니다. 강화군 길상면 선두리·사기리에 걸쳐 있는 이 간척지는 동주물산이라는 회사가 1978년에 조성했습니다.

그리고 이 두 시기의 중간인 1947년 7월에 미국의 인류학자 코닐리어스 오스굿Cornelius Osgood(1905~1985)은 이곳을 들러 꼼꼼히 기록을 남겼습니다. 오스굿이 조사하던 시점에 선두리·사기리는 어촌 마을이었습니다. 하지만 그 후 간척 사업이 이루어지면서 이들 지역은 농촌 마을로 바뀌었죠.

오스굿이 조사한 70년 뒤인 2017년에 국립민속박물관에서 다시 선두리·사기리를 찾아, 그 사이의 극적인 변화를 추적한 결과를 전시하고 보고서도 출판한 바 있습니다. 바다가 육지로 바뀌고 어촌이 농촌으로 바뀌면서 더 이상 사용하지 않게 된 고기잡이 풍습을 비롯해서, 지난 백 년간 서해안에 일어난 변화가 얼마나 격심했는지를 잘 보여 주는 내용이 많이 실려 있는 자료집입니다.

신(神)과 새우젓을 운반하던 뱃길

영종도·강화도·교동도·청라 등에서 보듯이, 현대 들어서 간척이라고 하면 주로 바닷가에서 이루어진다는 이미지가 일반적입니다. 하지만 간척 사업은 바닷가뿐 아니라 강가나 호수를 대상으로도 이루어졌습니다. 1960년대부터 시작된 여의도 개발이나 공유 수면 매립 사업 등도 간척 사업이었죠.

김포나 고양에서도 한강 기슭을 대상으로 현대의 공유 수면 매립 사업과 비슷한 간척 사업이 이루어졌습니다. 고양시의 일산 신도시와 한강 사이에 자리한 현재의 장항동, 옛 장항3리는 〈본래 한강제방을 축조하기 이전에는 개펄이거나 대부분 갈대밭이었〉던 것을, 〈경지 정리를 통해 모두 황금벌판으로〉 바꾸었습니다.

　　장항동 일대는 1989년에 일산 신도시 개발 계획이 발표된 초기에는 일산 지역과 함께 택지 개발 될 예정이었지만, 지나치게 넓은 지역을 한꺼번에 개발하는 데 대한 부담으로 인해 취소되었습니다. 그랬던 장항동에서 지난 몇 년 사이에 고양장항공공주택지구·일산테크노밸리·CJ라이브시티 사업 등이 추진되면서, 30년 전의 계획이 드디어 실현되려 하고 있습니다. 제가 『우리는 어디서 살아야 하는가』에서 말씀드린 〈행정의 연속성〉을 이 장항동에서도 확인하고 있습니다.

　　장항동보다 더욱 뚜렷하게 간척 사업의 성과를 보여 주는 곳은 고양시 덕양구 신평동입니다. 신평동(新坪洞)은 한자로는 〈새로운 평야〉라는 뜻이고, 고유 한국어로는 〈새펄〉, 〈동녘펄〉이라 불렸습니다. 1925년의 을축년 대홍수 당시 한강의 범람 상황을 보여 주는 지도를 보시면, 신평리가 길쭉한 섬 모양을 띠고 있고 고양군의 다른 지역과 물길로 분리되어 있음을 확인할 수 있습니다.

　　이 신평리 섬(?)은 원래 김포 땅이었다가 언제부터인가 물길이 바뀌어서, 지도에서 보듯이 북쪽 고양 땅에 가까워졌다고 합니다. 신평리 섬 오른쪽의 곡선이 옛 한강 물줄기였다고 추정할 수도 있겠습니다. 김포군의 중심에서 보면 신평리는 동쪽에 있어서 〈동녘펄〉이라 불렸고, 1922년에 고양군에 넘어오면서 새로 얻은 평야라고 해서 〈새펄〉이라 불렸다고 합니다. 〈원래는 강가의 모래 벌판, 다시 말해 개펄이었는데, 일제 식민지 시대에 형편이 어려운 사람들이 모여 개간을 하여〉 마을을 이루게 되었다고 하네요.

　　이 지도를 보시면 제가 노란 선으로 표시해 둔 경의선의 서편 한강쪽 일산 지역이 1925년에 대부분 침수되었다는 사실을 확인하실 수 있

택지 개발 사업이 추진되면서 철거되는 장항동
곳곳.

갑곶나루
고양리
전류리
대명리
道畿京
이산포
산염
마무리
백석라
고양군
섬말(다리)
신평리
김포군
맨돌
강매리석교
염창리
마포

(위) 『1925년 조선의 홍수』에 실려 있는 「1925년 7월 18일 홍수: 한강 하류부 범람 구역도」(부분). 국립중앙도서관 소장.

(아래) 나무가 자라는 사진 속 개천 오른쪽이 예전에 김포에 속했던 땅이고, 사진 왼쪽은 고양 땅이었습니다. 2024년 3월.

습니다. 일산 신도시 일대가 연약 지반이라는 것은 널리 지적되는 사실입니다만, 대체로 경의선을 기준점으로 삼아서 생각하시면 될 듯하네요. 전근대에 서해안에서 들어온 소금배가 들어오던 뱃길상에 위치한 산염, 백석리(벌염), 맨돌, 강매리 석교, 그리고 서울의 염창과 마포가 모두 이때의 홍수에 잠긴 것은, 지리적 조건을 생각하면 당연한 결과라고 하겠습니다.

장항동의 산염(山鹽)은 〈소금을 실은 배가 마을 앞의 강을 지나가다가 침몰하여 마을 주변에 소금이 산처럼 쌓이게 되〉어 생긴 이름입니다. 지금의 백석동에는 〈마을 앞의 한강으로 배가 다니던 시절에 소금배를 대었던 곳이라 하여 붙여진〉 소금포떼, 지금의 경의선 백마역 근처에 있으면서 〈이곳에 소금을 실은 배가 들어왔던 곳이라 하여 붙여진〉 벌염 등의 지명도 있었습니다. 오늘날의 주엽동에 해당하는 주엽 5리에는 〈마을에 물이 범람하기 일쑤〉여서 〈배를 대었기 때문에 붙여진 이름인〉 부둣재 논이라는 곳이 있었고, 오늘날의 마두동에 해당하는 마두2리에는 〈을축년 홍수 때 이곳까지 배가 들어왔다〉는 전설이 전하는 따무산이라는 언덕이 있었다고 합니다.

또, 백석동이라는 지명이 비롯된 흰돌이 있는 흰돌산모탱이까지도 배가 들어왔다고 하네요. 흰돌은 이 지역 주민들의 신앙의 대상이었고, 지금도 일산열병합발전소 앞에 보존되고 있는데요, 흰돌이 놓여 있는 언덕 옆으로는 낮은 지대가 펼쳐져 있어서 예전에는 이곳까지 배가 들어왔다는 말이 실감 납니다.

흰돌에서 바라보이는 평야의 중간에는 지금도 섬말·섬말다리라는 지명이 남아 있습니다. 섬말은 〈홍수가 났을 때면 하천의 물이 다리 위로 넘쳐 이 마을로 흘러 들어와 마을은 마치 섬처럼 고립되〉었다고 해서 〈섬처럼 물에 포위되는 마을〉이라는 지명이 붙은 것이라고 합니다. 중국어식으로 쓰면 도촌(島村)이 되죠. 그래서 이 마을 옆을 흐르는 하천은 도촌천이라고 불립니다.

고양시에는 이 덕양구 내곡동의 섬말 즉 도촌뿐 아니라, 서북쪽으로 10킬로미터 정도 떨어진 일산서구 법곳동에도 도촌이 있습니다. 이곳 역시 내곡동의 섬말처럼 한강 물이 조금만 넘치면 섬처럼 변해 버리고는 했던 마을입니다. 일산 신도시의 동남쪽과 서북쪽에 존재하는 도촌 또는 섬말은, 일산 신도시를 포함한 이 일대가 예전의 범람지를 개간한 땅임을 보여 줍니다.

지금의 행주산성 일대도 예전에는 신평동처럼 사방이 물길로 둘러싸인 섬이었습니다. 그곳에는 주막이 많이 있어서, 뱃사공들이 한양 가던 중간에 이곳에 머물렀다고 합니다. 뱃사공들은 〈연안에 있는 커다란 돌에 끈으로 그들의 배를 묶었〉기 때문에, 〈이곳을 끈을 매는 돌 즉, 결석이 있는 곳이라 하여 결석리라고 부르던가 혹은 순수한 우리말로 맨돌리〉라고 불렀다 합니다. 지금도 이곳은 맨돌이라 불리는데, 처음 이 지명을 듣고는 참 신기한 이름이다 생각했더랍니다.

이 맨돌 근처에는 소금 장수들이 배를 대고 소금 포대를 부린 뒤 육지로 싣고 나가기 위해 1920년에 놓은 강매리 석교가 남아 있고, 석교 근처에는 지금도 하이킹하는 시민들이 쉬어 가는 식당과 슈퍼들이 성업 중입니다. 강매리 석교를 답사 갔다가 이 식당·슈퍼 앞에 자전거와 자동차가 모여 있는 모습을 보면서, 예전에는 이 근처에 소금배들이 이렇게 모여들었겠구나 하는 상상을 했었네요.

맨돌 버스 정류장에서 내려 행주산성 역사공원 입구에 도착하면, 양수장 앞에 「이공 가순 관개 송덕비」라는 비석이 세워져 있습니다. 지금까지 살핀 고양의 한강 기슭 일대에 관개 시설을 조성하는 사업을 주도한 이가순 선생을 기리기 위한 비석입니다. 이때 고양시 일대에 조

(위) 산염 마을회관. 2021년 4월.   (아래) 백석동의 흰돌. 2022년 1월

(위) 일산 신도시에서 섬말로 가는 도중에는 잘
보존된 기와집이 보입니다. 2024년 3월.

(아래) 일산 신도시 서북쪽의 도촌 마을회관.
경기도 고양시 일산서구 법곳동. 2024년 3월.

(아래) 도촌 마을회관 앞의 전신주에는 아직 일산
신도시 개발 전의 〈대화리〉라는 지명이 적혀
있습니다. 신도시 개발 전 일산읍의 경관을 전하는
도시 화석입니다. 2024년 3월.

(위) 맨돌슈퍼마켓. 2023년 3월.　　　　　(아래) 행주산성 일대의 관개 수로. 2021년 8월.

(위) 이공 가순 관개 송덕비. 2021년 8월.　　(아래) 이가순의 아들 이원재가 기증한 토지에
세워진 능곡교회. 2022년 10월.

성된 관개 시설은 지금도 현역으로 기능하고 있습니다. 이가순의 아들
인 이원재 선생이 토지를 기증해서 세워진 능곡교회는 지금도 삼성당
이라는 언덕 마을에 남아 있고, 그 옆으로는 이가순이 주도해서 조성한
관개 수로가 흐르고 있습니다.

지금까지 살펴본 것처럼 교동도·강화도에서 고양·김포를 거쳐
염창·마포까지는 새우젓으로 상징되는 뱃길이 이어져 있었습니다. 저
의 책『갈등 도시』의 앞부분에서 말씀드린 것처럼, 고려 시대에는 개성
에서 물길을 따라 부군당이라는 신앙이 지금의 서울까지 전파되었습
니다. 개성과 서울 사이의 물길에서 한가운데에 위치하는 교동도에는,
이 섬에 유배되었던 조선 시대 국왕 연산군을 신으로 모시는 부군당이
교동읍성 내에 세워져 있습니다. 교동도의 부군당은 부근당이라 불립
니다.

모 방송국의 촬영차 교동도에 가서 이 부근당을 찾아갔을 때, 마침
어떤 무당분이 관리자로부터 열쇠를 받아 부근당 문을 열고 계셨습니
다. 그분께 사정을 말씀드리고 연산군 부부를 그린 무신도를 사진으로
촬영할 수 있었네요. 이런 종교 시설은 평소에는 문을 잠가 놓기 때문
에, 이렇게 시설 내부를 촬영할 수 있었던 것은 행운이었습니다.

한편 서울 영등포의 당산동 부군당 근처 선유봉에는, 선유봉 처녀
나 강화도 처녀들이 결혼하기 전에 손각시귀라는 여신에게 굿을 치르
고 나서 결혼을 해야 한다는 전설이 전해지고 있습니다. 이 손각시귀는
결혼하지 못하고 죽은 원한을 품고 있기 때문에, 만약에 이렇게 굿을
치르지 않으면 처녀들의 결혼 생활이 순탄하지 않게 된다는 것이죠. 이
손각시귀도 부군당의 신앙 대상으로 추정되며, 교동도나 강화도를 통
해 부군당 신앙이 서울 지역까지 전파되었음을 증언하고 있습니다.

부군당 신앙뿐 아니라, 전라남도 나주에서 금성산의 산신을 금성

교동도의 부근당 안팎을 촬영했습니다.
2022년 1월.

(위) 전라남도에서 뱃길을 따라 경기도·서울
지역으로 전파된 금성 신앙의 모습을 전하는 서울
은평구 진관동의 금성당. 2024년 2월.

(아래) 김포 조강포 터에 세워진 비석. 2023년
4월.

(아래) 김포 고양포 터. 2023년 4월.

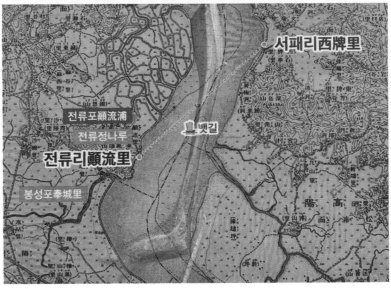

서패리西牌里

전류포顯流浦

전류정나루

뱃길

전류리顯流里

봉성포奉城里

(위) 김포 갑곶나루 터. 2023년 4월.

(아래) 김포 전류리 포구에 세워진 안내판. 이곳은 현재 군 작전 지역이어서, 포구 출입은 군의 통제를 받습니다. 2023년 3월.

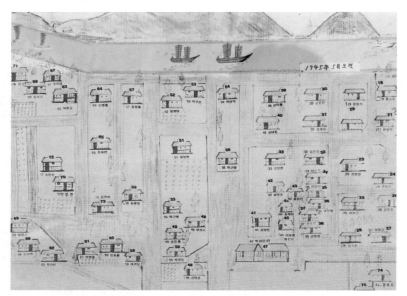

(위) 조강포가 있던 김포시 월곶면 조강2리
마을회관 앞에는 이 지역의 옛 뱃길에 대한
안내판이 세워져 있습니다. 2023년 4월.

(아래) 김포 대명항. 군사적 이유로 폐쇄된 호동천
하류의 옛 다리 너머로 김포와 강화도를 잇는
강화초지대교가 보입니다. 2023년 3월.

대왕으로 부르며 모시던 금성 신앙도 조기·소금을 실은 배와 함께 강
화도부터 서울 일대에 전해졌습니다. 수도권의 금성 신앙 시설은 대부
분 사라졌고, 서울 은평구 진관동에만 1800년대 후반에 지어진 금성당
이라는 건물이 진관 신도시 한복판에 남아 있습니다.

　　교동도와 강화도를 지난 배는 고양과 김포 사이의 한강을 따라 서
울을 향해 거슬러 올라갔습니다. 그래서 삼면이 강으로 둘러싸인 김포
에는 수많은 포구가 있었습니다. 6·25 전쟁 이후 북한 스파이의 침투
를 막기 위해 김포의 외곽을 철책으로 둘러쳐 버리면서, 조강포·갑곶
나루·고양포 등 수많은 포구는 모두 기능을 상실했습니다. 현재 한강
쪽에서는 전류리 포구에서만 제한적으로 어로 활동이 이어지고 있고,
강화도를 마주 보고 있는 대명항만 일반적인 항구로서 기능하고 있습
니다. 김포의 최북단인 월곶면 조강리의 마을회관에는, 이 일대에서 배
를 타는 것이 자유로웠던 1945년 5월 당시의 모습을 마을 주민이 그린
심상지도mental map가 게시되어 있습니다.

옛 미군 기지들이 증언하는 서해안의 지난 백 년

이처럼 서해안 전역과 서울·경기도를 이어 주던 물길은 1940~1950년대
에 막혀 버렸고, 현대 한국에서 서해안은 북한·중국과의 국경으로서
자리매김되었습니다. 강화도에서 전라도까지 한국의 서해안에는 북
한과 중국을 경계하여 미군 부대들이 다수 주둔하고 있었습니다. 그 가
운데 일부는 사라졌지만, 일부는 한국군에 승계되어 여전히 사용 중입
니다.

　　미군 기지가 주둔한 지역들 가운데 가장 북쪽은 인천 강화군 하점
면 부근리였습니다. 이곳에서 태어나서 입양된 혼혈인들이 자신의 출
생지를 찾아와서 화제가 된 적이 있습니다. 한때 이곳에는 백여 명의

미군 위안부가 거주하고 있었다고 하니, 이들과 미군 사이에서 태어난 혼혈인들도 많았을 터입니다.

이 당시 혼혈인들의 방문을 전하는 뉴스에는 옛 미군 기지촌의 집과 길을 찍은 사진이 실려 있었는데, 제가 답사 갔을 때에도 그 사진 속의 모습이 그대로 남아 있더군요. 지금도 강화도 북쪽의 고려산에는 미군 레이더 기지가 있어서, 이곳이 한국의 최전방임을 보여 주고 있습니다.

강화도뿐 아니라, 인천·부천·서울이 만나는 김포공항 주변과 부평 일대에도 대규모의 미군이 주둔했습니다. 김포공항 주변의 미군 기지촌인 오쇠리에 대해서는 『대서울의 길』에서 말씀드렸죠.

인천 부평구의 미군 부대들은 워낙 대규모로 주둔하고 있어서, 이곳은 애스컴 시티ASCOM City라 불렸습니다. 국제 정세의 변화에 따라 대부분 충청남도 보령시 등 다른 지역으로 재배치되고 캠프 마켓이라 불리는 빵 공장만 남아 있는데, 이 캠프 마켓도 조금씩 규모를 줄이고 있습니다.

이외에 인천 구도심 남쪽의 용현동에 있던 미군 저유소는 한국의 유공으로 넘어갔다가 아파트 단지로 재건축되었고, 그 근처 문학산 정상에 1965년부터 주둔하던 미군 방공포 부대는 1977년부터 한국군으로 넘어왔다가 일부가 시민에 개방되었습니다.

이렇게 인천에 한때 대규모로 미군이 주둔하면서, 그 부산물로서 여러 가지 사회 현상이 발생했습니다. 애스컴 시티 앞의 기지촌은 새로 만들어진 마을이라는 뜻으로 뉴타운 즉 신촌이라 불렸습니다. 여기서 미군을 상대로 음악을 하던 가수들이 시작한 새로운 음악이 한국 대중 음악의 기원이라고 주장되기도 합니다. 또 미군의 폐품 처리장이 운영되던 인천 구도심 외곽의 숭의동에는 공구 상가가 형성되어 오늘날에

(위) 강화도의 옛 미군 기지촌. 2022년 11월.　　(아래) 인천 부평의 캠프 마켓 부지 가운데 최근 공원으로 개방된 구역. 2023년 9월.

이르고 있습니다.

한편 서울·경기·인천뿐 아니라 충청남도 이남 지역에도 한미 양국 군의 부대들이 한때 배치되었거나 지금도 배치되어 있습니다. 이들 부대의 타깃은 북한이 아니라 중국이라고 보는 것이 타당할 것입니다. 태안군 소원면 의항리에서 인류학 조사를 하던 빈센트 브란트 선생은 커피와 빵을 찾아 태안 시내 백화산의 캠프 사라피Camp Sarafi를 찾아간 경험을 『한국에서 보낸 나날들』에서 자세히 소개하고 있습니다. 이 내용은 태안군을 다루는 8장에서 자세히 살펴보겠습니다.

홍성군 광천읍 지기산에는 리노 힐Reno Hill이라는 미군 부대가 주둔하고 있었습니다. 보령시 신흑동의 대천해수욕장 부근의 미군 미사일 기지 주변에 형성된 기지촌은 꽤 유명해서, 뿌리깊은나무의 『한국의 발견: 충청남도』에도 꽤 길게 소개가 되어 있을 정도입니다.

(대천해수욕장) 그 곁에 있는 미군 부대의 미군들에게 따로 〈양색시촌〉을 만들어 주기 전까지만 해도 이곳의 상점과 여관들은 여름이 아니라도 경기가 심심치 않았다. 밤이면 미군들이 몰려나와 이곳저곳의 바람난 여자들과 지금까지도 남아있는 몇몇 〈싸롱〉에서 춤도 추고 술도 마시고 여관에서 함께 자기도 했기 때문이다. 그러나 혼혈아가 생기고 이런저런 탈들이 많아지자 근처 마을에서 들고 일어나 마침내 미군 부대 옆에 양색시촌을 따로 두게 되자 이곳의 여관들에는 미군의 발길이 끊겼다. 그래서 이곳에서 오래 장사를 해온 사람들 중에는 그렇게 된 것을 아쉬워하는 사람도 더러 있다.

이 설명에도 나와 있듯이 기지촌이 형성되자 원래 살던 주민들이

(위) 충청남도 홍성군 광천읍의 옛 미군 기지 리노 힐의 흔적. 2022년 11월.

(가운데) 충청남도 보령시 신흑동의 옛 미군 기지촌 흔적. 2021년 5월.

(아래) 전라북도 군산동항 동남쪽 하제 마을에서 퇴거에 불응하여 아직 남아 있던 집들. 2020년 11월.

반발하는 바람에, 다른 지역에 기지촌이 새로 생기게 되어 새말이라 불리게 되었다고 합니다. 미군 위안부 여성들이 국가를 상대로 손해 배상 청구 소송을 진행 중이라는 내용의 기사에는, 이 마을이 갓배 마을이라 불렸으며, 1958~1977년 사이에 존재했다는 언급이 보입니다. 미군이 주둔하던 부지에는 현재 한국군이 주둔하고 있고, 새말·갓배 마을의 흔적은 몇 채의 건물로써 간신히 남아 있을 뿐입니다. 이 부대를 포함해서 보령에는 국군 휴양 시설 및 공군 사격장 등의 군사 시설이 다수 주둔하고 있습니다. 충남 보령은 경기도 이천과 함께, 대부분의 시민들에게 알려져 있지 않은 한국의 대표적인 군사 도시라는 특성을 지니고 있습니다.

전라북도에서는 군산공항이 현역 미군 기지로서 위치하고 있습니다. 군산공항은 최근에도 동남쪽의 하제 마을을 편입하며 확장되고 있으며, 현재 계획 중인 새만금공항도 군산공항의 확장으로서 해석하는 경향이 있습니다.

군산공항은 식민지 시기에 건설되어 미군이 인계받아 오늘날에 이르고 있는데요, 공항이 만들어지기 전에는 상제·중제·하제 마을이라는 세 개의 마을이 이곳에 자리하고 있었습니다. 1916년의 5만분의 1 지도에는 이 세 마을이 좁은 반도에 나란히 놓여 있고, 서쪽으로는 서해 바다, 동쪽으로는 염전이 보입니다.

이로부터 40년 뒤인 1956년의 5만분의 1 지도를 보면, 중제 마을이라는 지명은 비행장에 편입되어 지워졌고, 상제 마을까지 비행장의 권역이 뻗어 있습니다. 하제 마을만 자연 마을의 형태를 남기고 있죠. 그리고 1964년 5만분의 1 지도에서는 상제 마을이라는 지명도 지워졌습니다. 그리고 이번에는 하제 마을이 사라지게 된 것이죠.

상제·중제·하제 마을의 동쪽에 있던 염전은 농지로 개량되었는데, 이곳에는 1호촌, 2호촌, 3호촌, 4호촌······ 하는 식으로 번호를 매긴 간척 마을이 조성되었습니다. 이 가운데 오늘날에는 4호촌 마을만이 당시의 지명을 남기고 있습니다.

마을들의 동쪽뿐 아니라 서쪽 바다도 군산공단과 새만금이라는 이름으로 간척되었습니다. 지난 백여 년간 서해안 일대에서 일어났던 간척 사업과 마을의 소멸, 군사적 최전방으로서의 자리매김과 공업화 과정을 압축해서 보여 주는 곳이 바로 이 군산공항 일대라고 할 수 있습니다.

김제시청과 전주시청의 중간 정도에 자리한 김제시 황산동에는 나이키 미사일 부대인 캠프 에코 힐Camp Echo Hill이 주둔했습니다. 이처럼 강화도에서 전라북도까지 미군은 한국 서해안에 넓게 주둔하며 북한·중국의 군사적 위협에 맞섰습니다. 미군 기지 이외에도 서산·광주 등에 주둔한 한국군 기지들 역시 마찬가지 목적을 지니고 있습니다. 광주공항에는 미군 파견대가 주둔하고 있어서 넓은 의미에서 미군 기지로서의 성격을 띠고 있다고 할 수 있겠습니다.

여기까지 살펴본 것과 같이 서해안은 한국 그리고 자유민주주의 진영의 최전선입니다. 공산당의 중국 장악과 6·25 전쟁으로 인해 서해안과 한강 사이를 오가던 뱃길이 끊겨 버림과 동시에 시작된 서해안의 최전선으로서의 성격은, 러시아-우크라이나 전쟁이 상징하는 향후 신냉전 상황 속에서 더욱 강화될 것으로 예상됩니다. 군산의 상제·중제·하제 마을과 주변 바다의 변화가 보여 주듯이, 한국의 서해안 지역은 문명의 최전선이었고, 앞으로도 한국의 미래 모습을 가장 앞서서 보여 주는 지역일 터입니다.

1916년 5만분의 1 지도(부분)에 보이는
상제·중제·하제 마을. 조선총독부 육지측량부
발행, 1919.

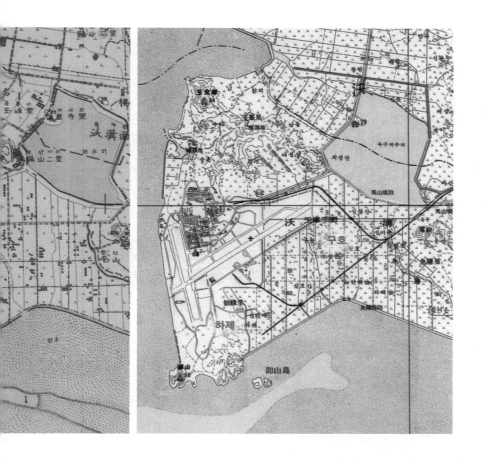

1956년 5만분의 1 지도(부분)에 보이는
군산비행장과 상제·하제 마을. 삼능공업사 발행,
1956.

1964년 5만분의 1 지도(부분)에 보이는
군산비행장, 하제 마을, 구호 마을.
국립건설연구소 발행, 1964.

(위) 전라북도 김제시 황산동에 주둔하던 캠프
에코 힐 주변의 오아시스 유엔 클럽Oasis UN Club
건물. 2021년 4월.

(아래) 군산 지역의 간척 과정을 증언하는 사호촌
마을회관. 2020년 11월.

(위) 서산공항을 민간 공항으로도 사용하게
해달라는 내용의 플래카드가 서산시 해미읍성
근처에 걸려 있었습니다. 2023년 5월.

(아래) 광주공항이 건설되면서, 그곳에 살고 있던
주민들은 이주하여 신야촌이라는 마을을 새로
조성했습니다. 그 뒤로도 전투기 소음 때문에
우환에 시달리던 주민들은 사진 속의 〈신야촌 마을
연혁 창녕 기원비〉를 세워 마을의 안녕을 기원하고
있습니다. 2023년 4월.

3
염전에서 공단으로:
인천·시흥·안산

염전에서 공단으로, 아파트로 바뀐 땅

잘 알려져 있는 것처럼, 한때 한국의 서해안과 남해안에는 염전이 넓게 펼쳐져 있었습니다. 이 가운데 인천·시흥·안산 지역에는 한국 최초의 염전인 주안 염전을 비롯해서 오늘날 남동공단으로 바뀐 남동 염전, 생태 공원으로 경관이 보존되어 있는 소래 염전, 반월공단으로 바뀐 군자 염전 등이 있었습니다. 1969년에 촬영된 항공 사진에는 이들 염전 및 반월 신도시 개발 전에 농경지로 간척된 안산의 고잔뜰, 그리고 시화 방조제가 만들어지면서 육지 속의 언덕으로 바뀐 우음도·형도·터미섬·어섬·선감도 등이 보입니다. 이제는 돌이킬 수 없을 정도로 바뀐 인천·경기도 서해안 지역의 옛 모습이 아련합니다.

한국 최초의 염전인 주안 염전은 구한말에 조성되었습니다.

한반도에서는 전통적으로 바닷물을 끓여서 소금을 만드는 자염(煮鹽) 제법이 사용되어 왔고, 자염을 제조하던 곳을 벗터라고 하여 지금도 전국 바닷가에 이 지명이 많이 남아 있습니다. 천일염 제법은 자염에 비해 대량으로 소금을 생산할 수 있는 신기술이었습니다. 주안 염전에 적용된 기술인 천일염 제조법은 당시 일본의 식민지였던 타이완을 통치하던 타이완 총독부로부터 일본인 기술자를 통해 전해졌습니

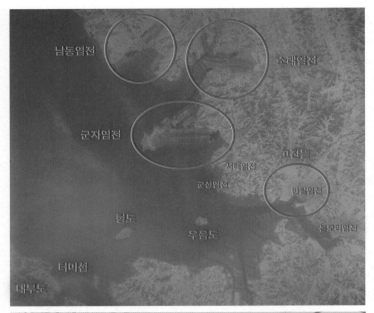

남동염전　　　소래염전

군자염전

고잔뜰

서해염전

군성염전

반월염전

혈도

우음도

분모리염전

터미섬

대부도

신덕촌

화동

북　과

UN교

길파

구내 소금 창고

주안역

(위) 1969년 항공 사진에 보이는 인천·시흥·안산 앞바다의 염전.

(아래) 1977년 5천분의 1 지도(부분)에 보이는 주안역과 주안 염전 일대. 국립지리원 발행, 1977.

(위) 주안 염전 기념비. 2023년 11월.　　　　(아래) 공단으로 바뀐 주안 염전의 현재. 2019년 6월.

다. 그러므로 주안 염전이 조성된 것이 대한제국 시기라고 해서, 대한
제국이 능동적으로 천일염 제조법을 들여온 것이라고 이해할 수는 없
습니다.

　지금은 주안국가산단으로 바뀐 인천 부평구 십정동의 옛 주안 염
전 터에는 〈한국 최초의 천일염전지〉라는 비석이 있습니다. 이 비석에
서는 천일염 제조법이 어디로부터 누구를 통해 한반도에 소개되었는
지는 침묵하고 〈구한말 융희 원년(1907년) 나라에서 천일제염을 계
획〉했다고만 적고 있어서 사건의 전말을 알기가 어렵게 되어 있습니다.
아무튼 주안 염전으로부터 시작된 한반도의 천일염 제조는 한반도의
동서남해안에서 널리 이루어지게 되었습니다.

　1930년에 출판된 『경기도 군세일반 부천군』이라는 팸플릿이 종
로도서관에 소장되어 있는데요, 이 문헌에 실려 있는 지도를 보시면,
주안 염전과 남동 염전을 벽돌 쌓은 모양으로 표시한 것이 인상적입니
다. 아직 소래 염전과 군자 염전은 조성되어 있지 않네요.

　한편 이 지도에 그려진 대부분의 지역이 지금은 인천광역시이지
만, 20세기 전기에서 중기까지는 대부분 부천군에 속했습니다. 지금의
부천시는 옛 부천군 소사읍만 떼어 내서 1973년에 시로 독립시킨 것입
니다. 부천군이 해체되기 1년 전인 1972년에 출판된 『제12회 통계연
보』에는 「군민의 다짐」이라는 글이 실려 있는데요, 여기에는 〈소래 계
양산의 높은 기상과 여섯섬 서해의 슬기 넘치는 경인간 요충인 내고장
부천〉이라는 대목이 나옵니다. 이 계양산과 영종도·북도·용유도·덕
적도·영흥도·대부도의 여섯 섬 모두 지금은 인천에 속합니다.

　1977년 5천분의 1 지도를 보면, 경인선 주안역 북쪽에 〈구내 소
금 창고〉가 보입니다. 염전을 매립해서 공장을 만드는 중간중간에 길
파·화동·신덕촌 같은 바닷가 마을들도 아직 보이네요. 이들 옛 바닷가

마을들은 오늘날 모두 택지 개발되어 흔적을 찾기 어렵습니다만, 인천 서구 가좌동에는 아직 예전 마을의 구조와 옛집이 남아 있습니다. 특히 18세기에 만들어진 관해각이라는 이름의 옛집은 현재 카페로 리모델링되어 개방되어 있고, 그 근처에는 코스모40이라는 이름의 문화 공간도 있습니다. 공단과 택지 지구만 가득할 것 같은 이 지역에 숨어 있는 뜻밖의 장소이니, 답사해 보셔도 좋겠습니다.

　주안 염전과 더불어 인천에서 이른 시기에 조성된 남동 염전과 그 주변의 동막 개펄은, 한때 결핵 환자들이 요양하러 올 정도로 공기 맑고 물 맑은 곳이었습니다. 하지만 염전을 매립해서 남동공단을 만들고 나서는 예전 경관을 상상하기 어렵게 되었습니다. 예전의 인천결핵요양원을 계승한 인천적십자병원이 옛 남동 염전의 존재를 증언하는 도시 화석으로 남아 있을 뿐입니다. 그리고 예전에 인천결핵요양원을 의지해서 결핵 환자들이 이곳에 모여들었듯이, 지금은 인천적십자병원을 의지해서 사할린 귀국 동포들이 이 근처에 거주하고 있습니다.

　남동 염전의 서쪽에서 인천적십자병원이 예전 경관을 남기고 있다면, 동쪽 논현동에는 괴하·갈뫼·북촌·서촌·동촌·남촌 같은 예전 마을들이 마을 구조와 지명을 남기고 있습니다. 뒤편에 게재한 1977년 5천분의 1 지도에 보이는 옛 반도(半島)의 형태와 반도 내부의 지리적 구조는 현재의 위성 사진에서도 뚜렷이 확인됩니다.

　예전에는 남동 염전 서남쪽으로 서해 바다가 잘 보였겠지만, 지금은 좁은 물길 너머로 신도시가 펼쳐져 있습니다. 바다를 매립해서 건설되고 있는 송도 신도시입니다. 송도 〈신도시〉라는 이름이 있다면, 〈구송도〉도 있었을 터입니다. 협궤 열차 송도역에서 내려 조금만 걸으면 나타나는 옛 송도해수욕장까지, 이 일대를 송도라고 불렀습니다. 인천뿐 아니라 경성·서울에서까지 찾아오는, 부산 해운대나 강릉 경포대

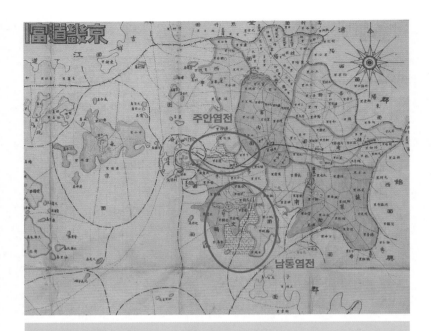

1. 군민의 다짐

(머리글)   부천군은 경인간의 중간에 위치한 중요지대로서 수도 서울의 관문
이며 세계 각국의 선박이 드나드는 항구도시 인천을 둘러싸고 서해에
산재해 있는 6개 도서면으로 형성된 고장입니다.

    아름답고 살기좋은 내고장을 알차고 살지게 우리손으로 꾸며 나가기
위하여 만든 우리 군민의 다짐을 서로 서로 도우며 이끌어 나가 보다
나은 내고장을 이끌어 나갑시다.

(본문)   소래 계양산의 높은 기상과
                여섯섬 서해의 슬기 넘치는
                경인간 요충인 내고장 부천
                푸른 뜻 깊은 정이 어울렸으니
                성실 믿음 사랑의 힘을 모아
                줄기차게 창조하는 군민이 되자

(위) 『경기도 군세일반 부천군』에 실려 있는 지도.   (아래) 1972년에 출판된 『제12회 부천군
통계연보』에 실려 있는 부천군민의 다짐.

(위) 카페로 바뀌기 전 가좌동 고택 〈관해각〉.
2019년 5월.

(아래) 카페로 바뀐 가좌동 고택 〈관해각〉.
2023년 11월.

受賞回數：第 1 回 （1962年）
姓 　 名：심재갑 （沈載甲）
生年月日：1933年 12月 31日生
本 籍 地：경기도 인천시 북구 가좌동 261번지
住 　 所： 　 上 　 同
現 　 職：인천 철마산 농원대표

심재갑 상록수

功績事項

　일찍이 中学 3 学年의 어린나이로 내 自身을 갖고 닦기에 앞서 내 이웃을 가르치겠다는 굳은 信念아래 文盲退治 農民啓蒙을 위하여 가좌 農民学院을 創立하여 施設의 不足으로 塩田倉庫를 利用 夜間教育을 実施하여 왔으며 農民 스스로가 알아야겠다는 意慾을 갖게 되므로 그들을 啓蒙할 수 있는 文化施設의 一環策으로 農村図書館을 創設하여 図書를 蒐集하여 기증하는등 地域 文化開発과 社会 福祉向上에 貢献한 바 至大 하였으며 向接 政府로부터 垈地 및 資材를 援助받아 校舍를 新築하고 学校設立을 認可받아 無料 教育을 実施하여 農漁村民들에게 多大한 功績을 끼쳐 향토 교육발전에 크게 공헌하였다.

略 歴

서울大学校 法科 卒業
서울大学校 法科大学 学生会長
서울大学校 總 学生会長
인천시 諮問委員
제물포 高等学校 校長
国際 青年会議에 韓国代表로 참석 （日本）

賞勲関係

国民勲章 폭련장
인천시장 감사패
경기도지사 감사장
문교부장관 표창장
향토문화공로상 （문화공보부장관）

(위) 〈관해각〉을 소유한 집안에서 폭넓은 사회
활동을 벌인 심재갑 선생을 소개한 책자의 지면.
『한국의 인간상록수』(1978) 수록.

(아래) 가좌동의 옛 지형이 남아 있는 마을.
2021년 12월.

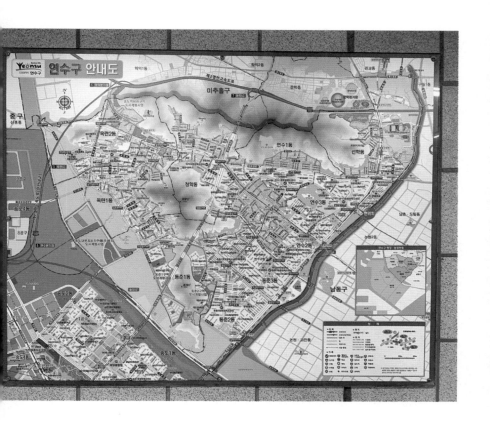

인천 지하철 1호선 신연수역 구내에 게시되어 있는 연수구 안내도. 옛 남동 염전이 바뀐 남동 공단, 옛 송도유원지의 현황, 송도 신도시 개발 상황 등이 잘 나타나 있습니다. 2020년 8월.

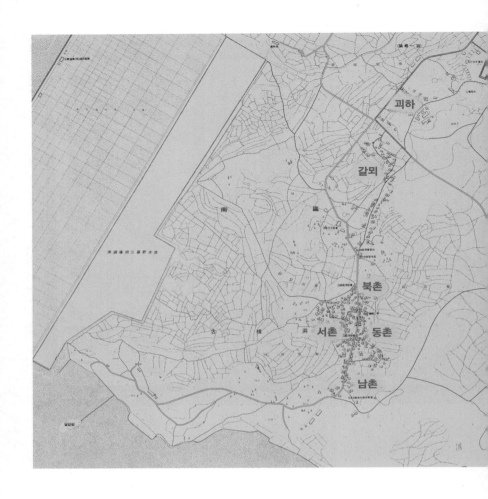

1977년 5천분의 1 지도(부분)에 보이는 논현동과
남동 염전. 국립지리원 발행, 1977.

현재의 논현동과 남동 염전.

(위) 옛 고잔동 괴하 마을. 2024년 2월.　　　　(아래) 옛 고잔동 갈뫼 마을. 2024년 2월.

옛 고잔동 서촌. 2024년 2월.

(위) 옛 고잔동 동촌. 2024년 2월. (아래) 옛 고잔동 남촌. 2024년 2월.

같은 유명한 바다 휴양지였습니다.

여담이지만 몇 년 전에 〈송도〉라는 지명이 어디를 가리키는가를 둘러싸고 흥미로운 논란이 SNS상에서 있었습니다. 어떤 사용자가 〈송도에 식물원같은 카페왔다.....신기해〉라고 SNS에 올리자, 몇몇 송도 신도시 주민들이 그곳은 송도 신도시가 아니라 구 송도 지역이니까 송도라고 부르면 안 된다는 코멘트를 남긴 것입니다.

이런 상황을 본 어떤 분의 코멘트가 〈송도〉라는 지명을 둘러싼 갈등의 본질을 잘 보여 주었습니다. 〈작성자가 송도라고 썼는데 실제 위치는 송도 아니다라고 뭐라하는 사람들아 원래 저 지역이 송도였어요...지금 이름이 바뀌었지만 아직도 사람들은 여기를 송도라고 하고 당신들이 알고 있는 곳은 송도《신도시》라구요...진짜 개짱나.....〉〈송도〉라는 지명이 가리키는 곳은 어디인가? 구 송도와 송도 신도시 주민들 사이의 몰이해와 갈등이 우연한 계기로 드러난 사례입니다.

조선 총독부에서 1936년 7월에 출판한 잡지 『조선』에, 인천 부윤(지금의 인천광역시장)인 나가이 데루오가 쓴 「반도 도부의 대관: 인천부」라는 글이 실려 있습니다. 여기에는 〈경인간 경제 블록을 형성하여, 장차 형식적이든 실질적이든 경성과 인천이 하나가 되어 대도시를 이〉루게 되었을 때, 인천은 관광 도시로서 특성을 갖게 될 것이라는 기대를 담고 있었습니다. 그리고 이 송도해수욕장은 관광 인천의 핵심이자, 경성과 인천을 하나로 묶은 메트로폴리스 〈경인(京仁)〉을 대표하는 관광지가 될 것으로 기대되었죠.

그의 기대대로 송도해수욕장은 〈호텔을 비롯하여 모든 오락 시설이 갖추어져 있〉는 수도권의 대표적인 해수욕장으로서 수십 년간 운영되었으며, 1960년대에는 〈서울에서 직행버스가 수시로 내왕〉할 정도로 서울에서도 찾아오는 사람이 많았습니다. 하지만 한때 인기를 끌던

1990년 5천분의 1 지도(부분)에 보이는 협궤
수인선 송도역, 송도역전 시장, 송도해수욕장.
국립지리원 발행, 1990.

(위) 아암도에서 본 송도 신도시. 2023년 11월.　　　　(아래) 지금도 개발이 진행되고 있는 송도 신도시.
　　　　　　　　　　　　　　　　　　　　　　　　2024년 2월.

유원지나 백화점이 세월의 흐름과 함께 낡아 가는 것은 세상의 이치여서, 송도해수욕장도 결국 2011년에 폐업했습니다.

그 후 해수욕장 부지의 대부분은 아랍 지역 상인들을 대상으로 하는 중고차 매매 단지로 사용되고 있고, 일부 구역에는 테마파크 사업 계획이 세워져 있지만 오염 및 소송 등의 문제로 인해 계속 지연되고 있는 상황입니다. 그리고, 예전에 송도해수욕장에서 바라보이던 서해 바다에는 송도 신도시가 나타났습니다.

송도해수욕장이 운영되던 시기에 그 앞바다에는 아암도라는 섬이 있었습니다. 이 섬과 관련해서는 1995년 11월 25일에 노점상 이덕인 씨가 의문사한 것이 유명합니다. 이 아암도는 오늘날 매립되어 육지의 언덕으로 바뀌어 있는데요, 이곳에서 서쪽으로 바라보면 섬의 해안선 과 송도 신도시의 스카이라인이 초현실적인 경관을 만들어 내고 있습니다.

이제 우리는 지금의 인천과 시흥에 걸쳐 조성된 소래 염전을 찾아갑니다. 소래 염전 다음에는 시흥에 조성되었던 군자 염전을 살펴볼 것 이어서, 인천 땅을 떠나기 전에 인천의 어떤 사라져 가는 마을에 대한 말씀을 잠시 드리고 싶습니다. 송도해수욕장과 마찬가지로 이제는 사라진 공간인 계양구 효성동의 〈포도밭들〉, 그리고 그 이름이 외부에 알려지지 않은 〈거위 마을〉이 그것입니다.

인천 계양구 효성동의 서북쪽 산기슭에서는 몇 년 전부터 효성구역도시개발이라는 이름의 개발 사업이 추진되었다가는 엎어지기가 되풀이되고 있습니다. 저는 2020년 초에 이 지역을 찾아갔는데, 산기슭 의 마을은 이미 상당히 주민이 빠진 뒤였습니다. 재개발을 둘러싼 혼란 과 물리적 충돌이 지속되다 보니, 거주하기에 쉽지는 않은 환경으로 느껴졌습니다.

　　마을에서 동남쪽으로 계양구 시내를 바라보면 길고 넓은 빈 땅이 보입니다. 예전 지도에는 이 빈 땅에 〈포도밭들〉이라는 지명이 적혀 있고 과실수 표기가 되어 있어서, 포도를 길렀음을 알 수 있습니다. 이 일대에 경인고속도로와 경인공업지대가 들어서면서 과실수 표기가 서서히 사라지고, 최근 지도에서는 포도밭들이라는 지명도 사라졌습니다. 또, 그 사이에 포도밭들 동북쪽 공동묘지에 거위 마을이 들어섰음을 지도의 비교를 통해 확인할 수 있습니다. 인천의 한쪽 산비탈에서는 포도밭들이라는 지명이 사라지고, 묘지에 들어선 사람들이 스스로 붙였을 거위 마을이라는 지명은 기록도 되지 않은 채 마을과 함께 사라져 가고 있었습니다.

　　마을 길을 걷다가, 남쪽으로 인천 시내가 잘 바라보이는 곳에서 마을회관을 발견했습니다. 회관 앞에는 거위 마을회관이라는 이름이 적힌 비석이 서 있었고, 1994년 5월 7일에 이 비석을 세웠다는 내용이 뒷면에 새겨져 있었습니다. 자신들의 마을이 〈만만세세 이어〉지기를 기원하는 내용이었습니다. 하지만, 20여 년이 지난 지금, 마을은 사라지려 하고 있었습니다. 자신이 사는 곳에서 죽을 때까지 지내는 것이 사치스러운 행동인 현대 한국 시민들의 삶을 상징하는 것 같은 쓸쓸한 모습이었습니다.

　　거위 마을회관 // 마을주민들의 삶을 설계하는 장소이며 주민 여러분의 작은 힘이 모아져 이루어진 곳입니다 만만세세 이어질지어다 1994.5.7 주민 일동

　　이곳을 답사한 뒤로 효성동 거위 마을에 대해 알아보려고 검색도 해보고 국토지리정보원의 예전 지도들도 살펴보았지만, 마을의 유래

인천 계양구 효성동의 포도밭들과 공동묘지,
임촌말, 이촌말을 보여 주는 1977년 5천분의 1
지도(부분). 국립지리원 발행, 1977.

인천 계양구 효성동의 포도밭들과 거위 마을,
임촌말, 이촌말을 보여주는 2012년 5천분의 1
지도(부분). 국토지리정보원 발행, 2013.

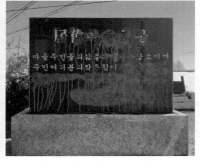

(위) 옛 포도밭들과 거위 마을을 대상으로
이루어지고 있는 재개발 사업 상황. 2020년 2월.

(아래) 옛 거위 마을회관 앞에 놓여 있던 비석.
2020년 2월.

는 물론이려니와 이 마을 이름 자체도 찾을 수가 없었습니다. 아마 계양구와 관련된 자료를 샅샅이 훑으면 어딘가에 등장할지 모르겠습니다만, 저는 지금까지 실마리를 찾지 못한 상태입니다.

　한국의 어디에서나 재개발이나 택지 개발로 마을이 사라져 가는 모습을 흔히 볼 수 있습니다만, 인천에서도 그것은 마찬가지입니다. 제가 이 책을 쓰고 있는 2024년 현재 추진되고 있는 계양 3기 신도시 현장에 갔더니, 신도시 개발에 반대하는 측에서 〈3기 신도시에 개줄 엮듯이 엮어 끌고다니는 정권은 하야하라〉, 〈아파트값 고공행진 땅값까지 고공 / 3기 신도시 농민들 갈데없다〉라는 플래카드를 길 한편에 걸어놓았더군요. 플래카드 너머로는 부평 분지의 상징적인 존재인 계양산이 보였습니다.

　염전 이야기로 돌아오겠습니다.

　지금의 인천광역시와 시흥시에 걸쳐 조성된 소래 염전은 오늘날에도 대부분 생태 공원의 형태로 옛 경관을 남기고 있습니다. 소래 염전의 인천 쪽 입구 지점에 자리한 소래포구는, 2004년에 처음 답사했을 때는 협궤 수인선이 운행을 정지한 지 10년이 지나면서 함께 쇠락하고 있다는 느낌을 받았더랍니다.

　하지만 수인분당선이 운행을 재개하고 소래포구 주변의 인천 남동구 논현동에서 대규모로 택지 개발이 이루어지면서, 소래포구도 20년 사이에 모습이 많이 바뀌었습니다. 예전부터 유명한 식당이던 호구포식당 주변의 길과 건물들만이 예전 모습을 남기고 있습니다. 하지만 호구포식당도 최근 폐업했고 그 주변으로는 고층 아파트 단지가 속속 들어서고 있어서, 이 옛 블록을 볼 수 있는 날도 얼마 남지 않았다는 생각을 하게 됩니다.

　소래 염전의 시흥시 구역에는 옛 염전 창고와 사무소 건물, 그리고

(위) 3개 신도시 반대 플래카드. 2021년 8월.

(아래) 1977년 5천분의 1 지도(부분)에 보이는
소래 염전과 소래포구. 국립지리원 발행, 1977.

(위) 옛 소래포구의 경관을 남기고 있는 마지막
구역. 2004년 10월 이 모 씨 촬영.

(아래) 옛 소래포구의 경관을 남기고 있는 마지막
구역. 2024년 2월.

(위) 시흥시에 남아 있는 옛 소래 염전 노동자 사택 단지의 마을회관. 2021년 10월.

(아래) 현재의 시흥시 모처에 남아 있는 염전 사무소에서 발견된 소래 염전 평면도. 2023년 11월.

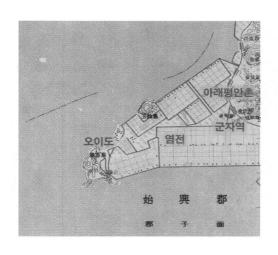

(위) 1969년 5만분의 1 지도에 보이는 오이도 앞
군자 염전. 국립건설연구소 발행, 1969.

(아래) 『1979년 새마을운동: 시작에서
오늘까지』에 실려 있는 오이도 마을 전경과 새마을
지도자.

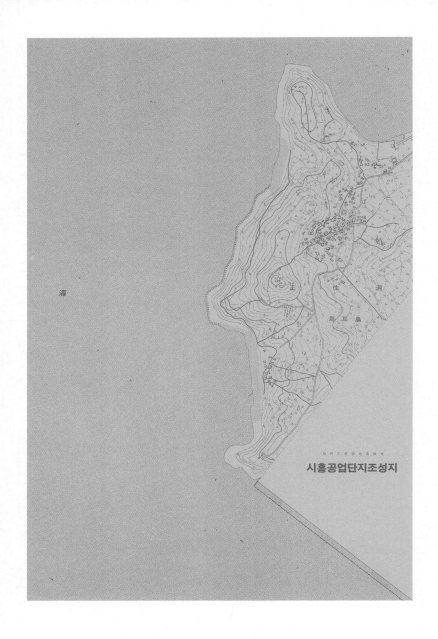

海

住洞

烏耳島

시흥공업단지조성지

1990년 5천분의 1 지도(부분)에는 아직 오이도
마을의 원형이 남아 있는 것으로 나타납니다.
국립지리원 발행, 1990.

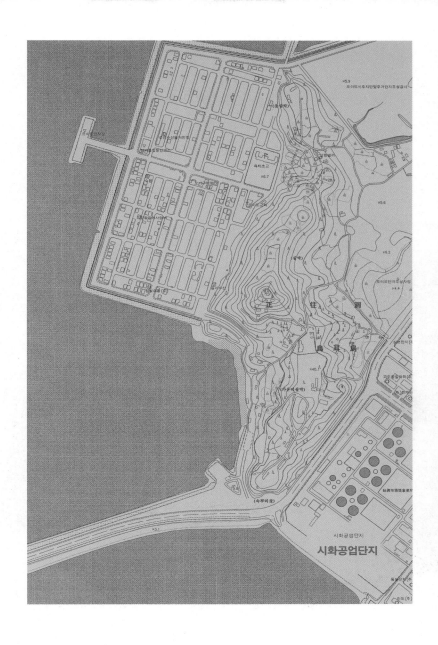

2002년 5천분의 1 지도(부분)에는 오이도 마을이
사라진 것으로 나오고, 주변으로 공단 및 횟집
타운이 들어서 있습니다. 국립지리원 발행, 2002.

옛 염전 노동자들이 집단으로 거주하던 사택 단지가 남아 있습니다. 이
건물에서는 최근 「소래 염전 평면도」를 비롯한 여러 점의 문헌이 발굴
되기도 했는데요, 이 지도는 우연히도 소래 염전의 시흥시 구역만 남겨
진 채로 찢겨 있더군요.

　한편 지금의 시흥시 서남부에는 바닷가에서 오이도에 걸쳐 군자
염전이 조성되어 있었습니다. 1923년에 제방을 쌓아 오이도와 육지를
연결하면서 만들어진 염전입니다.

　1979년에 내무부가 출판한 『1979년 새마을운동: 시작에서 오늘
까지』에는, 마을에서 협궤 수인선 군자역까지 6킬로미터의 도로를 놓
아서 버스가 운행하게 만든 이야기가 모범 사례로서 소개되어 있습니
다. 버스가 다니지 않는 바람에 주민들이 〈농산물과 수산물을 머리에
이거나 지게에 지고 군자역까지 걸어나가 판매해야〉 하는 애로가 있었
다는 것이죠. 부녀회원들은 마을 남성들의 반대를 물리치고 이 사업에
성공해서, 〈문명은 도로를 타고 들어온다〉는 진리를 오이도 마을에 가
져왔다고 합니다.

　그 후 군자 염전은 매립되어 반월공단으로 바뀌었고, 오이도 마을
도 철거되어 공원으로 바뀌었습니다. 마을 남성들이 일하던 염전은 공
단으로 바뀌었고, 마을 앞바다는 횟집 타운으로 바뀌었습니다. 『대서
울의 길』에서 말씀드린 것처럼, 협궤 수인선 군자역을 이어받은 수도
권 전철 4호선·수인분당선 정왕역에는 옛 군자 염전의 모습을 형상화
한 모자이크 작품이 게시되어 있습니다. 이것 말고는 군자 염전의 옛
모습을 상상할 수 있는 것이 거의 남아 있지 않습니다.

인천·시흥·안산으로 모여든 사람들

1945년의 해방과 1950년의 6·25 전쟁으로 인해 한반도의 뱃길은 크

게 바뀌었습니다. 평양부터 목포까지, 그리고 교동도에서 용산까지 활발히 운항하던 선박들은 모두 사라졌습니다. 하지만 이 혼란 속에서도 인천은 한반도 남쪽에서 탄생한 한국의 서해안 뱃길에서 중추적 위치를 유지했습니다. 나아가, 평양이라는 또 하나의 거점이 사라지고 한강 뱃길도 사라지면서, 인천은 서해안 항로상의 최대 도시로서 그 중요성이 더욱 커졌습니다.

충청남도와 전라남북도의 서해안 지역에서 뱃길로 인천에 도착한 뒤 서울·경기도의 곳곳으로 흩어져 간 수많은 시민들의 존재에 대해서는 이 책의 제1장에서 말씀드렸습니다. 인천은 시민들의 뱃길 이동에서 중심이었을 뿐 아니라, 그들의 정신적인 거점이기도 했습니다.

서해안 각지의 어선들은 서해 바다 곳곳에서 잡은 물고기를 인천에서 판매했고, 배의 안녕과 풍어를 기원하는 뱃고사를 지내기 위해 인천에서 무당을 모셔 왔습니다. 서해안 일대의 섬들에서는 기독교 선주들도 굿을 해야 했습니다. 본인은 싫더라도 자신의 배에 타는 선원들이 굿의 효력을 믿는다면 그 바람을 채워 줘야 안정적인 어로 활동이 가능했기 때문이죠. 그래서 동네의 다른 기독교도들의 눈을 피해서 인천 문학동 등까지 나와서 굿을 하고는 했다고 합니다.

인천의 무당들이 특히 많이 초청받았던 지역이 충청남도 서산이었습니다. 서산시 부석면 창리의 배재구 선생은, 본인의 아버지가 부리던 배의 어획량이 줄어들자 〈인천에서 십여 명의 무당을 불러 큰 굿을 했다〉는 증언을 하고 있습니다. 황해도에서 인천으로 피란 온 김금화 만신과 안승삼 소리꾼, 안음전 만신 등도 서산·보령·목포를 비롯한 전국 곳곳의 풍어제에서 활약했습니다. 황해도 굿은 연희적 성격이 강해서 특히 사람들이 좋아했다고 하네요. 이제는 풍어 굿을 하는 대신 출어 예배를 드리는 것으로 문화가 바뀌어 버렸지만, 황해도에서 피란 온

무당들이 한때 인천을 거점으로 삼고 서해안 곳곳의 풍어제에서 활동
한 것은 뱃길로 이어져 있던 서해안 지역의 특성을 잘 보여 주는 사례
입니다.

　인천과 서해안 곳곳의 항구들 사이에는 수시로 여객선이 오고 갔
습니다. 철도가 다니지 않거나 철도 이용이 불편한 당진·서산·태안 같
은 곳은 물론, 철도가 다니는 곳들도 뱃길이 더 편리한 경우가 있었습
니다.

　해방 후 최초로 등장한 본격적인 여행 가이드로 추정되는『여성동
아』1969년 9월 호 부록『실지답사 전국여행가이드』에서, 인천에서 무
당을 모셔다가 풍어제를 치르던 서산·태안 항목을 찾아봅시다.

　만리포해수욕장이 위치한 태안군은 그 당시에는 서산군(지금의
서산시)의 일부였는데요, 이 책에서는 만리포해수욕장에 가기 위해서
는 대전·서산·홍성에서 수시로 운행하는 버스를 타거나, 인천에서 만
리포로 운행하는 배를 타라고 안내하고 있습니다. 대양기선의 은하호
가 6월 말부터 계절 운행을 한다고 하며, 출항 시간은 오전 9시, 소요 시
간은 5시간, 요금은 270원이라고 적혀 있습니다. 여름 휴양철을 맞이
해서 인천-만리포 간에 특별 여객선이 투입된 것인데, 인천-태안(그
당시는 서산) 간에 평소에도 여객선이 정기적으로 다니고 있었기 때문
에 이렇게 특별 여객선도 투입될 수 있었던 것입니다.

　제1장에서 말씀드린 것처럼, 간척 사업으로 인해 뱃길이 끊긴 당
진시 송산면 당산리의 오도에는 한때 인천 등지로 선박을 운행시키기
위해 항구(오도항)를 건설했음을 기념하는〈당진 축항 준공 기념비〉가
남아 있습니다. 홍성군 광천읍을 답사 갔을 때에도, 어떤 모텔의 머릿
돌에 인천 소재 석재 회사 이름이 적혀 있는 것을 보았습니다.〈오페라
// 2006년 10월 20일 / 인천대신석재 증.〉이 지역 출신자가 뱃길로 인

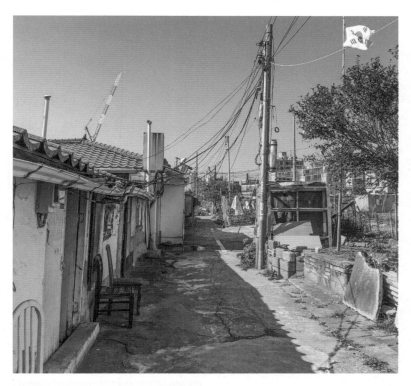

(위·아래 왼쪽) 공원으로 정비되기 전의 협궤
수인선 노선과 황해도 만구대탁굿 보존회 건물.
2018년 10월.

(아래 오른쪽) 충남 홍성군 광천읍의 모텔 건물
머릿돌을 기증한 인천의 업체. 2022년 11월.

천에 나가 회사를 차리신 것은 아닐까 하는 상상을 했습니다.

충남 서해안 지역 곳곳에서 인천으로 이주한 분들은 그 수가 많기 때문에, 그 사례를 모두 소개하는 것은 도저히 불가능합니다. 그래서 여기서는 두 분의 사례를 소개하는 데 그칩니다.

부평구 청천동에 거주하는 류수용 선생은 1950년에 충청남도 서산에서 태어나 1968년에 부평으로 이주했습니다. 〈고향에서 농사를 짓다가 아무리 열심히 농사를 지어도 먹고 살기 어려워 공장 노동자로 돈을 벌기 위해 일자리를 찾아 서산 구도항에서 배 타고 인천으로〉 왔다고 합니다.

인천으로 이주한 그는 식민지 시기에 군수 업체들이 밀집해 있던 부평에 정착합니다. 그는 부평구 산곡동의 속칭 검정사택에 살았다고 하는데요, 이 검정사택은 어떤 회사의 것인지 오랫동안 밝혀지지 않다 보니 사택 벽의 검정 칠에서 비롯된 검정사택이라는 이름으로 불렸습니다. 87채가 조성되었던 검정사택 단지는 얼마 전 재건축을 위해 거의 대부분 헐렸는데, 헐리고 난 뒤에야 이 사택이 도쿄제강의 것이었음이 확인되었습니다. 현재는 세 채만 남아 있습니다.

식민지 시기에 일본군이, 광복 후에는 미군이 대규모로 주둔하다 보니, 뱃길로 인천과 생활권이 이어져 있던 태안반도를 비롯해서 전국에서 수많은 사람들이 부평으로 일자리를 찾아 모여들었습니다. 태안군 소원면 의항리에 사는 최선자 선생의 경우는, 남편과 함께 인천으로 이주해서 부평의 미군 부대 피엑스에서 일하다가, 인천의 미군이 다른 곳으로 재배치되는 바람에 직업을 잃고 귀향했다고 합니다.

충청남도 서해안 지역의 시민들이 뱃길로 인천에 이주하기 전에는 평안도·황해도 주민들이 공산화와 전쟁을 피해 대거 인천 등지로 이사 왔습니다. 전쟁 직후 인천시 총 인구에서 피란민의 비율은 30퍼

(위) 인천 부평구 산곡동의 도쿄제강 사택, 일명
검정사택. 2018년 6월.

(아래) 재건축에서 제외된 검정사택의 잔존 구역.
2024년 3월.

센트에 달할 정도였습니다. 덕적도 같은 섬은 인천 육지 지역보다 더 많은 피란민이 도착해서 한때 1만 명을 넘었고, 이들 가운데 배를 갖고 피란 온 사람들은 금방 덕적도의 어업권을 장악할 정도로 생존력이 강했다고 합니다. 피란 1세대 및 그 후손들이 많이 살고 있는 인천 옹진군이나 김포시 등에서는, 강력한 반공주의적 입장을 지닌 이들 피란민 집단이 정치적으로 적지 않은 파워를 발휘해 왔습니다.

이들 피란민은 전쟁이 끝나고 분단 상황이 해소되는 대로 고향으로 돌아갈 생각에 인천의 바닷가에 정착했습니다. 하지만 그 소원이 이루어지지 않을 것이 점차 분명해지자 점차 인천 곳곳으로, 그리고 한국 곳곳으로 흩어져 정착하게 됩니다. 인천 미추홀구 주안동 신기촌은 황해도 출신 피란민들이 인천 내에서 몇 차례나 쫓겨 다니다가 정착한 지역 가운데 하나입니다. 신기촌(新基村)은 새로이 기틀을 닦은 마을이라는 뜻으로 전국 곳곳의 〈신촌〉, 〈새마을〉과 같은 뜻인데요, 피란민들이 귀향을 포기하고 인천에서 새로운 삶의 터전을 마련한 과정을 잘 보여 주는 지명이라고 하겠습니다.

인천만큼은 아니지만, 시흥·안산 지역에도 여러 차례에 걸쳐 한반도 북부, 전라북도, 그리고 중국 등 국내외의 다양한 지역에서 이주민들이 모여들었습니다.

1937년에 개통된 수인선을 건설하기 위해 평안도 사람들이 왔다가 정착하면서 형성된 시흥시 정왕동의 〈평안촌〉 마을에 대해서는『대서울의 길』에서 살펴보았죠. 수인선을 경계로 군자 염전과 마주 보고 있는 평안촌의 존재는 〈아랫평안길〉이나 식당 〈평안촌〉 등의 도시 화석을 통해 간신히 기억되고 있습니다.

광복 후에도 한반도 북부에서 이주해 온 피란민들은 시흥·안산 지역에 정착했습니다. 수도권 전철 4호선·수인분당선 고잔역 남쪽에서

3 염전에서 공단으로: 인천·시흥·안산

는 진흥초등학교·진흥5길신촌길 노상공영주차장 등 〈진흥〉이라는 지명을 쉽게 만날 수 있습니다. 이는 황해도 옹진·연백 지역에서 피란 온 시민들이 1967년부터 이곳에서 간척 사업을 벌인 데에서 비롯된 지명인데요, 미래를 개척한다는 뜻의 〈진흥촌〉 또는 〈고잔리 7반〉이라고 해서 〈칠반〉으로 불렸다 합니다.

　또, 진흥촌 근처에는 도리섬(돌이섬)이라는 마을도 있었는데요, 이 지명은 〈바닷물이 들고 날 때 물이 돌아나갔다고 하여 《돌이섬》이라〉 불리게 되었다고 합니다. 도리섬에는 1963년에 경기도 수재민 다섯 가구, 1965년에 전라북도 섬진강 수몰민 50세대, 뒤이어 1968년까지 70세대가 입주하여 큰 마을이 형성되었습니다. 1961~1965년에 섬진강댐을 건설하는 과정에서 수몰된 마을의 주민 120세대를 지금의 안산시 지역에 있던 반월 폐염전으로 옮기는 사업이 있었는데, 이들이 정착한 곳이 도리섬이었던 것입니다. 섬진강댐의 수몰민은 2천 세대 1만여 명에 달하는데, 대부분은 같은 전라북도의 계화도 간척지로 이주했지만 일부는 경기도까지 옮겨 왔던 것입니다.

　인천 부평의 상이용사촌인 화랑농원에서 이주한 일부 주민들이 지금의 안산 화랑공원 자리에 정착했다는 사실은 『대서울의 길』에서 말씀드렸습니다. 이들 인천 부평의 상이용사 이외에도 전국의 수많은 이주민들이 오늘날의 안산으로 모여들었습니다. 그러다 보니 안산에서는 각지 출신자들의 향우회 활동이 활발한데요, 그 가운데 호남 향우회의 규모가 가장 크고 정치적 파워도 있습니다. 섬진강댐을 만들면서 대규모의 제자리 실향민이 발생한 것이 그 배경에 있는 거죠.

　화랑농원 이주민들을 기리는 기념비가 안산 화랑공원에 세워진 것과 마찬가지로, 이들 섬진강댐 수몰민 출신 이주민들을 기리는 기념비도 안산 호수공원에 세워져 있습니다. 섬진강댐을 만드느라 고향에

서 쫓겨난 시민들이 경기도의 폐염전으로 이주해서 농토를 개간했다
가, 신도시가 개발되면서 또 다시 쫓겨났음을 안타까워하여 안산시·임
실군·정읍시가 공동으로 기념 공간을 조성했습니다.

　진흥촌과 도리섬이 있던 지역을 고잔뜰(고잔들)이라고 부르는데
요, 이 지역은 반월 신도시 개발 당시 농경지로 남겨졌다가 뒤늦게 개
발된 곳입니다. 그러다 보니 옛 마을, 옛 이주민들의 기억이 좀 더 강하
게 남아 있습니다. 또한 두 마을 근처에는 지금도 안산출입국외국인사
무소가 자리하고 있어서, 이 지역이 예나 지금이나 수많은 이주민들을
받아들여 왔음을 증언합니다.

　여담이지만 고잔뜰은 반월 신도시 개발 당시 유수지를 짓기 위해
유보되었다가, 그 후 1990년대 초에 안산2단계개발사업 또는 고잔 신
도시를 이곳에 건설하기로 결정되었습니다. 이에 대해 당시 한국수자
원공사 감사에서 지적이 나오기도 했고, 지금도 고잔뜰을 택지 개발 한
것을 아쉬워하는 안산 시민들을 종종 만납니다.

　마지막으로, 20세기 중후기의 수십 년간 국가 폭력에 수백 명의
어린이들이 희생당한 선감학원 사건의 무대인 경기도 안산시 선감도
역시 뱃길을 통해 이주한 시민들의 흔적이 뚜렷이 남아 있는 곳입니다.

　식민지 시기 말기에 건설되어 짧게 운영된 뒤 한국 정부가 운영을
이어받아 수십 년간 존치시켜 온 선감학원에서는, 부랑아들을 선도한
다는 명목으로 국가가 어린이들을 납치해 오는 국가 폭력이 이어졌습
니다. 부산의 형제복지원 사건, 서천군 장항읍 수심원 사건 등과 함께
현대 한국의 대표적인 국가 폭력 사건이며, 저의 첫 답사책인『서울 선
언』에서 이 문제를 깊게 다룬 바 있습니다.

　이번 책에서는 선감학원과 조금 떨어진 곳에 있던 선감 마을에 주
목하려 합니다. 한반도 북부에서 피란 온 주민들이 정착한 선감 마을

(위) 1970년 5만분의 1 지도(부분)에 보이는
진흥촌과 반월 염전. 국립건설연구소 발행, 1970.

(아래) 도리섬의 존재를 전하는 안산시 단원구
고잔동의 비석. 2023년 6월.

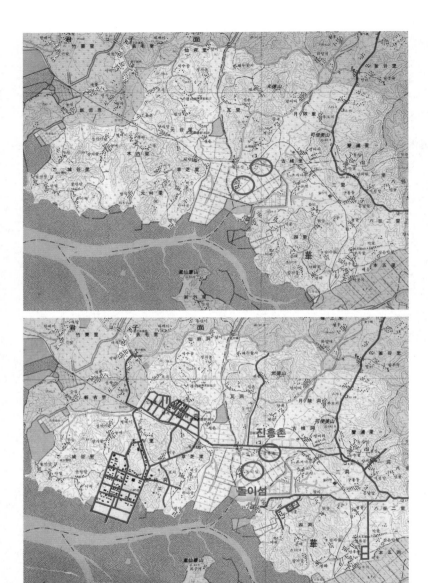

(위) 고잔뜰을 중심으로 한 안산시 일대를 보여
주는 1981년 5만분의 1 지도(부분). 국립지리원
발행, 1981.

(아래) 고잔뜰을 중심으로 한 안산시 일대를 보여
주는 1982년 5만분의 1 지도(부분). 국립지리원
발행, 1982.

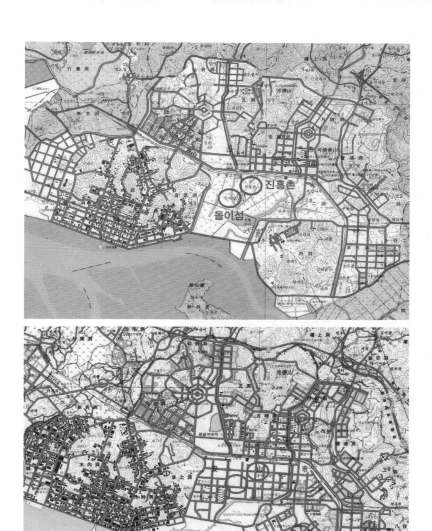

(위) 고잔뜰을 중심으로 한 안산시 일대를 보여
주는 1992년 5만분의 1 지도(부분). 국립지리원
발행, 1992.

(아래) 고잔뜰을 중심으로 한 안산시 일대를 보여
주는 2002년 5만분의 1 지도(부분). 국립지리원
발행, 2002.

(위) 안산 호수공원의 「섬진강댐 수몰 이주민 옛터」 비석. 2023년 2월.

(아래) 안산 호수공원의 「팔도민 대화합」 비석. 2023년 2월.

은, 새마을운동 당시 성공 사례로서 널리 선전되었습니다. 『새마을』(대
통령 비서실, 1974), 『새마을운동: 시작에서 오늘까지』(내무부, 1974),
『새마을 소득증대』(농수산부, 1975), 『영광의 훈장』(새마을홍보사,
1976) 등의 주요 문헌에 모두 소개될 정도로 주목받았던 곳이죠.

　　뱃길로 선감도에 도착한 피란민들은, 선감학원이 소유한 토지를
빌려 농사를 짓거나 학원 소유 염전에서 일했습니다. 이들은 교육받을
여유도 없이 근근이 살아가야 했는데요, 그러다 보니 〈한 노인이 해변
에서 깡통 속에 들어 있는 윤활유를 콩기름으로 잘못 알고 가지고 와
국을 끓여 먹〉는 비극이 발생하기도 했습니다.

　　이런 상황을 타개해야겠다고 생각한 전영훈 새마을 지도자 등은
1960년대 후반에는 박태원 경기도지사에게 청원하여 일부 토지를 불
하받았습니다. 1970년대 들어 새마을운동이 시작되자 〈마을 앞에 방
치되고 있는 간척지 중 수원이 풍부하고 저수지 시설이 용이한 지대에
뚝을 쌓아 농토를 마련하〉게 됩니다. 현대 한국의 간척 사업을 주도한
이들 가운데에는 피란민이 많은데, 뭍의 농토는 이미 모두 주인이 있으
니 주인 없는 바다를 땅으로 만들자는 생각을 이들은 한 것이죠.

　　이들이 간척하려고 애쓴 선감도 앞바다는 1994년에 시화 방조제
가 완성되면서 절반 이상이 육지로 바뀌었습니다. 또, 선감학원에 납치
되었다가 탈출했던 어린이들 가운데 상당수가 바다에서 헤엄치다가
빠져 죽은 것으로 추정됩니다. 피란민들이 간척하려 했던 바다, 국가에
의해 납치된 어린이들이 탈출하다가 빠져 죽은 바다, 그 바다는 이제
육지가 되었습니다. 시화 방조제가 있었더라면 이들이 고생하고 죽는
일은 없었을 텐데……. 현대 한국에서 있어 온 간척의 역사를 볼 때마
다 허무함을 느끼고는 합니다만, 선감도에서는 그런 느낌을 특히 더 짙
게 받습니다.

(위) 대통령 비서실에서 1974년에 출판한
『새마을』화보집에 소개된 선감 마을의 활동상.

(아래) 내무부에서 1974년에 출판한
『새마을운동: 시작에서 오늘까지』에 소개된 선감
마을과 어촌계장 전영훈의 활동상.

옛 선감학원 앞 언덕에 세워진 〈경기도지사 박태원 선정비〉. 2018년 5월.

시화 방조제가 만들어지면서 시흥·안산과 화성 사이의 바다는 호수가 되었습니다. 원래는 이 호수의 물을 농업·공업용수로 사용하려 했지만, 수질 오염이 심각해서 결국 그 계획은 무산되었습니다. 이런 문제가 현대그룹에서 추진한 서산 천수만 간척 사업에서도 발생하면서, 더 이상 대규모 간척 사업을 추진하면 안 된다는 공감대가 한국 사회에서 커지는 결과를 낳았습니다. 이에 따라, 이미 수십 년간 목적을 잃은 채 진행되고 있던 새만금 간척 사업에 대해서도 회의론이 커졌고, 계화도·새만금 간척 사업에 뒤이어 실행될 예정이던 황해 확장 사업 등은 중단되었습니다.

본래의 목적을 상실한 시화호에는 신안산선·서해선 철교를 놓는 공사가 한창입니다. 시화호 남쪽의 넓은 황무지는 시화 방조제를 건설하면서 드러난 바다의 바닥입니다. 이 넓은 땅에 테마파크와 대규모 신도시를 짓기 위한 개발 계획이 수립되어 있고, 그중 신세계그룹의 테마파크 건설 공사는 2024년 현재 진행되고 있습니다.

한국의 인구가 감소되고 있는 현재, 서울시 주변도 아닌 이곳에 신도시가 건설되어 모두 채워질 것인지에 대해서는 회의적인 시각도 적지 않습니다. 하지만 설사 시화호 간척지가 모두 도시로 바뀌지는 않는다 해도, 시화호 간척지를 관통하여 화성·평택·아산의 서쪽, 당진의 동쪽, 예산의 서쪽을 지나 홍성의 동쪽에 이르게 될 서해선을 따라 대서울권이 확장되리라는 점에는 의문의 여지가 없다고 저는 생각하고 있습니다.

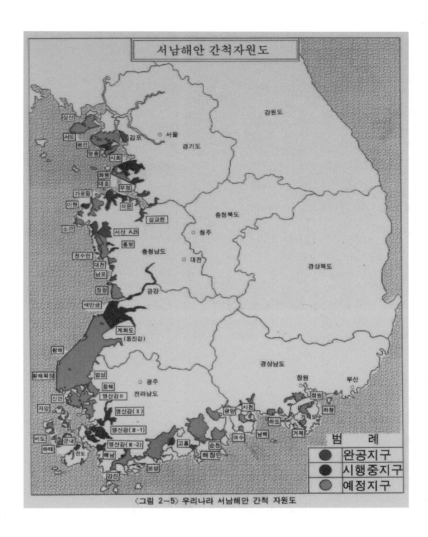

〈그림 2-5〉 우리나라 서남해안 간척 자원도

『한국의 간척』에 실려 있는「서남해안
간척자원도」에는 계화도·새만금 간척지에 뒤이어
황해 확장 간척 사업 예정 지구가 표시되어
있습니다.

(위) 원시역 근처의 서해선 공사 현장. 2023년 2월
류기윤 촬영.

(아래) 안산 반월공단과 화성의 간척지. 2023년
2월 류기윤 촬영.

제2부

4
미래 한국이 탄생하고 있는 땅(1):
화성·평택 서부

화성부터 아산까지, 간척지를 통해 이어진 땅

안산에서 시화호를 건너 남쪽으로 오면, 시화 방조제가 만들어지면서 드러난 육지가 넓게 펼쳐집니다. 송산그린시티라는 개발 계획 명칭이 붙은 이 시화호 남측 간척지는 화성시 남양읍·송산면의 북쪽에 붙어 있지만 아직 주소가 부여되어 있지 않습니다. 그만큼 새로운 땅이라는 것이죠. 이 간척지에 대한 대략의 개발 계획은 정해져 있지만, 그 가운데 과연 얼마나 현실화될지는 아직 미지수입니다.

위성 사진을 보시면, 이 시화호 남측 간척지부터 남쪽으로 화성·평택·아산·당진·예산까지 평야가 넓게 펼쳐져 있음을 한눈에 알 수 있습니다. 이 평야의 상당 부분은 근현대에 조성된 간척지입니다. 경기도와 충청남도의 동부 지역이 경부고속도로·경부선·고속철도를 통해 이어져 있다면, 서부 지역은 이 간척 지대를 통해 이어져 있습니다.

현지의 농민은 물론 피란민·빈민·수몰민 등 한국 사회의 온갖 집단이 만들어 낸 이 새로운 땅은, 1970년대부터 아산국가산업단지 등의 개발을 통해 산업화가 이루어지고 있습니다. 이 서부 지역에서는 장항선과 서해안고속도로가 간선 교통망으로서 기능하기는 했지만, 장항선 철도의 선형이 구식이고 서해안고속도로는 만성 정체여서 미흡함

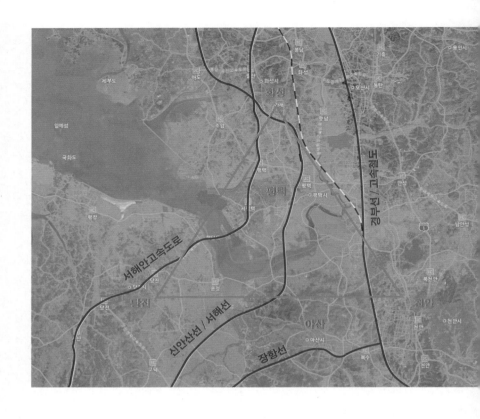

평택 서부와 아산을 중심으로 화성-당진-천안이
만들어 내는 삼각 지대의 많은 부분이 근현대에
탄생한 간척지입니다.

이 컸습니다.

현재 건설 중인 서해선 철도가 늦어도 2030년대에 운행을 시작하면 이 서부 지대에 근본적인 변화가 일어날 것입니다. 그 변화의 강도는 무(無)에서 유(有)가 탄생하는 정도로 강력할 것이라고 감히 예측하고 있습니다. 이 서부 지역에 위치한 남양읍·향남읍·안중읍·아산국가산업단지·인주산업단지·합덕읍·내포 신도시·홍성읍 등의 거점 지역들을 하나로 묶어 줄 정시성(定時性)이 높은 교통수단이 탄생하는 것이기 때문입니다. 서산시 북부의 대산석유화학단지도 그 영향권에 놓여 있습니다.

서해선을 통해 이들 지역 간의 교류가 활발해지는 것은 물론, 이 지역으로의 인구 및 자본의 유입이 커지고, 산업화 속도도 빨라질 것으로 예상하고 있습니다. 간척지로부터 농경지를 거쳐 산업 단지로, 지난 백 년간 한국의 미래가 이곳에서 만들어져 왔고, 앞으로도 이곳에서 미래 한국이 만들어질 것입니다. 이곳은 한국 문명의 최전선입니다.

고속도로와 철도가 관통하는 화성시와 평택시의 동부는 『대서울의 길』에서 살펴보았습니다. 이 책에서는 화성시와 평택시의 서부에 해당하는 수원 군 공항과 융건릉의 서쪽, 삼성전자 평택 캠퍼스·고덕 신도시의 서남쪽으로 펼쳐진 넓은 간척지에 주목합니다. 그리고 간척지를 통해 이어진 아산과 천안으로 넘어가겠습니다. 또 경부선·장항선 주변 지역들 가운데 수도권 전철에 포함된 곳들은 『대서울의 길』에서 살펴보았으니, 이 책에서는 철도가 놓이지 않은 지역들을 위주로 살펴보겠습니다.

화성시·평택시 중부의 모습

화성시와 평택시 중부의 경관은 계곡들 사이로 농경지와 축사와 공장들이 뒤엉켜 있고, 그 위로 고압 송전탑의 전선이 지나가는 모습을 보입니다. 화성시 양감면 사창리의 사창초등학교 바로 앞으로 고압 송전 탑이 지나고 있습니다. 어린이 보호 구역임을 알리는 안내판 바로 위로 고압 전선이 지나는 모습은, 서울에서뿐 아니라 같은 화성시의 신도시 인 동탄 등에서는 상상하기 어려울 겁니다.

　　이 일대에는 동쪽의 삼성전자 평택 캠퍼스와 서쪽의 향남제약일 반산업단지·발안일반산업단지를 중심으로 하여 10여 곳의 산업 단지, 그리고 산업 단지라는 이름이 붙어 있지 않은 크고 작은 공업 지역이 흩뿌려져 있습니다. 대부분의 화성 시민은 가본 적도 없고 이름도 들어 본 적 없는, 또는 화성이라고 하면 동탄밖에는 모르는 한국 시민이 대 부분인 상황에서 펼쳐지고 있는 공업 도시 화성의 모습입니다.

　　지난 2024년 1월 9일에 유해 화학 물질이 누출되어 하천을 오염 시킨 사건은 이런 상황에서 발생했습니다. 2024년 1월 9일, 화성시 중 부에 자리한 양감면 요당리의 유해 화학 물질 취급 업체인 KNT로지 스틱스에서 화재가 발생했습니다. 이 불을 끄는 과정에서 대량의 소화 수가 투입되었고, 넘쳐흐른 소화수가 관리천이라는 하천으로 흘러들 어 가서 평택시 중부의 청북읍·오성면 등에 심각한 위협을 가져왔습니 다. 공장은 화성시에 있는데 피해는 평택시가 입는, 행정 구역들 사이 에 자리한 점이 지대의 전형적인 특성이 드러난 사고였습니다.

　　이 오염이 하천을 타고 서해안 유역까지 오염시키는 것을 막기 위 해 화성과 평택의 중간 지대에 여러 곳의 둑이 급히 만들어졌습니다. 방제 작업이 한창일 때 그 근처를 지나다 보니 진한 녹색의 강물이 둑 에 막혀 찰랑거리고 있었고, 그 양옆의 제방에 포클레인과 경찰차 등이 가득 세워져 있었습니다. 2월 16일에 관리천 곳곳에 설치했던 둑을 터 뜨리면서 강물 빛은 예전으로 돌아갔지만, 그 한 달 사이에 오염수가 평택시 중부 지역에 넓게 스며들었을 것으로 예상됩니다.

저는 이 사건의 추이를 발생 직후부터 주목하고 있었지만, 사고 처리가 진행 중이던 시점에 현장을 답사하는 것은 사태 진압에 방해가 될 것으로 생각되어 둑을 터뜨린 뒤인 3월 초에야 처음으로 차분하게 현장을 둘러보며 상황을 기록했습니다. 관리천 곳곳에 급히 만들어졌던 둑은 해체되어 있었고, 한때 관리천 양쪽으로 가득하던 포클레인도 거의 철수한 상태였습니다. 겉으로는 예전의 평온을 되찾은 느낌이었습니다만, 그 한 달 사이에 발생한 토양 오염의 피해가 심각할 것으로 전문가들은 예상하고 있습니다.

이웃 화성시의 공장에서 발생한 오염의 피해를 고스란히 받은 평택시 청북읍·오성면. 이곳에서는 남양 방조제·아산만 방조제를 건설해서 남양만·아산만이라는 두 개의 바다를 호수로 바꾸면서 대규모 간척 사업이 이루어진 사실이 유명합니다. 이 간척 사업에 대한 이야기는 앞으로 차차 드리겠습니다만, 여기서는 청북읍과 오승면이 간척지임과 동시에 평택시·화성시 중부의 주목할 만한 공업 지대이기도 하다는 사실을 짚고 넘어가고 싶습니다.

평택이라고 하면 바이든 미국 대통령이 2022년 5월 20일에 평택시 송탄의 오산비행장을 통해 방한하자마자 삼성전자 평택 캠퍼스를 방문한 일이 전국적으로 주목받게 되었습니다. 그러면서 평택 곳곳에서 부동산 사업이 있을 때마다 〈바이든이 주목한 평택〉이라는 식의 홍보 문구를 붙이는 경우가 많습니다. 뒤편 사진 속 분양 광고의 경우도, 바이든과 반도체를 내세워 자신들의 사업을 홍보하고 있습니다.

하지만 이 분양 광고의 대상 지역은 삼성전자 평택 캠퍼스에서 직선거리로 8킬로미터 떨어져 있는 오성면에 자리하고 있고, 두 지역 사이에는 캠프 험프리스와 농업 지대가 펼쳐져 있어서 사실상 서로 무관합니다. 한편 이 분양 광고의 대상 지역 바로 위에는 평택오성·평택현

(위) 화성시 양감면 사창리 사창초등학교 바로
앞을 지나는 고압 송전탑. 어린이 보호 구역을
안내하는 안내판 바로 위로 전선이 지나고
있습니다. 2024년 3월.

(가운데) 오염된 강물이 하류로 흘러가지 않도록
설치되었던 둑이 2024년 2월 16일에
해체되었습니다. 2024년 3월.

(아래) 둑을 만들고 철수한 포클레인이 제방에
아직 남아 있었습니다. 2024년 3월.

(위) 관리천 오염에 항의하는 평택시 시민 단체의
플래카드 너머로 서해선 선로 공사가 한창입니다.
2024년 3월.

(가운데) 오염 물질이 유출된 화성시 양감면
요당리를 중심으로 본 화성시·평택시 중부의 공업
지대. 지도에 푸르스름한 색깔로 표시된 곳들이
모두 공장입니다.

(아래) 평택 중부의 오성면에서 사업하면서 평택
동부의 삼성전자 평택 캠퍼스를 언급하는 모 분양
광고. 2022년 11월.

곡·화성양감산업단지 등이 붙어 있어서, 삼성전자 평택 캠퍼스보다는 평택·화성 중부 공업 지대를 배후로 두고 있다고 보는 것이 합리적입니다. 평택과 화성은 넓은 땅인데도 그 규모를 무시하고, 이렇게 평택·화성이 구·동·읍·면 정도의 넓이인 것처럼 다루는 경우를 많이 봅니다.

수원역 서남쪽으로 직선거리 6킬로미터 떨어진 화성시 봉담읍의 경우도, 일반 시민분들께는 수인분당선 오목천역 남쪽으로 조성되고 있는 봉담 신도시가 주로 알려져 있습니다. 하지만 봉담읍은 꽤 넓은 행정 구역이고, 봉담 신도시는 이 가운데 동북부의 일부만을 차지하고 있습니다.

봉담 신도시의 서남쪽에는 옛 봉담읍의 읍내가 아직도 형태를 남기고 있고, 그 서쪽으로는 아직도 광해 사업을 벌이고 있는 삼보광산이라는 폐광 구역과 군부대가 자리하고 있습니다. 또 그 남쪽으로는 계곡마다 크고 작은 공장들이 가득 들어차 있습니다. 원도심·신도시·광산·군부대·공장 지대·농업 지대가 뒤엉킨 봉담읍은, 백미항구·공생염전부터 동탄 신도시에 이르기까지, 근현대 한국 사회의 거의 모든 양상이 존재하는 화성시의 축소판 같은 곳입니다.

근현대 한국 사회의 축소판이라는 특성은 평택시도 마찬가지여서, 삼성전자 평택 캠퍼스와 고덕·지제 신도시만으로 평택을 논하려는 태도는 사태의 전모를 이해하지 못한 것입니다.

한편, 이 화성·평택의 중부 지역부터 서부 지역에 걸쳐서는 1945년의 분단과 1950년의 전쟁으로 인해 발생한 〈삼팔 따라지〉라 불리던 한반도 북부로부터의 피란민들이 정착·개척한 땅이 많습니다. 〈정말 입은 것뿐인 알몸〉으로 찾아온 이들 피란민은, 출신 지역 이름을 붙인 〈○○사업소〉를 조직해서 〈UN 한국재건단이나 기

(위) 건설 중인 봉담 신도시. 2023년 11월.

(가운데) 봉담 읍내의 봉담초등학교 앞에 남아
있는 1960년대의 골목. 2023년 11월.

(아래) 봉담 읍내 서쪽에서 폐광된 삼보광산
근처에 아직도 남아 있는 〈광산〉 버스 정류장.
2019년 12월.

독교민간구호단체로부터 구호식량을 지급받으며 간척을 진행〉했습니다. 그리고 사업이 끝나면 일정분의 토지를 불하받았습니다. 이렇게 주식인 쌀이나 밀가루를 배급받는 이외에는, 〈원주민들에게서 된장 김치 등을 얻어〉먹으며 황무지와 개펄을 개척했습니다. 또 분단·전쟁 후의 혼란 속에서 빈민·빈농들도 새로운 기회를 찾아 화성·평택의 중부와 서부로 모여들었습니다.

　　기존 중심지에서 벗어나 있던 이들 지역에는 곤경에 처한 이들이 정착할 만한 빈 공간이 존재했고, 서해안으로 흘러들어 가는 큰 강들의 주변에는 개간되지 않고 남아 있던 개펄도 많았습니다. 이들은 기존의 마을들 사이에 남아 있는 빈 공간에 스며들거나, 아예 새로운 땅을 만드는 방식으로 자신들의 정착지를 확보했습니다. 이들이 만들어 낸 땅은 여전히 농경지로 남아 있기도 하고, 공업 지대나 택지 지구로 바뀌기도 했습니다.

　　화성·평택의 지배 집단이었던 고려·조선 시대의 모모 집안 사람들만 이야기해서는 이 지역의 근현대를 진정으로 파악할 수 없고, 이 지역의 미래 모습도 그려 낼 수 없습니다. 없던 땅을 만들어 내서 미래 한국 시민들이 사용할 수 있도록 한 피란민들과 빈민들의 모습을 포착해야 합니다.

　　여기서는 화성시 중부 지역의 몇몇 특징적인 지역들을 살펴봅니다.

　　위에서 살펴본 봉담 신도시에 포함된 봉담읍 수영2리 양깃말은 피란민들이 정착했다고 해서 수용소라 불렸습니다. 양깃말은 재건축되어 사라졌고, 양지 마을이라는 이름만 남아 있습니다. 수용소 마을은 원도심의 외곽에 자리하다 보니, 최근 택지 지구에 포함되어 재개발되는 경우가 많습니다. 저의 책 『문헌학자의 현대 한국 답사기』에서 살핀 화성시 향남읍, 그리고 『우리는 어디서 살아야 하는가』에서 소개한 서울 강서구 마곡동의 수용소 마을도 마찬가지입니다. 수영2리 양짓말에서 북쪽으로 1킬로미터 떨어진 화성시 매송면에도 수용소라는 지명이 남아 있습니다. 이 지역은 택지 개발이 아니라 수도권제2순환고속도로 천천IC가 만들어지면서 옛 마을 구조가 대부분 사라졌습니다.

『조선일보』는 1957년 10월 15일에서 17일까지 3회 연속으로 「자력갱생하는 사람들 — 정착난민을 찾아서」라는 기사를 실었는데, 이 가운데 17일 자 신문에 실린 제3편에는 봉담에 있던 장단피란민정착지의 전경 사진이 실려 있습니다.

경기도 장단군은 6·25 전쟁 때 대부분의 지역을 적국에 빼앗기고, 남은 지역은 군 작전 지역이 되어서 주민들이 남쪽으로 쫓겨났습니다. 이들은 고양시 일산읍을 비롯해서 전국을 떠돌았는데요, 이들이 거주하던 곳을 장단수용소라고 불렀습니다. 『대서울의 길』에서 말씀드린 것처럼 일산읍의 장단수용소는 현재 일산 신도시 안의 장성(長成) 마을 즉 장단 사람들이 이룩한 마을이라는 지명으로 남아 있는데요, 화성·평택에도 장단수용소가 있었던 거죠.

수원역 서남쪽의 수원공항과 봉담읍 사이에는 배양동이라는 지역이 있습니다. 이곳은 6·25 전쟁 당시 황해도 연백군 사람들이 많이 정착해서 연백수용소라 불렸습니다. 지금도 1953년에 한꺼번에 지어진 것으로 보이는 집들이 주거 단지를 이루고 있고, 그 뒤편 언덕 위에는 피란민들이 세운 배양교회가 자리하고 있습니다. 이 배양동 연백수용소는 수원 군 공항 근처에 자리하다 보니 대규모 개발이 이루어지지 않은 채, 예전 집들이 중소 규모의 공장들로 포위되어 버린 모습을 보이고 있습니다.

연백촌 근처인 화성군 태안면 안녕리, 현재의 화성시 안녕동에는

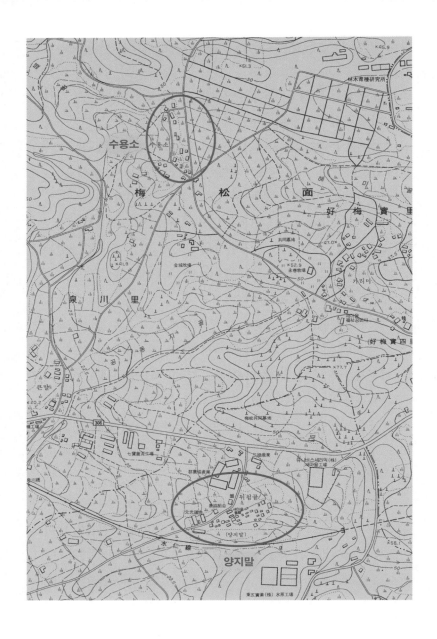

1979년 5천분의 1 지도(부분)에 보이는 매송면
수용소와 봉담읍 양짓말. 국립지리원 발행, 1979.

매송면 수용소와 봉담읍 양짓말의 현재.

(위) 간신히 형태를 남기고 있는 매송면 수용소   (아래) 화성시 배양동의 연백수용소. 2023년 1월.
마을. 2024년 3월.

오산시 궐동 북쪽 끝의 수용소 마을. 2021년 3월.

6·25 전쟁 뒤에 제대한 군인들이 정착한 시범개척장이 조성되었습니다. 이들은 임야를 개간해서 농경지·과수원·목야지를 조성할 계획이라고 당시의 신문 기사에서는 전하고 있습니다. 이 지역에 정착한 제대군인들 가운데 일부는 〈전진 속을 달리던 화려했던 옛 추억을 잊을 수가 없〉어서 〈무엇인가 좀 더 자극적이고 힘찬 일을 하고〉자 베트남전쟁에 기술자로서 참전하기도 했습니다. 화성시 중부 지역의 황무지를 개간하는 것이 그렇게 재미있는 일은 아니었던 듯하네요.

한때 화성군청이 있던 오산시의 구도심 북쪽으로는 오산천과 궐리천이 흐릅니다. 이 두 개의 하천 사이에 낀 지역에는 궐동의 옛 블록이 자리하고 있습니다. 요즘에는 궐동이라고 하면 〈오산 세교지구〉라 불리는 궐동의 서쪽 지역이 유명합니다만, 궐동의 옛 중심지는 이 동쪽의 경부선 주변 지역이었습니다.

궐동의 옛 중심지의 북쪽 끄트머리에는 강원도 철원 지역의 피란민들이 정착했습니다. 6·25 전쟁 말기에 철원에서 백마고지 전투가 있었는데, 아군이 이 지역을 점령했을 때 주민들을 이곳 오산 구도심의 북쪽 끝으로 옮겨 와 살게 했습니다. 지금도 궐리천 주변에는 시멘트 블록으로 지은 집단 주거지가 남아 있어서 수용소 마을의 옛 모습을 전하고 있습니다.

시화·화성 방조제와 화성 서부 간척 지대

위에서 살펴본 것처럼 화성시 중부에는 피란민·빈민·제대 군인 들이 정착·개척한 마을들이 많이 존재합니다. 그런데, 이런 개척촌들은 화성시 중부보다 서부, 그리고 평택시 남부 지역에 걸쳐 더 많이 형성되었습니다.

평택시 남부에서는 안성천과 진위천이라는 두 하천이 사실상 바다와 연결되어 밀물과 썰물 현상이 일어났고, 주기적으로 큰 물난리도 발생했습니다. 평택시의 동쪽 끝에 자리한 평택시청 주변, 그리고 그 남쪽의 천안시 성환읍까지 안성천을 통해 바닷물이 밀려들다 보니, 이로 인해 형성된 공백 지대에 피란민 같은 이른바 뜨내기들이 정착할 수 있었던 겁니다. 황해도·평안도에서 배를 타고 피란 오기에 편리한 위치였다는 점도 이들의 정착을 촉진했습니다.

이 지역의 간척 사업을 촉진한 근본적 요인은 1974년에 건설된 아산만 방조제와 남양 방조제입니다. 이로 인해 아산만과 남양만이 아산호와 남양호로 바뀌었고, 그간 바닷물과 싸워 가며 힘겹게 간척 작업을 하던 화성·평택·천안·아산 시민들은 비로소 대규모 간척에 성공할 수 있었습니다. 이로부터 5년 뒤인 1979년에는 삽교천 방조제가 완공되어 당진·아산·예산·홍성 지역에 대규모 간척지가 생겨났고, 다시 15년 뒤인 1994년에는 시흥·안산·화성시 사이에도 시화 방조제가 건설되어 또 한 번 대규모 간척 사업이 성공했습니다. 마지막으로 2003년에는 화성 방조제가 완공되었습니다. 이 책에서 주목하는 미래 한국의 최전선은 이렇게 다섯 개의 방조제에 의해 탄생했습니다.

여기부터는 이 다섯 개의 방조제를 북쪽에서 남쪽으로 따라가면서, 방조제가 만들어지기 전에 시민들이 간척지를 만들기 위해 어떻게 노력했고, 방조제가 만들어진 뒤에 어떤 변화가 일어났는지, 그리고 그 땅들의 미래 모습은 어떨지 생각해 보겠습니다.

시화 방조제가 만들어지면서 탄생한, 송산그린시티라 불리는 화성시 쪽 간척지 가운데 서쪽 지역에 대해서는 『대서울의 길』에서 살폈습니다. 한편 송산그린시티 동쪽의 테마파크 개발 예정지 안쪽에 〈남양 인천〉이라 불리던 신외리가 어촌에서 농촌으로 바뀌었다는 말씀은 이 책의 제1장에서 드렸죠. 주민들이 마을 북쪽의 절벽에서 클럽을 조직해서 바다를 보며 놀았다고 해서 이곳을 구럽산이라 부르게 되었다는 것도 말씀드렸습니다.

　신외리는 지금은 언덕 위의 마을이고 예전에는 바다 사이로 튀어나온 곶의 위에 자리한 마을이었는데요, 이 곶의 동쪽으로는 송산그린시티의 유일한 택지 개발 지역인 송산 신도시 동측 지구가 자리하고 있습니다. 그리고 여기서 남쪽으로 조금 내려오면 비봉면 유포리라는 곳이 나타납니다. 남전천이라는 하천의 서쪽으로 평지가 이어지고 다시 그 서쪽으로 해망산(海望山)이 나타나는데요, 이곳은 예전에 유포(柳浦)라는 포구가 있는 바닷가 마을이었습니다. 해망산 주변으로는 그 이름 그대로 바다를 바라볼 수 있었고요. 유포리 북쪽에는 포촌동이라는 지명도 있었습니다. 말 그대로 포구 마을이라는 뜻이죠.

　유포리는 비봉면의 북쪽 끝 바닷가에 자리한 마을이었다가 이제는 농촌 마을로 그 모습을 바꾸었습니다. 비봉면의 다른 지역들도 유포리만큼이나 빠르게 그 모습을 바꾸고 있습니다. 서해안고속도로 비봉IC 서쪽의 구포리(鳩浦里)는 갈매기가 날아다니는 포구였다는 뜻의 지명입니다. 간척을 통해 어촌에서 농촌으로 바뀌었던 구포리는, 최근 화성비봉지구 개발이 진행되면서 옛 마을의 형태가 거의 사라졌습니다.

　비봉IC 동쪽의 쌍학리는 서해안고속도로와 비봉매송도시고속도로 사이에 끼인 땅입니다. 1970년대의 원형이 남아 있는 새마을회관을 촬영하기 위해 이곳을 찾았을 때, 두 개의 고속도로 사이에 놓인 도로를 확장하기 위해 한창 펜스를 치는 작업이 이루어지고 있었습니다. 새마을회관은 아직 남아 있었지만, 1925년에 지어진 농촌 주택은 이미 펜스 안에 들어간 상태였습니다.

　비봉면의 중심지였던 비봉면사무소 주변의 옛 읍내도 화성비봉지구 개발의 영향을 받아서인지 재건축이 한창 이루어지고 있었고, 비

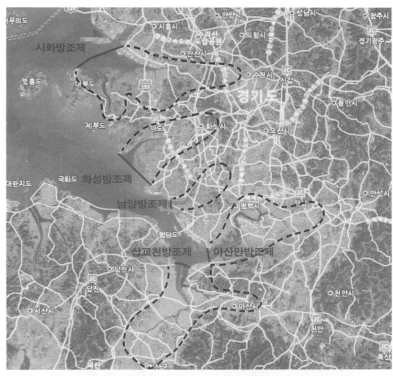

(위) 다섯 개 방조제와 그 영향권.

(아래) 송산국제테마파크 건설 현장에서 화성시 남양읍 신외리 구럽산을 바라보았습니다. 2023년 2월.

(위) 화성시 남양읍 신외리와 비봉면 유포리.　　(아래) 화성시 비봉면 쌍학3리 새마을회관.
2022년 12월.

(위) 화성시 비봉면 쌍학3리의 1925년 농촌 주택.   (아래) 변화의 움직임이 보이는 비봉면사무소
2022년 12월.   신작로. 2022년 12월.

봉면에서 화성시청이 자리한 남양읍으로 넘어가는 계곡에는 북양산업
단지라는 이름의 공장 지대가 넓게 펼쳐져 있었습니다. 봉담읍·향남
읍·팔탄면 등 화성·평택의 어디서든 흔히 볼 수 있는, 현대 한국의 모
든 요소가 뒤섞여 있는 경관을 비봉면에서도 볼 수 있었네요.

　비봉면과 마주하는 매송면도 간척지입니다. 매송면의 서남쪽을
흐르는 하천이 비봉면과 마주하고 있고, 매송면의 서북쪽을 흐르는 반
월천은 지금의 안산시 상록구가 된 시흥군 반월면과 매송면 사이를 흐
르고 있었습니다. 1970년 5만분의 1 지도를 보면 이 두 하천 주변 땅이
개간되어 있는 것을 알 수 있습니다.

　또 이 지도에는 빈하철교라는 협궤 수인선의 철교가 보이는데요,
이 철교는 매송면의 서북쪽을 흘러온 반월천이 서해안에 진입하는 어
귀에 놓였습니다. 1970년의 지도에는 이 철교 서쪽이 바다로 묘사되어
있지만, 현재 그 바다는 모두 개간되거나 습지로 바뀌어서 빈하철교는
내륙 한복판에 자리하게 되었습니다. 수인분당선이 만들어지면서 협
궤 수인선의 흔적은 거의 사라졌는데, 그 가운데 드물게 옛 철교가 남
아 있는 사례가 바로 이 빈하철교입니다.

　세간에는 이 철교의 이름이 빈정천철교로 알려져 있습니다. 철도
쪽의 자료를 보면 철교 이름을 흔히 하천에서 따오더군요. 그래서 매송
면 천천리에 놓인 협궤 수인선 철교에는 〈천천천철교〉라는 재미있는
이름이 붙기도 했죠. 하지만 여러 지도에는 이 철교의 이름이 빈정천철
교가 아니라 빈하철교라고 적혀 있습니다. 무조건적으로 하천 이름을
붙이면 그 철교의 이름이 되는 것이 아닐 수 있음을, 빈하철교라는 이
름을 보며 생각하게 됩니다.

　이 빈하철교는 2004년 1월에 수원에서 안산까지 오랜 답사 동료
이 모 씨와 함께 협궤 수인선의 흔적을 답사할 때 건넜더랍니다. 얼마

전에 다시 빈하철교에 서서 화성시 쪽에서 안산시 상록구 사동 쪽을 바라보았습니다. 그간 바다에서 육지로 바뀐 땅 저 너머로 몇몇 아파트 단지가 새로 들어선 이외에는 20년 전 경관이 바뀌지 않은 채로 남아 있더군요.

시화 방조제를 만들기 전에도 그 주변 땅에서는 쉼 없이 간척 사업이 일어났습니다. 그리고 시화 방조제를 만들면서 간척 사업의 속도와 규모는 더욱 빨라지고 커졌죠. 시화호의 오염 문제가 제기되면서 이 호수의 물을 농업용수로 사용한다는 계획은 취소되었고, 바닷물을 통하게 해서 수질을 개선하는 방식이 취해졌습니다. 이로써 시화호 주변의 간척 사업은 중단된 것입니다만, 원래 계획으로는 지금보다 더 많은 땅을 이 일대에서 만들어 낼 예정이었습니다. 그리고 그렇게 간척한 땅에 수도권 신공항을 건설하겠다는 계획도 있었습니다.

1980년대 말부터 김포공항 이외에 수도권에 새로운 공항을 건설하겠다는 계획이 수립됩니다. 처음에는 20곳 정도의 후보지를 설정하고, 그 가운데 현재 인천공항이 들어선 영종도 일대, 당시의 시흥군 화성지구 간척지 즉 시화호 주변, 화성군 남양만 일대, 경기도 동남부의 이천군 등을 유력한 후보지로 압축했습니다.

특히 영종도와 시화호 주변은 최종 후보지로서 기후 조건 등 여러 가지 검토가 이루어졌습니다. 그리고 시화호 주변이 수원 군 공항과 동일한 관제권에 속해서 복잡한 문제가 예상됨에 따라, 수도권 신공항은 영종도로 최종 확정되었고 이 지역에서는 여러 개의 섬을 하나로 잇는 간척 사업이 진행되었습니다.

수원 군 공항을 다른 곳으로 옮기자는 이야기가 여기저기서 들립니다만, 영종도의 인천공항은 수원 군 공항을 지금 자리에 남긴다는 전제에서 설정된 최적의 입지라는 사실을 기억할 필요가 있습니다. 이때

(위) 1970년 5만분의 1 지도(부분)에 보이는
수인선 빈하철교. 국립건설연구소 발행, 1970.

(가운데) 빈하철교에서 안산시 상록구 사동
방향으로 바라본 경관. 2004년 1월 이 모 씨 촬영.

(아래) 빈하철교에서 안산시 상록구 사동
방향으로 바라본 경관. 2019년 12월.

뿐 아니라 수원 군 공항을 이전하자는 이야기는 그 뒤로도 꾸준히 나오고 있습니다만, 그 후보지로서 최근 주목받았던 것이 1991~2003년 사이에 건설된 화성 방조제를 통해 탄생한 화옹지구였습니다. 화성시 측이 극렬 반대하는 바람에 사업은 원점으로 되돌아갔습니다만, 경기도 서해안의 만(灣)에 방조제를 쌓아 간척한 땅이 지속적으로 공항 이전지로서 검토되고 있다는 사실은 흥미롭습니다.

얼마 전 봉담 읍내를 답사하고 있자니 수원 군 공항의 전투기 소리가 계속 들리더군요. 봉담읍을 비롯한 화성시 동부 지역은 수원 군 공항의 소음권에 포함되어 있어서, 이 지역으로서는 수원 군 공항이 화성시 서쪽 끝의 화옹지구로 옮겨 가는 것이 유리합니다. 화성시 동부의 인구가 계속 늘어나서 소음 피해를 입는 시민들의 수가 늘어난다면, 화성시 안에서도 수원 군 공항을 서쪽 끝으로 옮기자는 여론이 커질 것으로 조심스럽게 예상합니다.

화성시 화옹지구로 수원 군 공항을 옮긴다는 계획이 백지화된 뒤, 충청남도 당진시 측에서 민간 공항과 군 공항을 함께 만들어 준다면 받을 용의가 있다는 소식이 들리기도 했습니다. 현재 이 소식은 수면 아래로 내려간 듯합니다만, 만약 이 제안이 실현된다면 서산 군 공항에 민간 공항을 추가하려는 충청남도의 전체적인 구상이 틀어질 가능성이 있습니다. 또한 수원 군 공항은 서해안 최북단의 연평도까지 커버하고 있는 만큼, 당진이나 서산으로 그 기능을 옮기면 거리가 너무 멀어져서 국방상 문제가 생긴다는 지적도 있습니다.

시화 방조제를 건설하고 이곳에 수도권 신공항을 건설할 수도 있다는 소식이 들려오던 같은 시기, 이 지역의 간척지에 현대자동차 차량 주행 시험장을 세운다는 소문도 아울러 돌기 시작했습니다. 이런 소문이 돌면 늘 그렇듯이, 사업 예정지의 토지 가격은 급등했고요. 현대자

동차 측에서는 이 지역의 토지들이 농지로 묶여 있어서 사업이 어렵다
보니 주행 시험장을 울산에 지었다고 밝혔습니다만, 결국 화성 방조제
가 건설된 화성호의 상류 지역에 현대자동차 남양 기술 연구소가 지어
지면서 소문은 사실이 되었습니다.

　　현대는 서산 천수만 간척지에도 현대모비스 서산 주행 시험장을
건설했고, 아산시 인주면에는 현대자동차 아산 공장을 지었습니다. 또
시화 방조제를 지으면서 생겨난 송산면의 간척지, 현대자동차 남양 기
술 연구소 북쪽으로 7킬로미터 남짓 되는 곳에는 한국교통안전공단 자
동차 안전 연구원도 들어섰습니다.

　　이처럼 현대그룹은 서해안 간척지를 따라 공장과 주행 시험장을
건설해 왔고, 관련 기관·업체도 비슷한 사업 구상을 가지고 이 지역에
모여들었습니다. 늦어도 2030년대에는 운행될 서해선은 한국교통안
전공단 자동차 안전 연구원(서화성남양역), 현대자동차 남양 기술 연
구소(화성시청역), 현대자동차 아산 공장 즉 아산현대모터스밸리(인주
역) 근처를 통과합니다. 자동차 산업과 서해선이 결합되어 어떤 시너지
효과를 일으킬지 주목하고 있습니다.

　　한국교통안전공단 자동차 안전 연구원 근처에는 남양읍 원천
리·시라라는 곳이 있는데요, 이곳의 간척지를 매립하는 과정에서 공유
수면 매립 면허가 농민들에게서 모 병원으로 넘어가 버리는 바람에 사
회적으로 물의를 빚기도 했습니다. 이 병원은 1991년에도 환자를 노역
에 동원했다가 중태에 빠뜨렸는데, 이 문제를 비판하는 당시의 신문 기
사에서도 1968년도에 발생한 공유 수면 매립 면허 문제가 언급되고 있
습니다.

　　전국 곳곳의 바닷가나 강가에서 간척 사업이 이루어졌습니다만,
이 책에서 다루는 서해안 지역의 간척지들에서는 그 뒤로 사람들이 주

목할 만한 사업이 많이 이루어지다 보니 이런 종류의 갈등이 특히 많이 일어났습니다. 지난 백 년간의 간척 사업은 어딘가 땅끝에서 가난한 사람들이 한때 하던 일이 아니라, 현재 그리고 미래의 한국 사회에까지 영향을 미치고 있는 중대한 토건 사업이었습니다.

화성시 중부의 남양읍·비봉면·향남읍·팔탄면은 현재의 지도만 보면 내륙으로 생각되기 쉽습니다. 하지만 서해안의 밀물 때에는 이들 지역의 하천 깊숙이 바닷물이 들어왔습니다. 영산강도 그랬지만, 이들 강은 사실상 바다의 만이라고 보아야 합니다. 이들 지역을 답사할 때마다, 서해 바다의 영향권에 놓여 있던 개펄을 간척해서 만든 농토가 택지 지구와 산업 단지로 바뀌어 온 극적인 과정을 확인합니다.

남양읍은 현대자동차 남양 기술 연구소와 화성시청이 있는 곳입니다. 두 시설 중간에 서해선 화성시청역이 건설되고 있고, 역세권 개발이 이루어지면서 옛 농어촌 마을들의 형태가 빠르게 해체되고 있습니다.

역 바로 옆에는 신남4리 마을회관이 있고, 그 앞에는 마을의 유래를 설명하는 안내판과 마을회관 부지를 기증한 이춘목 씨의 공덕비가 있었습니다.

안내판에 따르면, 이 지역의 매호동이라는 곳은 바로 앞까지 바닷물이 드나들었고, 배가 닿아서 배다리라 불리는 곳도 있었다고 합니다. 공덕비에는, 이 고장 출신으로서 서울에 거주하는 이춘목 씨가 회관 부지를 기증해 준 것을 고마워해서 1994년에 이 비석을 세웠다는 연유가 적혀 있었습니다. 바닷물이 드나들던 마을은 내륙의 택지 개발 예정지가 되었고, 1994년에 세워진 마을회관은 채 30년도 버티지 못하고 폐쇄되었습니다. 한국의 농산어촌에서 흔히 보는 상전벽해의 풍경입니다.

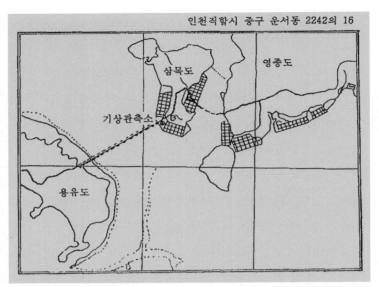

인천직할시 중구 운서동 2242의 16

삼목도

영종도

기상관측소

용유도

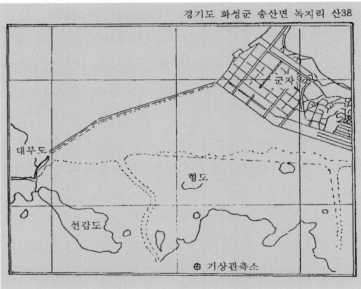

경기도 화성군 송산면 독지리 산38

군자

대부도

형도

선감도

⊕ 기상관측소

『수도권 신공항 입지선정을 위한 자료조사』에 실린
영종도와 시화 간척지 기후 측정 지점 지도.

(위) 화성시 동북쪽의 봉담 읍내에서 마주친, 수원
군 공항의 화옹지구로의 이전을 반대하는 현수막.
2023년 11월

(아래) 화성시 우정읍 화옹지구. 사진 가운데의
언덕은 예전에는 바다 한가운데의 암초였습니다.
2023년 2월.

화옹지구의 동쪽 끝에서 서쪽으로 화성 방조제
방향을 바라보았습니다. 2023년 2월 류기윤 촬영.

서해선 서화성남양역 예정지에서 바라본
한국교통안전공단 자동차 안전 연구원. 2023년
2월 류기윤 촬영.

(위) 남양읍 신남4리 마을회관과 화성시청역
역세권 개발 사업이 이루는 시층. 2023년 1월.

(아래) 신남4리 마을회관 부지를 희사한 이춘목
씨의 공덕비. 2023년 1월.

　　남양읍 화성시청과 현대자동차 남양 기술 연구소의 동쪽으로는 팔탄면이 있습니다. 팔탄면의 서부 지역은 20세기 전기부터 개간 사업이 활발히 이루어졌습니다. 1930년에 세워진 동방 저수지가 그러한 개간 사업의 증거입니다. 그리고 화성 방조제가 만들어지면서 바다가 호수로 바뀌자, 팔탄면을 포함한 이 일대에서 간척이 가능한 지역은 대부분 농토나 공장 지대로 바뀌었습니다.

　　팔탄면의 중심지는 면사무소가 자리한 구장리(舊場里)라는 곳입니다. 예전에 장터가 있었다는 지명대로 이 지역에는 발안정이라는 큰 장이 열렸지만, 1895년에 발안장이 향남면(지금의 향남읍 발안리)으로 옮겨 가면서 팔탄의 세력이 향남으로 옮겨 가게 됩니다.

　　오늘날 향남읍이 동탄·남양읍과 함께 화성시의 3대 거점 도시로 성장한 데 반하여, 팔탄에서는 큰 택지 개발 사업도 이루어지지 않았고, 골짜기마다 크고 작은 공장들이 가득 들어차 있습니다. 구장리의 옛 마을을 걸으며, 1930~1950년대의 농촌 주택들이 남아 있는 마을이 주변의 공장과 원룸으로 포위되어 있는 모습이 화성시의 현 상황을 상징하는 것 같다고 느꼈습니다.

　　팔탄면 구장리에 있던 발안장은 19세기 말에 남쪽으로 4킬로미터 정도 떨어진 지금의 향남읍 발안리로 옮겨 왔습니다. 향남읍의 도시 지역은 발안천을 끼고 발안리·평리의 구도심, 그 동쪽에는 수용소 마을이 있다가 택지 개발된 신도시로 이루어져 있습니다. 향남읍의 상황에 대해서는 저의 책『문헌학자의 현대 한국 답사기』에서 말씀드린 바 있으니 아울러 참고해 주십시오.

　　발안천 동쪽의 택지 개발된 중간 지점에 서해선 향남역이 만들어지고 있고, 이곳까지 신안산선도 운행할 것으로 예상이 됩니다. 향남읍이 화성시 서남부의 중심 도시인 데다가, 택지 지구 남쪽에 향남제약일

(위) 화성시 팔탄면 구장사거리의 경관. 2024년 2월.

(아래) 화성시 팔탄면 구장리의 1931년 사용 승인 주택 위로 전투기가 날아가고 있었습니다. 2024년 2월.

(위) 화성시 팔탄면 구장리의 1954년 사용 승인
주택을, 팔탄면 곳곳의 공단에서 근무하는
노동자들의 원룸이 둘러싸고 있습니다. 2024년
2월.

(아래) 2001년 5천분의 1 지도(부분)에 보이는
향남읍 구문천리 일대의 간척 사업 결과.
국립지리원 발행, 2001.

반산업단지·발안일반산업단지를 비롯한 화성·평택 중부의 공업 단지
가 펼쳐져 있어서, 향남역에는 충분한 여객 수요가 있을 것으로 예상됩
니다.

　남쪽으로 흘러온 발안천은 향남제약일반산업단지·발안일반산업
단지를 지난 시점부터 서서히 강폭이 넓어지면서 남양만을 향하게 됩
니다. 5천분의 1 지도를 보면 이 지점에는 화성농장들·구문천들·개논
들 같은 간척지가 펼쳐져 있는데요, 이 가운데 개논들은 원래 섬이었던
개섬 주변을 간척지로 만들었다고 해서 이런 이름이 붙은 것 같습니다.

　산업 단지에서 조금 남쪽으로 내려오면 평택시와의 경계에 자리
한 구문천리가 있고, 이곳에는 1977년도에 사용 승인 된 농촌 주택들
이 단지를 이루고 있습니다. 구문천리의 주택 단지는 전형적인 간척 농
촌의 형태를 보입니다. 이 시기의 5천분의 1 지도에는 이 단지의 모습
이 나타나지 않습니다만, 이것은 이런 땅끝에서 일어나는 변화가 지도
에 반영되지 않았기 때문으로 생각됩니다.

남양·아산만 방조제가 만들어 낸 경기도와
충청남도 사이의 간척 지대

향남읍 구문천리 즈음에서 강폭이 넓어진 발안천은 서남쪽으로 흘러
가 서해안으로 들어섭니다. 예전에는 이 흐름을 거슬러 화성시·평택시
중부의 깊숙한 곳까지 바닷물이 들어왔고, 바닷물의 소금기가 일으키
는 염해와 여름이면 발생하는 물난리가 이 일대 주민들을 괴롭혔습니
다. 그래서 오래전부터 이 지역에 살던 주민들은 물난리를 피할 수 있
는 언덕 지대에 살았고, 강 가까운 범람 지대에는 피란민·빈민 등이 정
착해서 크고 작은 규모의 간척 사업을 일으켰습니다.

　하지만 강물의 위력이 워낙 세다 보니 이들의 간척 사업은 실패를

거듭하다가, 1973년말에 남양 방조제가 만들어지면서 비로소 대규모 간척·개간 사업이 성공하게 됩니다. 화성시와 평택시의 경계에 지어진 남양 방조제, 평택시와 아산시의 경계에 지어진 아산만 방조제는 둘 다 세계은행에서 차관을 가져와 건설한 한국 최초의 방파제이며, 서해안 지역의 대단위 농업 개발 사업의 스타트를 끊게 해주었습니다.

1946년에 항공 촬영 된 남양만을 보면, 만 주변으로 넓게 개펄이 펼쳐져 있음을 확인할 수 있습니다. 남양 방조제가 건설되면서 이 개펄들은 대부분 농토로 개간되었습니다. 또 사진을 보면 남양만 남쪽으로 길게 뻗어 나온 곳이 있는데요, 행정명으로 평택시 포승읍 원정리라 불리는 이 곳은 현재의 지도 애플리케이션에서는 모두 지워져서 형태를 확인할 수 없습니다. 평택항의 일부로서 군사 시설과 액체 화물 보관 시설이 설치되어 있다 보니 음영 처리(블러 처리) 된 것인데요, 1946년의 항공 사진을 보면 방조제와 평택항이 만들어지기 전 이곳의 원 모습을 확인할 수 있습니다.

남양 방조제를 통해 만들어진 새로운 땅을 남양 간척지 또는 남양 황라라고 부릅니다. 방조제가 완성된 뒤 정부는 1975년 3월까지 남양 간척개발사업을 벌여서 2,356헥타르의 농지를 조성하고, 1976년부터 농민을 입주시킬 방침을 세웠습니다. 1975년 6월 28일에 농지 분배 계획이 확정되었는데, 1983년 10월 27일 자 일간지에도 여전히 미분배지 분배 공고가 나온 것을 보면, 간척지의 분배에 상당한 시간이 걸렸음을 알 수 있습니다. 이때의 미분배지 분배 공고에 포함된 남양 간척지는 화성군 우정읍·향남면·팔탄면과 평택군 포승면·청북읍, 아산 간척지는 평택군 팽성읍·오성면·현덕면에 걸쳐 있었습니다.

남양 방조제가 만들어지면서 새로이 열린 땅을 바라보고 전국에서 수많은 사람들이 모여들었습니다. 그런 사람들 가운데에는, 서울 성

1946년에 촬영된 남양만. 만 양옆의 개펄은 남양 방조제가 지어지면서 모두 간척되어 농토로 바뀌었습니다.

동구 송정동 74번지의 청계천 변 판자촌 주민들도 있었습니다. 청계천 변의 판자촌에서 선교 활동을 하던 김진홍 목사의 지도하에 활빈귀농 개척단이라는 이름을 내세운 이들 주민들은 1975년 8월, 화성 간척지와 남양 간척지의 중간 지점인 화성시 우정읍 화산리에 정착했습니다. 그리고 이듬해인 1976년 6월에는 남양지역사회관이라는 복지관을 개설하는 등 성공적인 정착 소식이 사회에 전해졌습니다. 이 마을은 현재도 두레 마을이라는 이름의 일종의 신앙촌으로 존재하고 있습니다.

활빈귀농개척단은 남양 간척지에서 자체적으로 정착 사업을 추진했습니다만, 남양 간척지의 토지 분배 사업을 추진한 정부는 농촌 시범주택의 모델 하우스를 설치하는 등, 이곳을 농촌 개량의 거점으로 삼고자 했습니다. 그래서 정부는 비슷한 시기에 이루어진 전라북도 부안군의 계화도 간척지와 남양 간척지에 농촌 시범 주택 모델 사업을 추진하기도 했습니다. 12평에서 18평까지 다양한 규격의 농촌 조립식 주택 설계도를 전국에 배포하기로 하고, 우선 남양 간척지에 354호, 계화 간척지에 1,684호를 건설하기로 했다고 당시의 신문 기사는 전하고 있습니다.

저는 현재 경기도 화성시나 평택시에서 이 당시의 농촌 시범 주택을 발견하지 못했습니다만, 새만금 간척지의 원형이라 할 계화도 간척지에서는 시범 주택을 한 채 확인하고 꼼꼼히 들여다본 적이 있네요. 계화도 간척지에 남아 있는 농촌 시범 주택과 비슷한 형태의 집을 평택시 청북읍 삼계리의 신영촌 정착지에서 본 적이 있는데요, 이 신영촌의 탄생에는 조금 뒤에 말씀드리는 바와 같이 비극적인 사건이 얽혀 있습니다. 그 말씀은 뒤에 다시 드리기로 하지요.

두레 마을에서 포승향남로를 따라 3킬로미터 정도 남쪽으로 이동하면, 기아자동차 오토랜드 화성 공장이 나타납니다. 이 공장에서 조금 떨어진 서해안 바닷가의 이화5리는 농장 마을이라고도 불립니다. 1978년 5천분의 1 지도에는 이 위치에 모래불 농장이라는 지명이 적혀 있는데, 이 농장의 정체는 잘 알 수 없습니다. 이로부터 7년 뒤인 1985년 2만 5천분의 1 지도에 농장 마을이라는 지명이 적혀 있어서, 모래불 농장에서 농장 마을이라는 지명이 유래되었음을 짐작할 수 있습니다. 이 마을에는 1979~1980년 사용 승인 주택이 단지를 이루고 있고, 현재는 기아 공장의 배후 식당가로서 기능하고 있는 것으로 보입니다.

　　남양 방조제가 아니라 화성 방조제와 관련된 곳이기는 합니다만, 우정읍 주곡리에 있는 선창포구는 한때 수도권에서 횟집 타운으로 유명한 포구 마을이었습니다. 간척 사업의 결과 이제는 더 이상 포구가 아니게 되었지만, 과거의 습관이 남아서 아직도 횟집 타운으로 번창하고 있더군요. 『대서울의 길』에서 소개했던 화성시 송산면 고포리의 횟집 타운도, 시화 방조제 건설로 주변 지역이 바다에서 육지로 바뀌자 송산면의 중심지인 사강시장으로 옮겨 와서 여전히 성업 중입니다.

　　남양 간척지가 탄생하면서 예전에는 바닷가였다가 이제는 산기슭으로 바뀐 지역들에는 노진주택, 장안지구주택, 사곡주택, 덕다주택, 문화촌, 독점주택같은 간척 주택 단지들이 속속 들어섰습니다. 더 뒤에 게재한 1978년의 5천분의 1 지도를 보면 장안면 노진리에 〈노진지구(신생부락)〉이라는 표기가 보입니다. 그리고 1999년 5천분의 1 지도에는 이 위치에 주택 단지가 그려지게 됩니다.

　　『화성시사』에서는 노진주택(蘆眞住宅)에 대해 다음과 같이 설명합니다. 〈정부에서 아산과 남양만의 간척 사업을 1977년에 시작할 당시 건설 현장이었던 곳을 공사가 끝나고 택지로 조성하여 생긴 마을이라 하여 붙여진 이름이다.〉 이런 설명은 비단 노진주택뿐 아니라 남양 간

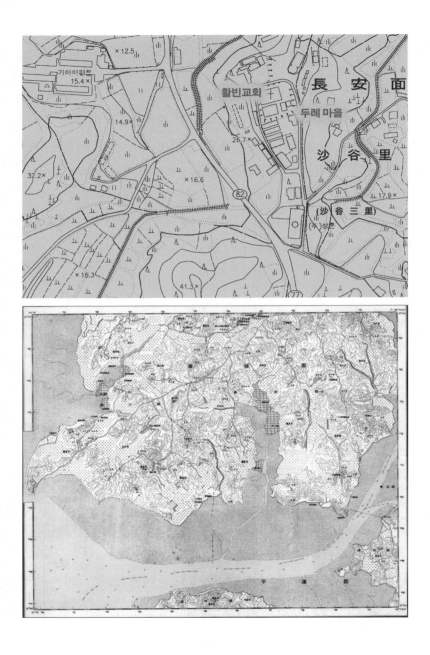

(위) 2000년 5천분의 1 지도(부분)에 보이는
두레마을과 활빈교회. 국립지리원 발행, 2002.

(아래) 남양 방조제가 건설되기 전인 1965년의
2만 5천분의 1 지도. 이 지도에 보이는 개펄과
염전은 그 후 모두 농토로 바뀌었고, 포구 마을들은
농촌 마을로 바뀌었습니다.

전라북도 부안군 계화 간척지에 남아 있는 농촌
시범 주택. 2022년 4월.

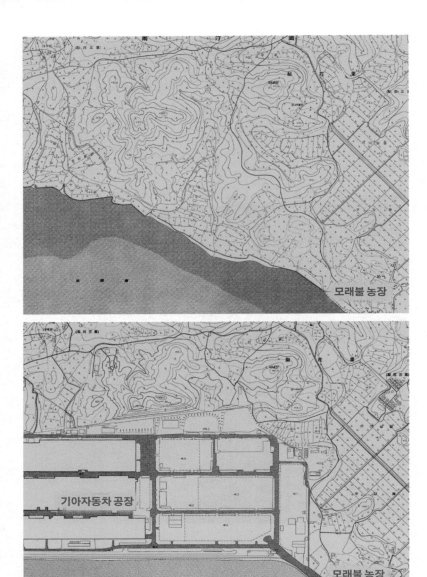

(위) 1978년 5천분의 1 지도(부분).
모래불농장이 보입니다. 국립지리원 발행, 1979.

(아래) 1997년 5천분의 1 지도(부분). 모래불
농장 자리에 농장 마을이 보이고, 그 서쪽으로
기아자동차 공장도 들어섰네요. 국립지리원 발행,
1997.

(위) 화성시 우정읍 이화5리 농장 마을의
1979~1980년 사용 승인 주택 단지.

(아래) 화성 방조제가 만들어지면서 포구에서
농촌 마을로 바뀐 우정읍 주곡리 선창포구.
2023년 2월.

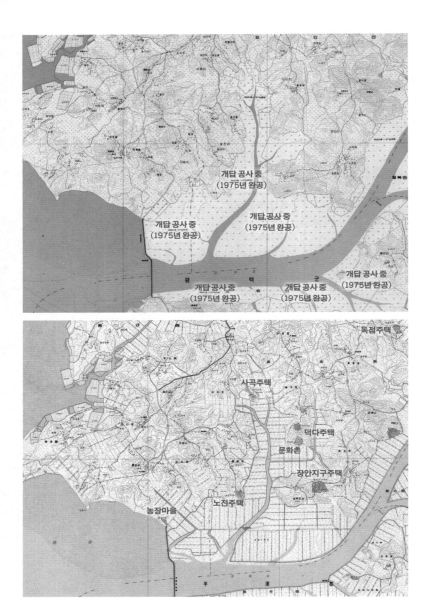

개답 공사 중
(1975년 완공)

개답 공사 중
(1975년 완공)

개답 공사 중
(1975년 완공)

개답 공사중
(1975년 완공)

개답 공사 중
(1975년 완공)

개답 공사 중
(1975년 완공)

독점주택

사곡주택

덕다주택

문화촌

장안지구주택

노진주택

농장마을

(위) 남양 방조제가 건설된 뒤인 1975년의 2만 5천분의 1 지도(부분). 남양 방조제가 표시되어 있고, 방조제 안쪽에는 1975년 완공을 목표로 개답 공사 중이라고 표시되어 있습니다. 국립지리원 발행, 1975.

(아래) 1985년의 2만 5천분의 1 지도(부분). 이화리 농장 마을을 비롯해서 노진주택, 장안지구주택, 사곡주택, 덕다주택, 문화촌, 독점주택 등의 간척 주택 단지가 들어섰음을 확인할 수 있습니다. 국립지리원 발행, 1985.

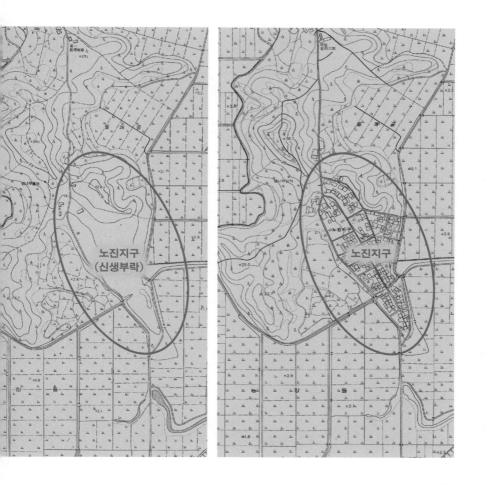

(왼쪽) 1978년 5천분의 1 지도(부분)에 보이는   (오른쪽) 1999년 5천분의 1 지도(부분)에 보이는
장안면 노진리 노진주택. 국립지리원 발행, 1979.   장안면 노진리 노진주택. 국립지리원 발행, 1999.

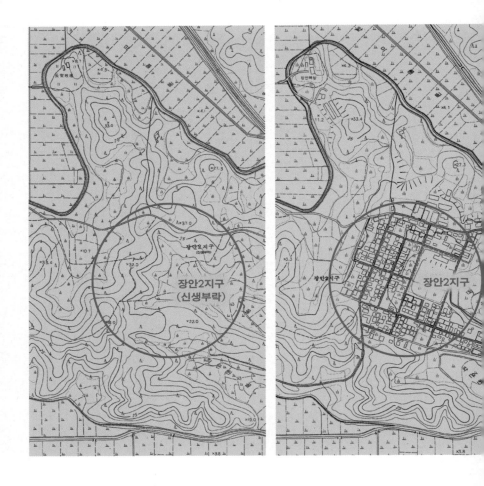

1978년 5천분의 1 지도(부분)에 보이는 장안면
장안리 장안2지구 신생주택. 국립지리원 발행,
1979.

1998년 5천분의 1 지도(부분)에 보이는 장안면
장안리 장안2지구 신생주택. 국립지리원 발행,
1998.

(위) 화성시 장안면 장안리 장안2지구 신생주택
단지. 2023년 2월.

(아래) 화성시 장안면 장안리 장안2지구 신생주택
단지의 〈주택〉 버스 정류장. 2023년 2월.

척지 주변의 간척 주택 단지들에 모두 적용된다고 하겠습니다.

이런 간척 주택 단지들은 전국에서 남양 간척지로 모여들어 정착한 시민들이 만들었으리라 짐작됩니다만, 21세기 들어 그런 배경은 서서히 잊혀 가는 것으로 보입니다. 노진주택의 동쪽인 장안면의 장안 5·8리도 간척 주택 단지이고, 원래는 장안2지구 신생주택이라 불렸습니다. 이곳에는 〈주택〉이라는 이름의 버스 정류장이 있었는데, 어느새 버스 정류장 이름이 〈장명초분교〉로 바뀌었더군요. 이 마을에 장명초등학교 장일분교장이 있어서 이렇게 바뀐 것이겠죠. 근현대 한국을 휩쓸었던 간척의 열기는, 한국에서 가장 미래에 가까운 도시라 불리는 화성시의 서남쪽 끄트머리에서 이렇게 서서히 잊혀 가고 있습니다.

평민들이 만들어 낸 평택의 모습

남양 방조제로 인해 탄생한 남양 간척지 또는 화성 농장들은 화성시와 평택시에 걸쳐 있습니다. 이 가운데 평택시 청북읍·포승읍의 간척지는 특히 여러 겹의 사연을 지니고 있는 땅입니다.

식민지 시기에 동양척식주식회사가 청북읍에 농장을 만들어 간척을 추진하다가 실패했고, 8·15 해방부터 6·25 전쟁에 걸쳐서는 피란민들이 포승읍에 정착해서 간척 사업을 벌였습니다. 전쟁 뒤에는 전국의 빈민들이 청북읍에 간척하러 모여 들었다가 사기 사건에 휘말렸고, 그 뒤에 새로이 번영하자는 뜻에서 마을 이름을 신영촌이라고 붙였습니다. 또 1961년의 5·16 군사 정변 뒤에는 경기도가 1개 군에 1개씩 건설하기로 한 〈혁명촌〉이 청북읍에 세워지기도 했습니다.

이와 같이 20세기 중기 한국을 둘러싼 국제 정세와 국내의 혼란 속에서 어떻게든 희망을 찾고 싶었던 시민들은 이곳 평택으로 모여들었습니다. 미국에서 서부 지역이 그랬고, 메이지 시대 일본에서 홋카이도

가 그랬던 것처럼, 20세기 한국에서는 평택 중서부를 중심으로 한 서
해안의 간척지들이 프런티어였습니다.

　　최영준 선생이 『국토와 민족생활사』에서 강조한 것처럼, 간척의
역사를 추적함으로써 한국·한반도에서 살아온 평민들의 삶을 그려 낼
수 있고, 그들이 어떻게 근현대 한국의 모습을 만들어 냈는지를 이해할
수 있습니다. 이와 마찬가지 주장을 평택 지역 연구자인 김해규 선생도
하고 있습니다.

　　〈현재 평택 지역에는 한국전쟁 피란민에 대한 통계자료나 인터뷰
자료가 거의 없다. 전쟁 피란민 연구도 찾아보기 힘들다. 평택 지역에
정착한 피란민의 수는 얼마나 되는지, 그들의 정착 과정은 어떠했는지,
그들이 평택 사회에 끼친 영향은 어떠했는지에 대한 객관적이고 체계
적인 연구가 필요하다. 이주민들에 의한 저습지 개간은 1990년대 이전
까지 평택 지역 발전사의 핵심 키워드였으며 그 가운데 피란민 정착 사
업은 매우 중요한 부분이다.〉

　　어떤 지역의 중심부에 수백 년 살아온 몇몇 집안에만 집중해서는
그 지역의 근본적인 변화를 놓치게 됩니다. 변화는 중심부가 아닌 외곽
의 변경 지대로부터, 몇몇 잘난 사람들이 아니라 평범한 시민들에 의해
시작되는 법입니다.

　　우선은 20세기 전기 식민지 시기에 동양척식주식회사가 평택 지
역에서 추진했던 간척 이야기부터 들려 드리겠습니다.

　　고려 시대와 조선 시대에도 간척 사업이 있기는 했지만, 한국 시
민들이 오늘날 볼 수 있는 광활한 간척지를 만들기 시작한 것은 식민지
시기였습니다. 전라북도 김제시 광활면처럼 이때 사업을 완성한 경우
도 있고, 이때의 사업 구상이 전라북도 부안군의 계화도 간척지처럼 해
방 이후의 간척 사업으로 이어진 경우도 있습니다.

오늘날의 평택시에는 오성면 안화리, 팽성읍 평궁리, 고덕면 두릉리, 청북읍 삼계리 등에 동양척식주식회사가 주체가 되어 조성한 농장이 있었고, 청북읍 삼계리에는 그 당시 사용되던 창고 건물이 남아 있습니다. 이 창고와 한 세트였던 사무소 건물은 철거되었지만, 이 창고는 견고하게 지은 건물이다 보니 새마을운동 때 농협 창고로 사용되면서 현재까지도 남게 된 것으로 생각됩니다.

동양척식주식회사의 초기 간척 사업이 완성되기 전, 그리고 1950년대에 재일 교포 방덕환 씨가 이 지역에 대규모 간척 사업을 벌이기 전, 이곳에는 옹포·신포라는 이름의 나루터가 있었습니다. 이 나루터로 1950년대까지도 새우젓·조기·꽃게가 반입되었고, 마을 주민들은 이 상품들을 주변 지역으로 들고 가서 장사했습니다. 이곳은 〈한번에 벼 200섬을 싣는 배들이 들어와서 인천의 도정 공장으로 벼를 실어 갈 정도였다〉는 증언도 있을 정도로 뱃길을 통해 인천과 연결되어 있는 마을이기도 했습니다.

하지만 잇따른 간척 사업으로 인해 어촌 마을은 농촌으로 바뀌었고, 주민들은 어로·상업 활동을 접고 간척지에서 농사를 짓게 되었습니다. 여기에 해방과 전쟁 이후 피란민들이 이 일대로 모여들면서 간척 사업은 다음 단계로 넘어가게 됩니다.

경기 평택시 포승읍 홍원리와 청북읍 옥길리 사이의 들판에는 연백난민정착농장들이라는 지명이 남아 있습니다. 이곳은 황해도 연백군 출신의 피란민들이 간척한 농토입니다. 원래 식민지 시기에 일본인과 조선인 이강세 씨가 간척 사업을 벌이다가 실패했고, 1961년의 5·16 군사 정변 뒤에 차연농 씨의 주도하에 황해도 연백군 출신 피란민들이 간척에 성공했다고 합니다.

연백군 피란민들은 이외에 안중읍 홍원리·학현리·성해리·삼정리 · 금곡리, 양성말, 서탄면 마두2리 등도 간척했습니다. 한편 이 당시 연백군 피란민들의 사업을 도와주던 포승읍 자오 마을 주민들도 이들의 간척 사업에 자극받아, 김대현 씨의 주도하에 별도로 간척 사업을 벌였습니다.

또 경기도 장단군 주민들도 고향의 대부분이 적국에 점령당하고 나머지 지역이 한국군 작전 지역에 편입되는 바람에 평택까지 내려와서 팽성 신대2·3리, 도두리지구를 간척했습니다. 1950년대 초기의 기사들에는 〈경기도 사회과에서〉 장단군에서 남쪽 파주군으로 내려와서 떠돌고 있는 피란민 〈75세대(450명)를 평택군 내로〉 이주시키기로 했다거나, 평택군 〈오성면 면장 서태원 씨〉가 장단군에서 〈피란 내려온 70세대의 난민을 구출하고자 공동 영농 기지로 사재 답 70여 정보를 제공하여 피란민의 감격은 물론 일반의 칭송을 받고 있다〉는 등의 소식을 전하고 있습니다. 이들 장단군 피란민들이 간척한 땅의 상당수는 현재 캠프 험프리스 부지로 편입되었으니, 두 번이나 군사적 요인으로 인해 땅을 빼앗긴 이들 시민들의 심정을 감히 헤아리기 어렵습니다.

한편 장단과 마찬가지로 적국에 땅을 상당 부분 빼앗기고 남은 지역이 군 작전 지역에 들어가는 바람에 쫓겨난 강원도 철원·평강·김화 지역 주민들은, 철의 삼각지 자치난민공생조합을 만들어 화성시 서신면 매화리에 정착하기도 했습니다. 이들은 현지에서 원주민과 갈등을 빚다가, 결국 원주민들의 마을(매화2리)에서 떨어져 나와 자신들의 마을(매화4리)을 만들었습니다.

황해도 옹진·장연·송화군 출신 피란민들은 연백난민정착농장들의 북쪽에 자리한 청북읍 고잔리·삼계리에 정착해서 간척 사업을 벌였습니다. 삼계리에서는 이때 농사에 성공했고, 고잔리에는 염전을 조성했다가 1972년에 태풍 베티의 피해를 입어 폐허로 바뀐 뒤 남양 방

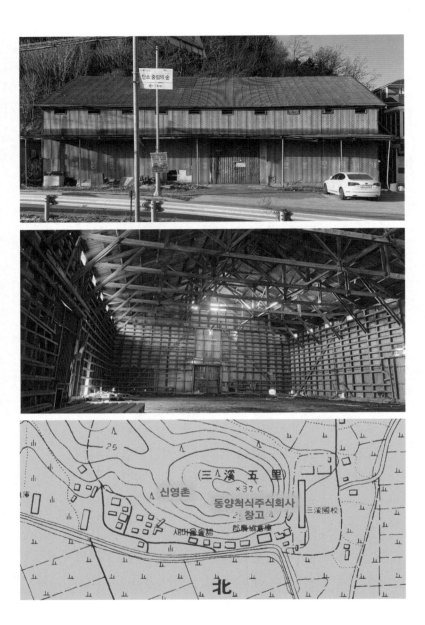

(위) 평택시 청북읍 삼계리의 동양척식주식회사
창고. 2023년 1월.

(가운데) 평택시 청북읍 삼계리의
동양척식주식회사 창고 내부. 2023년 1월.

(아래) 1991년 5천분의 1 지도(부분)에 보이는
동양척식주식회사 창고와 그 왼쪽의 신영촌.
국립지리원 발행, 1991.

평택시 청북읍 혁명촌·신영촌에서
연백난민정착농장들 방향을 바라보았습니다.
2023년 1월.

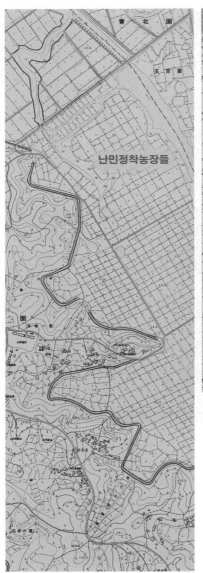

(왼쪽) 1978년 5천분의 1 지도(부분)에 보이는
(연백)난민정착농장들. 국립지리원 발행, 1978.

(오른쪽) 1978년 5천분의 1 지도(부분)에 보이는
평택시 포승읍 자오 마을과 염전들. 국립지리원
발행, 1978.

(위) 한때 뱃길로 인천과 이어져 있던 청북읍 신포는 이제 내륙 마을로 바뀌었습니다. 2023년 1월.

(아래) 청북읍 신포에는 더 이상 뱃사람들이 들어오지 않지만, 그 대신 이 일대의 산업 단지에서 근무하는 외국인 노동자들이 모여들고 있습니다. 평택현곡일반산업단지 속에 자리한 아시아마트. 2023년 1월.

조제가 건설되면서 다시 간척해서 성공했습니다. 그 후 고잔6리의 피란민 정착촌은, 쿠데타 세력이 1961년의 5·16 군사 정변으로 집권하고 나서 경기도지사가 경기도 내 21개 군에 한 곳씩 혁명촌이라는 이름의 시범 마을을 조성하라고 지시했을 때 혁명촌이라는 이름을 받게 됩니다.

평택시 청북읍 삼계리 동양척식주식회사 창고와 고잔6리 혁명촌 사이에는 신영촌이라는 마을이 있습니다. 이 마을에는 이른바 〈삼계리 간척지 사기 사건〉이 얽혀 있습니다. 식민지 시기의 간척이나 피란민들의 간척 사업에 대해서는 많은 언급이 있지만, 1962년에 사회 하층민들이 간척지 분양 사기에 휘말렸던 일에 대해서는 상대적으로 자료를 찾기 어렵습니다.

이 사건은 서울·충청도 등에 거주하는 시민들에게 몇몇 사기꾼이 접근해서, 입주금을 내면 간척지를 만드는 3년 동안 먹을 양식도 줄 것이고, 간척을 하고 나면 농토·주택·가축도 나눠 줄 것이라고 해서 28가구를 모집한 데에서 시작합니다. 하지만 막상 이들이 현장에 도착하자 사기꾼들은 잠적해 버렸고, 황무지에 버려진 이들 가운데에는 굶어 죽은 사례도 발생하는 등 일대 사건으로 발전했습니다.

이 소식이 『경향신문』을 통해 보도되자 보건사회부는 조사단을 현장에 파견했는데, 이 조사단 파견 소식을 전하는 1963년 7월 13일 자 『경향신문』의 사설에서는 혁명 정부를 언급하며 철저한 조사를 요청하고 있습니다. 〈혁명 초기의 정부는 부정과 부패를 일소하기에 그렇게도 과감하였음을 우리는 기억하고 있다. 우리는 큰 사회 문제로 된 본건 사기 사건이야말로 혁명 정부의 손에 의하여 과감히 규명되어야 할 것으로 믿는다.〉

그 후 정부에서는 이들 피해자에게 간척지를 개간하고 나서 농토를 무상 분배 하기로 약속했는데요, 1963년 7월 당시의 신문 기사 사진에 실려 있는 주택과 현재 신영촌에 남아 있는 건물이 동일한 것으로 보이는 것이 관심을 끕니다. 따라서 이 삼계리 간척지 사기 사건의 결과 정부에서 세워 준 정착촌이 신영촌인 것 같은데, 이 사기 사건과 신영촌의 관계에 대한 각종 기사들은 혼란스럽기만 합니다. 신영촌을 6·25 전쟁 당시의 피란민 정착촌이라고 서술하기도 하고, 1960~1970년대 이주민들의 땅이라고 두루뭉술하게 서술하는 데 그치기도 합니다.

　현재 신영촌에는 신영낚시슈퍼라는 이름의 가게가 마을 이름을 전하고 있고, 정부가 세워 준 것으로 보이는 주택도 몇 채 남아 있습니다. 이 주택이 계화도·남양 간척지에 정부가 보급하기로 한 농촌 시범 주택과 비슷하게 생겨서, 정부가 사기 사건의 피해자들을 구제해 주기 위해 지어 준 것이 아닌가 하는 추정을 개인적으로는 하고 있습니다.

　생활 터전을 찾아 평택시 청북읍·포승읍의 간척지로 찾아온 이주민들 가운데 주목할 만한 또 하나의 존재는, 충청북도 청주시·옥천군과 대전광역시 사이에 대청댐을 조성하는 과정에서 발생한 대청댐 수몰 이주민입니다.

　이들은 남양 간척지 및 포승읍 홍원리·원정리, 청북읍 고잔리 등에 정착해서 남양 간척지의 농토를 받았습니다. 정부는 간척지를 분배하겠다는 약속을 지켰지만, 그 간척지는 소금기가 빠지지 않아서 농사에 적합하지 않았다고 고잔7리, 또는 〈충청북도(靑) 출신자들이 용(龍)처럼 번성하자〉라는 뜻으로 붙여진 이름인 청룡 마을의 이주민들은 증언합니다.

　당시의 신문 기사들에서는 정부가 계획적으로 집단 이주지를 조성하고 수몰민들을 이주시킨 것처럼 적고 있지만, 평택시 포승읍 원정

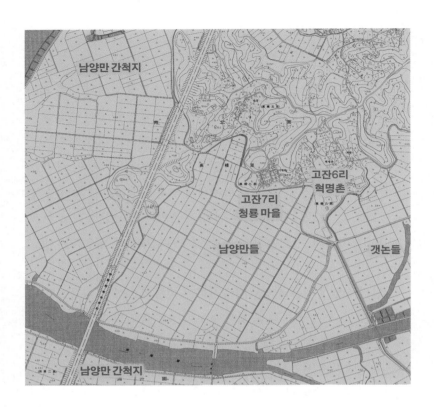

남양만 간척지

남양만 간척지

고잔7리
청룡 마을

고잔6리
혁명촌

남양만들

갯논들

2002년 5천분의 1 지도(부분)에 보이는 고잔6리
혁명촌과 고잔7리 청룡 마을. 국립지리원 발행,
2002.

(위) 평택시 청북읍 고잔6리 또는 혁명촌. 2023년 1월 18일.

(아래) 신영촌 남쪽으로 펼쳐진 간척지. 50여 년 전까지만 해도 마을과 인천을 이어 주던 뱃길이었습니다. 2023년 1월.

(위) 현재의 신영촌에 남아 있는 주택. 1963년 7월 24일 신문 기사에 실린 주택과 동일해 보입니다. 2023년 1월.

(아래) 신영촌의 존재를 전하는 도시 화석 〈신영낚시슈퍼〉 간판. 2023년 1월.

5리의 류우현 이장은 다른 증언을 합니다. 〈류 이장은 당시 정부가 원정4·5리 일대 70만 가호 집단 취락지 조성 계획을 발표한 것을 라디오 방송에서 우연히 듣고 문의면사무소를 통해 현지 실사를 하게 됐다〉는 것입니다. 당시 정부는 1976년 4~6월 사이에 일간지에 입주 요강을 발표하는 등의 조치를 취했지만, 수몰민 당사자들에게는 그런 정보가 잘 전달되지 않아서 혼란이 컸음을 이 증언에서 짐작할 수 있습니다. 이런 정보 불균형을 틈타 간척지를 분양 받게 해주겠다고 돈만 받은 다음 사라져버리는 사기 사건도 발생했습니다. 삼계리 간척지 사기 사건을 비롯해서 남양 간척지는 각종 사기 사건의 무대이기도 했습니다.

대청호를 만들면서 옥천·청주·대전 등 여러 지역에 걸쳐서 수몰 이주민이 발생했습니다. 〈그대 다시는 고향에 못 가리 / 죽어 물이나 되어서 천천히 돌아가리〉라는 첫 구절로 잘 알려진 「물의 노래 — 새도 옮겨앉는 곳마다 깃털이 빠지는데」를 쓴 이동순 선생도 대청댐 수몰민이었습니다. 1982년에는 이관묵의 『수몰지구』라는 시집이 출판되었습니다. 충남 공주 출신인 작가가 염두에 둔 수몰은 대청댐 건설 과정에서 발생한 수몰 상황인 것 같습니다.

이제는 대전과 통합되어 사라진 충청남도 대덕군 출신의 수몰민은 물속의 고향을 보기 위해 낚시를 취미로 삼게 되었다고 합니다. 그리고 인사를 나누게 된 낚시꾼이 〈어디서 오셨냐〉고 물으면, 이제는 물에 잠긴 〈충남 대덕군 동면 내탑42번지에서 왔〉다고 답한다고는 합니다.

또 대전시 동구 주촌동 토방터 마을의 이주민은, 수몰민이 한반도 북부에서 내려온 실향민보다도 더 슬픈 신세라고 말합니다. 〈실향민은 통일이 되면 정든 고향 찾아갈 수 있잖아요. 근데 우리 같은 수몰민은 고향에 돌아갈 수 있는 길이 없어요. 댐 물을 모두 빼기 전에는요.〉청주시 상당구 문의면 문산리에는 대청호에 잠긴 청주 측의 고인돌이나 고택 등을 옮겨 와서 조성한 문의문화재단지가 있습니다. 이곳의 주차장을 비롯해서 대청호 호반 도로 곳곳에는 그 근처에 수몰된 마을의 주민들이 세운 망향비가 여럿 세워져 있습니다.

이처럼 대전과 청주에서 모두 수몰 이주민이 발생하기는 했지만, 가장 큰 피해를 입은 것은 충청북도 옥천군입니다. 옥천군은 면적의 상당수가 침수되고 주민들이 흩어지는 큰 피해를 입었습니다. 한때 시로 승격될 가능성도 있던 옥천군은 대청댐 건설로 인해 충청북도 내에서도 특히 낙후한 지역으로 남겨졌고, 옥천군을 희생해서 대전과 청주의 시민과 공장에 물을 대고 있다고 할 수 있는 것입니다. 이에 대해 옥천군청에서는 『피해백서』를 출간하는 등 지속적으로 항의하는 목소리를 내고 있습니다.

옥천군 안내면 인포리 걸포 마을은, 대청호가 완공되면서 수몰된 뒤로도 가뭄이 들 때마다 모습을 나타내고는 합니다. 제가 2022년 6월에 답사했을 때에는 마을을 관통하던 개천 위에 놓였던 다리의 교각이 뚜렷이 보였고, 마을을 T 자로 지나던 도로 또한 물길로 바뀌어 그 모습을 남기고 있었습니다. 수몰 이주민들은 이렇게 가뭄이 들면 자신들의 고향 마을을 찾아 댐으로 향하고는 합니다.

여기까지 화성·평택의 중부에서 서부에 걸쳐 일어난 간척 사업에 대해 말씀드렸습니다. 우리의 답사가 더 남쪽으로 향하기 전에, 평택시 중부에서 동부에 걸쳐 있었던 간척 사업에 대해 잠깐 살펴보겠습니다. 이들 지역에 대해서는 『대서울의 길』에서 살펴본 바 있습니다만, 그때는 간척 사업에 대해서는 언급하지 않았습니다. 이번 책에서 집중적으로 간척 이야기를 할 때 한꺼번에 말씀드리려고 했거든요.

많은 피란민들은 화성·평택의 중부와 서부에 정착해서 농토를 마련하려 했지만, 어떤 피란민들은 송탄과 팽성에 자리한 두 곳의 미군

새모습으로 탈바꿈한 국토

(위) 대통령비서실이 1980년에 출판한『새시대 새마을』에 보이는 대청댐 건설 상황.

(아래) 충청북도 옥천군 안내면 인포리의 수몰된 마을이 가뭄에 모습을 드러냈습니다. 2022년 6월.

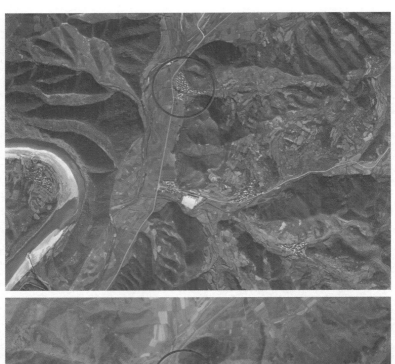

(위) 1977년 항공 사진에 보이는 충청북도 옥천군
안내면 인포리 걸포 마을. 마을의 형태가 뚜렷이
남아 있습니다.

(아래) 1984년 항공 사진에 보이는 충청북도
옥천군 안내면 인포리 걸포 마을. 주민들은 모두
이주했고 집도 철거가 끝난 상태입니다.

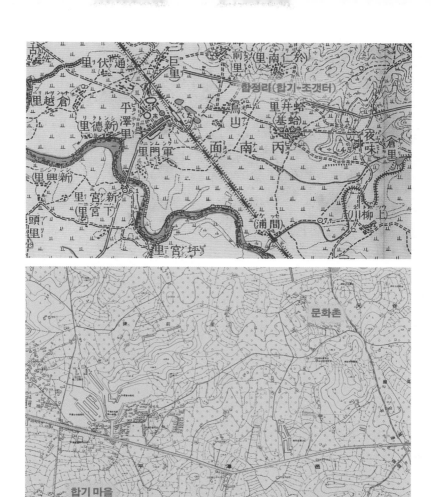

(위) 1914년 5만분의 1 지도(부분)에 보이는
합정동 〈합기, 조갯터〉 마을. 조선총독부
육지측량부 발행, 1916.

(아래) 1976년 5천분의 1 지도(부분)에 보이는
문화촌과 합기 마을. 국립지리원 발행, 1976.

기지 근처에 자리 잡았고, 평택군청이 있던 시내에도 비전2동·합정동 등 두 곳의 정착 사업소가 조성되었습니다.

평택 시내의 비전2동에는 문화촌이라는 지명이 남아 있습니다. 피란민촌을 문화촌으로 부르게 된 것이 경기도 고양시 일산의 피란민촌과 마찬가지입니다. 평택시에는 문화촌로, 고양시에는 문화공원이라는 지명이 남아 있습니다.

『평택시사』에 따르면 비전2동의 문화촌에는 황해도·평안도 출신의 피란민과 더불어 주변 지역의 가난한 농부들, 그리고 1960년대에는 전라도 출신자들도 모여들었다고 합니다. 이곳은 식민지 시기까지만 해도 〈외집메〉나 〈세집뫼〉라 불렸는데, 한두 집, 두세 집 정도만 있던 한적한 땅이었다는 것이겠죠. 이런 공백 지대에 피란민과 빈민, 이촌 향도민들이 모여든 것입니다. 문화촌 지역은 1990년대 중반에 택지 개발되어 현재는 지명으로만 남아 있습니다.

한편 문화촌에서 평택역 방향으로 2킬로미터 남짓 떨어진 거리에는 합정동이 있는데요, 이곳은 합정(蛤井)이라는 지명대로 조개가 잡히던 곳이었으며, 또 바닷물이 들어오던 지역이었습니다. 1914년 5만분의 1 지도에는 합정리라는 지명 아래에 〈합기(蛤基)〉라고 적혀 있고 〈조갯터(チョゲット)〉라고 가타카나로 발음이 적혀 있습니다.

이곳까지 서해의 바닷물이 흘러들다 보니 원주민들은 이곳에 살지 않았고, 이 공백 지대에 빈민들이 모여들어서는 조개를 잡아 생계를 꾸렸습니다. 1976년 5천분의 1 지도에는 문화촌과 합기 마을이 모두 표기되어 있는데요, 합기라는 지명을 고유 한국어로 조갯터라고 읽었다는 사실은 알 수 없게 되어 있습니다. 1910년대에 제작된 지도와 해방 이후의 지도를 비교하면, 1910년대의 지도에 수집되어 있던 고유 한국어 지명들이 해방 이후의 지도에서 사라진 경우가 많습니다.

　　평택시청에서 서남쪽으로 7킬로미터 정도 떨어진 팽성읍에는 캠프 험프리스가 위치하고 있는데요, 이곳은 식민지 시기에 일본군이 조성한 비행장을 미군이 접수해서 지금까지 사용하고 있습니다.

　　이 캠프 험프리스 주변에도 피란민들이 모여들어서 간척 사업을 펼쳤습니다. 특히 1954년에는 미군 기지를 건설하는 과정에서 고향에서 쫓겨난 피란민들이 경기도의 〈복귀불능난민정착사업〉의 일환으로서 팽성읍 신대리·도두리에 정착했습니다. 이들은 10년 뒤인 1963년에 토지를 분배 받았지만, 2년 뒤인 1965년부터 대양학원 측과 법정 공방이 일어나서 결국 패했습니다. 그 후 이 지역이 캠프 험프리스 확장 부지로 편입되면서 경기도·평택시·대양학원·농민들 사이에 분쟁 조정이 성립했습니다. 이리하여 피란민들이 개펄에서 육지로 바꾼 땅은, 오늘날 미국이 유라시아 전략을 펼치는 핵심 지역으로 사용되고 있습니다.

　　화성·평택 이야기도 서서히 끝나 갑니다. 앞에서 살펴본, 대청호 수몰 이주민들이 정착한 포승읍 원정리의 대부분 지역은 현재, 평택항의 북쪽 구역이자 아산국가산업단지 경기원정지구로 지정되어 있습니다. 1963년 5만분의 1 지도에 보이는 원정리 남쪽 바다를 모두 간척해서 산업 및 군사 시설로 사용하고 있는 것입니다.

　　포승읍의 원래 중심지는 평택항에서 동쪽으로 5킬로미터 정도 떨어진 한적한 내륙에 위치하고 있습니다. 읍내에 자리한 포승중학교에는, 포승읍 신영리 포구에서 바다에 빠진 초등학생을 구하다가 사망한 유병억 학생을 추모하는 비석이 세워져 있더군요.

　　그가 사망한 2007년 시점에는 아직 신영리 앞바다에 약간의 간척지만 만들어진 상태였지만, 2024년 현재 신영리 앞바다에서는 거대한 매립 사업이 진행되고 있습니다. 서해안고속도로를 타고 아산만을 건

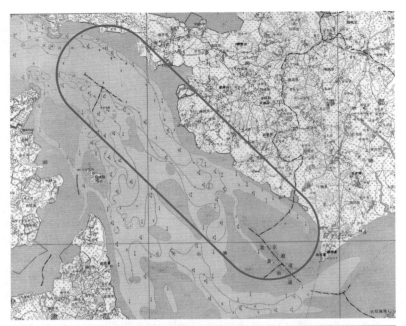

(위) 1963년 5만분의 1 지도(부분)에 보이는
평택군 포승면 앞바다. 붉은 원 안의 구역은
간척되었거나 매립 공사가 진행 중입니다.
국립건설연구소 발행, 1963.

(아래) 당진시 신평면에서 바라본 평택항. 2023년
1월.

포승읍 원정리에서 마주친 러시아어·중국어
현수막. 코로나19 백신을 맞으라는 내용입니다.
2021년 11월.

義死者
故 유병억 추모비

(위) 포승읍 신영리 앞바다에 만들어지고 있는
매립지. 2023년 5월.

(아래) 포승중학교에 세워져 있는 유병억 추모비.
2021년 11월.

너, 6·25 전쟁 때 피란민들이 정착한 당진시 신평면의 깔판포구·맷돌
포구에서 동쪽으로 평택 방면을 바라보면 평택항의 전경과 간척 상황
이 한눈에 들어옵니다.

신영리에서 조금 북쪽으로 올라오면 만호5리라는 옛 포구 마을이
있는데요, 이곳 역시 평택항이 건설되면서 농촌 마을로 바뀌고 있습니
다. 1978년 5천분의 1 지도에서 서해 바다를 마주 보고 있던 만호리 선
착장은 이제 평택항에 포함되어 사라졌습니다. 선착장 오른쪽의 평택
수협조합 건물은 지금도 남아 있고 만호리 어촌계가 그 건물에 입주해
있습니다만, 수협 건물 앞길에서 보였을 서해 바다는 평택항의 거대한
산업 시설에 가로막혀 더 이상 보이지 않습니다.

화성시 서부의 화성시청역과 향남역을 통과한 서해선 열차는 평
택시 서부의 중심 도시인 안중 읍내를 거친 뒤 아산호를 지나 충청남도
아산시로 넘어가게 됩니다.

안중읍은 원래 평택시청 방향인 읍내의 동북부에 무게 중심이 있
었던 것으로 보입니다만, 현재는 평택항 방향인 읍내의 서남부로 무게
중심이 옮겨 갔습니다. 버스 터미널이 동북부에서 서남부로 옮겨 갔고,
새로운 아파트 단지들도 주로 서남부에 지어지고 있습니다.

그리고 서해선 안중역이 개통되면서 안중 읍내의 무게 중심은 또
한 차례 이동할 것으로 예상됩니다. 안중역이 건설되는 주변 지역에는
기획 부동산이 가득 들어서 있고, 안중역 역세권 일대의 토지 가격이
급상승하고 있습니다. 서해선이 완성되고 나면, 평택시 서부뿐 아니라
아산·당진·예산·홍성까지 안중 역세권의 통근·통학권에 편입될 것
으로 예상됩니다.

이제 우리는 안성천과 아산호를 넘어 충청남도에 들어섭니다.

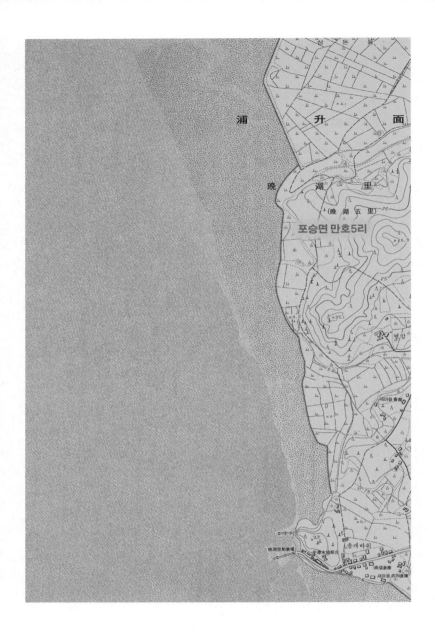

1978년 5천분의 1 지도(부분)에 보이는 포승면
만호5리. 국립지리원 발행, 1978.

(위) 더 이상 포구 마을이 아니게 된 만호5리의
오늘날 모습. 사진 왼쪽에 평택수협조합·만호리
어촌계 건물이 보입니다. 2021년 11월.

(아래) 옛 만호5리 포구 마을의 경관을 남기고
있는 만호여인숙 건물. 2021년 11월.

(위) 구 안중 버스 터미널 주변의 옛 신작로.
2021년 5월.

(아래) 안중시장에 남아 있는 일식 상가 건물.
2021년 5월. 준공 연도는 전하지 않지만 2층 목조
건물이라고 하니, 아마 식민지 시기의 건물이거나
해방 후에 지어진 일식 가옥으로 보입니다. 제가
답사했을 당시에는 미원수예점이 영업하고
있었고, 현재는 미원갤러리카페로 업종이
변경되었습니다.

(위) 안중시장을 비롯해서 안중 읍내의
동북부에서는 외국인을 대상으로 하는 업소를
쉽게 찾아볼 수 있습니다. 2021년 5월.

(아래) 안중 읍내의 서남부로 옮겨 온 버스 터미널
앞에는 사진과 같이 택지 지구가 조성되고
있습니다. 2021년 5월.

(위) 안중읍 송담리 논길에서 서쪽으로 서해선 안중역과 안중 읍내 방향을 바라보았습니다. 2023년 1월.

(아래) 아산시 영인면 백석포리에서 서해선 철교를 바라보았습니다. 2023년 1월.

5
미래 한국이 탄생하고 있는 땅(2): 천안·아산

미래 한국이 탄생하고 있는 평택·아산·천안의 삼각 지대

경기도 평택시는 충청남도 아산시·천안시와 맞닿아 있습니다. 이 세 도시는 경기도와 충청남도 사이의 점이 지대로서 예전부터 긴밀하게 이어져 있던 지역이었습니다. 평택의 대부분은 백 년 전까지 충청도이기도 했지요. 그래서 평택 그리고 안성에 오래 산 분들의 억양에서는 경기도 말과 충청도 말이 섞인 느낌을 받고는 합니다. 반대로 천안·아산에 오래 산 분들의 억양에는 경기도 말의 느낌도 담겨 있죠.

이렇게 전근대부터 긴밀하게 묶여 있던 이 세 도시는 고속철도를 통해 더욱 가깝게 이어지고, 경기 남부 반도체 벨트의 확산과 함께 빠르게 도시화하는 모습을 보이고 있습니다. 서해선 철도가 개통되면 특히 평택과 아산의 서부 지역에서 교류가 더욱 활발해질 것으로 예상하고 있습니다.

이 세 도시와 관련이 깊은 또 하나의 지역인 안성시도, 향후 경기 남부의 반도체 클러스터 사업이 본격화되면 이들 도시와 연담화가 진행될 것으로 예상됩니다. 하지만 『대서울의 길』에서 말씀드린 것처럼 안성시는 아직 철도가 없는 고립된 지역이라는 성격을 짙게 띠고 있으므로, 이번 책에서는 안성에 대한 말씀은 드리지 않겠습니다.

앞 장에서 지도로 보여 드린 것과 같이, 화성시-평택시-아산시-천안시-당진시는 거대한 삼각형을 이루고 있습니다. 이 삼각형의 북쪽인 화성시에서 삼각형의 중심지인 안성천 주변 점이 지대를 거쳐, 발전의 축은 삼각형의 동남쪽인 천안-세종-청주-대전 방향이 아니라 삼각형의 서남쪽인 아산-당진 방향으로 나아가고 있습니다. 고속철도와 반도체가 이 발전 축을 이끌고 있습니다.

물론 이 삼각형 지대의 발전은 순탄치만은 않습니다. 평택시와 당진시 사이, 아산만에 탄생한 서부두의 관할권을 둘러싸고 경기도와 충청남도 간에 갈등이 있었고, 한때 충청도이기도 했던 평택시가 여전히 충청남도의 거점 지역으로 기능하는 것에 대해 충청남도 측에서 민감하게 반응하기도 합니다. 또 평택시 팽성읍에 주둔한 캠프 험프리스로 인해 발생하는 피해는 평택시뿐 아니라 아산시에서도 발생하고 있는데, 피해 보상에서 아산시가 소외되고 있다는 주장도 나옵니다. 하지만 평택시 대부분이 원래 충청도였고, 몇몇 정치적 대립을 제외하면 평택·천안·아산의 삼각형 지대는 생활권을 함께하고 있어서, 장기적인 관점에서 보자면 이런 문제들 특히 서부두의 관할권을 둘러싼 갈등은 좀 안타까운 측면이 있습니다.

아산시 동북부 둔포면사무소 근처의 시포리 마을에 답사 가서 사방을 둘러보니, 북쪽으로는 평택시 팽성읍의 캠프 험프리스, 동쪽으로는 아산시 둔포면·음봉면의 아산테크노밸리가 한눈에 들어오더군요. 이 일대는 행정 구역은 다르지만 평야로 이어져 있는 하나의 생활권이라는 사실을 체감했습니다.

아산·평택·천안이 만나는 접점에 자리한 아산테크노밸리는 화성시-평택시-아산시-천안시-당진시의 삼각형 지대가 겪어 온 백 년간의 급변을 압축적으로 보여 주는 곳입니다.

아산테크노밸리의 북쪽인 아산시 둔포면 운용3리에는 6·25 전쟁 당시의 피란민들이 정착한 토막사 마을이 있습니다. 흙으로 벽돌을 구워 임시로 막사를 만들었다는 뜻의 아산시의 토막사 마을들은, 평택시에 인접한 아산시의 서북쪽 끝(운용3리 토막사), 그리고 예산에 인접한 아산의 서남쪽 끝(선창3리 토막사)에 설치되었습니다. 피란민들은 이런 점이 지대에 자리 잡을 수밖에 없었던 것입니다. 피란민들이 자리 잡을 정도로 땅 끝이었던 둔포면 운용리가, 이제 평택·천안·아산 삼각형의 중심으로서 농경지에서 공업 지대로 땅의 쓰임새를 바꾸고 있습니다.

아산테크노밸리가 자리한 둔포면의 중심지인 둔포리의 서쪽에 자리한 시포리에는 소박하지만 모던하게 잘 지은 마을회관이 남아 있습니다. 이 마을회관은 건축물대장으로는 준공 연도를 알 수 없지만, 1976년에 충청남도청이 출판한 『새마을의 승자상』에 준공 당시의 사진이 실려 있고, 1973년에 완공했다는 내용도 적혀 있습니다. 농산어촌의 유래뿐 아니라 몇몇 공공 건물의 내력을 확인하는 데에도 새마을 운동 자료가 도움이 된다는 사실을 확인합니다.

한편 아산테크노밸리의 동쪽인 둔포면 염작2리는 내무부에서 출판한 『1979 새마을운동: 시작에서 오늘까지』에 소개될 정도로 전국적 유명세를 누렸던 시범 농촌 마을이었습니다. 운용3리 토막촌과 마찬가지로, 유랑민과 6·25 전쟁 당시의 피란민들은 아산·천안·평택 사이의 황무지에 정착해서 그 땅을 과수원으로 바꾸었습니다. 이렇게 황무지에서 과수 단지로 용도가 바뀌었던 염작2리의 땅은, 지금은 아산테크노밸리와 배후 주거 단지로 또 한 번 용도가 바뀌고 있습니다. 땅끝의 황무지에서 삼각형 지대의 중심으로 바뀌고 있는 모습이 극적입니다.

경부고속철도를 타고 경기도에서 충청남도로 접어들면 열차 오른

(위) 평택시와 당진시 사이에서 관할권 분쟁이 있었던 아산만의 서부두. 2022년 11월.

(가운데) 아산시 동북부 끝에 자리한 둔포면 시포리 마을에서는 경기도 평택시 팽성읍이 한눈에 들어옵니다. 2024년 2월.

(아래) 아산시 동북부 끝에 자리한 둔포면 시포리 마을에서 바라본 아산테크노밸리 방향. 2024년 2월.

아산시 둔포면 운용3리 신토막사. 2022년 4월.

(위) 아산시 둔포면 운용3리 신토막사에서 마을
주민분으로부터 증언을 들었습니다. 2022년 4월.

(아래) 아산시 선장면 선창3리 토막사.
2022년 4월.

(위) 『새마을의 승자상』에 실려 있는 아산시 둔포면 시포리 마을회관.

(아래) 1973년에 지어진 아산시 둔포면 시포리의 모던한 마을회관. 『새마을의 승자상』에 실려 있는 사진에 보이는 〈새마을회관〉이라는 글자가 아직 희미하게 남아 있습니다. 2024년 2월.

쪽으로 아산테크노밸리와 주변 지대가 잘 보입니다. 고속철도에서 이
일대를 바라볼 때마다, 이 땅의 용도는 앞으로 또 어떻게 바뀔 것이고,
그에 따라 이 일대의 경관은 어떻게 급변할지 상상하고는 합니다.

아산·천안·평택의 삼각형은 오늘날에는 경기도와 충청남도의 점
이 지대이고, 백여 년 전에는 충청남도의 북쪽 끝이었습니다.

17세기에 국민들이 세금 내는 방식을 그 지방 특산품 납부에서
쌀·섬유·돈을 납부하는 것으로 바꾼 대동법을 주장한 김육이라는 사
람이 있습니다. 그가 대동법을 주장한 결과, 1651년에 충청도 지역에
서 대동법이 시행되었습니다. 세금 내는 방식이 단순해진 것을 기뻐한
충청도 지역민들은, 오늘날의 경기도 평택시 소사동과 충청남도 아산
시 신창면 읍내리에 불망비를 세웠습니다. 정식 이름을 〈김육대동균역
만세불망비(金堉大同均役萬世不亡碑)〉라고 하는 대동법 시행 기념비는,
평택이 충청도였던 사실을 전하는 도시 화석입니다.

이 대동법 시행 기념비 남쪽으로는 넓은 평야가 펼쳐져 있는데, 그
이름을 소사벌이라고 합니다. 그리고 기념비 앞에는 마을 이름의 유
래를 설명하는 비석이 있습니다. 〈마을 어귀로부터 시작되는 소사평
은 포승면까지 백리길이 되여 이 마을 이름은 소사평의 소사를 따서 지
은 것이다.〉 이 소사평은 대동법 시행 기념비 근처에서는 평택과 천안
의 경계를 이루고, 하류 포승읍 지역에서는 평택과 아산의 경계를 이룹
니다.

평택시는 충청남도 천안시·아산시·당진시와 경계를 접합니다.
충청남도의 이 세 도시는 지난 20여 년 사이에 빠르게 공업화·도시화
를 달성하고 있는데요, 특히 정부가 수도권에서 공장·학교 등의 신규
건설을 규제하면서, 경기도와 붙어 있는 이 세 도시가 풍선 효과를 누
리고 있습니다. 경기도만 발전하고 충청남도는 소외된다는 식으로만

바라보아서는 이 세 도시의 발전을 이해할 수 없습니다.

또한 이 세 도시가 충청남도의 다른 도시에 비해 압도적으로 많은 수의 기업을 유치하고 있는 것은 충청남도의 균형 발전에 역행한다는 지적도 있습니다. 하지만 균형 발전이라는 당위성만 주장해서는, 천안시·아산시·당진시 그리고 대산공단이 자리한 서산시가 공업화·도시화하는 이유를 이해하고 그 미래를 예측하는 데 실패하게 됩니다.

화성시와 평택시의 서부, 아산시 서북부, 당진시 북부는 아산국가산업단지로 묶여 있습니다. 또 서산시 북부의 대산석유화학단지 등도 포함해서 아산만권 광역개발권이 설정되어 있기도 합니다.

행정자치부가 1994년 12월 23일에 발행한 『관보』 12898호에는 「아산만권 광역개발권역 지정 및 광역개발계획」의 내용이 실려 있습니다. 관보의 내용을 살펴보면, 광역개발권 대상 지역은 경기 남부와 충남 북부의 5개 시 9개 군 지역(평택시·송탄시 전부, 평택군·화성군·안성군 일부, 천안·온양·서산·당진·아산·서산·태안 전부, 예산·천안 일부)이며, 〈수도권의 개발 수요를 분산 수용할 수 있는 아산만권을 광역적으로 개발하여 환황해 경제권의 거점 지역으로 육성함으로써 국제화·개방화 시대에 대비하고 국토의 균형 있는 발전에 기여하고자〉 한다는 목적이 설정되었습니다. 개발 계획의 지정 기간은 1995~2011년, 계획 인구는 1990년 126만 명에서 2011년 267만 명이었습니다.

이 계획은 충남 서해안 지역을 기계적으로 묶은 것으로 보여서 현실과는 괴리가 있어 보입니다. 서산·태안이 전부 포함된다는 등의 설정은, 이 두 지역의 현실을 생각하면 납득하기 어렵죠. 이 시기에 구상되고 있던 서해안고속도로를 염두에 두더라도 그렇습니다.

개념적인 단계에 머무는 아산만권 광역개발권 대신, 아산만과 서

(위) 고속철도를 타고 북쪽에서 남쪽으로
이동하면, 열차 오른쪽으로 아산시
둔포면·음봉면의 아산테크노밸리가 잘 보입니다.
2023년 3월.

(아래) 반세기 전 황무지에서 과수원으로
바뀌었던 아산시 둔포면 염작2리는, 이제
아산테크노밸리의 배후 지대로 또다시 용도가
바뀌고 있습니다.

(왼쪽) 경기도 평택시 소사동에 서 있는 김육의 대동법 시행 기념비. 2023년 3월.

(오른쪽) 충청남도 아산시 신창면 읍내리의 김육 불망비. 2020년 8월.

한국산업단지공단 산업입지연구소 제작「전국
산업단지 현황지도」에 보이는
아산국가산업단지와 그 주변의 주요한
산업단지들.

해안 지역의 현실을 반영한 〈베이밸리 메가시티〉 구상을 최근 충남과 경기도가 공동 연구하고 있습니다. 경기도 동남부에서 천안·아산 점이 지대에 걸쳐 형성되어 있는 반도체 벨트, 경기도 서남부에서 아산·당진에 걸쳐 있는 아산국가산업단지, 이 두 권역을 결합시키겠다는 구상으로 이해됩니다.

아산만을 끼고 있는 경기도 서남부와 충청남도 서북부는 한국의 〈경제 성장 동력〉이자 〈사실상 동일 경제권으로 통합되어 가는 추세〉입니다. 따라서 원래 대부분이 충청도에 포함되기도 했던 평택시를 중심에 놓고 경기도 서남부와 충청남도가 국가와 자기 지역의 미래를 위해 더욱 견고한 협력 체제를 만들어 내려는 것은 좋은 방향성이라 하겠습니다.

베이밸리 메가시티 구상에서 평택시와 천안시가 접한 동부 지역은 상대적으로 사업 성공 가능성이 높아 보입니다. 이 두 도시 사이의 점이 지대에는 축산과학원 종축장 일명 성환 종축장, 〈국내 유일의 농업 계열 사립 전문대학〉인 연암원예축산전문대학, 제3탄약창 같은 대규모 시설이 존재합니다. 특히 이 가운데 100퍼센트 국유지인 성환 종축장 땅은 토지 보상 같은 복잡한 문제가 없고, 전라남도 함평군으로 옮겨 간다는 것이 확정되어 있어서 안정적인 미래 예측이 가능합니다.

경부선·수도권 전철 1호선 평택역과 천안역 사이를 이동해 보신 분들은 이 두 역 사이의 땅이 대부분 비어 있다는 것을 느끼셨을 겁니다. 〈우거진 숲과 넓은 초원만이 보이던〉 이 공백 지대가 아마도 머지않은 미래에 상당히 도시화·공업화된 경관으로 바뀔 터입니다. 이미 천안시 북부 지역에서는 그러한 기대 심리를 반영한 도시 계획이 속속 입안·시행되고 있지요.

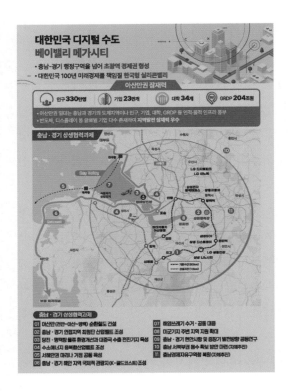

(위) 충청남도청에서 제작한『베이밸리 메가시티』개념도.

(아래) 대통령비서실이 1973년에 출판한『새마을』에 실려 있는 성환 종축장 경관.

하나가 되고 있는 천안시 서부와 아산시 동부

베이밸리 메가시티 구상의 원형이라 할 아산만권 광역개발계획이 발표되고 나서 얼마 뒤, 이 개발 계획을 뒷받침하기 위해 〈아산만권 배후 신시가지 개발촉진지구 개발계획(1997~2016)〉이 제안되었습니다. 〈경부고속철도 제1정차장을 중심으로 수도권 인구 및 기능의 분산 수용을 위한 거점적 신시가지〉를 조성한다는 목표였습니다. 사업 대상지는 천안시 불당동·신방동, 아산시 배방면 장재리·세교리·휴대리, 탕정면 매곡리 일원이었습니다.

아산시 동부의 탕정·배방은 예전부터 천안시 서부 지역과 하나의 생활권이었습니다. 아산시청·온양온천역에서는 멀고 천안시청 및 천안의 신도시인 불당 등과는 가까웠기 때문이죠. 그래서 이들 지역의 아산 시민들 가운데 일부는 아산시에서 천안시로 소속을 옮겨 달라는 주장을 하기도 했습니다. 아산시청으로서는 이들 지역이 천안으로 옮겨 가버리면 KTX 천안아산역 역세권 및 삼성전자·디스플레이를 모두 빼앗겨 버리기 때문에 용납할 수 없는 입장이었고요.

이렇게 해서 행정 구역 개편은 무산되었습니다. 하지만 아산만권 배후 신시가지 개발 사업이 본격화하면서, 오늘날 KTX 천안아산역 일원에서는 천안시 서부와 아산시 동부가 명실상부하게 하나의 도시로서 결합하고 있습니다.

이 KTX 천안아산역 역세권을 처음에는 천안 신도시라고 부르려 했지만, 대상지 대부분이 아산시 영역이어서 아산 신도시라 불리게 되었습니다. 1997년의 외환 위기 때문에 신도시 개발 사업에 지장이 초래되기도 해서 아직도 사업 부지 내에서 공사가 진행되고 있기는 합니다만, 대체로 애초의 목표를 달성한 것으로 보입니다. 나아가 이 계획에 추가하여 아산 신도시 남쪽으로도 천안신방통정지구 도시개발사업, 아산배방휴대지구 도시개발 등의 추가 사업이 진행되고 있거나 추진 중입니다.

천안과 아산이 KTX 천안아산역을 거점으로 하여 사실상 하나의 도시가 되어 가고는 있지만, 아직은 행정 구역이 다르다 보니 시민들이 불편을 느끼는 부분이 많습니다. 천안과 아산 사이에 시내버스 및 전철 환승이 안되고 있고, 셔틀 전동 열차 도입도 잠정 무산되었죠. 또 예전부터 온양시청·아산군청이 자리해 온 아산시의 정치 중심지인 중부 지역, 천안과 생활권이 다른 신창면 등 서부에서는 반대하는 경향이 큽니다. 한편 충청남도청으로서는 도지사에 따라 입장이 다르기는 하지만, 최근에는 긍정적 입장도 확인됩니다.

이와 같이 천안과 아산의 통합은 각자의 입장과 생활권에 따라 찬반 양론이 존재하지만, 아산시 동부의 탕정·배방 지역이 이미 천안과 사실상 하나의 도시로서 기능하고 있다는 사실을 부정할 수는 없을 것입니다.

제가 이 책을 쓰고 있는 2024년 시점에 전국 곳곳에서는 행정 구역 통합 논의가 일어나고 있지만, 대부분 무산될 것으로 저는 예상하고 있습니다. 저의 책『한국 도시의 미래』에서 말씀드린 것처럼, 행정 구역은 대단히 보수적이어서 이를 바꾸는 것은 아주 어렵거든요.

그리고 행정 구역과 생활권은 별개로 움직이기 때문에, 정치권이나 행정 당국에서 무리해서 행정 구역 통합을 추진할 필요는 없을 것입니다. 초광역적으로 존재하는 시민들의 실질적인 생활권을 섬세하게 배려해서 교통망 등을 확충하는 정도의 서비스만 제공해도 충분히 제할 일을 다하는 것입니다. 천안시와 아산시의 경우도 우선은 두 도시 사이의 교통망 확충에 더욱 힘써서 시민들에게 편의를 제공하다 보면, 자연스럽게 가까운 미래에 통합에 관한 이야기가 본격적으로 제기될 터입니다.

　저는 현재 한국의 도시들 가운데 인구 백만 명을 돌파해서 특례시가 될 수 있는 도시들을 화성과 청주, 그리고 통합된 천안아산시로 예상하고 있습니다. 화성과 청주는 자체적인 도시 성장에 따라 백만 명에 다다랐거나 조만간 다다를 것 같고, 각각 60만 명대 후반과 30만 명대 후반의 인구를 지니고 있는 천안시와 아산시는 통합되기만 한다면 이미 백만 명을 넘는 상황입니다. 충청남도와 북도에서 각각 하나씩의 특례시가 탄생하는 것도 그리 멀지 않은 일이라고 조심스럽게 예상해 봅니다.

　천안과의 통합을 반대하는 아산시 중부 및 서부와는 달리, 아산시에서 빠르게 도시화·공업화하고 있는 탕정읍·배방면·음봉면·둔포면 지역은 KTX 천안아산역을 거점으로 해서 천안시의 새로운 중심지인 불당·신불당 등 서부 지역과의 관계가 더욱 깊어지고 있습니다. 배방읍 북수리·공수리는 『대서울의 길』에서 살펴본 것처럼 옛 장항선 모산역의 역세권으로서 약간의 도시권을 형성하고 있습니다. 최근 들어서는 삼성전자 온양사업장의 배후 도시로서 대규모 택지 개발이 이루어지고 있습니다. 이 지역의 개발이 가속화하면, 서쪽의 아산시청·온양온천권역과 동쪽의 아산 신도시 권역이 연담화할 것으로 예상됩니다.

　이러한 도시화 과정에서 아직은 남겨져 있는 배방읍 북수3리는, 비닐하우스를 이용한 야채류 재배 및 낙농업을 추진한 공로를 인정받아 대통령으로부터 하사금을 받는 등 새마을운동의 〈승자 마을〉로 주목받던 선진 농촌 마을이었습니다. 북수3리 북쪽으로는 아직도 비닐하우스가 많이 보입니다. 하지만 2023년 6월 네이버 로드뷰를 보면 북수3리 마을회관에 〈북수(이내)지구 도시개발 추진위원회〉의 플래카드가 걸려 있어서, 이 마을도 머지않아 〈삼세권〉 즉 삼성반도체·디스플레이

(위) 아산 신도시에서 동쪽으로 바라본 KTX 천안아산역. 2022년 10월.

(아래) KTX 천안아산역 동쪽에서 바라본 아산 신도시. 천안의 강남이라 불리는 신불당 지역에서 KTX 천안아산역에 가장 가까운 아파트가 도로 끝에 보입니다. 2022년 11월.

『새마을의 승자상』에 보이는 아산시 배방읍 북수3리.

세력권에 편입될 것으로 예상됩니다.

배방읍에서 수도권 전철 1호선 열차를 타고 한 정거장 이동하면 탕정역·탕정 신도시가 자리한 탕정면 매곡리에 도착합니다. 탕정역은 아산 신도시가 만들어지면서 주변 인구가 늘어나자 2021년에 개통했는데요, 이렇게 급변하기 전의 매곡리는 각종 새마을운동 홍보물에서 모범 마을로 선전되던 한적한 농촌 마을이었습니다. 특히 천안시청에서 근무하던 한재승 새마을 지도자가 마을 활성화에 기여하기 위해 귀향하면서 매곡1리의 변화가 시작되었습니다. 마을 주민이 천안시청에서 근무했다는 사실에서도 아산시 동부와 천안시의 생활권이 이어져 있음을 짐작할 수 있죠.

매곡1리 주민들은 국도와 마을을 연결하는 도로를 만들었고, 상습 범람하던 매곡천에 제방을 쌓고 다리도 놓았습니다. 이 도로 및 교량 사업이 전국적으로 주목받아서, 1970년대의 각종 새마을운동 문헌에는 국도와 마을을 잇는 진입로에 중점을 두고 마을 전경을 촬영한 사진이 실려 있습니다. 오늘날 이 진입로는 탕정역으로 가는 메인 도로가 되어 있고, 1973년에 완성한 매곡교가 진입로와 탕정역을 이어 주고 있습니다. 그리고 탕정역 너머로는 탕정 신도시가 보입니다.『새마을의 승자상』에서 묘사되는 것처럼 농촌 마을로서 잘 정비되었던 이 매곡1리는, 이제 대서울권의 서남부에서 급변을 앞두고 있습니다.

또 매곡1리에서 동북쪽으로 조금 걸으면 매곡2리가 나타납니다. 인구가 적은 마을에 설치되는 천주교 공소가 이 매곡2리에 있는데요, 이 공소에서는 동쪽으로 아산 신도시가 잘 보입니다. 공소 앞에서 아산 신도시를 바라보면서, 과거에서 미래를 바라보고 있는 것 같은 느낌을 받았습니다.

매곡2리에서 다시 조금 더 북쪽으로 올라가면 아산탕정2도시

개발이 추진되고 있는 탕정면 호산2리에 다다릅니다. 호산2리에는 1970년대에 만들었을 마을회관이 폐쇄된 채 원형대로 남아 있고, 그 옆에 새로운 마을회관이 서 있습니다. 이 새로운 마을회관에는 〈LH는 물건조사 전에 보상협상부터 하라!〉라고 적힌 플래카드가 걸려 있었습니다. 택지 개발을 위해 토지를 수용하려면 지장물이라 불리는 각종 보상 대상물들을 점검하고 평가액을 매겨야 하는데요, 그 평가액에 대해 시행 측과 주민들 사이에 이견이 크죠. 그래서 저도 답사하다 보면 「지장물 조사하러 왔냐?」라고 말하면서 위협적으로 다가오는 시민들을 종종 접하고는 합니다. 이런 시민들을 만나면, 여기는 현재 토지 수용과 관련해서 뭔가 문제가 있구나 하고 생각하게 되죠.

이 호산2리에서도 예전 마을회관의 사진을 찍고 있자니 어떤 할머니가 다가오시더군요. 이 분은 적대적인 느낌은 아니었습니다. 플래카드를 보면서 마을 분위기를 여쭤보니 「새로 마을에 들어온 젊은 사람들은 택지 개발에 관심이 많지만, 나같이 늙은 사람들이야 별로 관심 없어」라고 답하시더군요. 아직 토지 수용이 본격화되지 않았다는 점, 그리고 보상을 노리고 이 지역에 들어온 외지인들이 있다는 점 등을 그분과의 대화에서 확인할 수 있었습니다.

호산2리에서 매곡천을 따라 조금 더 북쪽으로 올라가면 음봉면이 나타납니다. 음봉면은 삼각형 모양으로 생겼습니다. 전통적인 중심지는 옛 온양시청·아산군청에 가까운 서남쪽이지만, 최근에는 KTX 천안아산역 방향의 동남쪽, 그리고 아산테크노밸리가 자리한 동북부의 도시화·공업화가 빨라지고 있습니다. 음봉면은 아산시의 중심이 온양에서 천안아산역 방면으로 옮겨가고 있다는 사실을 잘 보여 주는 상징적인 행정 구역입니다.

KTX 천안아산역 남쪽으로는 아산 신도시 구역을 넘어 천안천 남

(위) KTX 천안아산역 근처의 모델 하우스에서는
아산 신도시를 〈삼세권〉이라 부르고 있습니다.
2022년 11월.

(아래) 매곡1리에서 바라본 탕정역과 탕정
신도시. 2022년 10월.

(위) 『새마을의 승자상』에 보이는 매곡1리 전경.　　　(아래) 오늘날 탕정역 방향에서 매곡1리를 바라본
모습 2022년 10월.

(위) 아산시 탕정면 매곡2리의 천주교 매곡 공소.
2022년 10월.

(아래) 천주교 매곡 공소에서 바라본 아산 신도시.
2022년 10월.

(위) 아산시 탕정면 호산2리의 옛 마을회관.
2023년 2월.

(아래) 아산시 탕정면 호산2리의 택지 개발 반대
현수막 너머로 보이는 아산 신도시. 2023년 2월.

쪽 곳곳에서 아산배방휴대지구 도시개발구역, 아산배방갈매지구 도시개발구역 등의 택지 개발이 이루어지고 있습니다. 천안시도 경부선을 중심으로 동북쪽에서 동남쪽으로 발달해 온 구도심을 제쳐 두고, 시 서쪽의 KTX 천안아산역 주변이 신시가지로 조성되고 있습니다.

경부선과 장항선이 갈라지는 천안 시내 남부에서 서쪽으로 조금 가면 쌍용역이 있고, 철길 북쪽에는 쌍정 마을이라는 곳이 있는데요, 이곳이 예전 천안 시내의 끝이었습니다. 여기서 서쪽으로 월봉산을 넘어가면 천안과 아산의 점이 지대인데, 이 점이 지대 한복판에 KTX 천안아산역이 들어선 거죠.

아산배방휴대지구 도시개발구역에서 동쪽으로 조금 가면 천안신방통정지구 도시개발사업지구가 나타납니다. 이곳에는 방산 마을과 통정 마을이라는 두 개의 농촌 마을이 있었는데요, 방산 마을은 택지 개발 지구에서 벗어나서 예전 농촌 구조 및 마을회관을 원형대로 남기고 있는 반면, 통정 마을은 절반 정도가 택지 개발 지구에 포함되어 사라졌습니다. 『새마을의 승자상』에 사진이 실려 있던 마을회관을 답사하고 나서 동쪽으로 벌판을 바라보니, 그 너머로 천안신방통정지구 도시개발사업지구와 아산 신도시가 펼쳐져 있었습니다. 50년 전 천안의 땅끝 농촌 마을에 살던 시민들은 과연 이런 미래의 모습을 짐작이나 했을지요.

현재 KTX 천안아산역과 교차하고 있는 장항선·수도권 전철 1호선은 선로가 개량된 것입니다. 선로가 개량되기 전에 KTX 천안아산역 동남쪽의 배방읍 장재리에는 장재역이 있었습니다. 운행 기간은 짧았던 것으로 알려져 있습니다만, 현재 아산 신도시의 장재울공원에는 장재역이 있던 시절의 경관이 복원되어 있습니다. KTX 천안아산역과 아산 신도시가 건설된 지금으로는 상상할 수 없는 일입니다만, 천안과 아

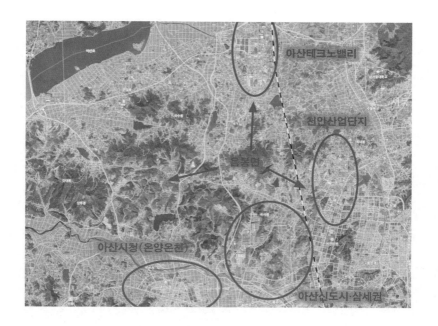

아산시 음봉면과 주변 지역들 간의 위치 관계.

(위) 『새마을의 승자상』에 보이는 천안 서북구
쌍용동 쌍정 마을.

(아래) 현재 쌍용역 북쪽에 약간 남아 있는 옛
마을의 경관. 2021년 4월.

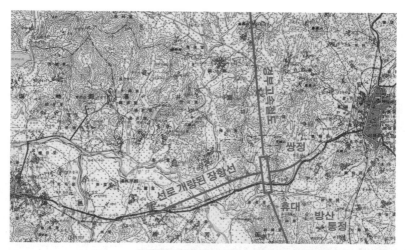

(위) 아산시청과 천안시청 사이의 천안·아산 점이
지대를 보여 주는 1975년 5만분의 1 지도(부분).
국립지리원 발행, 1975.

(가운데)『새마을의 승자상』에 보이는 천안 동남구
신방동 방산 마을.

(아래) 비슷한 위치에서 촬영한 방산 마을.
2024년 1월.

(위) 『새마을의 승자상』에 보이는 천안 동남구　　　　(아래) 현재의 방산 마을회관. 2024년 1월.
신방동 방산 마을회관.

(위) 방산 마을에서 바라본 옛 통정 마을과 아산
신도시. 2024년 1월.

(아래) 『새마을의 승자상』에 보이는 천안 동남구
신방동 통정 마을.

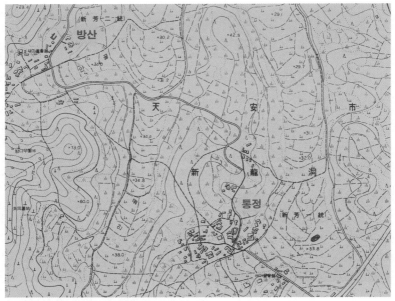

(위) 1980년 5천분의 1 지도(부분)에 보이는 방산
마을과 통정 마을. 국립지리원 발행, 1980.

(아래) 장항선 장재역 폐역 터의 현재. 2022년
11월.

산의 점이 지대로서 한적한 농촌 지역이던 60여 년 전에 장항선이 이 지역 주민들에게 강한 인상을 남겼음을 이로써 짐작할 수 있습니다.

평택과 천안 사이

지금까지 우리는 평택과 아산·천안의 경계 지역을 서쪽에서 동쪽으로 천천히 이동해 왔습니다. 아산만에서 안성천 물줄기를 따라 동쪽 상류로 거슬러 올라오면 소사평이라 불리는 범람 지대가 평택시와 천안시 사이에 펼쳐져 있습니다. 안성천은 이 소사평에서 빈번히 물줄기를 바꾸어 가면서 마을들을 만들어지게도 하고 사라지게도 했습니다. 평택시 그러니까 경기도의 가장 남쪽 지점이라 할 수 있는 평택시 유천동은 1970년대 초에 아산만 방조제가 만들어지기 전까지는 서해 바다의 밀물과 썰물이 밀려들던 곳입니다. 안성천 물줄기는 매번 흐름을 바꾸고, 바닷물은 밀려들고, 하여간 물 때문에 살기 힘든 마을이었습니다.

유천동에서 남쪽으로 1킬로미터도 떨어져 있지 않은 천안시 성환읍 안궁5리 문화촌도 1940년경에 이 지역에 새로 만들어진 마을인데, 〈문화적 모범촌〉이라는 뜻에서 문화촌이라는 이름이 붙었다고 합니다. 제4장에서 살펴본 것처럼 소사평 북쪽의 평택 시내에도 문화촌이라는 정착촌이 있었죠. 안성천이 상습 범람하는 바람에 원주민들이 살지 못했던 땅에 유랑민이나 피란민이 정착한 과정을 마을들의 이름과 유래로부터 짐작할 수 있습니다.

천안시 성환읍의 문화촌은 1970년대에도 취락구조개선사업이 이루어져서 예전 초가집들이 헐리고 지금과 같이 마을이 구획 정리 되었습니다. 반세기 전의 새마을운동 자료인 『영광의 발자취 5』에는 취락구조개선사업이 이루어진 뒤 마을 어귀에서 찍은 사진이 실려 있습니다. 이 사진에 찍힌 것과 거의 같은 경관을 2024년에도 확인할 수 있습니다만, 이 사진 바깥에서 공장들이 마을을 포위하고 있는 것은 반세기 사이에 일어난 변화입니다.

유천동·문화촌에서 동쪽으로 1킬로미터 정도 가면 안성천과 입장천이 합류하는 지점이 나옵니다. 이 두 개의 하천은 종종 크게 넘치다 보니 그때마다 수재민이 발생했는데, 이들 수재민이 정착한 마을이 이 소사평 벌판 한가운데 자리하고 있습니다. 후생촌이라는 별칭을 가진 천안시 서북구 성환읍 양령3리는 1946년에 장맛비로 물이 넘치면서 발생한 7~8가구의 수재민이 재정착한 곳이라고 합니다.

소사평에서는 식민지 시기에 사금을 캐는 사업이 활발했습니다. 사금을 캐고 남은 〈버력〉이라 불리는 흙더미가 벌판 곳곳에 있었습니다. 수재민들은 이 버력 위에 천막을 치고 살다가, 정부의 지원을 받아서 방 한 칸 부엌 한 칸으로 된 집을 지었다고 합니다.

성환읍·직산읍·입장면 등 천안시 북부 지역에는 성거산 등에서 흘러나온 사금이 풍부해서, 고려 시대부터 사금을 캐는 사업이 식민지 시대를 거쳐 현대 초기까지도 이루어졌습니다. 그래서 이 소사평부터 성거·입장·직산 지방은 곳곳에서 사금을 캐느라 〈땅이 뒤집혀지지 않은 곳이 없다〉고 합니다. 그렇게 구덩이를 파면서 나온 흙무더기가 후생촌 같은 마을을 탄생시키기도 한 것입니다.

그리고 이 지역에서 캐낸 사금을 바라보고 일본인들이 모여든 영향으로 경부선 성환역 일대에는 지금도 일식 가옥이 꽤 남아 있습니다. 사금 채취 회사 기술자였던 독일인도 살았고, 러시아 혁명 때 공산주의에 반대해서 일본으로 망명한 백계 러시아인은 양복점을 운영하기도 했습니다. 6·25 전쟁 때에는 미군이 주둔해서 기지촌 경제로 흥성했고, 화상 중국집으로 유명한 동순원도 아직 영업하고 있습니다. 이렇게 국제적인 성격을 지니던 천안시 북부 지역은, 21세기인 오늘날에도 여

1963년 5만분의 1 지도(부분)에 보이는 평택과
천안 사이의 물길과 마을. 국립건설연구소 발행,
1969.

(위) 천안시 성환읍 후생촌에서 바라본 평택시
유천동과 평택 시내 방향의 경관. 2024년 1월.

(아래) 평택과 천안 사이를 흐르는 안성천.
2024년 3월.

(위) 『영광의 발자취 5』에 보이는 천안시 서북구
성환읍 안궁5리 문화촌 전경.

(가운데) 현재의 천안시 서북구 성환읍 안궁5리
문화촌 전경. 2024년 3월.

(아래) 천안시 서북구 성환읍 후생촌 입구의 마을
비석. 2024년 1월.

천안시 서북구 성환읍의 화상(華商) 중국집
동순원. 2019년 8월.

백여 년간 다국적 성격을 짙게 띠어 온 천안시
성환역 주변 경관.

전히 러시아인·중국인·필리핀인을 비롯한 여러 나라 출신자들이 많이 모여 살고 있습니다. 백 년 전이나 지금이나 성환은 다인종 국가 한국의 모습을 앞서서 보여 주고 있습니다.

천안 북부의 금광 가운데 대형 광산은 일본인들이 운영했고, 소형 광산은 한국인도 운영하는 경우가 있었습니다. 이들 한국인 광산주 가운데 유명한 사람이 김봉서(金鳳瑞)라는 사람입니다. 그는 자신이 번 돈을 어려운 사람들을 위해 많이 기부했다고 합니다. 그래서 그의 공덕을 기리는 「김봉서 시혜 기념비(施惠記念碑)」가 천안 북부 지역에서 천안 시내로 접어드는 부대동의 1번 국도 변에 세워졌습니다. 김봉서 시혜 기념비 주변에는 예전의 마을이 약간 남아 있고, 그 주변을 포위하듯이 천안부성지구 개발이 이루어지고 있습니다.

부대동 서쪽에는 성성동과 백석동이 자리하고 있습니다. 이 두 동의 동쪽 지역에는 아파트 단지가 속속 들어서고 있고, 서쪽 지역에는 삼성전자 천안 캠퍼스를 비롯한 공장들이 모인 천안일반산업단지가 넓게 자리하고 있습니다. 그리고 아파트 단지와 공장들 사이사이로 성성동 사라리 마을, 백석동 한들 마을 같은 농촌 마을들이 간신히 예전 마을 구조를 남기고 있습니다. 특히 한들 마을은 산신제(山神祭)를 지낼 정도로 농촌적 성격이 강한 마을이었는데요, 현재는 이 마을을 뺀 나머지 지역이 모두 도시화·공업화되어 마을을 포위하는 형국입니다. 그리고 이 백석동 남쪽이 천안의 현재 중심지인 불당·신불당 지구죠.

한들 마을에 답사 갔더니, 1932년에 준공되었음을 알리는 상량문이 남아 있는 폐가가 있었습니다. 그리고 주변에도 비슷한 시기에 지어진 것으로 보이는 집이 몇 채 더 있었습니다. 이 집들을 바라보고 있는데, 근처 텃밭에서 일하던 주민이 다가왔습니다. 그러고는 이 1932년에 지어진 집이 한들 마을에서 가장 부잣집이었으며, 주인은 교사였는

(위) 천안시 서북구 부대동에 남아 있는 김봉서 시혜 기념비. 2024년 3월.

(아래) 김봉서 시혜 기념비의 뒷면에 새겨 있던 일본 연호가 쪼아지고, 해방 후에 서기가 새로 쪼아졌습니다. 2024년 3월.

(위) 재건축이 추진되고 있는 천안부성지구의   (아래) 천안부성지구에 남아 있는 옛 마을회관.
시층. 2023년 1월.   2023년 1월.

천안시 서북구 성성동 옛 사라리 마을에서 바라본
천안성성1지구와 삼성전자 천안 캠퍼스.
2023년 1월.

(위)『새마을의 승자상』에 보이는 천안시 서북구
백석동 한들 마을 전경.

(가운데) 한들 마을에 남아 있는 1932년의 기와집
앞을 지나는 마을 주민. 2024년 3월.

(아래) 한들 마을에서 백석동 아파트 단지를
바라본 경관. 2024년 3월.

데 돌아가셨고, 자식들이 흩어지는 바람에 매매가 이루어지지 않고 있다고 알려주셨습니다. 이렇게 옛 주인이 사망하고 나서 매매가 곤란해진 집들이 모여 있다 보니, 한들 마을이 천안시 서북부에서 도시 속의 섬처럼 남겨졌다는 사실을 이 주민분의 증언으로부터 확인할 수 있었습니다.

천안시는 충청남도에서 대전과 함께 양대 중심지로서 기능하고 있습니다. 차령산맥 동남쪽의 중심지가 대전이라면 차령산맥 서북쪽의 중심지는 천안이죠. 대전에 있던 충청남도 도청이 차령산맥 서북쪽의 홍성군·예산군 중간으로 이전해서 내포 신도시가 만들어지기는 했습니다만, 교통·인구·산업 등의 측면에서 여전히 천안은 내포 신도시보다 우위에 서 있습니다.

천안의 우위는 지리적·교통적으로 경기도와 직결되어 있다는 데에서 생깁니다. 마찬가지로 경부고속철도가 아산시에, 서해안고속도로가 당진시에, 그리고 2030년대에는 확실히 운행하고 있을 서해선 철도가 예산군·홍성군에 변화를 가져왔거나 가져올 터입니다. 하지만 이미 백여 년에 걸쳐 경부선에 의해 형성된 천안의 교통적 우위가 도전받지는 않을 것으로 예상합니다.

천안과 경기도를 연결하는 철도로는 현재 경부선·장항선과 경부고속철도 두 가지가 있습니다만, 예전에는 경기선 또는 안성선이라 불리는 또 하나의 철도가 운행하고 있었습니다. 1984년에 출판된 『천원군지』에서는 천안시를 관통해서 동북쪽 안성시로 향하던 안성선에 대해 이렇게 설명합니다.

〈우리 군내는 경부선과 안성선이 있다. (……) 안성선은 단선 철로인데 우리 고장 북동부 지역을 북동 방향으로 꿰뚫고 지나는데 여기에는 입장역과 성거역이 있으며 1일 상행 2편과 하행 2편이 운행하고 있

(위) 『새마을의 승자상』에 보이는 하릿벌 마을
경관.

(아래) 천안역에서 안성선 철로가 갈라져 나오기
직전에 자리한 천안 서북구 성정동 하릿벌 마을.
2019년 8월.

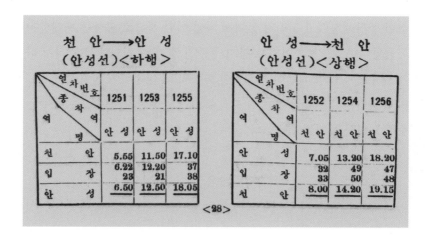

천 안 ──→ 안 성 (안성선) < 하행 >			
열차번호 종차역 역명	1251	1253	1255
	안 성	안 성	안 성
천 안	5.55	11.50	17.10
입 장	6.22 23	12.20 21	37 38
안 성	6.50	12.50	18.05

안 성 ──→ 천 안 (안성선) < 상행 >			
열차번호 종차역 역명	1252	1254	1256
	천 안	천 안	천 안
안 성	7.05	13.20	18.20
입 장	32 33	49 50	47 48
천 안	8.00	14.20	19.15

<28>

(위) 천안역에서 안성선 철로가 갈라져 나오는 지점에 자리한, 10여 년간 공사가 중단된 아파트 단지. 2019년 8월.

(아래) 1960년 『여객열차시간표』에 보이는 안성선 운행 정보.

으며 석교역은 철거되었다. 이 선로는 장항선과 직결되어 해안 지방과 내륙 지방의 화물과 여객을 운송하고 있으나 자동차 교통편의 발달로 운영이 날로 어려워지고 있다.〉 이 책이 나온 1년 뒤인 1985년에 안성선은 폐선 처리 됩니다.

『대서울의 길』에서 안성시의 안성선 흔적을 찬찬히 살펴보았는데요, 천안 시내에도 안성선의 흔적이 뚜렷이 남아 있습니다. 안성시와 마찬가지로 천안시에서도 안성선 철로는 모두 걷혔지만, 도로의 형태로 철길이 남아 있는 거죠.

경부선에서 안성선이 갈라져 나가던 천안시 서북구 성정동에는 2007년에 착공된 뒤 2010년에 공사가 중단되어 14년간 방치되어 온 아파트 단지가 있습니다. 이 아파트는 2024년 들어 공사를 재개한다고 발표되었는데요, 일반적으로 공사 중에 장기간 방치된 건물은 내부 부식이 심각해진다고 알려져 있어서 과연 어떤 식으로 공사를 재개할지 궁금합니다. 그간 이 아파트 단지와 주변 경관은, 천안에서 갈라져 나가 원주까지 향할 예정이던 계획이 좌절되고, 천천히 노선이 줄어들고 역도 사라지다가 결국 통째로 사라져 버린 안성선의 운명을 보여 주는 듯한 느낌을 주고는 했습니다.

삼각형 동남쪽 끝의 모습

이제 우리는 천안시 동남구의 동남쪽 끝으로, 즉 화성-평택-아산-천안-당진 삼각형의 동남쪽 끝으로 향합니다. 그 동쪽 끝에서 대서울권은 끝나고, 험준한 산간 지대를 넘어가면 대전·세종·청주를 중심으로 형성되고 있는 중부권 메가시티가 나타납니다. 중부권 메가시티를 마주하고 있는 대서울권의 동남쪽 땅끝은 어떤 모습일까요?

현재 천안시의 개발은 서북쪽의 평택시 및 서남쪽의 아산시 방향으로 치우쳐 있습니다. 이에 반하여, 전통적인 발전 방향이던 대전·세종·청주 및 경상도 방면은 오늘날 개발 축에서 벗어나 있습니다. 목천읍·병천면의 중심지는 그나마 사정이 낫지만, 목천읍·병천면의 나머지 지역 및 북면·성남면·수신면·풍세면·광덕면·동면은 천안시의 다른 지역과 격차가 큽니다. 『새마을의 승자상』에 실려 있는 이들 지역의 마을 모습은 현재도 근본적으로는 바뀌지 않았습니다.

　　목천읍은 독립기념관으로 잘 알려진 지역입니다. 그런데, 이 독립기념관이 만들어짐에 따라 그 지역(남화리·신계리)에 살던 주민들은 고향을 잃고 다른 곳에 새로이 정착해야 하는 처지가 되었습니다. 이들 가운데 절반은 천안 시내나 서울 등지로 떠났고, 나머지 절반은 독립기념관 맞은편인 동평리 산비탈로 이주했습니다.

　　이들이 새로 정착한 마을을 관남(館南) 마을이라고 하는데요, 제가 이 마을을 찾아갔던 날은 안 그래도 그늘진 마을에 마침 큰 눈이 내려서 마을 길이 꽁꽁 얼어붙어 미끄러웠습니다. 마을회관 앞에 서 있는 두 개의 공덕비 가운데 조향순 선생의 비석에는, 그의 묘소가 예전 마을에 있다가 1983년에 독립기념관이 만들어지는 바람에 다른 곳으로 이장되었다는 내용이 새겨져 있었습니다.

　　국가의 보훈 시설이나 기간 산업 시설을 건설하는 과정에서 발생하는 제자리 실향민들은 〈나라를 위해 희생하라〉라는 논리 앞에 하소연할 곳도 없습니다. 안동댐이 건설되면서 수몰 이주민이 된 예안면 부포 마을 주민들도 〈일제 징용 가는 일과 뭐 그리 다르냐〉고 하소연하고 있습니다. 국가를 위한다는 명분으로 이주된 이들 이주민의 사연을 추적할 때마다, 그들의 심경을 헤아려 보고는 애잔한 마음이 들곤 합니다.

　　천안시의 동남쪽 끝에 자리한 동면을 답사하고 나서, 천안역으로 향하기 위해 동면-병천면 간을 버스로 이동하고 병천면에서 다시 천안

시내로 가는 버스를 탔습니다. 병천면은 천안시 동남부 지역에서 천안 시내로 가는 중간 환승 지점으로서 기능하고 있더군요. 버스를 갈아타기 위해 기다리면서 병천시장을 답사했는데요, 평일 밤의 면사무소 소재지로서는 상당히 번성하다는 느낌을 받았습니다. 읍면 소재지를 답사할 때에는 낮과 밤의 인상이 상당히 다른 경우가 있습니다. 병천면사무소 주변은 낮보다 밤에 더 깊은 인상을 주는 지역이었네요.

하지만 목천읍이나 병천면의 모든 지역이 발전된 모습을 보이지는 않습니다.

충청남도청이 출판한 『새마을의 승자상』에는 천안시 동남부의 여러 면 지역과 함께 병천면 병천6리의 사례도 소개되어 있습니다. 이 책에 따르면 이 마을은 〈외부와 접촉하기 싫어하는 주민의 습성과 급격한 변화를 싫어하는 완고한 주민성 때문에 새마을사업뿐만 아니라 모든 행정이 잘되지 않아 모스코바라는 별명까지〉 붙었다고 하는데요, 공산주의 국가들의 거점인 〈철의 장막〉 모스크바처럼 폐쇄되고 고립된 지역이었다는 뜻이었겠죠. 또 이 마을에서 새마을운동을 주도한 최원복 새마을 지도자는 아산시 영인면 출신이었다고 하는데요, 여기서도 천안과 아산 사이의 인적 교류 양상을 엿볼 수 있습니다.

목천읍·병천면 이외에 『새마을의 승자상』에는 6·25 전쟁 때 발생한 피란민들이 정착한 광덕면 행정리 구정 마을, 마을 앞 하천이 상습 범람해서 늘 피해를 입어 온 수신면 백자리 전촌 마을, 그리고 천안 이야기의 대미를 장식할 동면의 여러 마을이 소개되어 있습니다.

동면은 대서울권과 중부권의 접점입니다.

충청남도 천안시, 충청북도 청주시, 충청북도 진천군이 만나는 지점에 자리한 동면은, 21번 국도가 개통되면서 천안 시내와 진천군의 중간에 자리하게 되었고 청주시 오창읍으로 향하는 17번 국도와도 연결된 교통의 요지였지만 이제는 그런 기능을 잃고 쇠락했습니다. 몇 년 전까지만 해도 천안 터미널에서 출발한 시외버스가 동면 면사무소 동쪽의 차부슈퍼라는 곳에 정차했습니다. 하지만 코로나19의 영향으로 고속·시외버스를 통한 이동량이 줄어들어서, 동면을 무정차 통과하게 되었죠.

차부(車部)는 버스 터미널이라는 뜻으로, 차부슈퍼는 버스 티켓을 파는 슈퍼마켓이라는 뜻입니다. 지도 애플리케이션의 로드맵을 보니, 동면 터미널 기능을 하던 동면 황사리의 차부슈퍼는 시골 구멍가게 형태를 띤 곳이었습니다. 충청남도와 북도의 경계에 자리한 땅끝 마을인 동면의 이미지와 잘 어울리는 경관이었지요.

차부슈퍼가 있는 땅끝 마을의 경관이 어떻게 바뀌었을지 확인하기 위해 2023년 가을에 이곳을 찾았습니다. 대중교통으로 찾아가기에는 너무 불편한 곳이어서 천안역에서 택시를 탔죠. 그렇게 해서 도착했더니 차부슈퍼는 영업을 중단한 뒤 철거되었고, 슈퍼마켓 간판과 개인택시 간판만 남겨져 있더군요.

천안 터미널에서 동면을 거쳐 진천으로 가던 시외버스가 코로나19의 영향으로 인해 동면을 무정차 통과하게 되면서, 동면의 차부슈퍼는 더 이상 존재할 이유가 없어져서 폐업한 것으로 추정됩니다. 지금은 이곳에 정차하는 시내버스를 기다리는 분들을 위해, 차부슈퍼가 있던 자리에 의자 몇 개가 놓여 있을 뿐입니다. 아마 조금 더 늦게 갔다면 이 간판들도 사라졌겠죠.

천안시는 대서울권의 동남쪽 끝에 자리하고 있지만, 이것은 어디까지나 철도가 지나는 지역에 한정된 이야기입니다. 동면 같은 천안시의 동남부 읍면 지역은 대서울권과 중부권 메가시티 사이의 경계를 이루는 고즈넉한 지역으로 앞으로도 남아 있을 터입니다.

(위)『새마을의 승자상』에 보이는 천안시 동남구 성남면 대홍리 황산 마을.

(아래)『새마을의 승자상』에 보이는 천안시 동남구 목천읍 소사리 소사 마을.

(위)『새마을의 승자상』에 보이는 천안시 동남구 동면 화계리 화산 마을.

(위) 천안시 동남구 목천읍 동평리 관남 마을.
2023년 1월.

(아래) 관남 마을회관 앞에 세워진 공덕비들.
1983년에 지금 위치로 옮겨졌다고 적혀 있습니다.
2023년 1월.

(위) 천안시 동남구 병천면의 전통 시장 경관.
2023년 10월.

(아래) 『새마을의 승자상』에 보이는 천안시 동남구
병천면 병천6리 〈모스코바〉 마을.

(위)『새마을의 승자상』에 보이는 천안시 동남구 광덕면 행정리 구정 마을.

(아래)『새마을의 승자상』에 보이는 천안시 동남구 수신면 백자리 전촌 마을.

「새마을의 승자상」에 보이는 천안시 동남구 수신면
장산리 송내 마을.

제가 운영하는 유튜브 채널에 이 동면 터미널 차부슈퍼의 마지막 모습을 촬영한 영상을 올렸더니, 이 지역에 연고가 있으신 분께서 아래와 같이 코멘트를 남겨 주셨습니다. 대서울권 동남쪽 끝의 변화한 모습을 유추할 수 있는 귀중한 증언이고, 저의 유튜브 채널에 공개적으로 적어 주신 코멘트이므로 전체 글을 인용합니다.

현재의 차부슈퍼 뒤에는 제 고모 댁이 있었습니다. 차부가 있는 동네는 천안시 동남구 동산리로, 동산리 다수 개의 자연 마을 중 노른절이라고 불리고 한자로 황사동이라고 불렀습니다. 이로 인해서 어렸을 적에는 노른절 노른절 이렇게 말하다 보니 그 당시만 해도 달걀이 아주 귀할 때이지 않습니까? 지금으로 따지면 겨란(충남 방언) 노른자가 연상되는 귀여운 마을이였죠.

아마 제가 그 차부슈퍼 동네를 처음 간 건 70년대 초반이지 싶습니다. 저희 고모님과 차부슈퍼 으르신이 아주 절친하셨고 약 5년 전까지만 해도 차부 맞은편으로는 가옥 6채 정도가 있었는데 지금은 헐렸죠. 그중 오래된 중앙정미소와 대우슈퍼가 있었습니다.

차부슈퍼 일대는 촌락 구조 중 전형적인 가촌 형태로 도로를 통해 상업이 발달했는데 왜냐하면 90년에 그 앞으로 개통한 21번 국도가 지나가기 전까지는 모든 차량이 그 길을 관통해서 진등고개를 넘어 덕성리와 금암리 고개를 넘어 잣고개를 넘어 진천장으로 가던 길이였지요. 또한 진천 사람이 병천장으로 가던 길목이였고요. 천안에서 진천과 오창으로 가는 길의 분기점이기도 하지요?

버스 노선이 덕성리가 마지막이거나 진천으로 가는 완행버스가 있어 콩나물시루마냥 빡빡하게 타고 버스를 놓치면 병천면에 있었던 아우내중학교 혹은 병천중학교, 고등학교까지 이내 걸어갔다고 합니다. 차부에서 도보로 1분 정도 걸으면 천동초등학교도 있는데 지금은 전교생이 30명도 채 안 되지만 저희 고모께서 재학하실 때는 300명이 넘는 큰 학교였다고 합니다. 작년에 개교 100주년 행사를 진행했다고 하고요.

그리고 진천군 진천읍 사석리 잣고개 옆에 산에 미군 부대가 70년대까지 주둔하여 양공주촌도 존속했었던 터라 미군 지프차와 츄럭 등이 동면 차부 앞의 길로 다녀 천안이나 성환으로 이동할 때 활용하던 길목이라 그 길이 다른 길보다 다소 빠른 확장이 이루어졌다고 합니다. 차부슈퍼 앞 진등고개를 올라가기 전은 삽다리(섶으로 엮은 다리)가 있었고 지명도 삽다리라고 하고 지금은 있나 모르겠는데 삽다리방앗간, 삽다리정육점 등이 있었어요. 천안 도심에서 동쪽 끄트머리에 가장 먼 데다가 산이 많아서 천안에서 가장 낙후된 지역으로 꼽히죠.

그리고 차부 얘기는 아니지만 첨언하자면 유관순 열사의 고향인 현재 행정 구역 기준 병천면 용두리라고 하지만 용두리는 다소 늦게 병천면으로 편입됐구요. 당진의 합덕읍이 면에서 읍으로 승격한 연도인 1973년에 동면에서 병천면으로 편입됐죠. 동면 용두리이고 유관순 열사의 고향은 동면 용두리 사람이라고 지역 사람들은 말하더군요.

동면에 편의점이 들어온 지는 인제 10년이 조금 못 됐을 텐데 지금은 편의점이 3개까지 늘었는데 전부 동산리 내에 있고 차부 좌우로 도합 3개가 존속하네요. 그리고 재작년까지만 해도 동면 내에는 사거리가 없고 삼거리까지만 있었습니다. 현재는 화계리 이마트 편의점 앞에 도로가 개통하며 교차로가 생겨 사거리가 형성됐네요. 이건 동면을 떠나서 천안시 행정 구역 전역에 가장 늦게 사거리가 생긴 읍면동 단위라고 볼 수 있겠네요.

차부에 관한 추억보다는 사담이 길어진 것 같아 송구스럽네요. 아무튼 과장 안 하고 차부 앞으로 줄을 서 있는 인원이 100명 가까이 서 있던 것을 직접 목격한 적이 생생한 기억으로 상기될 정도인데 그때의 호황기라 할까요 황금기라 할까요 그때가 그립네요. 등교 시간과 병천 장날(1, 6일)이 겹치면 인산인해를 이루었습니다. 병천장이 개시되면 장옥(長屋) 사이사이로 제자전과 노점상 이동상인 짐차들이 북적거리고 병천이 사통팔달 교통의 요충지인 게 실감이 나더라구요. 지금은 동면의 인구가 천 명대로 진입했는데 그저 아쉽네요.

이렇게 해서 우리는 대서울권의 동남쪽 끝이자 천안시의 땅끝인 동면에 다다랐습니다. 2018년에 『서울 선언』에서 시작한 대서울권 탐구는 여기서 멈추게 됩니다. 그 너머에 자리한 중부권 메가시티에 대해서는 〈한국 도시 아카이브〉 시리즈 제5편에서 살펴볼 생각입니다. 우리는 여기서 발길을 돌려서 아산시 쪽으로 되돌아가도록 하지요.

삼각형의 서남쪽 끝에서 열리는 미래의 모습

앞서 살펴본 것처럼 아산시 동부는 천안시 서부와 하나의 생활권을 이루고 있습니다. 이에 반해서 아산시 중부·서부는 동부와 분위기가 다릅니다.

전근대에는 읍내동이 아산시의 중심이었다가, 장항선이 건설되면서 읍내동 북쪽의 온양온천역 주변이 현재와 같이 도시화되었습니다. 이곳을 찾아 피란민들이 모여들어, 온양동신초등학교 서쪽을 비롯한 몇몇 곳에 피란민 수용소가 마련되었습니다. 이들 수용소 마을은 모두

출처: 카카오맵 로드뷰 (https://map.kakao.com)

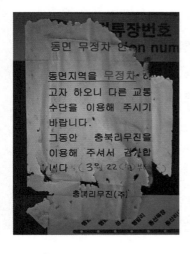

(위) 철거되기 전의 동면 터미널 차부슈퍼.
2022년 5월. (카카오맵의 실제 서비스 이미지와
다를 수 있음)

(가운데) 철거된 옛 동면 터미널 차부슈퍼.
2023년 10월.

(아래) 천안–진천 간을 운행하는 시외버스가 더
이상 동면 터미널에 정차하지 않는다는 안내문.
2023년 10월.

(위) 더 이상 시외버스가 정차하지 않는 차부슈퍼
앞에서 충청북도 진천군 방향을 쳐다보았습니다.
2023년 10월.

(아래) 버스 터미널이 사라지면서 근처의
다방들도 폐업했습니다. 2023년 10월.

철거되었지만, 이들이 남긴 문화 유산인 냉면은 아직도 시민들의 사랑을 받고 있습니다. 또 동남쪽으로 차령산맥 중간에 자리한 산간 지대인 공주시 유구읍·정안면, 서쪽으로는 서산시 등에서까지도 사람들이 찾아오는 일대 생활권의 중심지였습니다.

이렇게 지역의 일대 거점이다 보니, 모 아산시장은 도시의 목표 인구를 100만 명이라고 주장하기도 했죠. 아산시 오피니언 리더 집단의 조금은 초현실적인 자의식이 드러난 사례입니다. 국왕이 온양온천에 왔다고 해서 아산이 〈임시 수도〉였다고 주장하는 것도 마찬가지 사례입니다. 조선 국왕이 온양에 행차한 것과, 서울이 함락되어서 정부 기관이 전부 부산으로 옮겨 가는 바람에 부산이 임시 수도가 된 것과는 개념이 다르죠.

아무튼 최근에는 목표 인구를 50만 명 정도를 잡고 있어서 예전보다는 현실적이 된 느낌입니다. 미국 맥킨지 사의 보고서에서 화성·아산·여수를 미래에 성장 가능성이 큰 도시로 대서특필한 적도 있어서, 이 정도 목표라면 어쩌면 달성할 수 있을 것도 같습니다만, 목표 인구에 도달하기 전에 아산 동부와 천안 서부의 연담화, 그리고 통합 천안 아산시의 탄생이 먼저 이루어질 것 같기도 합니다.

아산시 동부만큼은 아니지만, 최근 온양온천역 일대의 구도심에서도 재개발 사업 및 택지 개발 사업이 활발합니다.

온양7동을 답사하다가, 재개발 사업에 찬성하는 어떤 사람이 붙인 호소문을 읽었습니다. 한편으로는 〈내가 살아온 고향에서 항상 봐왔던 내 이웃들과 다 같이 동참하여 새집에서 우리 살아 봅시다〉라고 하면서, 다른 한편으로는 〈신축 아파트로 들어갈 돈이 안 되시면 팔고 근처 다른 곳으로 이사를 가셔도 됩니다〉라는 앞뒤가 맞지 않는 주장을 펼치고 있어서 참 깊은 인상을 받았더랍니다. 제가 이 호소문을 촬영한 곳은 사업 추진 측에서 〈아산1 구역〉이라고 이름 붙인 지역이었는데요, 2021년 이후 추가적인 움직임은 없는 듯합니다. 이와는 반대로, 이른바 아산1 구역 근처의 구 온양시청 부지는 재개발이 한창입니다.

아산 버스 터미널 동쪽의 벌판에서는 모종1 지구 도시개발사업이 진행되고 있습니다. 여기에는 충남방적 사원 아파트를 비롯해서 몇몇 농촌 마을만 자리 잡고 있어서 상대적으로 사업 추진이 쉽습니다.

어느 가을 저녁, 택지 개발 예정지에 포함된 모종2통을 찾아갔습니다. 로드뷰에 보이는 이 마을 초입의 건물이 아무리 봐도 마을회관 같아서 확인차 갔는데, 마을 주민들께서 역시나 예전 마을회관이라고 증언해 주셨습니다. 건물 정면에는 새마을운동의 모토인 자조·근면·협동 가운데 〈근〉 자와 〈협동〉 글자가 여전히 남아 있었습니다.

이 예전 마을회관 건물 너머로 아산시청·아산 버스 터미널 일대에 아파트 단지들이 빼곡히 들어찬 모습이 바라보였습니다. 이 사업이 완성되고 나면 동쪽의 배방 읍내와 아산시청·온양온천역 주변 지역의 연담화가 가속화될 것으로 보입니다. 이 연담화가 아산시의 정치·행정 분야에 미칠 영향은 적지 않을 것입니다.

이렇게 아산시청 일대는 지역의 거점이라는 위상을 유지하고 있고 재개발이나 택지 개발도 활발합니다. 이에 반해서 1995년에 온양시와 통합한, 아산군의 군청이 있던 염치읍은, 그 뒤로 개발을 멈추고 농촌 마을 같은 경관을 유지하고 있습니다. 순천시에 흡수된 뒤 개발이 멈춰진 전라남도 승주군의 옛 군청 소재지와 비슷한 상황입니다. 하지만 아산군청 일대는 경기도와 가까울 뿐 아니라 현재의 아산시청과도 가까움에도 불구하고 개발이 되지 않는 것을 흥미롭게 여기는 아산 시민들이 많더군요.

지금의 아산 시내는 장항선 온양온천역이 만들어지면서 근대적인

(위) 온양동신초등학교 서쪽의 피란민 마을.
네이버지도 거리뷰.

(아래) 아산시청·온양온천역 권역의 옛 탕정
수용소 근처에 남아 있는 평양냉면집들.

호 소 문

안녕하세요?
온천동 제1구역에 살고 있는 한 사람입니다.
다름이 아니라 이렇게 글을 쓰게 된 이유는 얼마 전 재건축
동의서가 70%이상 되었으나 몇사람 때문에 더 이상 진행이
되지 않고 있다는 글을 받았습니다.
그 어떤 누가 내가 살고있는.. 그동안 살아왔던 고향 같던 이
곳을.. 떠나고 싶겠습니까?
한분 한분 마음 다 절실하게 이해가 됩니다.
하지만 세상이 변하는데 작고, 오래되고, 낡고, 누추한 이곳
에서 언제까지 사실런지요??
하지만 말입니다.
재건축이 진행되는 2년여만 잠시 떠나 있으면 진정 소중한
내가족과 내자식 손자들과 깨끗하고 편안한 공간에서 살수
있다는 생각!!!! 다시한번 해주시기를 바랍니다.
우리는 내집과 내자산을 빼앗기는 것이 아니라 헌집을
새집으로 바꾸는 것입니다.
진정 무엇이 나와 내 가족 모두를 위하는 일인지 간곡히
다시 한번 생각해주셨으면 합니다.
신축아파트로 들어갈 돈이 안되시면 팔고 근처 다른 곳으로
이사를 가셔도 됩니다.

"내가살아온고향에서 항상 봐왔던 내이웃들과
다같이 동참하여 새집에서 우리 살아봅시다."

(위) 아산시청 주변에서 재개발이 추진되고 있는
온양동. 2022년 9월.

(아래) 아산시청 주변에서 재개발을 추진하는
측에서 붙인 글. 2022년 9월.

(위) 옛 온양시청의 재건축 현장. 2022년 9월.　　　(아래) 아산시 모종동 아산모종샛들지구
　　　　　　　　　　　　　　　　　　　　　도시개발구역에 포함된 옛 충남방적 사원 아파트.
　　　　　　　　　　　　　　　　　　　　　2022년 9월.

(위) 아산시 모종동 아산모종샛들지구
도시개발구역에 포함된 농촌 마을.
2022년 9월.

(가운데) 아산시 모종동 아산모종샛들지구
도시개발구역에 포함된 농촌 마을에 남겨진 옛
마을회관. 2022년 9월.

(아래) 옛 아산군청 소재지인 현재의 아산시
염치읍 송곡리. 2023년 2월.

형태를 띠게 되었습니다만, 전근대부터 이 지역은 온양온천을 찾아오는 사람들로 붐볐습니다. 이 지역에서 전근대와 근대 사이에 생긴 가장 큰 경관 변화는, 1926년에 마산 저수지라는 농업용 저수지가 완공된 것입니다. 저수지를 만들면서 마산 마을이 수몰되어서 이런 이름이 붙었고, 그 후 관광객들을 끌어들이기 위해 이 저수지에 신정호라는 이름을 붙이게 됩니다.

신정호가 완성된 뒤에 공사 내역을 기록한 준공 기념비가 배수 갑문 옆의 언덕 위에 세워졌는데요, 얼마 전까지 이 언덕 위에 식당이 들어서 있는 바람에 비석을 제대로 답사할 수가 없었습니다. 그러다가 소리 소문 없이 식당이 폐업하고 준공 기념비도 일부 훼손되어 버렸네요. 최근에 가 보니, 아마 일본인들의 이름과 일본 연호(年號)가 적힌 부분은 없애 버리고 마산 저수지의 규모 등을 전하는 부분만 남긴 것 같았습니다.

신정호를 벗어나면 농촌 아산이 펼쳐집니다. 농촌 아산 지역은 외부와의 교통이 불편한 산간 지대에 위치해 있다 보니, 이웃 음봉면 중심지로 이어지는 산길을 뚫은 영인면 성내3리의 사례와 같이 새마을운동이 활발히 일어났습니다.

성내3리 주민들이 음봉면까지 뚫은 길은 현재의 고룡산로이며, 지금도 음봉면과 마을을 이어 주는 주요한 도로로서 잘 기능하고 있습니다. 이 지역에는 이순신의 묘소가 있어서 고룡산로를 이용해서 접근하는 분들도 많으실 터입니다만, 이 길이 탄생하기 위해 성내3리 주민들이 큰 수고를 했음을 함께 기억하시는 것이 민주 공화국 시민으로서의 자세일 것입니다.

오늘날의 성내3리 마을 전경은 『새마을의 승자상』에 실려 있는 모습과 기본적으로 바뀐 것이 없습니다만, 마을 뒷산에 고압 송전탑들이 세워진 것은 눈에 띄는 차이라고 하겠습니다. 농업 지대인 동시에 공업 지대이기도 한 아산시 서부 지역의 현재 상황을 상징하는 것 같은 경관이었습니다.

아산시 서부 지역에서 거점 도시로서 기능하는 곳은 신창면 읍내리, 장항선 신창역 폐역, 수도권 전철 1호선·장항선 신창역 일대입니다. 수도권 전철 1호선이 끝나는 신창역 근처에는 대학교들도 있다 보니 젊은 유동 인구가 제법 있고, 외국인 노동자 및 귀화 시민들도 이곳을 거점 지역으로 삼고 있습니다. 아산시의 외국인 인구는 10퍼센트인데, 이 중 신창면 등 서부 지역은 그 비율이 30퍼센트에 육박합니다. 그래서 신창면 중심지에서는 외국 문화를 배경으로 지니고 있는 시민들을 상대로 하는 상점을 쉽게 찾아볼 수 있습니다. 외국인과 대학생들이 아산시 서부를 어떻게 바꿀지 주목하고 있습니다.

신창을 벗어나면 안성천·곡교천·도고천·삽교천 등이 만나는 범람 지대이자 사실상 서해안의 만 옆에 넓게 펼쳐져 있던 개펄을 매립한 간척 지대가 나타납니다. 이 지역의 위성 사진을 보면, 넓은 평야 곳곳에 불규칙한 원형을 그리는 마을들이 점점이 자리 잡은 모습을 확인할 수 있습니다. 이 마을들은 예전에 섬이었겠죠.

이 개펄 지대를 간척한 사람들은 현지 농민, 유랑민, 6·25 전쟁의 피란민 등 다양합니다. 아산시 영인면 구성3리는 일명 구성개척단 마을이라고 불립니다. 〈1958년도에 피란민들이 모여들어 개척한 마을로서 한국 전쟁으로 이북에서 내려온 난민들을 정착시키기 위하여 180여 세대의 집을 지어 거주케 하고 백석포 펄을 막아 170여만 평을 간척하여 분양하고 정착하게 하였다〉고 합니다.

그런데 이 구성개척단 마을 입구에는 경성부 출신의 송창식 씨를 기리는 〈송공 창식 송덕 불망비〉가 서 있습니다. 비석 뒷면에 올해9년

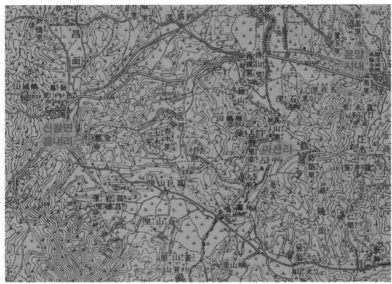

(위) 마산 저수지(신정호)가 만들어지기 전인
1914년의 5만분의 1 지도(부분). 조선총독부
육지측량부 발행, 1919.

(아래) 신정호 준공 기념비가 자리한 신정호 배수
갑문. 2022년 11월.

(위) 식당이 영업하던 시기의 신정호 준공 기념비.
2019년 3월.

(아래) 식당이 사라진 뒤에 정비된 신정호 준공
기념비. 2022년 11월.

아산그린타워에서 본 옛 온양시청·아산군청,
그리고 아산 신도시 방면. 2022년 11월.

(위) 아산시 영인면 성내3리 주민들이 뚫은
고룡산로. 2024년 3월.

(가운데) 『새마을의 승자상』에 보이는 성내3리
마을 경관.

(아래) 성내3리 마을 뒤로 고압 송전탑이 지나고
있습니다. 공업 도시로서의 아산 서부 지역을
상징하는 경관이었습니다. 2024년 3월.

(위) 『새마을의 승자상』에 보이는 아산시 신창면
읍내리 모습.

(아래) 현재 아산시 신창면 읍내리에는 외국인
주민들이 많이 살고 있습니다. 2020년 8월.

(1935년)이라는 글자가 새겨져 있고 앞면에 경성부(京城府)라고 적혀 있는 것으로 보아, 식민지 시기에 지금의 서울에서 이곳에 왔거나 무언가 좋은 일을 한 송창식 씨를 기리는 비석 같습니다만, 정체는 잘 알 수 없습니다.

서해선 열차는 경기도 평택시 안중역을 지나 아산시 서남쪽 끝의 인주면에 세워질 인주역에 멈춥니다. 예전에 해암3리 마을회관이 있던 자리에 서해선 인주역이 건설되고 있습니다. 서해선이 만들어지면 경기도 서해안 지역과 충청남도 서해안 지역의 교류가 더욱 활발해질 것인데, 그 혜택을 크게 입을 지역 가운데 하나가 인주역 일대입니다.

인주면의 많은 지역은 간척지였습니다. 인주면 해암리 해암 마을 주민들이 곡교천을 간척한 사업이 전국적으로 유명합니다. 인주면의 간척지에서는 간척지 정자 등 전형적인 간척지의 풍경을 보이고 있는데요, 정자 뒤로 서해선 철교가 지나고, 고압 송전탑이 곳곳에 설치되어 있습니다. 이 고압 송전탑은 서해선 인주역 근처의 아산현대모터스밸리 앞 변전소로 이어집니다. 바다를 육지로 바꾼 간척 사업의 현장, 아산만권에 들어선 국가 기간 산업 단지, 그리고 고양시에서 홍성군까지 이어질 서해선 철로의 기착지까지, 아산시의 서쪽 끝에서는 지난 백 년간 한국 사회가 경험한 변화를 한 장소에서 바라볼 수 있습니다.

2030년대의 어느 날, 인주역에서 출발하는 서해선 열차는 곡교천을 건너 아산시 선장면 신문리에 이르고, 다시 삽교천을 건너 당진시 우강면의 간척지를 지나 합덕역에 도착하게 될 것입니다. 우리도 이 미래 철도를 따라 당진시로 가봅시다.

(위) 아산시 영인면 구성3리 구성개척단 마을 입구. 2023년 1월.

(아래) 아산시 영인면 구성3리 구성개척단 마을 입구에 세워져 있는 송창식 씨 송덕비. 2023년 1월.

출처: 카카오맵 로드뷰 (https://map.kakao.com)

(위) 서해선 인주역 자리에 있던 해암3리
마을회관. 2016년 4월. (카카오맵의 실제 서비스
이미지와 다를 수 있음)

(아래) 서해선 인주역 주변. 2023년 2월.

(위) 아산현대모터스밸리 근처의 옛 상가 건물.
2023년 2월.

(가운데) 『새마을의 승자상』에 보이는 아산군
인주면 해암리 마을 경관.

(아래) 『새마을의 승자상』에 보이는 아산군 인주면
해암리 주민들의 간척 사업 모습.

(위) 아산시 인주면의 곡교천·삽교호 간척지 경관. (아래) 아산시 인주면 간척지에서 바라본 당진
2023년 2월.   우강면. 2023년 2월.

(위) 아산시 선장면 신문리의 간척지 마을 앞을
지나는 서해선 철교. 사진 오른쪽이 인주역 방향,
왼쪽이 합덕역 방향입니다. 2023년 1월.

(아래) 당진 우강면 부리포에서 바라본 아산
인주면과 선장면, 아산현대모터스밸리와 서해선.
2023년 1월 류기윤 촬영.

제3부

6
어촌에서 공업 도시로:
당진, 서산 북부

간척 이전의 당진

아산을 벗어나면서 마주치게 되는 가장 큰 인공적 구조물은 삽교호입니다. 이 삽교호는 1979년에 삽교천 방조제를 만들면서 바다의 만을 호수로 바꾼 것입니다.

제3공화국의 경제수석이던 오원철 선생은 박정희 대통령이 행정 수도 건설 및 당진-서산 사이의 가로림만 일대를 개발하려는 〈가로림만 프로젝트〉를 추진하는 과정에서, 대규모로 필요하게 될 용수(用水)를 확보하기 위해 삽교호를 건설했다고 주장합니다. 가로림만 프로젝트와 삽교천 방조제의 관련에 대해서는 솔직히 조금 더 검토가 필요하다고 생각합니다만, 아무튼 박정희 대통령이 집권 20년을 맞이하는 시기에 일으킨 대형 토건 사업들 가운데 하나가 삽교호 건설이라는 사실은 염두에 둘 필요가 있겠습니다.

삽교호가 만들어지기 전에도 이 만에서는 많은 변화가 있어 왔습니다. 1914년에 제작된 5만분의 1 지도와 1963년에 제작된 지도를 비교하면 50년 사이에 해안선이 단조로워졌음이 확인됩니다. 개펄을 간척해서 농토를 만들거나 염전을 만든 것이죠. 그래도 이때까지는 당진의 대표적인 항구였던 부리포 등이 현역의 항구로서 기능하고 있었습니다.

하지만 만이 호수로 바뀌고 정부 주도의 대규모 간척 사업이 이루어지면서, 오늘날의 위성 사진에서는 부리포 등의 항구가 농토에 포위되어 기능을 잃어버렸음을 확인할 수 있습니다. 강화도나 영종도만큼의 극적인 변화는 아니라고 하더라도, 현재의 삽교호 주변에서도 지난 백여 년간 바다를 땅으로 바꾸는 작업이 착착 진행되어 왔습니다. 그리고 〈충청남도의 북단을 차지한 해안 지대〉이던 당진은 농촌이자 공업 도시로 그 성격이 바뀌었습니다.

방금 소개한 당진 동부의 부리포, 그리고 당진 북부의 당진포는 〈어촌 당진〉을 상징하는 존재였습니다. 당진 사람으로서 인천에 정착한 인천시립박물관장 손장원 선생은, 당진포와 부리포가 사라진 일에 대해 언젠가 저에게 이렇게 말씀하셨습니다.

「당진에 있던 많은 포구가 간척 사업으로 사라졌습니다. 그중에서도 당진이란 지명을 만든 당진포와 당진의 대표 항이던 부리포의 멸실은 안타깝습니다. 간척 사업은 항구의 당진을 농업의 당진, 공업의 당진으로 만들었지요.」

부리포가 삽교천 방조제와 간척 사업으로 인해 항구로서의 기능을 상실했다면, 당진포는 대호 방조제와 간척 사업으로 인해 항구로서의 기능을 상실한 사례입니다. 여기에 석문 방조제와 간척 사업으로 인해 기능을 상실한 오도항까지 포함하면, 당진을 어촌에서 농촌·공업 지대로 바꾼 세 가지 방조제를 모두 거론한 것이 됩니다. 간척 사업이 이루어진 바닷가는 서해안과 남해안에 많습니다만, 특히 화성·평택·당진의 간척지는 농토를 거쳐 공업 단지로 사용되는 추세를 보이고 있어서 공업 국가 한국의 모습을 대표합니다.

이렇게 대규모의 간척 사업이 이루어지기 전, 당진을 비롯한 충청남도는 뱃길로 다른 지역과 긴밀하게 이어져 있었습니다. 특히 분단 이후 서해안 최대 도시가 된 인천과의 교류가 중요했습니다. 인천 덕적도 어민들은 새우젓·민어를 당진·서산·홍성 등의 곡물·과일류와 교환하거나 판매했습니다. 하지만 1970년대 이후로 덕적도 연해에서 새우·민어가 잡히지 않게 되자 이런 물류 흐름은 끊겼습니다. 이즈음부터 물류뿐 아니라 인천과 충남 간의 여객선도 서서히 끊어져 갑니다.

충청남도 서북부 각지의 마을과 인물에 대한 정보를 풍부하게 담고 있는 새마을운동 자료들에서도 충남과 인천 간의 뱃길에 대한 언급은 당연히 쉽게 찾아볼 수 있습니다.

예를 들어 당진시 석문면 장고항2리의 유재천 새마을 지도자는 자기 마을에 대해 〈충남에서 최북단에 위치한 갯마을이다. 앞에는 아산만에 접해 있고 인천을 왕래하는 여객선은 3시간이면 인천을 갈 수 있〉다고 소개합니다. 인천과 당진 석문 간의 여객선은 편도 3시간의 운항 속도를 보였음을 알 수 있습니다.

그는 인천으로 건너간 뒤 인천·안양 등지에서 〈왕대추〉라 불리며 〈깡패 생활을 해오다가 65년도에 자신의 그릇된 행동을 자각 개심하고 고향인 장고항2리 마을에 정착하여 구멍가게로 삶을 이어 오던 중 73 새마을 지도자로 선임〉되었다고 회고합니다. 그가 인천·경기도에서 귀향할 때는 배를 타고 왔을지 아니면 장항선 열차를 타고 왔을지 궁금하네요.

장고항2리의 서쪽에 자리한 교로3리에서 활동한 전정환 새마을 지도자도 인천에서 고등학교를 졸업한 뒤에 귀향해서 굴 양식장 등 각종 사업을 고향에서 추진했습니다. 삼면이 바다로 둘러싸였던 교로3리는 그 후의 간척 사업으로 인해 오늘날 농촌 마을로 바뀌었습니다. 교로3리 주민들이 굴을 양식하던 바다는 오늘날 농토가 되었거나 당진화

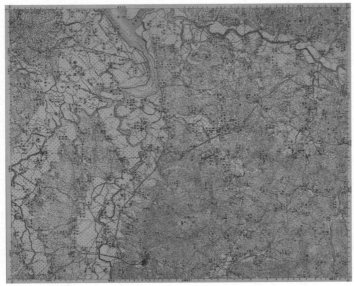

삽교천/삽교호 주변의 지형 변화.
1914년 5만분의 1 지도. 조선총독부 육지측량부
발행, 1914.

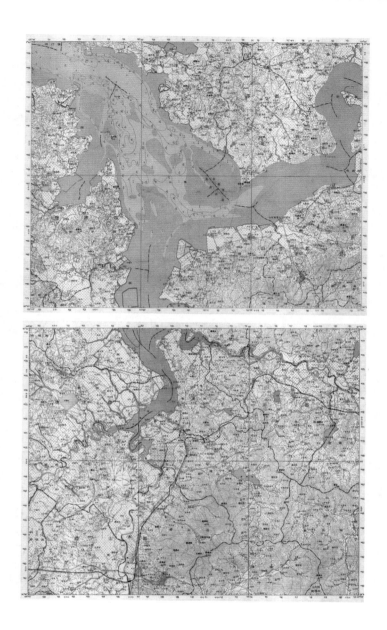

삽교천/삽교호 주변의 지형 변화.
1963년 5만분의 1 지도. 국립건설연구소 발행,
1963.

현재 해당 지역의 위성 사진.

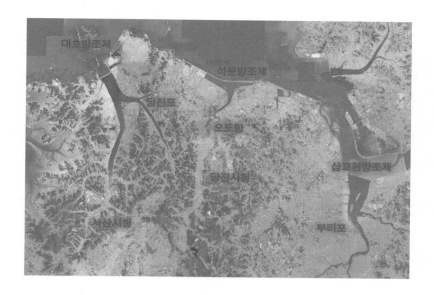

대호방조제
석문방조제
당진포
오토항
삼교천방조제
당진시청
서산시청
부리포

(위) 방조제 건설과 간척 사업으로 인해 항구
기능을 상실한 당진포, 오도항, 부리포.

(아래) 『새마을의 승자상』에 실려 있는 당진시
석문면 장고항2리 전경.

력발전소로 바뀌었습니다.

아산국가산업단지 고대지구와 부곡지구 사이에 자리한 송악읍의 한진포구도 원래는 당진의 어업 중심지임과 동시에, 서산·태안·보령·서천 주민들까지 배 타고 서울·인천·경기 지역으로 가기 위해 모이던 곳이었습니다. 이 책의 제4장에서 살펴본 경기도 평택시 만호리와의 사이에도 정기 여객선이 운행했다고 『당진군지』에서는 적고 있습니다. 예전에 한진포구와 평택 지역을 잇던 정기 여객선의 기능을 오늘날에는 서해대교가 이어가고 있습니다.

이렇게 당진의 지형과 인문 지리가 어지러이 바뀌는 과정에서, 당진의 중심지도 당진포진성이 있던 고대면이나 당진군청 소재지였던 면천면에서 현재의 시청이 있는 지역으로 옮겨 갔습니다. 1514년에 해안 방어의 거점으로서 지어진 당진포진성은 한때 당진의 중심지였습니다만, 현재는 한적한 농촌 마을로 남아 있습니다. 당진포진성 복원 사업을 하려고 해도, 〈당진에는 이미 면천읍성 복원 사업을 하고 있으니까, 충남도 입장에서는 당진에서 읍성 복원을 또 한다고 하면 도비를 당장 지원하기란 어려울 수 있다〉는 지적이 있습니다.

이 인용문에 등장하는 면천읍성이 건설되면서, 면천면 지역은 오랫동안 당진뿐 아니라 내포(內浦)라 불리던 이 일대에서 가장 큰 도시가 되었습니다. 하지만 그 후 지금의 당진시청 일대로 헤게모니가 옮겨 가자 쇠락하여, 현재는 꽈리고추의 첫 재배지이자 면천 두견주라는 전통주가 생산되는 곳이라는 정도로만 알려져 있습니다.

최근에는 면천읍성 복원 사업이 어느 정도 윤곽을 드러내면서, 한때 쇠락한 결과 남겨진 옛 마을을 레트로 감성으로 어필하려는 시도가 조금씩 일어나고 있습니다. 이와 같은 사전 정보를 가지고 면천읍성 일대를 답사한 뒤 영상을 촬영하여 저의 개인 유튜브 채널에 올렸더니,

（위）당진시 송악읍 한진포구, 그 너머로
바라보이는 아산국가산업단지 충남부곡지구.
2022년 2월.

（아래）당진시 송악읍 한진포구의 마을 경관.
2022년 2월.

(위) 당진시 면천면 면천읍성 마을의 경관.

(아래) 석문면 현대제철 근처의 식당에서 면천 막걸리를 판매하고 있더군요. 2022년 2월.

다음과 같은 코멘트가 달렸습니다. 면천면뿐 아니라 당진, 나아가 충청남도 서북부 지역에 대한 연고자의 솔직한 감상이라고 느껴졌습니다. 공개적으로 올려 주신 코멘트여서 여기에 인용합니다.

　　수십 년간 다닌 처가가 당진 쪽이라… 풍월만 많이 읊습니다. 이 지역의 지리적 천하 변동은 아산, 삽교 방조제 쌓고 나서라죠. 이전엔 배가 드나들 수 있고 게 같은 갑각류도 많이 잡으면서 노셨다 해요. 어찌 보면 충남 서부 쪽은 반도처럼 물 생활이 가까운 고립 지역이었는데, 방조제 놓이면서 물은 줄고 경기권으론 아주 가까워졌죠. 서해대교는 이미 그 흐름 속에서 수요 폭발로 인한 것이고… 그래서 정치적으로 박정희 대통령에 대한 엄청난 영웅적 향수에 빠져 있고, 10·26에 대한 엄청난 허탈감도… (삽교 준공식 직후 돌아가셔서) 그게 없었으면 더 일찍 서해안 시대 열렸을 거라고 믿더라구요. 면천은 서산영덕고속도로로 관통 당하면서 안 그래도 산지 많은 내륙인데 더더욱 지나가는 자리로 전락된 듯요. 지방 도로도 면천 쪽은 넓은 데가 곧잘 없어요. 당진에 은근 작은 산업 단지들 많고, 지방 도로라 해도 평지 쪽은 크게 해놓은 데 많습니다.

간척이 시작되다

앞 절에서는 간척 사업 전의 당진이 어떤 모습이었는지 살펴보았습니다. 충청남도 지역 언론사인 『디트뉴스24』에서는 2018년에 「개펄을 지키자」 시리즈를 연재했는데요, 당진의 간척 사업 전반을 살피고 간척 사업에 따라 사라져 간 당진의 개펄에 주목한 뜻깊은 기획이었습니다.

　시리즈 첫 번째 기사에서는 시리즈를 기획한 의도를 다음과 같이 밝히고 있습니다. 〈당진 지역은 최근 수십 년간 서해안 개발이라는 이름 아래 농업용수 및 간척지 개발, 산업화에 따른 매립 사업 등으로 천연 해안선이 사라지고, 공유 수면 잠식, 어장 황폐화 등 심한 몸살을 앓고 있다.〉

이 기사에는 당진시 지형 변화도가 실려 있습니다. 1960년대의 자연 해안선과 현재의 자연 해안선을 비교하면서, 50여 년 사이에 당진이 어촌에서 농촌·공업 도시로 바뀌어 버렸음을 극적으로 보여 주는 지도입니다. 그 많던 당진 바닷가의 개펄은, 삽교천 방조제(1979년 준공), 대호 방조제(1984년 준공), 석문 방조제(1995년 준공)의 3대 방조제를 비롯하여 크고 작은 제방을 쌓으면서 농토로 바뀌기 시작합니다. 당진의 지형을 영원히 바꾼 3대 토건 사업이 20년 안 되는 사이에 집중적으로 시행된 것입니다.

이 3대 방조제 가운데 가장 먼저 만들어진 삽교천 방조제는 1979년 10월 26일에 준공식이 열렸습니다. 박정희 대통령이 이날 준공식에 참석하고 서울로 돌아왔다가 암살된 일은 너무나도 유명하죠. 삽교천 방조제의 완성을 기념하는 비석이 당진시 신평면과 아산시 인주면에 각각 하나씩 있는데요, 이 가운데 1979년 10월 26일이라는 날짜가 새겨진 준공 기념비는 아산시 쪽에 있습니다. 당진시 쪽에 있는 것은 1980년 5월 1일에 세워진 것인데, 이쪽에 삽교호 관광 단지가 조성되어 있어서 1979년 것보다 지명도가 높습니다. 박정희 대통령과 직접 관련되어 있는 1979년의 준공비는 비석 일부가 깨져서 떨어져 있는 등, 사람들의 관심에서 멀어진 것으로 보였습니다.

삽교호

머릿말 / 1979년 10월 26일 / 삽교천지구 농업종합 개발사업은

박정희 대통령 각하의 분부로 농수산부가 기획하고 농업진흥공사
가 1970년부터 1973년까지 조사 측량을 완료한 후 1976년 12월
에 공사를 착수하여 1979년 10월 26일 박정희 대통령 각하를 모
시고 대망의 준공식을 갖게 되었다. 박정희 대통령 각하께서는 이
거대한 업적을 찬양하시고 이를 후손에게 길이 전하도록 삽교호
로 명명하시면서 휘호를 하사하시어 여기에 기념 담수비를 건립
한 것이니 이 삽교호를 자손만대에 길이 보존하자.

삽교천 유역 농업 개발 기념탑

머릿돌 / 1980년 5월 1일 / 삽교천 유역 농업종합 개발사업은 고
박정희 대통령의 분부로 1970년부터 계획하여 1977년 4월 13일
에 기공하였으며 1979년 10월 26일 고 박정희 대통령께서 이 우
람한 호수를 삽교호로 명명하시고 준공식을 거행하였다. 최규하
대통령께서는 이 거대한 업적을 기리며 고 박정희 대통령을 추념
하는 뜻으로 기념탑의 휘호를 하사하시어 여기에 이 탑을 건립하
는 것이다.

삽교호 방조제가 만들어지기 전에도 당진의 동쪽 지역에서는 오
랜 시간에 걸쳐 조금씩 간척 사업이 이루어졌습니다. 하지만 우강면 부
리포 같은 중요한 포구는 여전히 기능하고 있었고, 이 지역 주민들은
육로는 물론 이들 당진 동부 지역의 포구에서 배를 타고 〈서울·인천 등
지로 공장을 찾〉아갔습니다.

또, 6·25 전쟁 때의 피란민들은 배를 타고 신평면 매산리의 깔판
포구 같은 곳으로 들어와서 충청도 사람으로서 새로운 삶을 꾸리게 되
었습니다. 황해도 옹진군 출신의 이입분 선생은 탈출한 뒤 인천, 연평

삽교호 방조제 배수 갑문. 2020년 8월.

머 릿 말

1979년 10월 26일

삽교천지구 농업종합 개발사업은 박정희대통령 각하의 분부로 농수
산부가 기획하고 농업진흥공사가 1970년부터 1973년까지 조사
측량을 완료한후 1976년 12월에 공사를 착수하여 1979년 10월
26일 박정희대통령 각하를 모시고 대망의 준공식을 갖게 되었다.

박정희대통령 각하께서는 거대한 업적을 찬양 하시고 이를 후손에
게 길이 전하도록 삽교호로 명명하시면서 휘호를 하사 하시어 여기에 기념
탑수비를 건립한 것이니 이 삽교호를 자손만대에 길이 보존하자.

1979년 10월 26일의 준공을 알리는 삽교호 준공
기념비. 2020년 8월.

1980년에 세워진 삽교천 유역 농업 개발 기념탑.
2020년 8월.

도를 전전하다가 스물한 살에 갈판포구에 정착했습니다. 이들 피란민의 서해안 해상 이동 경로는 우연히 결정된 경우도 있겠지만, 기존에 존재하던 해로를 따라 이동한 경우도 많았으리라 짐작됩니다. 신평면 신흥리에는 〈정착지〉라는 지명이 남아 있어서, 한반도 북부에서 탈출한 시민들이 당진에 정착한 과정을 상상할 수 있게 해줍니다.

신평면과 더불어 우강면도 삽교호 방조제 건설 전과 후에 모두 대규모로 간척 사업이 이루어진 곳입니다. 우강면 소반리에는 〈안식교원장들〉이라는 지명이 있는데, 1960년대에 안식교 사업장이 개설되었다고 한 것과 관계되었을 것입니다. 또, 우강면 강문리의 부리포 마을에는 1974년에 이곳에서 간척 사업을 주도한 신인철 씨를 기리는 〈신인철 씨 송덕비〉가 마을 입구에 세워져 있습니다. 비석에는 다음과 같이 적혀 있습니다.

개척정신이 강〈열〉한 한 젊은이의 끈질긴 의지와 집념이 바다를 막아 이기매 이곳에 옥토가 탄생하였도다 / 만경의 파도터에 황금 이삭 숙〈었〉으니 우리들의 생명이로다 이 높은 공덕을 길이 후세에 전하고자 여기에 비를 세우노라

건립자명단 (……)
서기일구칠사년구월이십이일
신촌간척사업장경작인 건립

비석이 마을 입구에 세워져 있다는 것은, 이 신인철 씨가 마을의 운명을 결정지을 만한 일을 했다는 뜻입니다. 그런데 비석 앞면의 〈신인철 씨 송덕비〉라는 일곱 글자 가운데 〈신인철〉이라는 이름 석자를 누군가 쪼아 내려 한 흔적이 보이더군요. 신인철 씨의 행적을 둘러싸고

마을 내에서 찬반 양론이 있었음을 짐작할 수 있었습니다.

이 우강면 강문리에는, 당진포와 함께 당진 지역의 대표적인 포구였던 부리포라는 포구가 있었습니다. 하지만 오늘날 부리포 주변은 모두 농지로 둘러싸여 있습니다. 삽교천 방조제가 만들어지고 간척이 된 뒤의 부리포에서 바라본 아산 방면을 촬영한 드론 사진을 이 책의 제5장 마지막에 실었습니다만, 오늘날 부리포는 가끔씩 오는 노선버스로만 외지와 연결된 오지 마을이 되어 버렸습니다.

오늘날 신평면과 우강면 일대의 평야 곳곳에서는 공업화가 진행 중이고, 또 아산시에서 건너온 서해선 철로도 이 평야를 관통합니다. 개펄에서 농토로, 다시 도시와 공장으로 바뀌어 갈 이 땅의 미래를 미리 보여 주는 곳이 서해안고속도로 행담도 휴게소가 설치된 신평면 매산리 행담도입니다.

당진시 송악읍 부곡리에 살던 소설가 심훈은 1935년에 쓴 수필 「7월의 바다」에서, 당시 행담도에는 딱 한 집만 있었다고 전합니다. 한 번 들어가면 갇혀서 빠져나오지 못한다고 해서 〈가치내〉라는 별명이 있는 섬이었다고도 적고 있죠.

그 후 20가구 50여 명의 주민들이 굴을 캐고 염소를 기르며 살아오던 중, 1979년에 아산국가산업단지가 지정될 때 공단 지역으로 포함되었고, 마을 주민들은 1999년에 보상금을 받고 타지로 떠나갔습니다. 당시 주민 20여 명이 마지막까지 저항했지만 결국 무위로 끝났고, 2001년에는 행담도 휴게소가 만들어졌습니다.

서해안고속도로를 이용한 분들 가운데, 이 행담도 휴게소에 들러본 적이 있는 분들이 많으실 터입니다. 대형 상업 시설이 들어선 오늘날의 행담도에서, 딱 한 가구만 살던 90년 전의 행담도나 20가구가 살던 30년 전의 행담도를 떠올리신 분은 아마 없지 싶습니다. 서해대교 너머로 평택항이 바라보이는 행담도 휴게소의 동북쪽에는 주유소가 있고, 그 옆에 작은 데크가 마련되어 있습니다. 이곳에는 앞서 소개한 심훈의 수필 가운데 행담도에 대한 구절을 새겨 넣은 안내판이 세워져 있습니다. 어촌에서 농촌으로, 공장으로 바뀌어 간 서해안 지역의 지난 백 년을 되짚어 보기에 좋은 자리입니다.

1970년대에 삽교호 방조제가 있었고 1980년대에 대호 방조제가 있었다면, 1990년대에는 석문 방조제가 당진에 대규모 간척지를 탄생시켰습니다. 1987년에 사업을 시작할 당시에는 1993년 준공을 예정하고 있었지만, 실제로는 1995년에 준공되었고 2005년에야 전체가 완공되었습니다. 이로 인해 농경지 1,580헥타르와 산업 용지 800헥타르가 생겨난 반면, 3천 명 이상의 어업 관련자들이 생계의 수단을 잃은 것으로 추정됩니다. 석문 방조제의 배수 갑문 근처에도 6·25 전쟁 때의 피란민들이 정착한 성구미 포구가 있었지만, 현재는 대부분 석문 간척지와 현대제철에 흡수되어 포구로서의 기능을 거의 잃었습니다.

그런데 당진 석문면에서 대규모 간척 사업이 있었던 것은 이때가 처음이 아니었습니다. 석문 방조제 건설 사업이 시작된 1987년으로부터 20년 전인 1967년, 석문면 남쪽에서는 6·25 전쟁 때 피란 온 피란민들이 주축이 되어 설립된 한국정착사업개발흥업회가 석문면 삼봉리를 중심으로 대규모 간척 사업을 실시했습니다. 〈자조근로사업양곡 1만 1천 7백 3십 1t과 기술노임 및 자재대 등 모두 4억 8천 8백 3십 6만원, 연 취로인원 3백 2십 5만 8천 6백 2십 2명〉이 투입된 대규모 사업이었고, 1968년에 준공되었을 당시에는 정일권 국무총리가 참석할 정도로 주목받기도 했습니다.

한국정착사업개발흥업회는 전라남도 장흥군 등에서 간척 사업을 수행하면서 전국적으로 명성을 떨쳤고, 이를 인정받아 충청남도 당진

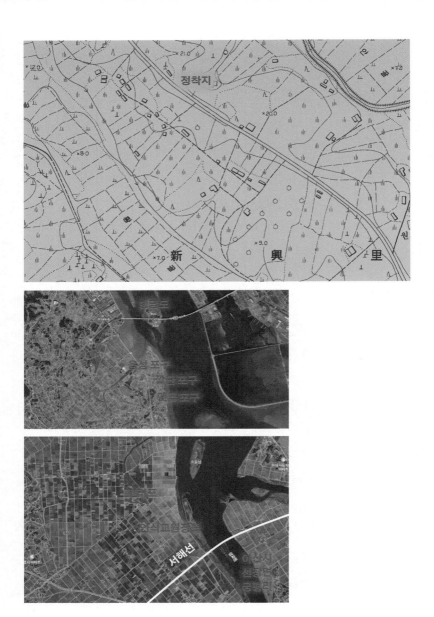

(위) 당진리 신평면 신흥리 정착지를 보여 주는
5천분의 1 지도(부분). 국립지리원 발행, 1991.

(가운데) 현재의 위성 사진에 보이는 깔판포구,
맷돌포구, 음섬포구, 그리고 행담도.

(아래) 당진시 우강면 소반리 안식교원장들과
부리포.

(위) 당진시 우강면 강문리에 있던 부리포에 현재 설치되어 있는 버스 정류장. 2023년 1월.

(위) 당진시 우강면 간척지의 경관. 2023년 1월.

(아래) 당진시 우강면 강문리의 「신인철 씨 송덕비」. 2023년 1월.

(아래) 「신인철 씨 송덕비」에서 신인철이라는 이름 석 자를 누군가 쪼아 내려 한 흔적이 보입니다. 2023년 1월.

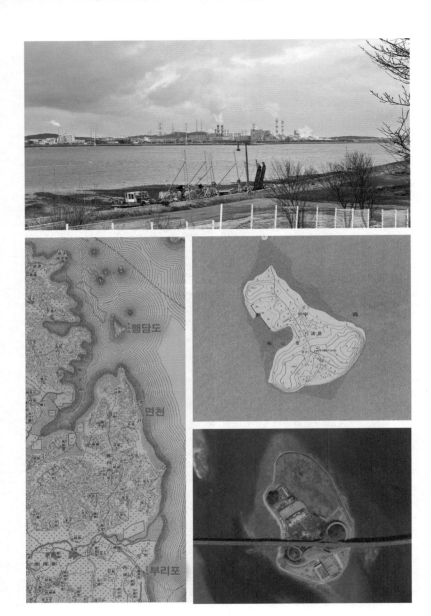

(위) 행담도에서 바라본 경기도 평택항의 경관.
2024년 2월.

(아래 왼쪽) 행담도 1910년 5만분의 1
지도(부분). 조선총독부 육지측량부 발행, 1910.

(가운데) 행담도 1991년 5천분의 1 지도.
국립지리원 발행, 1991.

(아래 오른쪽)현재의 위성 사진 속 행담도 .

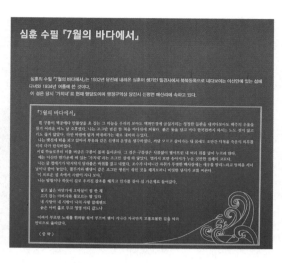

(위) 심훈 「7월의 바다」 본문 가운데
행담도(가치내)에 대한 부분. 2024년 2월.

(아래) 기지시리, 송악 신도시 등과 마찬가지로 그
일대의 거점 지역으로서 기능하고 있는 당진시
신평면사무소 주변의 경관. 2023년 12월.

(위) 석문 방조제. 2022년 2월.

(아래) 석문 방조제 앞의 〈성구미 종점〉 버스
정류장. 2022년 2월.

의 간척 사업도 맡게 되었습니다. 하지만 이때 준공된 방조제가 바닷물을 막지 못해서 매립지로 바닷물이 스며들고 심지어는 배수 갑문이 부서지는 일도 있었습니다.

　삼봉간척사업장의 규모가 워낙 컸다 보니, 주변 지역에서는 품을 팔아 생계를 꾸렸고, 석문면 삼봉4리처럼 타지에서 이주해 온 주민들이 사업 뒤에 토지를 분배 받고 당진에 정착하기도 했습니다. 삼봉4리 북쪽에는 태창 염전이 조성되었다가 석문산단으로 바뀌었습니다. 염전 북쪽에 〈사택〉이라는 지명과 옛 건물들이 남아 있습니다.

　이 일대에서는 삼봉간척사업장 이외에도 여러 곳의 간척지가 존재합니다. 석문면 남쪽의 고대면에는 〈원호처농장들〉이라는 지명이 있습니다. 1992년 5천분의 1 지도를 보면 삼봉농장 오른쪽에 원호처농장들이 보이죠. 『당진군지』 64~65쪽에는 당진군의 평야 및 들 일람표가 실려 있는데, 이 가운데 고대면 성산리에 있다고 되어 있는 〈제대군인농장들〉이 이 원호처농장들 같습니다. 원호처는 현재의 국가보훈부에 해당합니다.

　새마을농원이라는 단체가 삼봉간척사업장 내부의 간척지를 개간하면서 불법적 행위를 했다고 하여 내무부가 당시 당진군수의 해임을 지시하는 일도 있었습니다. 〈이들이 허가 면적 외에 개인 농경지까지 점유하는가 하면 심어 놓은 보리를 갈아엎는 등 행패를 부려도 묵인했었다는 것〉이 해임을 지시한 이유였습니다. 내무부가 당진군수의 해임을 지시한 데에는, 당시 전준기 당진군수가 정부 인사들과 충돌했기 때문이라는 주장이 훗날 제기되기도 했습니다. 이 새마을농원의 활동으로 생겨난 〈새마을농장들〉이라는 지명은 아직도 지도 애플리케이션에서 검색하실 수 있습니다.

　석문면에서는 이런 대규모 간척 사업 이외에도, 마을 주민들이 소규모로 간척지를 만들기도 했습니다. 석문면 삼봉리3구는 김석종 새마을 지도자의 설득에 따라 간척 사업에 나서, 25헥타르의 논에서 670가마의 벼를 수확했습니다. 이 사업을 성공시킨 김석종 선생은 간척 사업으로 유명한 덴마크의 엔리코 달가스 같은 사람이라고 해서 〈간척지 개답을 이룩한 삼봉의 달가스〉라 불렸습니다.

석문면 통정2구 주민들은 1970년대에 간척 사업을 벌였는데, 이곳은 현재 석문산단 서북부에 해당합니다. 또 석문면 초락도리는 1968년에 제방이 건설되면서 비로소 육지와 연결되었고, 이후 정기적으로 운행하는 버스가 마을에 들어오자 마을 주민들은 대단히 기뻐했다고 합니다. 『영광의 발자취 3』에는 마을로 들어오는 버스를 환영하는 초락도리 마을 주민들의 사진이 실려 있습니다.

이렇게 석문면에서 있었던 수많은 간척 사업들 가운데, 대표적인 것은 〈새마을 목사〉라 불리던 이인화 삼화교회 목사, 그리고 한대근 새마을 지도자가 주축이 되어 추진한 삼화2리의 간척 사업이었습니다.

충남 당진시 석문면 삼화2리는 〈충남의 서북단 아산만의 연안에 있〉으며, 〈육로로는 지금도 구석진 곳〉이며 〈한진항 오도항 명천항 등에서 인천까지 정기 여객선으로 4시간여를 가야 하는 편벽진 곳〉이라는 말처럼, 도로보다 바닷길이 더 편리한 동네였습니다. 마을 주민들은 방파제를 쌓았다가는 해일에 무너지는 시련을 겪기도 했지만 끝내 완성시켜 농토를 늘렸고, 공동 양어장도 조성했습니다.

전국의 대표적인 새마을운동 지도자 열한 명을 집중적으로 소개한 『흙과 땀과 훈장』이라는 책에는 다음과 같은 구절이 있습니다. 〈회의를 끝내고 우리는 다 같이 2층 옥상에 올랐다. 시야에 펼쳐지는 마을 풍경 그것은 한 폭의 아름다운 그림이었다. 검푸른 송림 사이로 훤히 트인 길을 따라 울긋불긋 단청한 우리들의 집들 저건 분명히 서구 마을

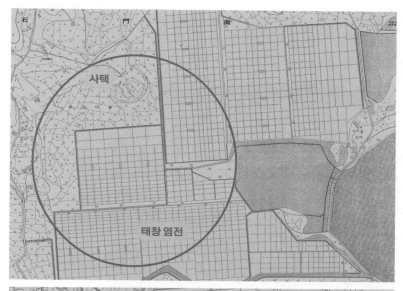

(위) 1992년 5천분의 1 지도(부분)에 보이는
당진시 석문면 삼봉4리의 태창 염전과 사택.
국립지리원 발행, 1992.

(아래) 2013년 5천분의 1 지도(부분)에서는 태창
염전 자리에 석문국가산업단지가 조성 중이고,
사택이라는 지명은 사라져 있습니다.
국토지리정보원 발행, 2023.

(위) 현재의 염전 사택 경관. 2024년 3월.

(가운데) 태창 염전 사택 단지 근처의 폐가와
석문산단이 이루는 시층. 2024년 3월.

(아래) 당진시 송산면 고대리 원호처농장들과
삼봉농장을 보이는 1992년 5천분의 1 지도.
국립지리원 발행, 1992.

(위) 당진 성당 당진포 공소 너머로 보이는
원호처농장. 2024년 3월.

(가운데) 『새마을의 승자상』에 보이는 당진시
석문면 삼봉4리 마을 전경.

(아래) 전라남도 장흥군에 남아 있는
한국정착사업개발흥업회장 김형서 기념비.
2023년 2월.

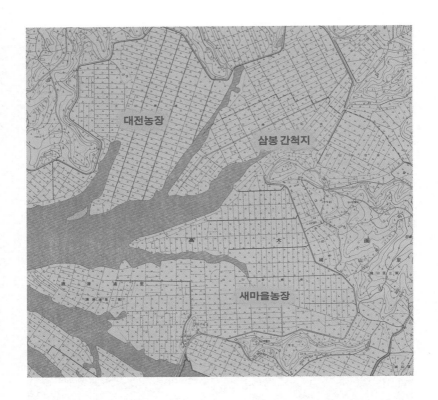

대전농장

삼봉 간척지

새마을농장

간척지 개답을 이룩한 삼봉의 「달가스」

당진군 석문면 삼봉리
3구마을
지도자 김 석 종

(위) 1986년 5천분의 1 지도(부분)에 보이는 삼봉 간척지와 새마을농장. 국토지리원 발행, 1986.

(아래)『새마을의 승자상』에 보이는 당진군 석문면 삼봉리3구 마을 전경과 김석종 새마을 지도자.

(위) 『영광의 발자취 2』에 실린 당진시 석문면
통정2구 주민들의 간척 당시 사진.

(아래) 1972년에 제방이 놓여 정기 버스가
운행하자 기뻐하는 당진시 석문면 초락도리
주민들의 사진이 『영광의 발자취 3』에 실려
있습니다.

이야 누군가 이렇게 외쳤다.〉

이 구절을 읽고, 도대체 어떤 풍경이기에 주민들이 〈서구 마을〉이라고 감탄했는지 궁금해서 현장을 찾아가 보았습니다. 〈서구 마을〉 같은 경관을 상상하기는 어려웠습니다만, 언덕 위로 푸른 농지가 펼쳐지고 중간중간에 울긋불긋한 지붕의 새마을 주택이 서 있는 모습에서, 이들은 아마도 스위스 어딘가를 촬영한 사진 속 풍경을 생각했으리라 짐작해 보았습니다.

오늘날 삼화2리 주변은 모두 간척되어 바다를 찾아볼 수 없습니다. 마을 북쪽의 간척지는 1990년대에 공사가 진행된 석문 방조제 내부에 포함되어 그 일부가 되었습니다. 마을 남쪽의 염전은 농토와 대한전선 당진케이블공장으로 바뀌었습니다. 마을 남쪽의 농토는 아직도 지적도상으로 〈염전〉 지목을 상당 부분 남기고 있습니다. 이 책의 제8장에서 살펴볼 서산시 양대동의 옛 정화사 염전 터도, 천수만 간척 사업 이후에 농토로 바뀐 지금까지 〈염전〉 지목을 남기고 있는데요, 도시화석으로의 지목은 답사의 중요한 참고 자료가 됩니다.

한때 삼화교회 담벼락에는 〈낙원이 따로 없다 하면 된다〉라는 유명한 새마을운동 구호가 적혀 있었습니다. 〈새마을은 여기 있다. 와야 안다〉라는 충남 은진면 와야리의 구호와 함께 이 삼화2리의 구호는 한때 전국적으로 알려지기도 했습니다만, 삼화교회를 새로 지으면서 이 문구도 없앤 것 같았습니다.

시간은 흘러가고, 바다는 육지로 바뀌고, 어촌은 농촌이 되었다가 공장 배후지로 다시 그 모습을 바꾸고 있었습니다. 반세기 전 이곳에서 간척 사업을 하던 마을 주민들은 이제 어떤 생각을 하고 계실지 궁금했습니다만, 말씀 여쭤볼 마을 주민들을 찾을 수는 없었습니다.

삼화2리에 이웃한 장고항2구에서는, 앞서 소개한 유재천이라는

사람이 이인화 목사와 삼화2리 주민들의 활동에 감화받아 새마을운동
을 일으켰습니다.

　그는 이승만 정권 당시 〈인천 안양 등지를 무대로 일명《왕대추》라
는 별명으로 깡패 생활을 해오다가 65년도에 자신의 그릇된 행동을 자
각 개심하고 고향인 장고항2리 마을에 정착〉해서 구멍가게를 운영했
습니다. 그러다가 이인화 목사의 활동과 삼화2리의 변화하는 모습에
감화를 받고 1973년에 스스로 새마을 지도자가 되겠다고 나섰습니다.
그는 술집과 노름방을 없애는 데 그치지 않고, 〈무당의 악의 찬 저주와
욕설에 망설이는 주민들에게 재앙이 와도 내가 당한다고 설득하고〉는
마을의 당집을 없앴습니다.

　유재천 씨는 마을 당집을 없앤 일을 〈마을의 혁명〉이라고 표현합
니다. 박정희 정권은 1961년의 5·16 군사정변과 1972년의 10월 유
신이라는 두 개의 이른바 〈혁명〉을 통해 각각 10년간의 지배 이데올로
기를 만들었습니다. 미신과 인습을 없애는 행위는, 이 두 개의 〈혁명〉을
한국 사회의 가장 말단인 마을에서 실천하는 행위라고 유재천 씨는 믿
어 의심치 않았던 것 같습니다.

　중앙 정치의 동향에 집중해서 5·16 군사정변과 10월 유신을 논하
는 것은 손쉬운 일입니다. 하지만 이 두 개의 정치적 이벤트가 한국 사
회의 가장 말단에서 어떤 영향을 미쳤는지를 살핌으로써 20세기 후기
한국 사회를 이해하기 위해서는, 가장 말단인 마을에서 일어났던 활동
들을 문서로써 파악하고 답사로써 확인하는 길고도 지루한 작업을 묵
묵히 수행해야 합니다.

　1970년대의 삽교호 방조제 및 1990년대의 석문 방조제와 더불어
당진 지역의 지형을 바꾼 대규모 간척 공사는 1980년대에 이루어진 대
호 방조제 건설이었습니다. 삽교호 방조제가 당진 동쪽, 석문 방조제가

(위) 대통령비서실이 1974년에 출판한 화보
『새마을』에 보이는 석문면 삼화2리 전경. 사진
위쪽의 바다는 석문 간척지가 되었고, 사진 앞쪽의
염전은 농토로 바뀌었습니다.

(아래)『흙과 땀과 훈장』에 실려 있는 이인화 목사.
〈낙원이 따로 없다 하면 된다〉라고 적힌 교회
담벼락이 보입니다.

(위) 당진시 석문면 삼화2리 전경. 2023년 12월. (아래) 지금도 삼화2리 남쪽의 전답에는 〈염전〉 지목이 남아 있습니다. 네이버지도.

(위) 대통령비서실이 1974년에 출판한 화보 『새마을』에 보이는 당진시 석문면 장고항리.

(가운데) 대호 간척지에서 태양광 사업을 벌이자고 주장하는 플래카드. 2024년 3월.

(아래) 대호지구간척공사 준공 기념비. 2022년 2월.

(위) 서울신문사가 출판한 『새마을운동』에 실려
있는 당진시 대호지면 출포리 주민들의 간척 공사
사진.

(아래) 『새마을의 승자상』에 실려 있는 당진시
대호지면 출포리의 간척 공사 후 모습.

당진 북쪽 중앙, 대호 방조제가 당진 서쪽에 각각 지어지면서 서해안에 면한 당진의 해안선은 극적으로 바뀌어 버렸죠.

대호 방조제 공사의 대상 지역은 〈수심이 21미터나 되고 바닷물이 초당 6미터 이상으로 거세게 흘러 우리 나라 간척 사상 최대의 난공사로 꼽〉혔습니다. 이 사업이 추진되기 전에 만의 안쪽 곳곳에서는 위에서 소개한 삼봉간척사업장, 새마을농원, 대전농장 같은 소규모 간척 사업이 이루어졌습니다. 또 마을 단위에서도 간척 사업이 이루어졌죠.

서산시와 맞닿아 있는 당진시의 서쪽 끝, 대호지면 출포리 주민들은 1972~1973년 사이에 〈막으려면 터지고 터지면 또 막〉은 끝에, 325미터의 둑을 쌓은 끝에 개펄 20헥타르를 논으로 바꾸었습니다. 당시 출포리 마을 주민들은 〈마을 중앙으로 벋어들어온 저 바다를 막자! 우리가 잘살 수 있는 길은 이 사업밖에는 없다〉고 외치며 간척 사업에 목숨을 걸었다고 합니다.

개펄에서 농토로, 이번에는 공업 단지로

지난 백 년간 개펄과 바다에 제방을 쌓아 농토와 공업 단지를 만드는 작업이 당진과 서산, 그리고 태안 바닷가 일부에서도 이루어졌습니다. 앞서 소개한 행담도에 대한 귀중한 증언을 남긴 소설가 심훈을 기리는 시설이 송악읍 부곡리에 마련되어 있는데요, 이 기념관의 전망대에서 동북쪽을 바라보면 벌판 너머로 아산국가산업단지 충남부곡지구가 보입니다. 이 부곡지구 역시 일부 간척지 위에 건설된 공업 지대입니다.

동쪽으로 서쪽으로 당진의 부곡지구에서 고대지구, 현대제철 등의 철강 단지, 석문산단, 당진화력발전소, 서산시의 대산석유화학단지, 태안의 태안화력발전소까지 태안반도의 북부 해안을 따라 공업 벨트가 형성되어 있습니다. 이 공업 벨트는 화성과 평택의 아산국가산업

단지 및 아산시의 아산현대모터스밸리로 이어지면서 한국의 대표적인 산업 거점을 형성합니다. 제가 만난 서울·경기·부산 등의 대도시 시민들은 이 아산만-태안반도 공업 벨트에 대해 놀라울 정도로 알지 못합니다. 하지만 현지에 가보면 이 공업 벨트가 이 지역에 얼마나 큰 경제적 활력을 제공하고 있는지를 확인하고 놀라시게 될 겁니다.

이 아산만-태안반도 공업 벨트에서 핵심이 되는 것이 현대그룹입니다. 현대그룹은 이 지역에서 제철(당진), 자동차(아산·서산), 기업 도시(태안), 농장(서산)은 물론, 한때는 현대우주산업(서산)이라는 항공·우주 산업체까지 운영했습니다. 이 가운데 핵심이 되는 것은 당진시 송악읍-송산면에 걸쳐 자리한 현대제철입니다. 박정희 대통령이 서산과 태안 사이의 가로림만에서 대형 개발 사업을 구상할 때 현대그룹의 정주영 회장을 동행시켰다는 사실을 오원철 전 경제수석이 증언하고 있는데, 현대그룹-현대자동차그룹이 지금과 같이 태안반도에서 사업을 전개하게 된 것은 이때의 일이 계기가 되었을지도 모르겠습니다. 〈쇳물에서 자동차까지〉라는 그의 유언은 태안반도에서 실현되었습니다.

1997년 1월 23일에 파산한 한보철강을 2004년 9월 30일에 INI 스틸-현대하이스코 컨소시엄이 인수하면서, 철강 회사를 갖고 싶어 한 정주영 현대그룹 회장의 바람이 이루어졌습니다. 한보철강-현대제철이 들어서기 전, 이 일대는 당진의 다른 바닷가와 마찬가지로 고즈넉하고 가난한 어촌 마을이었습니다. 내도 또는 안섬이라 불리는 현대제철 동쪽의 고대1리만이 간신히 이 지역의 옛 모습을 남기고 있습니다.

이름 그대로 섬마을이던 고대1리는 새마을운동 때 육지와 연결하는 다리를 놓으면서 발전의 계기를 마련했습니다. 또, 충남 부여 출신으로서 충남 지역에 관심이 크던 김종필 국무총리가 시멘트 3천 포대

(위) 간척지 위에서 태어나고 있는 공업 도시 당진.
2022년 2월.

(아래) 심훈기념관에서 바라본 아산국가산업단지
충남부곡지구. 2022년 2월.

경기도 안산시에 남아 있는 〈농촌사업가   상록초등학교의 나무들. 2022년 2월.
최용신선생지묘〉. 2023년 6월.

(위) 당진 현대제철. 2022년 2월.

(아래) 『새마을의 승자상』에 실려 있는 고대1리 전경.

(위) 안섬포구의 현재. 2022년 2월.

(가운데) 당진화력발전소를 건설하면서, 군부대를 옮기고 세운 정자 〈석문각〉. 2022년 2월.

(가운데) 정치가 김종필이 쓴 〈석문각〉 편액. 2022년 2월.

(아래) 당진화력발전소로 인한 어민 피해 보상 방법을 알리는 안내문이 석문면사무소 근처에 게시되어 있었습니다. 2024년 3월.

당진 5-10호기 온배수
어업손실보상 이의1차 협의

- 이의 1차 협의 일시
 - 2024.02.20.(화) - 23.(금) 10시 - 16시
  점심 12 - 13시

- 제출 서류
 등기우편 발송한 개별 계약서 및 청구서 각 1부
 안내문에 기재된 구비서류 및 인감도장, 신분증
 석문면대책위 위임장 1부

- 구비서류를 완벽히 갖추어 제출 시
 3월 초에서 중순 사이 보상금 입금예정

- 협의 장소
 1층 석문면어업피해대책위원회 사무실

- 문의사항 010-8966-3755 [최장량 대책위원장]
    053-663-8667, 8665 [한국부동산원]

를 제공함으로써 마을 포구를 정비하고 어선도 마련하게 되었다고 『새
마을의 승자상』에서는 소개하고 있습니다. 김종필은 현대제철 서쪽의
당진화력발전소 근린공원에 세워진 정자 〈석문각〉에도 휘호를 남기고
있습니다. 그는 불교 집안에서 자라나 서예에도 능숙했던 것으로 알려
져 있지요.

　　태안반도에 자리한 현대그룹 계열사 가운데에는 서산시에 자리한
업체도 많습니다. 서산시 북부의 대산석유화학단지에는 현대오일뱅크
와 현대케미칼이 자리하고 있지요. 또, 대산공단에서 17킬로미터 정도
남쪽으로 떨어져 있는 서산시 지곡면·성연면에는 현대정공과 현대우
주항공이 입주하기도 했습니다. 그래서 한때는 서산시가 한국 우주 항
공 산업의 메카가 된다는 전망도 나오고는 했죠.

　　하지만 IMF 외환 위기 이후 현대우주항공은 여러 기업들과 통폐
합되어 한국항공우주산업(KAI)이 되었고, KAI는 서산이 아닌 경상남
도 사천으로 갔습니다. 그리고 오늘날 서산시에서는 우주 항공 산업 대
신 현대차그룹 계열사들이 운영되고 있습니다. 물론 자동차 업체가 자
리하고 있는 것도 서산시로서는 반가운 일이겠습니다만, 한때 한국 우
주 항공 산업의 메카가 되겠다던 구상과는 거리가 멀어졌다고 하겠습
니다.

　　현대차그룹인 서산성연농공단지의 동희오토에 근무하던 귀화 중
국 동포 황재민 씨가 뇌출혈로 반신 마비가 된 일이 있었습니다. 이 사
정을 접한 금속노조 동희오토지회와 기아차 화성공장 비정규직 노동
자들이 나서서, 회사로부터 생계 지원과 산재 소송 협조를 얻어 냈습니
다. 이 소식을 접한 어떤 재한 중국인이 「한국에 14년 살았는데 괜찮은
한국 사람들을 처음 본다」라고 말했다 하네요. 외국인 노동자들이 한
국에 와서 어떤 처우를 받고 있는지를 압축적으로 보여 주는 말입니다.

서산시의 서쪽에 있고 한때 서산시의 일부이기도 했던 태안군에서는, 2018년 12월 10일에 태안화력발전소에서 김용균 씨가 석탄 이송 컨베이어 벨트에 끼여서 사망하기도 했지요. 대도시 사람들의 관심에서 먼 태안반도의 공업 벨트에서 일어나고 있는 일들입니다.

태안반도 북부뿐 아니라 남부에도 현대차그룹 계열사들이 자리하고 있습니다. 제8장에서 자세히 살펴볼 천수만 간척지의 B지구에서 시행된 현대서산농장, 태안기업도시, 〈서산바이오웰빙특구사업〉 등이 그것입니다. 정주영 회장의 이른바 유조선 공법으로 천수만 방조제가 놓이면서 천수만에 대규모 간척지가 탄생했는데요, 이 간척지 곳곳에서 현대차그룹이 여러 개발 사업을 추진하고 있는 것이죠. 아직까지는 사업이 지지부진해서 〈주민들이나 지역 경제에 큰 영향을 주지는 못하고 있다〉라는 평가도 있습니다만, 태안군 측에서도 여러 가지로 노력하는 모습을 보이고는 있기는 합니다.

물론 현대차그룹 이외에도 석문국가산업단지에는 여러 기업과 공공 기관이 입주해 있습니다. 석문산단은 수도권 규제가 완화되면서 입주 기업이 줄어들어 분양에 골치를 썩어 왔습니다. 최근에는 입주 기업의 업종을 확대하면서 LG화학 및 한국가스공사도 석문산단에 입주하기로 확정되는 등 상황이 나아졌다는 기사도 나왔습니다. 덕분에 석문산단의 저조했던 분양 상황이 호전되었다고, 현지에서 기업체를 운영하시는 기업주께서 저에게 들려주셨습니다. 물론 아직 택지가 전부 분양되기까지는 갈 길이 멀다는 말씀과 함께.

여담입니다만, 앞서 언급한 기사의 제목이 참 얄궂습니다. 「같은 시골인데…당진은 원룸까지 꽉차, 반월공단은 〈텅〉 무슨 차이?」라는 제목인데요, 반월공단이 자리한 경기도 안산·시흥을 〈시골〉이라고 말하다니. 서울, 그것도 강북 사대문 안에 위치한 언론사들이 서울 바깥을 바라보는 속내가 드러난 것 같습니다. 하물며 화성부터 태안까지 바닷가에 걸쳐 형성된 거대한 산업 벨트를 〈시골〉이라고 말하다니, 그 용기가 놀랍습니다.

아무튼, 석문산단에 새로이 입주한 업체·공사들은 LG화학 대산 공장 등이 입주해 있는 서산시 대산읍 대산석유화학단지와 더불어 석유 화학 산업 벨트를 이루게 될 것입니다. 여기서 다시 한번 생각해 보아야 할 것이, 건설이 확정된 당진 석문산단 인입 철도를 서산의 대산항까지 연장시키자는 충청남도·서산시 측의 요구입니다. 현재는 서해선 합덕역에서 석문산단까지만 건설하게 되어 있지만, 이렇게 당진과 서산의 공업 벨트가 견고해지면 결국은 서산까지 연장하게 되지 않을까 조심스럽게 예측해 봅니다. 물론 그렇다고 해서 이 지역의 일부 주민들이 원하는 여객 열차 운행까지 실현되기는 쉽지 않겠지만요.

이렇게 태안반도 북부에 공업 벨트가 형성되다 보니, 이 지역에는 당진화력발전소·태안화력발전소 같은 발전소도 여럿 입주했습니다. 현재 한국에 건설된 화력 발전소 53기 가운데 26기가 충청남도 서해안에 자리하고 있다는 보도도 있었습니다. 화력 발전소는 현지에 고용 효과를 창출하기도 합니다만, 최근에는 미세 먼지 문제가 지적되고 있습니다. 충청남도 서해안의 화력 발전소에서 발생한 미세먼지가 차령산맥 동쪽의 대전·세종까지 날아온다는 주장도 세종시에서 들은 적이 있네요.

그래서 보령화력발전소에서는 2020년에 1·2호를 폐쇄시켰더니, 지역 경제에 악영향이 발생한 것은 물론 인구까지 줄어들어 버렸습니다. 지역 청년들의 인터넷 대화창을 들여다보니, 〈가뜩이나 GM 공장이랑 중부발전 본사 외에는 뭐 없어서 자꾸 밖으로 빠지는 동네인데 발전소까지 없앤다고 하면 동네 하나 아주 작살내려는 건가요 ㅠㅠ〉라는

(위) 서산 대산공단의 현대그룹 관련 기업들. 구글
위성 사진.

(아래) HD현대케미칼. 2022년 1월.

(위) 김용균 씨가 사망한 태안화력발전소의
본사가 있는 태안군 태안읍. 2024년 3월.

(가운데) 김용균 씨가 묻힌 경기도 남양주시 마석
모란공원 입구에서. 2019년 2월.

(아래) 서산바이오웰빙특구 일반산업단지 전경.
서산시청.

(위) 석문 간척지의 개발 상황. 2022년 2월.　　　(아래) 석문산단의 개발 후 조감도. 2022년 2월.

(위) 제4차 국가철도망 계획에 추가 검토 대상으로 실린 서산시 측의 대산항선 단선 철도 및 내포·태안 단선 철도 구상.

(아래) 화성 백미항에서 본 당진화력발전소. 2024년 1월.

새마을운동의 이모저모

충청남도 당진군 석문면 교로1구

대통령비서실이 1973년에 출판한 『새마을』
화보에 보이는 당진시 석문면 교로리.

호소가 적혀 있더군요. 태안군도 결코 인구가 많거나 산업 기반이 튼튼한 지자체가 아니다 보니, 태안화력발전소도 2026년부터 단계적으로 폐쇄될 예정인 상황에서 고민이 많아 보입니다. 환경과 고용 사이에서 진퇴양난의 상황입니다.

　　석문 간척지의 공업화 과정에 대한 이야기를 마치기 전에, 이곳에 있던 석문면 교로1리 마을에 대해 생각해 보고 싶습니다. 삼면이 바다로 둘러싸여 있어서 어족 자원이 풍부했지만 가난했던 교로1리는, 이제는 북쪽으로 당진화력발전소, 동쪽으로 석문 간척지, 서쪽으로 대호 간척지 사이에 낀 농촌 마을이 되어 버렸습니다. 대통령비서실이 1973년에 출판한 『새마을』 화보에는 교로1구 주민들이 나란히 제방 위를 걸어가는 모습을 찍은 유명한 사진이 실려 있습니다. 바다와 싸우고 고립과 싸우던 이 사진 속 마을 주민들은, 주변 지역이 상전벽해한 오늘날 어떤 삶을 꾸려 가고들 계실지요.

서해선이 만들어 낼 당진의 미래 모습

이제까지 살펴본 것처럼 당진시는 어촌에서 농촌을 거쳐 공업 도시로 성장하고 있습니다. 당진시청에서 공개한 2023년 10월 23일 기준 인구는 17만 26명이고, 여기에 외국인 인구를 포함시키면 아마 실질 인구는 더 많겠죠. 그리고 공업화·도시화가 심화됨에 따라 당진시의 인구는 앞으로도 늘어나서 현재의 목표인 20만 명에 도달할 수 있을 것으로 예상됩니다. 당진도시기본계획에서는 2035년까지 30만 명을 돌파할 것이라고 설정하고 있는데, 당진화력발전소의 단계적 폐쇄라는 마이너스 요인과 석문산단 등의 분양이라는 플러스 요인이 공존하고 있으니, 이 목표의 실현 여부는 좀 더 지켜보아야겠습니다.

　　당진시는 도시 인구와 관련해 한차례 물의를 빚은 적이 있습니다.

2008년에 군에서 시로 승격하기 위해 주민 1만여 명을 당진읍으로 위장 전입시킨 사건입니다. 〈시 승격 조건이 전체 인구가 15만 명을 넘고 2개 읍의 인구가 각각 2만 명을 넘거나 전체 인구가 15만 명에 미치지 못하더라도 1개 읍의 인구가 5만 명 이상〉인데, 당시 당진군의 인구가 첫 번째 조건에 미달하자 두 번째 조건을 충족시키기 위해서 벌인 불법적 행위였습니다.

당시 불법 전입의 실무를 맡은 공무원들은 〈처음에는 불법 행위라 반발이 있었지만, 위장 전입 자체가 애향심의 표현으로 평가되면서 죄의식이 사라졌다〉고 고백했습니다. 군에서 시로 승격되면 〈국·실·과는 물론 공무원 수가 늘어나 자체 승진 요인이 발생〉하기 때문에, 공무원 사회의 인사 문제를 해결하기 위해 불법을 저질렀다는 것이죠.

이런 집단 불법 행위가 드러나자 같은 달에 행정안전부는 당진군의 시 승격을 거부했습니다. 당시의 당진군수는 이에 대해 사과문을 올렸는데, 여기서도 어디까지나 〈당진에 대한 애향심과 당진 발전에 대한 염원에서 시 승격을 추진한 것이지 개인적인 영달이나 정치적인 목적을 갖고 추진한 것은 절대로 아니라는 것을 이해〉해 달라고 주장했습니다.

결국 2012년에 당진군은 시로 승격되었습니다. 불법을 저지르며 시 승격을 노리던 2008년으로부터 불과 4년 뒤의 일이었습니다. 이 시점의 당진시 인구는 14만 5천 명 정도였고 지속적인 증가가 예상되었습니다. 2023년에 17만 명을 넘었으니, 10여 년 사이에 3만 명 미만의 인구가 늘어난 것입니다. 만약 당진도시기본계획대로 2035년에 30만 명을 돌파하려면, 지금부터 12년 사이에 13만 명이 늘어나야 합니다. 산술적으로는 불가능한 목표입니다.

저는 이 사건에 대해 알게 된 뒤로, 군에서 시로, 시에서 특례시로 승격하자고 맹렬히 주장하는 지자체 공무원들이 내세우는 이유와 논리를 불신하게 되었습니다. 몇몇 지자체에서 인구 감소를 막기 위해 신생아 출산 장려금을 주자 위장 전입하는 사례가 발생하는 바람에 제도의 실효성이 의심받은 사례도 많이 알려져 있죠. 이런 위장 전입의 초기 사례로서 당진군의 위장 전입 사건을 바라볼 수도 있다고 생각합니다. 도대체 누구를 위한 시 승격이고 인구 유지일까요? 그래서 저는 『한국 도시의 미래』에서, 인구 증가를 원하는 것은 정치인과 공무원들이고, 과연 시민 개개인에게도 인구 증가가 절실한 과제인가 하는 질문을 던졌던 것입니다.

불가능한 인구 증가 목표를 세우지 않더라도, 당진시는 아산만-태안반도 북부의 공업 벨트에 속하여 성장 가능성이 높은 미래 도시입니다. 당진 북부의 공업 벨트가 성장하면서, 당진시 곳곳에서는 순조롭게 도시화가 진행되고 있습니다. 특히 당진시청 소재지에서는 구도심과 언덕으로 가로막혀 있는 동부의 수청지구, 구도심과 32번 국도로 분단되어 있는 북부의 2지구 등에서 동시에 도시 개발 사업이 진행되고 있어서 도시 전체적으로 개발 열기가 느껴집니다.

아산국가산업단지 고대지구·부곡지구 및 석문산단의 배후 기지로서 기능하는 기지시리·송산 신도시·송악 신도시·석문면사무소 일대 등도 각 지역마다 편차는 있지만 고층 아파트 단지들이 속속 들어서고 있습니다. 건설 업체들의 기대만큼 인구가 급증하지 않아서 미분양 우려도 제기되기는 합니다만, 미분양보다 더 문제는 공단 내의 업체들과 배후 도시 간의 대중교통이 미비하다는 점입니다. 17만 인구에 비해 당진시가 지나치게 넓을 뿐 아니라 농산어촌이 공존하고 있고, 당진시청이 있는 지역과 공업 단지·배후 도시 간의 거리가 멀다 보니 버스 등을 조밀하게 배치하는 것도 어려울 터입니다.

당진시 인구가 17만을 돌파했고, 20만에 다다르면
자족 도시가 된다는 현수막. 2024년 3월.

하지만 서해선 합덕역의 개통과 맞추어 대중교통 체계를 재편하려는 움직임을 보이고 있기도 합니다. 앞으로도 당진시가 몇몇 도시들처럼 자가용 이용자만을 배려하는 교통 정책을 추진하는 일 없이, 모든 시민들의 교통 접근권을 보장하는 행정을 해주리라 기대하고 있습니다.

서해선 합덕역에서 가장 가까운 마을은 합덕읍 합덕리·운산리입니다. 이 지역은 예전부터 당진 최고의 명소로 꼽혀 온 〈세계 관개 시설물 유산〉 합덕제, 그리고 아산시 공세리 성당과 아울러 충남에서 가장 오래된 성당인 합덕 성당이 있는, 관광지로서의 발전 가능성이 큰 마을입니다. 합덕역에서 합덕 성당·합덕제까지 1킬로미터 남짓, 합덕읍사무소까지 3킬로미터 남짓, 또 우강면사무소까지는 3킬로미터 미만의 거리여서, 합덕역이 개통되면 우선은 이 일대가 관광지로서 주목받을 가능성이 큽니다.

합덕역과 삽교역 사이에 자리한 산업 단지들에서는 환경 오염 문제가 제기되기도 해서 개선의 필요가 있어 보입니다만, 이들 산업 단지는 합덕 읍내에서 합덕역 방향이 아닌 반대 방향에 자리하고 있어서, 관광지 및 주거 단지 개발에 지장은 없어 보이더군요. 이런 상황을 일찌감치 예견한 사람들이 합덕역 역세권 개발에 관심을 갖다 보니 지가가 급상승한 상태입니다. 그래서인지 올해 초에 당진시청에서는, 민자 개발은 몰라도 시 차원의 개발은 없다고 발표해서 시장을 진정시키려 했습니다.

저는 개인적으로 합덕읍·우강면·신평면 등 삽교호에 면한 당진시 동부의 간척지가 그 자체로 한국의 훌륭한 토목 자원이라고 생각합니다. 똑같이 간척지가 많이 조성된 화성·평택·아산·서산·홍성·보령 등과 비교해도, 당진시 동부 지역의 간척지가 주는 광활한 시각적 충격은 압도적입니다. 제6장의 마지막 사진으로서 우강면의 옛 부리포에서 합덕 읍내 방향을 바라보고 촬영한 이미지를 소개합니다. 이 광활한 간척지가 지금과 같은 시각적 매력을 간직하면서 당진시의 미래에도 긍정적인 방향으로 개발과 보존 활동이 이루어지기를 바랍니다.

(위) 당진향교 및 구 터미널 근처의 경관. 2023년
5월.

(가운데) 고층 아파트 단지의 시층이 쌓이고 있는
기지시리의 경관. 2022년 2월.

(아래) 석문면사무소 일대에서 확인한 시층.
2024년 3월.

(위) 합덕제. 2023년 1월.　　　　　　　　　(아래) 공사 중인 서해선 합덕역. 2023년 1월.

(위) 합덕역 근처에서 영업 중인 〈합덕역세권〉
부동산. 2023년 1월.

(아래) 당진시 우강면의 옛 부리포에서 바라본
합덕 방향. 2023년 1월 류기윤 촬영.

7
대서울권의 최전선:
예산, 홍성 북부

내포 신도시·서해선이 건설되기 전의 예산과 홍성

아산시 인주역을 통과한 서해선 열차는 당진시 합덕역을 지나 예산군의 서부에 자리한 삽교역에 도착합니다. 한편, 아산시 선장역을 통과한 장항선 열차는 예산군의 동부에 자리한 신례원역에 도착합니다.

예산군청이 예산군 동부에 자리하고 있기도 해서, 이제까지 예산군 안에서는 동부가 서부에 비해 우위를 띠어 왔습니다. 하지만 장항선보다 서해선을 타면 서울·경기권으로 접근하기 위한 시간이 덜 걸리게 될 것이고, 충청남도청이 자리한 내포 신도시에 가까운 것이 삽교역이기도 해서, 앞으로 예산군 내의 무게 중심에 변화가 생길 수 있다는 예측을 하고 있습니다.

아산시 선장면·도고면과 지형적으로 연속되어 있는 예산군 예산읍에는 신례원역과 예산역이라는 두 개의 장항선 역이 있습니다. 이 가운데 신례원역 일대는 방조제가 놓이기 전까지는 온갖 젓갈류를 실은 배들이 드나들면서 이 일대의 김장 젓갈을 담당하는 중심지로서 기능했습니다. 한때는 홍성군 광천 옹암포의 새우젓 장수들이 여기까지 드나들 정도로 광역적인 해상 루트의 목적지였던 거죠.

이렇게 상업 중심지로서 기능하던 신례원에 1926년 충남제사 공

장이 세워졌고, 이 업체가 충남방적으로 이어졌습니다만, 2001년 폐
업한 뒤 폐공장 상태로 남아 있습니다. 이 벽돌 공장을 헐고 새로운 시
설을 지을 것인지, 아니면 공장 건물을 살려서 활용할 것인지를 놓고
논의가 이어지고 있습니다. 최근 백종원 더본코리아 대표가 건물을 완
전히 허는 대신 문화 상업 공간으로 재활용하자는 제안을 해서 귀추가
주목됩니다.

　　백종원 선생은 잘 알려져 있듯이 예산시장 활성화를 비롯해서 예
산 읍내에서 열린 국밥·국수·국화의 3국 축제에 참가하기도 했지요.
예산장은 19세기 말에 〈시장이 성대한 것이 충청남도 제일〉이라 평가
받을 정도로 흥성했었는데, 과연 백종원 선생의 노력이 예산 읍내의 부
흥을 이끌어 낼 수 있을지 궁금합니다. 한편 홍성군 결성면을 답사하다
가 읍내의 화상(華商) 중국집에서 그의 사인을 발견하고는, 백종원 선
생의 관심이 예산뿐 아니라 충청남도 서해안 지역에 두루 미치고 있음
을 짐작하기도 했습니다. 그래서 그의 구상이 어디까지 뻗어 있는지 궁
금해하면서 충청남도를 답사하고 있습니다.

　　백종원 선생의 조언대로 충남방적 건물이 재활용된다면, 지난 몇
년 사이에 핫 플레이스로 주목받고 있는 서울 성수동 같은 느낌을 갖게
될 것으로 예상합니다. 지금처럼 방치된 상태로는 신례원역 역세권의
쇠락을 가속화할 뿐이니, 활용이든 철거든 얼른 방향이 정해지면 좋겠
네요. 공장 앞에는 2005년에 분양한다고 했다가 2007년부터 방치된
아파트 단지도 있어서, 한때 예산군청 소재지보다 더 번성했다고 하는
신례원역 일대의 옛 영화를 지금으로서는 상상할 길이 없습니다.

　　신례원역 앞에 방치되어 있는 아파트 단지는 행정 구역상으로는
신례원리가 아닌 창소리에 있습니다. 따라서 창소리는 신례원역 역세
권이라고 하겠습니다만, 많은 시민들에게 창소리라고 하면 역세권보

다는 비닐하우스 농법을 통한 오이·쪽파 등의 재배지로 알려져 있습니다. 이 지역에서 비닐하우스 농법으로 야채 농사를 시작한 사람은 독농가(篤農家) 김기열 선생입니다. 새마을운동 관련으로 포상을 받은 사람들의 자기 소개 글을 모은 『영광의 훈장』이라는 책에 그의 이야기가 실려 있는데요, 상당히 흥미로운 글이어서 소개드리고 싶습니다.

> 내가 예농을 졸업 후 예산읍 석양리에 있는 동기 동창생인 유민생이라는 친우의 집을 방문하게 되었을 때 그 친우의 집 앞 밭에 비닐하우스가 있기에 유심히 발길을 그쪽으로 돌려 하우스 문을 열고 드려다보니 때아닌 오이가 주렁주렁 매달려 있었다. 나는 하도 신기하기에 물끄럼히 쳐다보다가 거기에서 제일 좋은 오이 1개를 따서 먹고 있는데 친우가 오면서 깜짝 놀라며 하는 말이 너는 왜 내가 따주지도 않은 오이를 네 마음대로 따먹느냐면서 화를 내고 예리한 눈초리로 눈을 부라리는 것이었다. 나는 그 말을 듣고 먹든 오이를 그 친우 앞에 던저버리고 오이가 얼마나 값비싼 것이기에 그러느냐고 외치고 그래도 화가 풀리지 않아 하우스 속에서 한참 자라고 있는 오이 덩쿨을 마구 휘둘러 놓고 너는 친우보다도 오이를 더 중하게 생각하느냐 어디 두고보자는 말 한마디를 남겨놓고 돌아오면서 나도 비닐하우스를 이용한 농사를 지어 너를 놀라게 하리라 하고 굳은 결심을 하였다.

친구네 농장에 갔다가 비닐하우스로 재배되는 오이를 보고는 따먹었다가, 친구가 뭐라 하자 화를 내며 비닐하우스 안의 오이 덩쿨을 망쳐 놓고는 귀가했다는 이야기인데요, 이때의 경험이 계기가 되어 비닐하우스 농법을 시작했고 마을 사람들도 그를 따라하게 되었다고 합니다. 거칠다면 거칠다고 할 행동이었습니다만서도, 김기열 선생으로부터 시작된 비닐하우스 농법은 지금도 창소리에서 널리 행해지고 있어서 지금도 이 지역에는 비닐하우스가 가득합니다.

　이 마을의 야채 재배는 워낙 성공적이어서, 대통령비서실이 1976·1979·1980년에 출판한『새마을』화보에 이 마을의 사례가 되풀이하여 소개되어 있습니다. 대통령비서실의『새마을』화보에 이렇게 여러 번 실린 마을은 전국적으로 거의 없습니다. 또『1976년 새마을운동: 시작에서 오늘까지』에는 마을의 성공 사례가 자세히 적혀 있는데, 여기서는 김기열 독농가 대신 전영우 새마을 지도자가 중심이 되어 서술되고 있습니다.

　김기열 독농가의 사례에서 보듯이 예전에는 오이·배추·열무 등을 많이 재배했던 것 같습니다만, 요즘 마을에서는 쪽파로 브랜드 메이킹을 하시는 듯합니다. 〈쪽파 마을·창소1리〉버스 정류장도 있고, 마을 입구에 세워진 비석 옆에도 〈예산 창소 쪽파 마을〉이라고 크게 적혀 있더군요.

　김기열·전영우 선생이 활동한 창소1리에 이웃한 창소2리에서는 박삼신 새마을 지도자가 일찍이 1950년에 채소를 재배하려다가 마을 사람들의 비판을 받은 바 있습니다. 곡물 중심의 농업관을 지닌 마을 사람들이 〈미친 녀석 밭에다 곡식은 심지 않고 그놈의 채소는 심어서 뭘 한담〉이라며 그를 비난했다고 하네요. 그리고 그해 6·25 전쟁이 일어나서 수확을 하지 못한 채 좌절했다가, 새마을운동 전후로 다시 채소 재배를 시도해서는 성공하게 됩니다.

　예산 읍내에서 21번 국도를 타고 창소리에 가기 전에는 관작리를 지나게 됩니다. 이곳에서는 서울에서 교직 활동을 하던 전영우 선생 부부가 귀농해서 버려진 임야를 개간한 사례가, 충청남도청이 출판한

『새마을의 승자상』에 실려 있습니다. 이 『새마을의 승자상』에 실린 관작리의 전영우 선생과 『1976년 새마을운동: 시작에서 오늘까지』에 실려 있는 창소1리의 전영우 선생은 동일 인물로 보이는데요, 임야 개간에서 시작해서 비닐하우스로까지 농업 범위를 넓힌 것 같습니다. 이들 부부가 처음 관작리에서 임야를 개간할 때만 해도 마을 주민들이 〈일벌레〉, 〈악바리〉라고 험담했다고 합니다만, 이들의 개간 사업이 윤곽을 드러내자 정부나 충청남도청에서 그의 사례에 주목하기에 이릅니다.

열심히 해보려는 사람을 〈일벌레〉라고 비난하던 것이 불과 반세기 전의 일입니다. 저의 책 『일본인 이야기』 제2권에서 말씀드린 것처럼, 전근대 일본에서도 이런 상황은 마찬가지였습니다. 오늘날 세계적으로 부지런하다는 평가를 받고 있는 한국인과 일본인의 모습이 만들어진 것은 오래된 일이 아닙니다. 바꿔 말하자면, 근면하면 삶이 나아진다는 확신이 이들 지역에서 생겨난 것이 얼마 되지 않은 것입니다. 쉽게 〈국민성〉이니 〈DNA〉니 하는 말로 어떤 지역을 설명하려는 사람들에게 저는 이와 같은 사례를 소개하면서 반박하고는 합니다.

오늘날 아산시의 서부와 동부를 잇는 21번 국도를 타고 관작리·창소리를 지나가면 비닐하우스가 가득한 모습을 볼 수 있습니다. 흔하다면 흔한 비닐하우스입니다만, 창소리의 들판에 비닐하우스가 가득해지기까지는 김기열·박삼신·전영우 같은 독농가들의 노력이 있었던 것입니다. 흔하다고 생각하면 세상에 특이한 경관은 없을 것이지만, 흔해 보이는 집 하나 길 하나 비닐하우스 하나도 그 유래를 찬찬히 살펴보면 무엇 하나 사연 없는 존재는 없습니다. 이렇게 흔한 모습에서 흔하지 않은 스토리를 찾아내는 작업이 답사죠.

관작리에서 좀 더 남쪽으로 내려오면 예산군의 정치·행정 중심지인 예산 읍내에 다다릅니다. 예산 읍내에는 군청을 비롯해서 예산향

(위) 충남방적 예산공장에서 바라본 (아래) 충남방적. 2020년 8월.
에이원파란채 공사 중단 현장. 2020년 8월.

(위) 예산 읍내 3국 축제 현장. 2023년 10월.

(아래) 『1976 새마을운동: 시작에서 오늘까지』에
실려 있는 예산군 예산읍 창소리 전경과 전영우
새마을 지도자.

170

충청남도

(위) 대통령비서실이 1976년에 출판한『새마을』
화보에 실려 있는 예산군 예산읍 창소리
비닐하우스.

(아래) 대통령비서실이 1979년에 출판한
『새마을』화보에 실려 있는 예산군 예산읍 창소리
취락구조개선사업.

(위) 예산군 예산읍 창소1리의 비닐하우스와 마을 경관. 2024년 3월.

(아래) 예산군 예산읍 창소1리는 현재 〈쪽파 마을〉이라는 이름으로 홍보되고 있습니다. 2024년 3월.

하늘이 내린 지도자

예산군 예산읍 관작리
전 영 우

　예산읍 관작리 새마을지도자 전영우씨는 서울에서 태어나서 명문의 대학을 졸업한 후에는 한동안 교직에 몸을 담았다가 뜻한 바 있어 농촌에 뛰어들었던 사람이다. 그가 찾아온 곳이 가장 빈민이 많다는 이곳 관작리 마을이다. 전영우씨 부부는 버려진 임야 7,000평을 사서 개간에 착수했다. 이들 부부의 일손은 멈출 줄을 몰랐다. 손바닥이 파리모양으로 부르트기 그 몇번이었던가! 주민들은 이들을 보고 "일벌레" "악바리"라고 험구하기도 했단다.

　그럴 즈음 전국에 밀려드는 새마을의 물결이 파고도 드높이 이 마을에도 밀려들때 그는 드디어 활동할 때가 왔다고 생각했다.

　「내 한몸 태워 빛낸다」는 신념으로 새마을지도자의 위치에 서게 되었다. 그토록 아끼던 경운기를 팔아 3십 5만원을 마을기금화 하여 주민 단합의 선봉이 되고 애써 길러오던 돼지 9마리를 20만원에 팔아서 마을주민의 지붕개량 자재인 각재와 스레트를 사들였다.

　그는 또한 피땀으로 가꾸어온 과수원을 신설되는 예산중앙고등학교 부지로 희사하여 자라나는 청소년들에게 새마을운동의 얼을 심어 주기도 하였다. 젊은 날 애써 이룩해 모아온 사재를 털어바쳐 스스로 새마을의 기수가 된 그는 이미 마을을 위하여 자기 한몸을 모두 바칠 굳은 각오가 서 있을뿐만 아니라, '노는 땅 없애기' '노는일손 없애기' '노름꾼 없애기' 등 「3노없애기 운동」을 벌여 마을 사람들의 절대적인 호응속에 줄기차게 일하고 있다. *

「새마을의 승자상」에 보이는 예산군 예산읍 관작리
전영우 씨의 사례.

교, 1913년에 민족 자본으로 세워진 호서은행이 1922년에 세운 건물, 식민지 시기에 불리던 그대로 남아 있는 〈본정통(本町通)〉이라는 지명, 역시 식민지 시기에 세워진 사찰 건물, 1946년에 지어진 한일 절충식 기와집, 6·25 전쟁 때 좌우익의 학살이 각각 일어났다고 하는 예산 성당과 농협 창고 등이 각각의 시대를 증언하며 복잡한 시층을 이루고 있습니다. 하지만 전체적으로 보자면 예산군청 소재지는 내포 신도시는 물론 홍성군청에 비해서도 상대적으로 변화의 움직임이 미약하다고 느껴집니다. 앞으로 예산군에서 가장 빠른 변화를 보일 곳은 예산군청 소재지가 아닌 내포 신도시의 예산군 영역과 서해선 열차가 정차할 삽교읍이라고 해야 하겠습니다.

2022년 늦가을 어느 날, 장항선 예산역에 내려서 삽교역까지 걸어간 적이 있습니다. 장항선에 비둘기호가 다니던 모습을 촬영한 김선재 사진가의 『장항선 비둘기: 천안-장항 1998』이라는 책에서 본 장항선 오가역 폐역의 모습이 인상적이었기 때문입니다.

1922년에 천안역-온양온천역 구간의 개업을 시작으로 1931년에 전 구간이 개통된 장항선 노선 가운데 오가역은 예산역-홍성역 구간이 개통된 1923년에 영업을 시작했습니다. 하지만 역세권이 거의 없다 보니 폐업과 재개업을 반복하다가 2008년에 최종적으로 폐업했습니다.

김선재 선생의 사진집에는 오가역 임시 대합실과 철도원의 모습이 실려 있었습니다. 장항선 선로가 개량되면서 오가역 주변에서 철로가 사라진 현재, 이 임시 대합실이 아직 남아 있을지 궁금했습니다. 그래서 예산역에서부터 가을 햇빛을 맞으며 서쪽으로 향했습니다. 장항선 폐선을 따라 무한천이라는 이름의 강을 건너고 예산산업단지 옆을 지나 벌판을 걷다 보니 작은 마을의 농협 창고와 마을회관이 나타나더군요. 오가면 원평1리였습니다. 답사 당시에는 몰랐습니다만, 이 마을은『영광의 발자취 6』이라는 새마을운동 사례집에 소개된 마을이더군요.

원평1리에서 20분 정도 더 서쪽으로 걸어가니 오가역 폐역의 대합실이 나타났습니다. 사진집에 실려 있던 건물은 아직 모습을 남기고 있던 것입니다. 오가역은 더 이상 영업하지 않지만, 역 주변의 〈역말로〉라는 도로명 주소나 〈역말고라실골〉이라는 지명 등으로부터 한때 오가역이 지녔던 중요성을 확인할 수 있었습니다.

한편, 오가역에서 다시 한 시간쯤 걸어가면 장항선 삽교역이 나타나고, 여기서 약 1.6킬로미터 떨어진 곳에 서해선 삽교역이 들어설 예정입니다만, 장항선·서해선 삽교역에 대해서는 조금 뒤에 다시 말씀드리겠습니다. 오가역과 삽교역 중간에 자리한 오가면 분천2리라는 마을의 주민들이 농한기에 가마니 짜기에 몰두해서 부업으로 수입을 올린 것이 충청남도청『새마을의 승자상』에 소개되어 있다는 말씀만 여기 덧붙입니다.

다시 예산 읍내로 돌아가겠습니다.

1년 전 가을에 예산역에 내려 택시를 타고 예당 저수지 동쪽에 자리한 대흥면까지 이동했습니다. 각종 새마을운동 자료들에는 대흥면에서 있었던 두 곳의 모범 사례가 소개되어 있어서, 현재의 상황을 확인하고 싶었습니다. 한 곳은 예당 저수지를 만들면서 발생한 수몰민들이 정착한 하탄방리, 또 한 곳은 신현균 교장의 주동으로 밤나무 단지를 조성하고 예산 읍내까지 8.5킬로미터의 도로를 개통한 대률리입니다. 하탄방리에서 대률리를 거쳐 예산 읍내까지 걸어 볼 계획이었습니다. 택시를 타고 가면서 이런 답사 계획을 말하니, 그 거리는 걷는 게 아니라며 기사분이 놀라시더군요.

한편 기사분께서는 백종원 선생이 일으킨 예산 관광 붐에 대해 지역 주민으로서 여러 가지 의견을 들려주시기도 했습니다. 예산 읍내에 놀러 온 사람들이 예당 저수지까지 놀러 가고는 하는데, 도로가 좁아서 주말이면 길이 너무 막힌다고. 마을 사람들이 예전부터 도로를 넓히자고 그렇게 요구해도 군청에서 안 들어주더니, 이제 와서 넓힌다 어쩐다 난리라며 한탄을 하시더군요. 그리고 또, 백종원 선생의 영향력으로 요즘 관광객이 많이 오지만, 이것이 한때의 붐으로 그칠 수 있어서 회의적이라고도 말씀하셨습니다. 어디까지나 그분의 개인적인 의견입니다만, 수긍할 만한 부분이 있었기에 이렇게 기록해 둡니다.

예당 저수지는 조선 시대의 국사당보를 확대해서 식민지 시기에 저수지를 만들려 했다가 중단된 것을, 해방 후인 1964년에 사업을 재개해서 완성한 농업용 저수지입니다. 조선 시대부터 식민지 시기를 거쳐 현대 한국에 이르러 완성된, 제가 말하는 〈행정의 연속성〉을 잘 보여 주는 사례입니다.

그런데 댐이나 저수지를 만들면 반드시 그 물 속에 잠기는 마을이 존재합니다. 예당 저수지의 경우도 예외가 아니어서 여러 마을들이 물 속으로 사라졌습니다. 지금도 그렇기는 합니다만, 1960년대에는 수몰민에 대한 보상금이 턱없이 적다 보니, 적은 금액을 받고 뿔뿔이 흩어졌던 주민들이 그 돈을 써버린 뒤에 옛 고향 근처로 다시 와서 어렵게 살고는 했습니다.

이렇게 예당 저수지 건설로 인해 고향을 잃은 시민들 가운데 일부가, 사진 속의 예산군 대흥면 하탄방리에 정착해서 새마을을 만들었습니다. 당시 정부는 이 하탄방리를 새마을운동의 모범 사례로 선전했는데요, 예당 저수지를 만든 것도 정부(조선 총독부와 한국 정부)였고, 수몰민의 자활 사업을 대대적으로 선전한 것도 정부였으니 아이러니한 일입니다.

(위) 호서은행 건물과 윤봉길 기념비. 2022년 11월.

(아래) 〈본정통집밥〉이 자리한 일본식 상가 건물. 2022년 11월.

(위) 〈본정통〉이라는 지명이 보이는 안내판.
2022년 11월.

(가운데) 1946년에 지어진 한일 절충식 기와집.
2022년 11월.

(아래) 1946년에 지어진 한일 절충식 기와집의
상량문. 2022년 11월.

(위) 예산 성당. 2020년 8월.

(아래) 식민지 시기의 사찰 건물 앞에 남아 있는
〈우에노 집안의 묘〉 비석. 2022년 11월.

(위) 예산역 앞 창고. 2020년 8월.

(아래) 대통령비서실이 1978년에 출판한
『새마을』화보에 보이는 예산군 오가면
신장·월곡리.

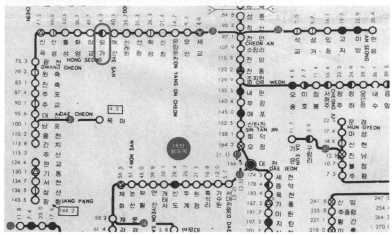

(위) 장항선 폐선 근처에 자리한 예산군 오가면
원평1리. 2022년 11월.

(가운데) 예산군 오가면 원평1리 마을회관과
창고. 2022년 11월.

(아래) 『디젤기관차 형별배선도』(1972)에
수록되어 있는 철도 노선도 속 오가역.

(위) 〈역말〉 도로명 주소 표지를 달고 있는 장항선
오가역 폐역. 2022년 11월.

(가운데) 『새마을의 승자상』에 실려 있는 예산군
오가면 분천2리 가마니 마을.

(아래) 수많은 수몰민을 낳은 예당 저수지.
2023년 10월.

당시 수몰민에 대한 보상금이 너무 적어서, 원주민들은 재정착에 실패한 경우가 많습니다. 정부가 발간한 『1978년 새마을운동: 시작에서 오늘까지』에서는 〈얼마 안 되는 수몰 지구 보상금을 찾아 들고 또 다른 삶의 길을 찾고자 마을을 떠난 주민들은 전국을 헤매다가 모두가 얼마 못 가서 한푼 없는 빈털털이가 되어 고향으로 되돌아왔고 실의에 빠져 날품팔이로 살아가야만 했다〉고 해서, 수몰 보상금이 적었다는 사실을 인정하고 있습니다. 그런데 당시 충청남도청이 발간한 『새마을의 승자상』에서는 〈보상받은 땅값은 부락민 거의가 술과 노름으로 마치 때나 만난 것처럼 동요되기만 하였다〉라는 식으로 수몰 보상금이 적었던 것은 침묵하고 주민들 탓을 하고 있습니다.

이런 상황에서 대흥면 하탄방리 주민들은 박한용·박기황 새마을 지도자의 지도하에 농로를 개설하고, 간선 도로와 마을을 연결하는 도로를 놓았습니다. 이렇게 도로를 놓은 뒤에는 충남교통주식회사로 10여 차례 찾아가 정기 버스를 운행해 달라고 요청, 하루 4회 왕복으로 버스가 다니게 되었다고 합니다. 현재 이 마을은 간선 도로 옆에 새로운 마을회관을 만들었고, 예전에 사용하던 마을회관은 폐쇄된 상태였습니다만, 건물 지붕에 적혀 있던 〈하탄방리 새마을회관〉이라는 희미한 글자를 읽을 수 있었습니다.

하탄방리 새마을회관에서 한 시간 정도 걸으면, 이제는 폐교가 된 대흥면 대률리 대률초등학교가 나타납니다. 이곳에 부임한 신현균 교장은 1964년 1월, 마을 주민들의 반대에도 불구하고 도로 개설 사업을 시작했습니다. 마을 주민들이 반발해서 한차례 중단되었다가, 전국적으로 새마을운동의 열기가 일어나자 사업을 재개해서 끝내 예산 읍내에 이르는 8.5킬로미터의 도로를 완공했습니다. 이 도로는 현재 대률초등학교에서 형제고개를 넘어 예산군청으로 이어지는 〈형제고개로〉

라는 이름으로 남아 있습니다.

대률초등학교의 사례는 1975년 3월 29일 자『대한뉴스』제1024호
에 소개되기도 해서 전국적으로 유명해졌습니다. 『영광의 훈장』에 실
려 있는 신현균 교장의 말을 직접 들어 보시죠.

> 학교 교육의 정상화와 향토 발전의 첩경은 이제 도로 개설에 있다
> 고 판단한 나는 마을 주민들에게 도로 개설의 필요성을 호소하고
> 협력을 청했다. 그러나 그것은 나라에서 할 일이라고 주장하는 노
> 인층의 두꺼운 벽에 부딪쳤다. 보수성 그리고 의타심이 강한 주민
> 들의 동의를 얻기가 그리 호락호락하지만은 않을 것이라는 것을
> 미리 예측했던 것이다. 뜻을 같이 하는 동지와 제자들을 규합 일사
> 불란하게 도로 개설 계획을 추진시켜 64년 11월 일부 주민의 반대
> 를 무릅쓰고 공사에 착수했다. 예산읍에서 형제 고개를 넘어 학교
> 앞까지의 55km 거기서 탄방리까지의 3km 모두 85km나 되는 대
> 흥면 동부 도로 개설 작업이 시작된 것이다. (……)
> 일부 주민들은 헐뜯고 배척하는 데만 혈안이 되어 있었다. 견
> 디다 못해 67년 3월 아쉬운 미련을 안고 쓸쓸히 고향과 학교를 떠
> 나야 했다. 내가 떠나자 공사도 중단이 됐다. 공사도 공사려니와
> 나의 교직 생활 26년 가운데 단 4년의 외지 생활 그것은 가장 가슴
> 아픈 기억으로 영원히 남게 되었다. 그러나 그것은 나만의 아픈 기
> 억만은 아니었다. 내가 떠나자 그렇게 반대만을 일삼던 마을 사람
> 들조차 내가 이 마을에 얼마나 필요한 사람이었던가를 느끼게 되
> 기 시작했다. 마을 주민들은 다시 돌아와 줄 것을 갈망하기에 이르
> 렀고 끝내는 내가 돌아와 주기를 바란다는 진정서까지 내기에 이
> 르렀다.

　　71년 3월 마침내 다시 고향에 돌아왔다. 고향에 돌아온 나는 숨 돌릴 사이도 없이 마을 발전을 위해 힘차게 일해 나가기 시작했다. 때마침 전개되고 있는 새마을운동에 힘입어 도로 개설 작업도 재개했다. 얼마나 오랜 고난과 역경의 세월이었던가. 73년 7월 8년 8개월이라는 장기간에 걸친 공사 끝에 예산읍에서 학교 앞을 통과하는 전장 8.5km의 도로는 주민들의 자력으로 이루었다.

　　오늘날 대률초등학교는 폐교가 되어 있습니다. 학교 건물을 바라보고 나서 왼쪽을 쳐다보니, 무언가 정돈된 농장 같은 모습의 산기슭이 보이더군요. 덩굴이 무성하게 자라서 처음에는 잘 알아볼 수 없었지만, 가까이 다가가서 보니 대통령비서실이 1975년에 출판한 『새마을』화보에 보이는 대률초등학교 시범원이었습니다.
　　한때 학생들이 밤나무를 비롯해서 각종 수목을 기르던 시범원은 황폐해진 상태였습니다. 들어갈까 말까 한참을 고민한 끝에 시범원에 들어가니, 〈박대통령 하사금에 의한 산지개발 시범원〉이라는 글자와 함께 1975년 8월 15일에 학교장 신현균의 명의로 제작된 농원 머릿돌이 서 있었습니다. 그리고 시범원의 맨 위쪽에는 〈웃고 뛰놀자 / 그리고 하늘을 보며 생각하고 / 푸른 내일의 꿈을 키우자〉라고 적힌 비석이 세워져 있었습니다.
　　이렇게 대률초등학교를 답사하고 나서, 1973년 7월 대률리 주민들이 개통시킨 도로를 따라 예산 읍내까지 걸었습니다. 이런 도로를 어떻게 걸어 다니냐며 놀라는 분들이 많습니다만, 예전 사람들이 걸어 다니던 도로를 차량으로 통과해서는 그들의 생각을, 그리고 그 지역의 생활 리듬을 파악할 수 없습니다.
　　그날 2시간 반 정도 천천히 도로를 걸으면서, 예산 읍내로 통하는

수물지구의 기적

충남 예산군 대흥면 하방방리

지도자 박 한 용

메밀꽃 피던 논이 옥답으로

예산군 대흥면 하탄방리
하탄방마을
지도자 박 기 황

(위 왼쪽) 『1978년 새마을운동: 시작에서
오늘까지』에 실려 있는 예산군 대흥면 하탄방리.

(위 오른쪽) 『새마을의 승자상』에 실려 있는
예산군 대흥면 하탄방리 전경.

(아래) 현재의 예산군 대흥면 하탄방리 전경.
2023년 10월.

(위) 이제는 폐쇄된 하탄방리 새마을회관. 2023년
10월.

(가운데) 대통령비서실이 1975년에 출판한
『새마을』화보에 보이는 대륭초등학교 시범원.

(아래) 폐허가 된 대륭초등학교 시범원.
2023년 10월.

(위) 대룡초등학교 시범원 전경. 2023년 10월.   (아래) 대룡초등학교 시범원 입구에 세워져 있는
비석. 2023년 10월.

대륜초등학교 시범원 꼭대기에 세워진 훈화.
2023년 10월.

예산군 대흥면 대률리에서 예산 읍내로 향하는
도로. 2023년 10월.

출처: 카카오맵 로드뷰 (https://map.kakao.com)

2020년 4월의 카카오맵 로드뷰에 보이는,
리모델링 또는 재건축 전의 사석 마을회관과 창고.
(카카오맵의 실제 서비스 이미지와 다를 수 있음)

도로를 놓기 위해 10년에 걸쳐 마을 주민들을 설득했던 신현균 교장의 생각을, 읍내로 통하는 도로가 개통됨으로써 바뀌었을 마을 주민들의 삶을 짐작해 보았습니다.

형제고개로라는 이름의 새마을도로는, 어디에서든 흔히 볼 수 있는 도로라고 하면 그뿐입니다. 누가 언제 개통시켰는지 상상할 일은 별로 없으실 겁니다. 하지만 자료를 맞추어 보면서 누가 언제 왜 이 도로를 놓았고, 집을 지었고, 수로를 정비했는지를 파악하다 보면, 주민들의 생각과 삶의 모습을 간접적으로나마 느낄 수 있게 됩니다.

얼마 전 리모델링 또는 재건축된 예산군 봉산면 사석리 사석 마을의 경우, 건축물대장에는 원래의 마을회관이 언제 지어졌는지 적혀 있지 않은데,『새마을의 승자상』을 통해 1972년에 지었다는 사실을 알게됩니다. 새마을운동 자료를 정파적으로 해석하기에 앞서, 반세기 전 한국의 농산어촌을 꼼꼼히 기록한 방대한 문헌이라고 이해하고 찬찬히 읽어 간다면 이처럼 수많은 사실을 확인할 수 있습니다.

내포 신도시·서해선이 만들어 낼 예산과 홍성의 미래

오가역을 지난 장항선 열차는 삽교역에 다다릅니다. 장항선 노선이 개량되면서 예전 삽교역 자리는 공원으로 바뀌었고, 현재의 삽교역은 읍내에서 좀 떨어진 곳으로 옮겨 갔습니다. 두 곳 사이는 도보로 30분쯤 걸리더군요. 서해선 삽교역도 비슷한 정도 떨어진 곳에 건설되고 있습니다. 현재는 읍내에서 장항선 삽교역 쪽으로 연담화가 진행되고 있고 서해선 삽교역 쪽으로는 도로와 농토만 있을 뿐이지만, 서해선 삽교역이 개통되고 나면 삽교 읍내와의 연담화도 어느 정도 진행될 것으로 예상합니다.

서해선 삽교역은 내포역이라는 이름으로 바뀔 가능성이 있습니다. 충청남도청이 자리한 내포 신도시의 관문역으로서 기능하도록 하기 위함인데요, 삽교역이 예산군에 속하다 보니, 예산군과 함께 내포 신도시를 이루고 있는 홍성군 측에서 반발하고 있습니다. 애초에 내포 신도시 바로 옆인 홍성군 홍북읍에 역을 만들지 않았다가 뒤늦게 이런 갈등이 일어나고 있습니다.

신도시 바로 옆이 아니라 상당히 떨어진 곳에 역을 만든 것은 세종시와 KTX 오송역의 관계와도 비슷합니다. 너무 가까운 곳에 역을 만들면 정부·도청 공무원들이 신도시에 거주하지 않고 서울·경기도에서 출퇴근할까 봐 이렇게 일부러 거리를 두었다는 지적도 많습니다. 서해선 삽교역 주변에 역세권이 형성되고 나면 내포 신도시의 공무원들은 내포 신도시, 서해선 삽교역 역세권, 서해선이 지나는 경기 남부의 화성시청역·향남역·안중역 역세권 등에 골고루 거주하게 될 것으로 예상합니다.

예산군과 홍성군 사이의 빈 땅에 지어지고 있는 내포 신도시는 현재 인구가 3만여 명이어서, 목표 인구 10만 명에 한참 미치지 못합니다. 최종 계획이 확정된 직후부터 우려가 나왔는데, 결국 이런 우려가 현실화되었습니다. 그래서 구역 확대 구상도 제기되고 있습니다. 또 예산군 삽교읍이나 홍성군 홍성읍과 연담화되어 있지 않아서, 〈사막 위에 세워진 도시 같〉다는 말까지 나오고 있습니다. 예산과 홍성으로 행정 구역이 나뉘어 있다 보니 대중교통 등이 제각각이어서 시민들의 생활에 불편을 초래하기도 합니다.

이렇다 보니 내포 신도시는 충청남도 서북부의 새로운 거점이 되지 못하고 있고, 이 일대가 전통적인 중심지인 천안시에 여전히 종속되어 있는 상황이 계속되고 있습니다. 아무튼 내포 광역 도시권이 형성될 기초는 놓인 것이고, 그 전 단계로서 홍성과 예산의 통합 논의도 나

왔다가는 사라지기를 되풀이하고 있습니다. 도청 신도시나 혁신도시
는 두 개의 지자체 중간에 만들어지는 경우가 많고, 이 경우에 두 지자
체의 통합 논의가 일어나는 경우도 많습니다만, 대개는 각 지역의 정치
인·행정가들이 자기들의 이익을 앞세우다가 무산되고는 합니다. 예산
군과 홍성군의 경우는 어떨지 지켜보고 있습니다.

　내포 신도시가 만들어지기 전에는 이 일대도 한적한 농촌 마을이
었습니다. 내포 신도시에서 700미터 정도 떨어진 홍북읍 상하리 하
산 마을이, 이 지역의 예전 분위기를 남기고 있습니다.『영광의 발자
취 2』에는〈살기 좋은 우리 마을 후손에게 물려주자〉라고 적힌 이 마을
의 공동 창고 사진이 실려 있습니다. 이 창고는 지도 애플리케이션의
2016년 로드뷰에 보이지만 현재는 철거되었더군요. 또 2016년 5월 로
드뷰에는 공동 창고를 비롯해서 마을회관·마을 구판장 등이 모두 보이
는데, 현재는 도로가 확장되면서 모두 사라졌습니다. 마을회관·구판
장·창고는 새마을운동 당시 농산어촌에서 마을마다 건설하려 애쓰던
시설들입니다. 반세기 전에 지어진 이들 시설이 사라진 모습에서, 한
시대가 끝났음을 확인합니다.

　삽교역을 지난 서해선은 홍성역에서 장항선과 합류합니다. 현재
홍성역 일대에는 서해선 개통에 대한 기대 심리가 존재합니다. 한때
는〈2023년부터 홍성에서 서울까지 45분 만에 간다〉는 말이 유행하
기도 했는데, 이에 대해 홍성역의 관계자는〈그런 말은 부동산 업계의
상술〉이라고 단언하기도 했습니다. 하지만 부동산은 심리적인 요인이
큰 시장이어서, 홍성역 주변 곳곳에서는 개발 현장을 목격할 수 있습니
다. 홍성 역세권에서는 홍성 자이 아파트가 2023년에 준공되었고, 홍
성 읍내를 끼고 홍성역의 반대편인 서쪽에서는 이편한세상 아파트도
2025년 완공을 목표로 공사 중입니다. 또 홍성 읍내 남쪽은 대학가로

출처: 카카오맵 로드뷰 (https://map.kakao.com)

(위) 장항선 삽교역 폐역 역세권. 2022년 11월.

(가운데) 서해선 삽교역 부지에 보이는 농촌 주택. 2022년 11월.

(아래) 홍성군 홍북읍 상하리 하산 마을의 옛 공동 창고와 함께 남아 있던 마을회관과 공동 구판장을 촬영한 2016년 5월의 로드뷰. (카카오맵의 실제 서비스 이미지와 다를 수 있음)

출처: 카카오맵 로드뷰 (https://map.kakao.com)

(위) 『영광의 발자취 2』에 보이는 홍성군 홍북읍 상하리 하산 마을의 옛 공동 창고.

(가운데) 홍성군 홍북읍 상하리 하산 마을의 옛 공동 창고가 남아 있던 2016년 5월과 철거된 지금의 로드뷰. (카카오맵의 실제 서비스 이미지와 다를 수 있음)

(아래) 홍성군 홍북 읍내에서 바라본 내포 신도시. 2022년 11월.

(위) 대통령비서실이 1979년에 출판한 『새마을』
화보에 보이는 홍성군 홍성읍 월산2리.

(가운데) 홍성역 근처의 서해선 활용 분양 광고.
2023년 3월.

(아래) 홍성 역세권 건설 현장과 홍성 자이 아파트
공사 현장. 2023년 3월.

서 독자적인 도시화 양상을 보이고 있고요.

　　홍성 읍내 서부, 법원 서쪽의 농촌 마을인 월산2리는 대통령비서실이 1979년에 출판한 『새마을』 화보에 소개된 농촌 마을로서의 경관을 아직 유지하고 있습니다. 2000년에 한국토지공사가 홍성월산지구 개발을 하겠다고 발표한 뒤로 20여 년이 지났지만, 앞서 소개한 이편한세상 아파트를 비롯한 몇몇 아파트·주택을 제외하고는 전체적으로 지지부진한 상태입니다. 그래도 예산 읍내에 비해 홍성 읍내에서는 상대적으로 개발 움직임이 활발한 것으로 보입니다. 이것은 서해선이 홍성 읍내에 직접 연결된다는 데 대한 기대 심리라고 볼 수 있겠습니다.

　　물론, 아직은 해결해야 할 문제가 여럿 있습니다. 우선 서해선과 신안산선을 안산시의 원시역에서 직결시키기로 했던 계획이 무산되었습니다. 〈홍성에서 서울까지 한 시간 돌파〉라는 애초의 기대가 실현되지 않게 될 가능성이 있습니다. 홍성읍과 내포 신도시 사이를 오가는 대중교통 상황도 좋지 않습니다. 내포 신도시 바로 옆에 서해선 역을 만들었어야 하는데, 여러 가지 한국적 상황으로 인해 이것이 실현되지 못했습니다. 마지막으로, 현재로서는 홍성군의 인구가 획기적으로 늘어날 요인이 없습니다.

　　하지만, 이 모든 조건에도 불구하고 서해선이 홍성군 홍성역부터 고양시 일산역까지 전체 개통된다면 상황은 많이 달라질 것입니다. 결국 핵심은 서해선의 완공입니다. 서해선이 전체 개통하는 날, 홍성 읍내는 대서울권의 서남쪽 최전방이 될 것입니다. 물론 홍성 읍내와 홍성군을 구분해서 관찰하는 안목은 당연히 가지고 있어야겠습니다만. 똑같이 홍성군에 포함되어 있지만, 옛 결성군 일대는 앞으로도 대서울권에 포함되지 않을 것으로 예상됩니다. 옛 결성군 영역이던 홍성군 지역에 대해서는 이 책의 제9장에서 살펴보도록 하지요.

대서울권의 끝을 넘어서서 보이는 것들

여기까지 대서울권의 서남쪽 끝인 당진시, 서산시 북부, 예산군, 홍성군 동부 지역을 살펴보았습니다. 2018년에 출판한 저의 첫 답사책 『서울 선언』에서부터 시작된 대서울권 추적 작업이 드디어 끝났습니다.

　대산산업단지와 석문산업단지 사이에 위치한 당진시 석문면 삼봉4리에는 충청남도 보령시 웅천읍에서 이주한 주민들이 살고 있습니다. 전라남도 영광군에 원자력 발전소를 건설하면서, 이곳에 있던 공군 사격장을 보령시로 옮기게 되었고, 이에 따라 보령시의 공군 사격장 예정부지에 살던 주민들이 1986년에 이곳으로 집단 이주한 것입니다. 이들은 대호 방조제가 건설되면서 생겨날 농토를 받기로 했지만, 관계 당국들이 서로 책임을 미루는 바람에 곤경에 처했다는 기사가 당시 신문에 실리기도 했습니다. 삼봉4리에는 1986년에 지어진 주택 단지가 있어서, 보령 이주민들의 정착 시기와 맞물립니다.

　한편, 이런 과정을 거쳐 공군 사격장과 해상 침투 훈련장이 설치된 보령시 웅천읍에서도 주민들이 거의 20년 가까이 군 당국과 갈등한 끝에 2021년에야 상생 협약을 맺었습니다. 영광에서 보령으로, 보령에서 당진으로, 개발의 연쇄 반응에 치이는 한국 시민들의 모습입니다. 군사 도시 보령에 대해서는 제9장에서 살피겠습니다.

　당진시와 공업 벨트를 이루고 있는 서산시 북부는, 서산시의 다른 지역과 분리되어 있다는 느낌을 받습니다. 서산시의 정치·행정 중심지는 서산시청이 있는 지역이지만, 한국 유수의 석유 화학 단지가 자리한 대산산업단지에서 근무하는 시민과 그 가족들의 생활권은 대산 읍내를 비롯해서 각 회사의 사택 단지를 벗어나지 않는 경우가 많습니다. 서산시청 근처의 공용 버스 터미널에서 대산 읍내의 대산 버스 터미널까지 버스를 타고 이동하면, 두 거점 지역 사이에 드문드문 자리한 공업 단지와 배후 주거 지역에서 타고 내리는 시민들의 삶의 모습을 관찰할 수 있습니다. 두 지역이 연담화되어 있지 않은 거죠. 그래서 이 책에서는 대산산업단지가 자리한 서산시 북부와 나머지 지역을 구분해서 다루기로 했습니다. 서산시청과 서산시 남부에 대해서는 제8장에서 살펴겠습니다.

한편, 앞에서 말씀드린 것처럼 홍성군 중에도 옛 결성군 지역은 미래에 획기적 개발이 일어날 것으로는 보이지 않는 지역입니다. 결성군은 현재의 홍성군에서 바닷가 쪽에 있던 지역으로서, 예전에는 서해안의 해상 교통 요지로서 번성했던 곳입니다. 하지만 해상 교통이 쇠퇴하고 육상 교통 위주로 교통 체계가 개편되면서 오늘날에는 홍성군 시민들 가운데에도 이런 사정을 잘 모르는 분이 있을 정도로 쇠락해 버렸습니다.

현재의 홍성군은 1914년에 홍주군과 결성군이 통합되어 생겨났습니다. 홍주의 홍, 결성의 성, 이 두 글자를 합쳐서 홍성군이라는 지명이 만들어졌죠. 현재 홍성군에서는 조선 총독부가 문화 말살을 위해 홍주를 홍성으로 개명했다고 주장하는 사람들이 있습니다. 〈주(州)〉보다 〈성(城)〉이 작다는 거죠. 〈홍주의 홍(洪)과 결성의 성(城)을 따서 홍성군(洪城郡)으로 개칭했다는 주장에 대해 살펴보면, (……) 겉으로 드러난 지명만으로 본다면 그러한 주장이 합당한 것처럼 보이지만 속을 들여다보면 조선 총독부의 정책 1순위였던 조선 문화 말살 정책의 속내가 그대로 보여〉진다는 류의 주장입니다만, 이런 주장을 찬찬히 살펴보아도 〈조선 문화 말살 정책의 속내〉를 드러내는 당시 조선 총독부의 문서를 제시하거나 그러지는 못합니다.

홍성군이라는 이름이 조선 총독부의 책략에 의한 것이라는 주장에 대해, 결성군을 계승한 현재의 결성면 측에서는 〈홍성〉을 〈홍주〉로 개명하면 〈결성〉이 지워진다고 반대합니다. 결성면에서 제작한 『유서

깊은 결성』이라는 책자에서는 〈1914년 행정 구역 통합 당시 홍성군 홍
주군의 〈홍〉과 결성군의 〈성〉을 모아 홍성군이 되어 홍성군 결성면으
로 호칭하게 된다〉고 설명하고 있습니다. 〈홍주군〉, 〈홍주시〉로의 개명
을 주장하는 측에서 〈조선 문화 말살 정책의 속내〉가 드러난다고 하는
〈홍성군〉이라는 지명을, 옛 결성군에 속하는 주민들은 자신들의 아이
덴티티로서 내세우고 있는 것입니다.

　　그래서 〈홍성군〉을 〈홍주군〉으로 개명하려는 움직임에 대해 결성
면 측은 반발해 왔습니다. 이런 움직임에 대해서 『주간홍성』의 1991년
9월 9일 자 기사 「홍성군명 보존회 구성, 반대서명 운동계획 - 결성,
〈홍주〉 이름 거센 반발」에서는 이렇게 전합니다. 〈홍주 이름 되찾기 사
업은 지역 주민들의 거센 반발에 부딪혔다. 결성면 주민 200여 명은
1991년 9월 5일 홍성군 명칭 보존을 위한 결의 대회를 가졌다. 이후
《홍성군명보존회》를 만들었다. 홍성군이 홍주군으로 바뀌는 것을 받아
들일 수 없고, 홍성이 시(市)로 승격될 때 홍주시로 옛 이름을 되찾자는
절충안을 제시했다.〉

　　홍주읍성 안의 홍주성 역사관에 갔더니, 역사관 안에서는 홍주와
결성을 합쳐서 홍성이 되었다고 설명하지만, 역사관 입구에서는 홍성군
을 홍주시로 승격시키고 개명하자는 단체의 안내판이 세워져 있더군요.
홍주 지명 되찾기 세미나가 2015년 2월 6일에 열렸는데, 세미나 자료를
찬찬히 읽어 보아도 옛 결성군 측의 목소리는 거의 들리지 않았습니다.
홍성군의 입장을 내세우고 결성군의 목소리를 묵살하는 형국입니다.

　　도대체 결성군은 어떤 곳이었기에 1914년에 홍주군과 대등하게
통합되었고, 지금은 어떻게 되었기에 홍성군 내에서 목소리가 묻히게
되었을까요? 이 책의 마지막인 제9장에서 옛 결성군 지역을 찾아가 보
겠습니다.

(위) 보령에서 이주한 주민들이 정착한 당진시   (아래) 서산테크노밸리일반산업단지와 배후
석문면 삼봉4리의 마을 경관. 2024년 3월.   도시가 끝나는 지점에서는 고층 아파트 단지와
                                                고압 송전탑이 공존하고 있습니다. 2023년 5월.

홍주에서 홍성으로

홍주는 1894년의 홍주부, 1896년의 홍주군을 거쳐 1914년 일제에 의해 홍주와 결성이 통합된 홍성군으로 개편되었다. 일제는 효율적 식민지배를 위해 토지조사 사업과 행정구역 개편 등을 단행하여 조선인에 대한 강압적 통치와 수탈의 기반을 마련하였다.

홍성은 일제의 무단통치에 강하게 저항하였다. 홍성 출신인 백야(白冶) 김좌진(金佐鎭)은 대한 독립선언(일명 무오독립선언)에 참여하여 조국의 광복과 독립을 최초로 선포했으며, 만해(萬海) 한용운(韓龍雲)도 민족대표 33인으로서 3·1운동에 앞장섰다. 전국적 만세운동의 흐름에 따라 홍성 전 지역에서 만세시위가 일어났다. 1919년 3월 7일 홍성읍 시장의 독립만세 함성을 시작으로, 4월 4일 금마면에서는 500여 명의 주민들이 횃불만세 운동에 참여했고, 4월 7일 장곡면에서는 억압적 통치의 근거지인 면사무소를 습격하였다. 그밖에 6·10만세운동, 학생운동 등 홍성사람들의 저항은 계속되었다.

2012 충남도청 이전
2020 충남혁신도시 지정
서해선-KTX 직결 서울 1시간 생활권

또 하나의 새로운 시(市)작

홍성군 시(市) 전환

'시 전환'은 미래 경쟁력 확보를 위한 전략적 대응이며, 옛 '홍주목'의 위상을 되찾을 기회입니다.

현재 도청 소재지 군(郡)의 시(市) 전환을 담은 「지방자치법」 일부 개정안이 국회 심사 중에 있습니다.

홍성군
홍성군 시 전환 추진위원회

(왼쪽) 홍주읍성 안의 홍주성 역사관에 전시되어 있는 홍성군 지명 유래 안내. 2023년 3월.

(오른쪽) 홍주읍성 안의 홍주성 역사관 입구에 서 있는 시 승격 및 홍주시로의 개명 주장 안내판. 2023년 3월.

제4부

8
철도 없는 땅의 모습:
서산 남부, 태안

당진과 서산 사이에서 확인하는 모습들

당진시청과 서산시청의 딱 중간 위치에 서산시 운산면이라는 곳이 있습니다. 당진과 서산의 중간이라는 위치처럼, 운산면은 예전에 각각 서산·해미(현재의 서산)·홍주(현재의 홍성)·면천(현재의 당진)에 속하던 지역들이 합쳐져서 탄생한 〈서산시에서 연혁이 가장 복잡한 면〉입니다.

당진과 서산을 섞어 놓은 경계 지역이다 보니, 운산면의 곳곳에는 인상적인 지역과 시설이 많습니다. 제가 운산면에 관심을 갖게 된 것은 답사 팀과 함께 당진에서 서산으로 넘어가던 중에 운산면사무소 소재지 동쪽 끝의 운산시장을 지나쳤을 때입니다. 얼핏 보기에도 유서 깊은 시장이더라고요. 찾아보니까 6·25 전쟁이 한창이던 1952년에 사용 승인 된 건물들이 시장 골목을 형성하고 있었습니다.

그래서 얼마 뒤 시외버스를 타고 혼자 운산 터미널에 내려서, 서산시의 다른 지역으로 이동하는 버스를 기다리면서 운산시장과 주변 지역을 찬찬히 걸었습니다. 실제로 들여다보니, 시장통 말고도 흥미로운 발견이 많더군요. 특히 20세기 중기에 한일 절충식으로 지어진 기와집이 방치되어 있는 것이 인상적이었습니다. 근처에서 밭일하고 계시던 분께 여쭤보니 집주인은 서울에 살고 있다고 했는데요, 잘 지은 집이 방치되어 있어서 안타까웠습니다.

운산시장에서 3킬로미터 정도 동남쪽 방향에 떨어져 있는 산속에는 고풍 저수지가 있습니다. 이 저수지의 북쪽 산기슭에는 영락농원이라는 한센병 병력자 정착촌이 자리하고 있습니다. 저는 현대 한국 사회의 가장 어두운 측면이 드러난 것이 음성한센인에 대한 일반 시민들의 차별이라고 생각합니다. 그래서 어딘가를 답사 갈 때는 반드시 그 지역에 있는 음성한센인 정착촌을 답사해서는 기록을 남기려 하고 있습니다.

당진과 서산 사이에 긴 땅인 운산면, 그중에서도 산골짜기에 한센병 병력자분들이 숨어 살고 있는 모습에서, 이들이 20세기 후반에 받아 온 차별과 탄압을 상상할 수 있었습니다. 소록도에서 치료를 받아 양성에서 음성으로 나아진 한센인들은 전국 각지로 흩어졌지만, 일반 시민들이 이들을 거부하다 보니 〈마을에서 떨어진 공동묘지나 깊은 산골 외진 곳〉에 자리 잡을 수밖에 없었습니다. 박정희 정권 시절 영부인 육영수가 이들의 생계에 관심을 가지기도 했지만, 일반 시민은 이들과 섞이는 것을 거부했습니다.

〈감염되지 않은 아이들〉이라는 뜻의 미감아(未感兒)라고 불리던 한센병 병력자들의 자녀들은 전국적으로 일반인들의 자녀와 분리되어 초등학교 분교에서 교육받았습니다. 영락원에도 분교가 있어서, 1987년도 5천분의 1 지도에 〈나병촌학교〉가 보이는데요, 답사를 가보니 초등학교 분교는 폐쇄된 상태였습니다. 전국 어디서나 나타나고 있는 청소년 인구 감소 추세를 이곳 산속 마을도 피해 갈 수 없었던가 봅니다.

한센병 병력자들은 가톨릭 성당이나 프로테스탄트 교회를 거점

서산시 운산면 운산시장. 2023년 5월.

서산시 운산면사무소 근처의 20세기 중기 한일
절충식 기와집. 2023년 5월.

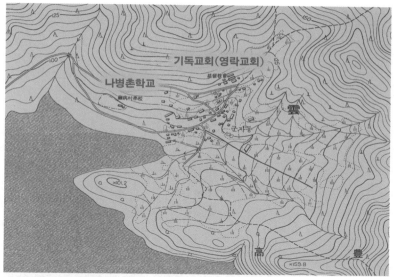

(위) 서산시 운산면 고풍리 영락원의 구조를 보여
주는 1987년 5천분의 1 지도(부분). 국립지리원
발행, 1987.

(아래 왼쪽) 영락원이라는 이름을 남기고 있는
전신주 간선명. 2022년 1월.

(아래 오른쪽) 영락원의 중심에 자리한
영락교회의 머릿돌. 2022년 1월.

(위) 영락원에 설치되었던 분교. 2022년 1월.　　　(아래) 영락원의 폐건물과 마을 전경. 2022년 1월.

(위) 서산시 운산면의 서산한우목장 근처에
자리한 목장슈퍼. 2023년 5월.

(아래) 서산시 운산면의 농협경제지주
한우개량사업소. 2023년 5월.

삼아 정착촌을 만들었습니다. 영락촌의 경우는 프로테스탄트에 속하는 영락교회를 중심으로 형성되어 있었는데요, 머릿돌에 1954년 4월 16일이라고 적혀 있는 데에서, 이 마을이 형성된 역사를 잊지 않으려는 의지를 확인할 수 있었습니다. 머릿돌은 단순한 건축물대장이 아니라 그 건물이나 마을의 역사를 증언하는 도시 화석입니다.

운산면에는 한센병 병력자뿐 아니라 6·25 전쟁 당시의 피란민들도 정착했습니다. 운산면사무소와 서산시청의 중간 지점에 자리한 거성리에는 〈6·25 전쟁 이후 피란민들이 이주하여 개척한 농장 이름을 딴〉 거성농장이라는 지명이 남아 있습니다. 충청남도의 거물 정치인이던 김종필 씨가 개발한 목장도 이 근처에 있어서 삼화목장 일명 김종필 목장이라 불렸고, 지금도 서산한우목장으로 운영되고 있습니다. 운산면사무소에서 해미읍사무소로 이어지는 해운로를 따라 남쪽으로 가다 보면 나오는데요, 그 근처의 삼거리에서 영업하는 목장슈퍼가 현지 분들께 친숙한 존재더군요.

간척 이전의 서산과 태안

오늘날에는 육로로 서산시와 태안군에 갈 수밖에 없습니다. 하지만 당진과 마찬가지로 간척이 이루어지기 전에는 서산과 태안 역시 육로보다 바닷길로 인천·서울로 가는 것이 빠른 지역이었습니다. 특히 식민지 시기에 서산·태안 지역의 뱃사람들은 인천·서울은 물론 평양, 일본, 중국의 항구들까지 자유롭게 드나들었습니다.

태안 만리포의 서영옥 선장은 해방 전에 서해 바다를 오가며 여러 곳을 두루 구경했는데, 서울은 투박했고 평양은 산뜻했으며 일본은 깔끔했다고 기억합니다. 그는 〈제정(帝政)〉 그러니까 식민지 시기에는 〈마포도 촌간 같았〉다고 회상합니다. 말로만 듣던 서울이 의외로 한반도 북부 지역보다 산뜻하지 않았다는 말을 피란민들이 많이 하는데요, 그런 느낌은 한반도 북부 출신이 아닌 남부 지방 사람들의 눈에도 확연했던 것 같습니다.

해방 전에 자유롭게 서해 바다를 오가던 서영옥 선장은, 해방이 되고 나서 더 이상 서해안과 한강을 통해 서울 마포로 드나들 수 없게 되었다고 말합니다. 예전에는 서해 바다에서 조기·아지(あじ, 전갱이)를 잡아서는 뻔질나게 인천·마포로 가고는 했는데, 분단되고 나서는 한강으로 지나는 배를 양쪽에서 총으로 쏘아 대는 바람에 뱃길이 끊겼다는 거죠. 〈제정 때는, 중국도 갈 수 있고, 일본도 갈 수 있고 펴양도 가. 이 괴기 장사 대니는 거 암 데나〉 다녔다는 그의 말에서, 1945년의 해방과 1950년의 6·25 전쟁이 한국 서해안 지역의 상황을 근본적으로 바꾸어 버렸음을 실감합니다.

식민지 시기에 서해 바다를 자유롭게 오가던 것은 만리포의 서영옥 선장뿐이 아니었습니다. 서산시 해미면 귀밀리에 살던 신열균 씨는 귀밀포구에서 쌀·나무 등을 실어 군산·인천·부산 등지로 가져가고는 했습니다. 1940년도부터는 서산환·해미환이라는 배가 나뭇짐과 생필품을 싣고 서산과 인천·마포 사이를 왕복했습니다. 하지만 해방 뒤에 서해 바다를 통한 쌀의 운반량이 줄어들었고, 천수만 A방조제가 놓인 뒤에는 포구 마을이 내륙의 농촌으로 바뀌어 버리면서 선원들은 농부가 되었습니다.

서산 어부들은 생선을 잡아서는 전라북도 군산보다 위쪽 지역, 특히 인천에서 많이 팔았다고 합니다. 군산보다 아래 지방은 물고기가 많이 잡혀서 값이 헐했기 때문이라고 하네요. 특히 분단이 되고 연평도가 해상 무역 거점에서 군사 거점으로 바뀌면서는, 인천이 수도권 수산물의 최대 공급처로 자리잡게 됩니다. 오늘날 인천 연안부두의 어시장에서 볼 수 있는 활력은, 해방과 전쟁의 산물이라고 말할 수도 있겠습니다.

서울에서는 흔히 마포 새우젓 장수 이야기를 하고는 합니다. 그런데 이 새우젓 장수들은 어디에서 새우를 잡아서 어디에 넣어 젓갈을 만들었을까요?

안면도나 덕적도의 어부들은 새우를 담을 독을 홍성군 갈산면 동성리의 성촌토기 같은 충청남도 서해안의 가마터에서 입수했습니다. 배에 독을 실어서 가져가서는, 독을 내리고 생겨난 공간에 나무를 실어와 가마의 땔감으로 사용하는 순환 고리가 존재했습니다. 서산시 부석면 창리의 배견모 씨처럼, 안면도의 나무와 전라남도 신안의 새우젓을 서울 마포로 가져가서 팔고, 그 돈으로 곡식을 구입해서 서산에서 되파는 중개 무역으로 큰돈을 번 사례도 있었습니다. 또, 여수를 비롯한 전라도 바다의 어부들, 또는 황해도에서 피란 온 어부들은 최신 어업 기술을 충청남도에 전파했습니다. 해방과 전쟁 전, 서해 바다는 유럽의 발트해처럼 인적 교류와 상업적 성공의 기회가 넘쳐 나는 공간이었습니다.

하지만 서해안 일대에서 방조제가 만들어지고 바다가 육지나 호수로 바뀌면서, 바닷가에 자리하고 있던 옹기 가마들은 대부분 폐업했습니다. 성촌토기는 홍성군 측에서 특별히 부탁을 받아서 문화재를 보존한다는 개념으로 영업을 이어 가고 있다고 합니다. 현지에 가보니 성촌토기 이외에도 몇 개의 가마가 이곳에 모여들어서 일종의 도예촌을 형성하고 있더군요. 이제는 벌판이 되어 버린 옛 바닷가를 내려볼 수 있는 가마 카페도 영업하는 듯했습니다만, 공교롭게도 제가 갔을 때는 영업하지 않고 있었습니다.

새우젓 이야기를 끝내기 전에, 충청남도 예산을 중심으로 활동하

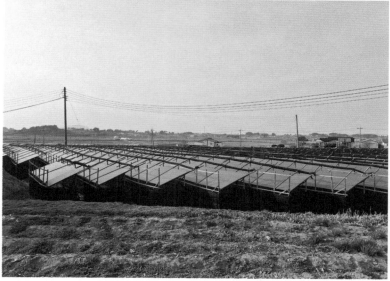

(위) 새우젓 담을 옹기를 만들던 홍성군 갈산면의
성촌토기. 2024년 3월.

(아래) 성촌토기 너머로 보이는 천수만 간척지.
2024년 3월.

던 보부상 유진룡 선생이 전하는 새우젓 노래를 소개합니다. 저도 젓갈을 좋아하기는 합니다만, 젓갈 종류가 이렇게 다양하고 철마다 담그는 젓갈의 이름이 전부 다 다르다는 사실에 놀랐습니다. 서산시 성연면의 옛 명천포구 앞에서 여전히 새우젓 가게를 영업하고 계신 박정자 선생님과 말씀을 나누다가, 그의 입에서 오젓·육젓·추젓 같이 젓갈을 가리키는 다양한 명칭이 줄줄 나오는 모습을 보고는 감탄하기도 했네요. 예산의 보부상 유진룡 선생이 부른 젓갈 호객 소리를 소개합니다.

> 새우젓 사려 조개젓 사려
> 초봄에 담은 쌀새우는 세하젓이요
> 이월 오사리는 오젓이요
> 오뉴월에 담은 젓은 육젓이요
> 갈에 담은 젓은 추젓이요
> 겨울 산새우는 동백젓이요
> 전라도 법성포 중하젓
> 서산에 어리굴젓
> 홍합젓, 공쟁이젓, 오징어젓
> 꼴뚜기젓, 황새기젓, 밴댕이젓
> 권댕이젓, 멸치젓, 갈치 창자젓
> 입맛 나는 젓이요
> 오뉴월 배추쌈에 달구
> 한겨울 짐치국에 좋아요
> 젓이유 젓 젓 사시유

조기나 새우젓뿐 아니라, 사람들도 이 지역에 갈 때는 육로보다 뱃길이 더 빨랐습니다. 태안반도에서 수도권으로 가기 위해서는 태안군 서쪽 끝의 안흥항에서 인천항으로 곧장 향하거나, 천안까지 도로로 이동을 한 뒤 천안역에서 서울역까지 경부선 열차에 탑승했습니다. 만리포·천리포·백리포해수욕장을 본떠 십리포해수욕장이라고도 불리는 의항해수욕장이 유명한 태안군 소원면 의항리에서 1960년대에 인류학적 조사를 실시한 미국의 빈센트 브란트는 『한국에서 보낸 나날들』이라는 책을 썼는데, 그가 의항과 인천·서울 간을 이동하기 위해 어떤 방식을 택했는가가 그 안에서 자세히 설명되어 있습니다.

그는 의항과 서울 사이는 육로로 9~10시간, 배로는 7시간 미만이 걸렸다고 증언합니다. 게다가 육로 이동은 지루했지만, 바다로 이동하면 통과하는 섬들을 구경할 수 있어서 즐거웠다고 하네요.

보통 버스나 기차를 타고 가는 서울행은 9시간이 걸렸다. 걸어서 가는 처음 두 시간은 매우 기분이 좋았지만 그 후에 흔들리는 시골 만원 버스와 읍내에서의 긴 기다림, 느리게 구불구불 움직이는 기차는 엄청난 시간이 걸리는 것 같았다. 이런 경우에 내가 할 수 있는 것이라곤 가능한 빨리 서울에 도착하기를 바라는 것이었다. 내가 생각한 보다 나은 대안은 인천항으로 가는 바닷길이었다(해안을 따라 섬들을 통과하는 화려한 유람선 여행). 이것은 약 6시간이 걸렸고 거기에서 서울까지는 버스나 기차로 45분밖에 걸리지 않았다.

빈센트 브란트 선생은 배가 아니라 육로로 서울에서 의항리까지 이동한 경로도 자세히 적어 두어서, 위에 소개된 뱃길과 비교할 수 있습니다.

1966년에 그곳에 가는 것은 총 10시간쯤 걸렸는데(지금은 약 3시간 걸린다), 거기에는 네 개의 특징적인 단계가 있었다. (공상 과학 소설에서처럼) 근대화된 도시에서 점점 더 멀어지는 매 단계마다 미묘한 변화가 일어났다. 모든 차원, 심지어 시간조차도 달랐다. 점차 차이의 규칙이 적용되었고 목소리와 사투리가 바뀌고 옷은 더 너덜너덜해졌으며 씻지 않은 몸에서 나는 쉰 냄새가 심해졌다. 결국 서두르는 일이 없어지고 돈은 덜 들었으며 예의가 나아지면서 연장자를 존중하는 옛 규범이 거의 모든 일에 우선시되었다.

여행의 첫 4시간은 동반 여행객들로 가득 찬 더럽고 시끄럽게 북적이는 느린 완행열차를 타고 갔다. (……) 홍성에 도착할 때쯤이면 나는 머리가 어질어질했다.

아주 낡은 버스 행렬이 기차역 앞에 늘어서 있었고 버스 안내양들은 기차에서 내리는 승객들에게 말을 걸었다. 이것이 여행의 두 번째 단계의 시작이다. 내가 군청 소재지의 명칭인 〈서산〉을 외치자마자 나는 강제로 잡아당겨져 서산행 버스를 향해 걸어가게 된다. (……)

석포행 여행의 세 번째 단계는 먼저 서산에서 태안, 다음으로 태안에서 노선 종점에 있는 해안가 어촌 마을인 모항으로 가는 30분 걸리는 두 차례의 버스 승차로 이루어진다. 홍성–서산 간 버스가 낡았다면, 값싼 노동을 무제한으로 이용하여 계속 응급 수리를 함으로써 움직이는 기능만 하던 이 버스들은 폐차 직전이었다. (……)

태안에서 해안으로 가는 버스들도 마찬가지로 오래되고 더 낡아 빠진 것들이었다. 그러나 그 버스들은 무리하게 운행되지는 않았다. 도로가 훨씬 열악했기 때문이기도 했고 읍간 운행 스케줄에 대한 서두름이 거의 모두 사라졌기 때문이다. 1966년에 한국 촌락에서 시간에 대한 성급함은 전혀 없었다. 버스가 언제 떠나고 도착하는지는 문제가 되지 않았고 운전사가 시간을 준수했는지 요구할 근거도 없었다. 버스가 올 때까지 승객들은 길가에서 기다렸다. 그들 중에 손목시계나 다른 종류의 시계를 가지고 있는 사람은 아무도 없었다. 누군가 버스를 놓친다면 다음 버스가 올 때까지 여러 시간을 보내기 위해 근처의 친척 집으로 가거나(버스는 하루에 두 번 운행되었다) 다음 날 다시 버스를 타기 위해 집으로 돌아갔다.

　그는 서울에서 장항선을 타고 홍성까지 열차로 이동한 다음, 홍성역에서 서산 읍내로, 서산 읍내에서 태안 읍내로, 그리고 태안 읍내에서 의항리 바닷가까지는 버스로 이동했습니다. 버스는 상태가 나빴을 뿐 아니라 배차 간격도 조밀하지 못했습니다. 태안 읍내에서 의항리까지는 하루 두 번 버스가 다녔다고 하는데요, 지금도 221번 버스가 하루 2회, 220번 버스가 하루 5회 운행하고 있으니, 예전이나 지금이나 대중교통으로 태안에서 의항까지 가는 것은 쉽지 않은 일입니다. 저는 대중교통으로 답사를 다니는데요, 지금 살고 있는 경기도 북부에서 태안군 소원면 의항리까지 가려면 배차 간격까지 고려해서 60여 년 전 빈센트 브란트 선생이 이동했던 것과 거의 비슷한 시간이 걸릴 듯하네요.

　이처럼 예전이나 지금이나 육로보다는 뱃길로 태안군 바닷가까지 이동하는 게 더 빠릅니다. 하지만 서해안에서 대규모 간척 사업이 이루어지면서 태안반도의 포구들은 대부분 사라졌습니다. 또 이제는 내륙으로 바뀐 서산의 명천포구에서 1969년 12월 6일에 출항한 제3조운호가 인천 앞바다에서 충돌 사고로 침몰한 사례에서 보듯이, 배가 침몰하는 등의 사고가 잇따른 것도 여객선 운항을 중단시킨 요인이었습니다.

이리하여 뱃길은 서서히 끊기고, 육로로만 태안반도를 드나들 수 있는 시대가 찾아왔습니다. 이러한 변화를 보여 주는 좋은 자료가, 박동현 선생이 쓴 현대 한국 최초의 베스트셀러 여행 안내서인 『구름에 달 가듯이』입니다. 이 책의 원형이라고 할 『여성동아』 1969년 9월 호 별책 부록 『실지답사 전국여행가이드』, 이 부록을 독립시킨 『구름에 달 가듯이』의 1972년 호와 1976년 호를 비교해 보죠.

『실지답사 전국여행가이드』 1969년 호

만리포 해수욕장: 서산군 소원면 태안반도 서단에 있다…

[교통] 대전 → 만리포, 서산 → 만리포, 홍천 → 만리포, 버스편 수시로 내왕.

인천→만리포는 선편이 있다.

대양기선 은하호가 6월 말부터 운항, 출항시간 오전 9시, 소요 시간이 5시간, 배삯 270원.

『구름에 달 가듯이』 1972년 호

만리포 지방

교통

대전-만리포, 서산-만리포, 홍천-만리포 수시로 운행(하절) 버스편

인천-만리포 (대양기선, 은하호) 7월 15일부터 운항

출항시간 7:00. 소요 시간 5시간

배삯 → 3등 230원, 2등 330원, 1등 560원, 침대 900원

만리포-인천 13:00, 14:00

가이드

〔交通〕 대전↓만리포, 서산↓만리포, 홍천↓만
리포、 버스편 수시로 내왕。
인천↓만리포는 선편이 있다。
대양기선 은하호가 六월말부터 운항、 출항시간
오전 九시, 소요시간이 五시간, 배삯 二七〇원。
〔宿泊〕 호텔……여관(하절)이 수 개소와 셋방
전세천막 수 십개소。

교통　　　　　　　　　萬里浦地方
대전—만리포, 서산—만리포, 홍천—만리포　수시로 운행(하절)　**버스편**
인천—만리포 (대양기선. 은하호) 7월 15일부터 운항
　　출항시간　7:00. 소요 시간 5시간
배삯⇨3등 230원,　　2등 330원, 1등 560원, 침대 900원
만리포—인천 13:00, 14:00
◎ 하절에는 혼잡하므로, 1일 전에 예매하고 있다. ↑
숙박　호텔⇨만리포호텔, 만리포 관광호텔, 킹호텔 등. 독방 1000원～2000원
　　　　여관, 여인숙, 방가로, 대절천막, 민박 백여 개소
음식　각 숙박업소에서 음식업을 겸하고 있다. 다방⇨호수, 백양, 백만불 등

〈만리포지방〉
♣기차편(장항선)
서울—홍성(특) 8 : 10,　18 : 00.　650원　　(완)5 : 10,　9 : 10,　11 : 05,　12 : 45,
　　15 : 30.　330원
♣버스편
홍성—태안(직행) 40분 간격으로 운행. 300원
태안—만리포 수시운행 75원
서울—태안(직행) 명시 8 : 30…(1시간)…16 : 30
서울—만리포 (여름철) 6 : 17…(20분)…16 : 30. 1200원
서울—서산(직행) 7 : 45,　8 : 45…(30분)…18 : 00
〈숙박〉
호텔, 여관, 여인숙 등 100여개소

(위)『여성동아』1969년 9월 호 별책 부록　　　　(가운데)『구름에 달 가듯이』1972년 호.
『실지답사 전국여행가이드』.　　　　　　　　　(아래)『구름에 달 가듯이』1976년 호.

＊ 하절에는 혼잡하므로, 1일 전에 예매하고 있다.

인천항에서 만리포해수욕장까지는 대양기선의 은하호가 계절 한정으로 운항을 했는데, 5시간이 걸렸다고 합니다. 1969년에는 6월 말부터 인천에서 만리포 방향으로 오전 9시에 출항했네요. 1972년에는 7월 15일부터 오전 7시에 인천에서 만리포로, 그리고 오후 1시와 2시에 만리포에서 인천으로 운항했다는 걸 보니, 만리포해수욕장을 찾는 승객이 늘어났나 봅니다. 열차보다 배로 만리포해수욕장을 오가는 게 편리했다는 말이겠죠.

하지만 1976년판 『구름에 달 가듯이』에서는 배편 안내가 사라집니다. 그리고 앞의 두 책에서 홍성을 홍천이라고 적고 있던 오자도 홍성으로 고쳐져 있습니다. 홍성은 충청남도고 홍천은 강원도죠. 이런 기초적인 부분에서도 오류를 낼 정도로 출판사 측에서 충남 지역의 상황을 잘 알지 못했음을 짐작할 수 있습니다.

아무튼 이렇게 배편으로 수도권으로 이동하는 수단이 사라진 것이 태안반도의 시민들께는 불편해진 것으로 느껴졌을 수도 있겠습니다만, 태안 만리포의 선장이던 서영옥 선생은, 배 대신 차로 다니게 되면서 지역이 발전했다고 회상하시더군요. 뱃사람이던 분도 이런 말씀을 하시는 데에서, 태안반도 시민들의 생각을 조금이나마 짐작할 수 있겠습니다.

태안반도의 길이라고 하면 뱃길과 육로 이외에, 썰물 때 드러나는 얕은 개펄인 〈감길〉도 있었습니다. 요즘 말하는 모세의 기적이라 하겠습니다. 서산·태안·홍성에 걸쳐 있는 천수만 주변에 거주하는 분들께서 감길을 이용하셨다고 하는데요, 서산 방조제가 만들어져서 바다가 육지로 바뀌면서 감길은 사라져 갑니다. 간척 사업은 뱃길뿐 아니라 감길도 잊히게 했습니다.

또, 태안반도와 제주도 사이에도 간접적으로 물길을 따라 사람들이 이동했습니다. 제주 해녀들이 부산을 거쳐 태안 만리포로 이동한 것입니다. 제주 해녀분들이 부산으로 이동해서 지금도 영도 등지에 많이 살고 계시다는 사실은 잘 알려져 있습니다만, 부산에서 다시 울산·영덕·울릉도·군산·태안 등지로 이동한 해녀분들도 많습니다. 앞에서 여러 차례 인용한 태안 만리포의 서영옥 선장은 사람을 잡아먹는 상어와 잡아먹지 않는 상어를 구분하는 법을 소개하면서, 만리포의 해녀를 잡아먹은 상어에 대한 이야기를 들려줍니다.

마지막으로, 서해 바다를 통한 문화 교류를 보여 주는 존재로서 굴뚝을 소개하고 싶습니다.

당진·서산과 전라남도 서부의 굴뚝은 특히 민간 가옥 레벨에서 공들여 만들어졌습니다. 이렇게 공들여 만들어진 굴뚝에 대해 서산시에서는 자기 지역의 독특한 풍습이라고 생각하는 것 같습니다. 〈서산 지방에는 굴뚝을 높게 세우고 아름답게 장식하려는 의식(가치관)이 강했던 것 같다.《굴뚝 경관》은 서산 지방 민가 형태의 한 특징을 이루고 있다〉라든지, 〈서산 지방에서만은 오히려 굴뚝을 높게 세우고 여기에 각종 치장을 해서 미관상 아름답게 꾸미고, 때로는 부와 위세를 과시하는 듯한 감마저 풍기게 함으로서 독특한《굴뚝 경관》을 형성하고 있다〉는 식으로 말이죠.

하지만 굴뚝을 특징적으로 만드는 것은 서산뿐 아니라 이웃한 당진에서도 확인되는 현상이고, 서산·당진과 서해안 뱃길로 이어져 있는 전남 서부에서는 더 크고 화려한 굴뚝을 볼 수 있습니다. 전남 서부에 비하면 태안반도의 굴뚝은 소박한 느낌까지 줍니다.

광주 전남 지역에서 활동하는 강동수 목수는 중국의 벽돌 문화와

(위) 제주시 한림읍 협재리에 세워져 있는
부산·울릉도 출향 해녀들의 기념비. 2018년 12월.

(아래) 부산 영도에서 활동 중인 제주 출신 해녀분.
2022년 1월.

(위 왼쪽) 당진시 합덕읍 대합덕리의 굴뚝. 2023년 1월.

(위 오른쪽) 당진시 석문면 삼봉4리의 굴뚝. 2024년 3월.

(아래) 서산시 음암면 상홍리의 굴뚝. 2022년 1월.

(위) 서산시 운산면 용장리의 굴뚝. 2023년 5월.

(가운데) 전라남도 영광군 법성포의 일식 가옥과
굴뚝. 2022년 11월.

(아래) 광주광역시 북구 북동의 도시형 한옥과
굴뚝. 2022년 3월.

근대 일본의 건축 양식이 한국 건축 양식과 결합해서 이런 굴뚝이 탄생했다고 추정합니다. 서해안을 통한 인적 교류가 특징적인 굴뚝을 만들어 냈다는 것인데요, 이런 문화 교류는 전남 서부에서뿐 아니라 태안반도에서도 있었을 터입니다.

　　제주에서는 양옥 주택 담장에 미장이가 그린 그림을 〈세멘꽃〉이라고 해서 제주 고유의 풍경인 것처럼 강조하고는 합니다. 하지만 제가 『문헌학자의 현대 한국 답사기』에서 말씀드린 것처럼 이런 장식은 제주뿐 아니라 전국적으로 확인되는 〈시민 예술〉입니다. 서산시에서 〈독특한 굴뚝 경관〉이라고 주장하는 서산의 굴뚝 역시, 눈을 조금만 넓히면 서해안 지역에서 널리 확인되는 교류의 흔적임을 알게 됩니다. 자기 지역에 대해서만 알고 다른 지역에 대해 잘 모르는 상태에서 고유성을 찾는 것이 얼마나 위험한 주장인지를 새삼 확인합니다.

형설촌·후생촌·귀농촌

서해안의 여느 지역과 마찬가지로 서산과 태안 곳곳에도 많은 이주민들이 정착했습니다. 이들 가운데에는 태안군 태안읍의 후생촌이나 귀농촌처럼 자발적으로 이주해 온 경우도 있었고, 서산시 인지면 모월리의 서산개척단처럼 강제로 끌려온 경우도 있었습니다.

　　태안군 태안 읍내의 동쪽인 평천4·5리에는 귀농정착촌과 후생촌이라는 마을이 있습니다. 평천4리의 후생촌은 1948년에 전쟁으로 인한 이재민들을 위해서 71채의 기와집을 지어 주어 정착시킨 곳입니다. 이 마을 아래쪽에는 별도로 황해도촌이라는 지명도 전하는데, 『한국지명총람』의 충청남도 서산군 장에서는 〈6·25 사변 이후 황해도 사람이 많이 모여〉 살았다고 해서 이런 이름이 붙었다고 전합니다.

　　2004년에는 이곳의 토지 소유권을 둘러싸고 법적 분쟁이 있었습니다. 정착 당시 토지와 주택의 소유권이 불분명하게 처리되었던 데에서 비롯된 소송입니다. 이 소송의 판결문에는 후생촌의 탄생과 그 후의 변화 과정이 다음과 같이 간결하게 소개되고 있습니다.

〈충남 태안군 일대의 이재민, 피란민들이 1948.경부터 충남 태안읍 평천리에 정착하여 후생촌이라는 부락을 이루게 되었는데, 후생촌은 원래 평천1리에 속해 있었으나 1950. 이후에 평천4리로 분리되었고, 그 당시에 약 50세대가 거주하고 있었으나, 그 후 약 20세대는 다른 곳으로 이주하고 다른 주민들이 전입하여 현재 약 74세대가 거주.〉

평천5리의 귀농촌은 귀농정착촌이라고도 불리는데,『한국지명총람』의 충청남도 서산군 장에서는 〈떠돌아다니던 사람들을 이곳에서 농사지고 살게〉했다고 합니다. 후생촌에 비해서 유래가 불분명하죠. 1961년에 실업 대책의 일환으로 이루어진 귀농 정착 사업 때 생겨난 마을 같습니다만, 정확한 기원을 찾지는 못했습니다. 뿐만 아니라 1988년 5천분의 1 지도에서는 귀농촌을 귀농천이라고 적고 있어서, 마을의 유래가 잊혀진 모습을 확인합니다.

태안군 태안읍의 후생촌이나 귀농촌은 자발적으로 모여든 사람들이 정착한 마을입니다. 이와는 반대로 서산시 인지면 모월3리는, 박정희 정권 초기에 이른바 부랑아들을 정착시킨다는 명목으로 조직된 〈대한 청소년 개척단〉 일명 〈서산개척단〉이 정착한 마을입니다.

서산 방조제 A지구의 북쪽 지역인 이 일대에는 폐염전이 있었는데, 1960년대에 소금 가격이 낮아지면서 염전을 농토로 바꾸려는 움직임이 일어납니다. 당시 박정희 정부는 이른바 범죄자나 부랑아를 조직해서 전국의 건설 사업에 투입하고 있었습니다. 이런 조직으로는 국토재건단이 유명한데요, 대한청소년개척단도 이런 사업의 일환으로 서산의 폐염전에 투입된 것입니다.

여론이 나빠져서 서산개척단이 해체된 뒤에도, 몇몇 이들은 간척에 성공하면 땅을 받을 수 있다는 관계자들의 말을 믿고 남았습니다. 여러 차례 간척 사업에 실패한 끝에 1980년대에 서산 A지구 방조제가 만들어지면서 성공, 그 뒤로 농사를 지어 왔습니다. 하지만 그즈음부터 분위기가 바뀌었습니다. 이들은 나라로부터 땅을 불하받았다고 믿었지만, 정부에서는 국유지를 임대해 준 것이라고 주장한 것입니다. 그리고 이들은 소송에서 패했습니다.

처음에 국가에서는 이들이 간척을 하면 땅을 주겠다고 했지만, 나중에는 땅을 주는 게 아니라 임대를 준 거라면서 임대료를 내라고 한 것이었습니다. 소송에서도 져서 평생 가꾼 땅을 갖지 못하게 된 아버지의 원한을 풀어 주기 위해, 자녀분들이 그 땅을 구입해서 아버지에게 드렸다고 정영철 서산개척단진상규명대책위원장께서 저에게 들려주셨습니다. 『서산시지』에서는 〈그들이 그때 분배받은 토지가 국유로 되어 있어 그들의 소원을 풀어 주지 못하고 있〉다고 하면서도, 〈결국 그들은 대부분이 국가의 발전과 함께 성공하였다고 볼 수 있다〉라고 말하고 있습니다. 무슨 성공이라는 것인지 모르겠습니다.

서산 개척단이 정착한 모월2리는 형설촌이라 불렸습니다. 낮에는 농사짓고 밤에는 반딧불이를 모아 공부했다는 형설지공(螢雪之功)이라는 고사성어에서 나온 말이죠. 하지만 2004년도 5천분의 1 지도를 보면 형설촌이라는 지명이 영설촌으로 바뀌어 있습니다. 이 마을의 유래가 잊혀지면서 이런 변화가 생긴 것 같습니다. 또, 형설촌을 마주 보고 있는 서산시 해미읍 양대동의 정화사 염전에서 일하던 노동자들이 정착한 염부사택촌도 지도 애플리케이션에는 염부사댁촌으로 등록되어 있습니다. 귀농촌에서 귀농천으로, 형설촌에서 영설촌으로, 염부사택촌에서 염부사댁촌으로……. 세월은 흘러가고, 태안반도에서 살아

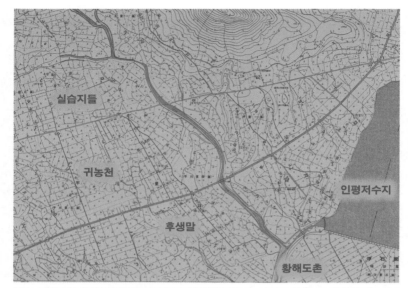

(위) 귀농천(귀농촌), 실습지들, 후생말, 황해도촌이라는 지명이 보이는 1988년 5천분의 1 지도. 국립지리원 발행, 1988.

(아래) 태안군 태안읍 평천4리 후생촌의 경관. 2023년 12월.

(위) 서산개척단 회관. 2022년 1월.　　　　　　(아래) 서산개척단 사망자 집단 묘지. 2022년 1월.

(가운데) 서산개척단 숙소. 2022년 1월.

(위) 서산개척단 단원들이 간척하려 했던 벌판.
2022년 1월.

(아래) 정영철 서산개척단진상규명대책위원회장.
2022년 1월.

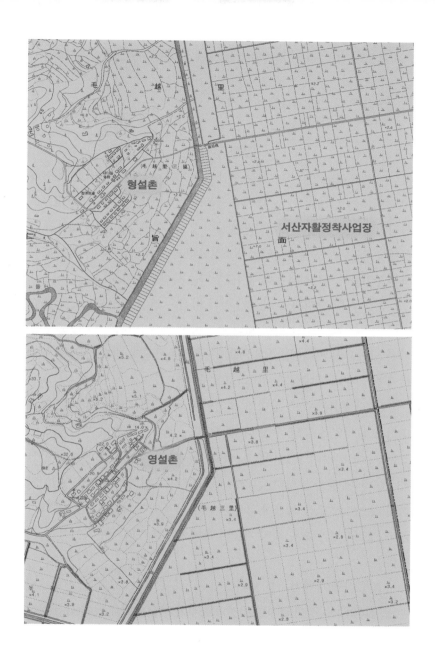

(위) 형설촌과 서산자활정착사업장이라는 지명이   (아래) 형설촌이라는 지명이 영설촌으로 바뀌어
보이는 1988년 5천분의 1 지도(부분).   버린 2004년 5천분의 1 지도 (부분).
국립지리원 발행, 1988.   국토지리정보원 발행, 2004.

온 사람들의 사연은 이렇게 잊혀져 갑니다.

염전과 간척

서산시라고 하면 전국적으로는 서산시 북쪽의 대산읍에 자리한 석유 화
학 단지가 잘 알려져 있죠. 서산시 남쪽의 천수만은 정주영 전 현대그룹
회장의 유조선 공법과 현대아산농장이 유명하고요. 서산시의 북쪽과 남
쪽에서 확인되는 공업과 농업의 대조적인 풍경은, 대서울권의 특징인 도시
화와 산업화가 서산시의 북쪽에서 끝난다는 사실을 보여 줍니다.

석유 화학 단지가 들어서기 전의 서산은 염전 산업으로 번성했습
니다. 한때 서산에는 190여 개의 염전이 있었다고 하죠. 1982년에 출
판된 서산군의 지리지인 『서산군지』에서는 서산의 염전 산업 현황과
미래 전망에 대해 이렇게 설명하고 있습니다.

〈본군에서는 특수 산업인 제염업이 매우 발달하였으며, 그 역사
또한 오래되었음을 알 수 있다. 현재 본군 내에는 190여 개의 염전이
있는데, 그 면적이 1,540ha로서 여기서 생산되는 소금이 무려 연산
93,500톤에 달하고 있다. 그러나 인력 부족과 염가의 하락 등으로 인
하여 앞으로의 소금 생산에 많은 차질을 가져오지 않을까 하는 생각이
든다. 그러므로 앞으로 제염 기술의 기계화가 조속히 이루어져야 할 것
이다.〉

염전 산업이 번성하고 있다고 전하는 『서산군지』에서는, 현재로서
는 공업화의 가능성이 없지만 언젠가 정부가 서산 해안에 간척 사업을 실
시한다면 공업 단지가 들어설 가능성도 있다는 기대를 드러내고 있기도
합니다. 그 가능성이 현실화된 것이 대산읍의 석유 화학 단지입니다.

대산공단이 들어서기 전에도, 또 염전업이 성행하기 전에도 지금
의 대산읍은 사람들이 오랫동안 살아온 지역이었습니다. 한국의 농산

어촌에서는 사람들이 어떤 지역에 들어가서 개척하고 마을을 형성했다는 뜻의 〈새말〉, 〈새마을〉, 〈신촌(新村)〉, 〈신기(新基)〉, 〈새각단〉 등의 지명을 쉽게 찾아볼 수 있는데요, 대산읍에는 이런 지명이 없다고 합니다. 그만큼 대산읍에 사람들이 살아온 유래가 깊다는 거죠.

　　이렇게 오래전부터 사람들이 살아온 대산읍이지만, 인구가 늘어나기 시작한 것은 〈해방 이후 천일제염을 비롯한 해만 개척이 대산 지역에서 크게 확장하는 현상과 관계가 깊〉습니다. 개펄을 염전으로 개간하면서 새로운 사업 모델이 등장한 것이죠. 개펄을 염전으로 바꾸는 이외에 포구에 선착장을 설치하기도 하고, 제방을 쌓아서 간척 사업을 벌이거나 농토의 경지 정리 사업을 벌이는 등, 대산읍을 비롯한 서산의 바닷가 주민들은 좀 더 나은 삶을 영위하기 위해 할 수 있는 일을 모두 했다고 해도 과언이 아닙니다. 대산산업단지는 이렇게 시민들이 개펄을 염전·농토로 개간하던 사업을 대규모로 확장한 부지에 들어섰습니다.

　　대산읍 지역에 〈제2의 울산〉이라 불리는 공업 단지가 들어서면서, 한적한 농촌이자 어촌이던 서산의 바닷가 지역은 근본적으로 그 성격이 바뀌었습니다. 바닷가가 공업 단지로 바뀌면서 인구가 꾸준히 늘고 있습니다. 생각보다 서산시의 인구가 늘지 않고, 대산공단의 인프라 문제에 불만을 품은 퇴사자도 많다는 지적도 있습니다만, 그래도 대산공단이 만들어지고 나서 서산시가 근본적인 변화를 겪었음은 틀림없습니다.

　　서산시 전체적으로는 공단이 만들어지면서 인구가 늘고 세수가 늘었다는 긍정적인 측면이 있는 반면, 이곳에서 어업을 꾸려 온 시민들의 삶은 막막해졌습니다. 바닷물이 오염되면서 〈서해 바대이 전망이 없다는 것을 지금 대강들 짐작하는 사람은 짐작허구 있〉다고 태안 만리포의 서영옥 선장은 일찍이 1980년대에 말했습니다. 태안 서쪽 끝의

면직원도 문전옥답 600평

서산군 대산면사무소
김 기 경

면사무소 직원으로 새마을 사업의 기수가 되겠다는 각오로 실천 궁행한 '상록수 공무원'이 있다.

대산면 전 마을에 휘어트인 농로와 거미줄 같은 마을안길 이 모두가 김기경 서기의 정성이 담긴 결실인 것이다.

72년 12월말 김기경씨는 자기마을 영탑리에 문전옥답 600평을 직선화 농로개설을 위해 희사하여 1.5km나 떨어진 시장과 연결시켰다.

73년 김기경씨는 계속되는 새마을운동에 더욱 헌신적으로 밤과 낮을 가리지 않았다. 73년 분담 마을인 대산면 운산2구를 자립마을로 만들기까지는 더욱 큰 노력과 정성을 쏟았다.

오솔길로 다니던 산간 어촌마을을 대대로 자동차를 이용하는 마을로 변모 시켰고 등잔불이 전기불로 전환되도록 또한 강력히 추진 하였다.

이토록 큰 결실은 73년초 박봉에서도 철급 1월분 전액을 털어 사철나무를 구입, 운산리 마을을 기점으로 순환 농로 11km의 가로수를 식재하여 운치있는 마을로 변모 시켰다.

지금은 소득사업에 중점을 두고 유실수 밤나무 단지 3ha를 조성하여 마을 공동으로 관리하며, 갯지렁이 채취, 고둥소채 재배로 농가소득 증대를 지도하고,

사업의 효과를 위해 오늘도 생각하는 면 직원 김 기경씨는 마을사람들과 면민 모두의 칭송이 대단하다. ✳

(위)『새마을의 승자상』에 보이는 서산군 대산면 대죽리.

(아래)『새마을의 승자상』에 보이는 서산군 대산면사무소 김기경 씨.

외딴 마을 의항리에서 1960년대에 인류학적 조사를 벌였던 빈센트 브란트 선생도, 그 후 수십 년 뒤에 다시 이 마을을 찾아갔다가 대산산단이 지역에 가져온 변화의 양상을 보고는 충격을 받게 됩니다.

나는 북서쪽의 섬들을 쳐다봤다. 놀랍게도 바다에는 움직임 없는 거대한 화물선과 유조선들이 가득했다. 해안에서 1.2마일 떨어진 곳에서부터 멀게는 10마일 이상 떨어진 곳까지 정박해 있는 26척의 배들을 셀 수 있었다. 이것을 어떻게 설명해야 할지 생각할 수 없었다. 가장 가까운 주요 항구는 여기에서 26마일 거리이다. 이러한 풍경과 동떨어진 유일한 인물은 마늘밭 가운데 하나에서 일하고 있는 남자였다. 나는 그곳으로 걸어갔고 그가 김의곤의 6촌이라는 것을 알게 되었다. 인사를 나누고 추억에 잠긴 뒤에 배들에 대해서 물었다.

「아 그건 해안에서 15킬로미터 떨어진 곳에 있는 태산에 들어선 새 항구와 정유 공장입니다.」그가 설명했다. 「배가 정박하는 공간을 충분하게 건설하지 않아서 지금은 해외에서 화물을 싣고 오는 배들이 너무 많이 그곳에 정박하려고 하는 중입니다. 가끔은 배들이 바다에 닻을 내리고 일주일을 기다려야 합니다. 흐린 날에는 밤하늘에 공장 불빛이 반짝이는 것이 보입니다.」

내가 아는 한 한국의 이 지역에는 어떤 산업 시설도 없었다. 북쪽의 잠자던 어촌이 이제 갑자기 주요 산업 중심지로 변모한 것이었다. 나는 그것이 석포에 영향을 미쳤는지 물었다. 의곤의 6촌이 강조했다. 「고기잡이는 망해 가고 있습니다. 정유 공장이 기름을 바다로 유출하면서 어획량이 줄어들고 있습니다. 우리 중에 몇몇은 이미 배를 팔았습니다.」

20여 년 넘게 한국의 다른 지역에서 연구 작업을 하면서 나는 한국의 급속한 산업화를 지켜봤다. 해를 걸러 여행을 올 때마다 나는 더 많은 공장과 더 많은 고속도로, 더 많은 고압선, 더 많은 자동차와 트럭, 더 많은 판잣집들과 더 많은 휘황찬란한 고층 건물들을 마주했다. 공해와 환경의 질적 저하. 수많은 산업 재해와 도시의 과밀화가 환상적인 경제 성장에 발맞추어 진행되었다. 그러나 그것은 항상 다른 어딘가의 얘기였지 석포의 얘기는 아니었다.〉

흔히 사람들은 역사가 끊어지지 않고 면면히 이어진다고 믿습니다. 하지만 역사에는 큰 단절의 시기가 있습니다. 경제사학자 차명수 선생은 한반도가 19세기 말에 개항되어 세계에 열리면서, 하층 계급 시민들에게 활로가 생겨났다고 주장합니다. 정치 위주로, 또는 지배 집단 위주로 역사를 바라보면 19세기 말에서 20세기 초의 한반도 상황은 암울해 보일 수 있겠지만, 전 세계적으로 피지배 집단은 그 지역이 개항·개국되어 외부 시장에 열리게 되면 혜택을 본다는 것이죠. 이런 의미에서 역사에는 단절의 시기가 있는 것이며, 단절 이전과 이후에 그 지역의 상황은 본질적으로 바뀝니다. 서산시는 대산공단이 탄생하면서 역사의 단절을 겪었습니다.

대산 읍내를 걸으면, 산업화 전의 농어촌 시절 모습과 산업화 이후의 모습을 가까운 곳에서 모두 확인할 수 있습니다.

서산시청에서 버스를 타고 대산읍사무소·대산 버스 터미널로 들어서기 직전의 사거리에 내리니, 이 지역에 세워진 비석들을 모은 곳이 있더군요. 이 비석들의 가장 앞쪽에는 추사 김정희가 암행어사로서 이곳에 왔었음을 기념하는 〈어사 김공 정희 영세 불망비〉라는 비석이 세워져 있습니다. 그 옆에는 청나라 연호가 새겨진 조선 시대, 일본 연호가 새겨진 식민지 시기, 단기(檀紀)가 새겨진 해방 이후의 비석들도 나란히 세워져 있습니다.

이곳에서 서북쪽 방향을 바라보면, 읍사무소 주변의 구도심과 터미널 주변의 택지 개발 지구가 이루고 있는 대조적인 경관이 보입니다. 읍사무소 가는 길에는 1988년에 삼성종합건설이 주민들을 위해 상수도 시설을 마련해 주었음을 기념하는 비석도 있더군요. 대산읍이 겪은 급변, 역사의 단절을 이 사거리에서 확인할 수 있습니다.

대산공단과 마찬가지로, 대산공단 남쪽의 성연농공단지에서 좀 더 남쪽으로 가면 나타나는 서산제2일반산업단지(서산인더스밸리)도 간척지에 들어서 있습니다.

서산인더스밸리가 자리한 곳은 성연면 해성리 해성 마을이라고 합니다. 간척되기 전까지 이 마을은 산과 바다에 막혀서 북쪽의 외성과 남쪽의 내성이 산과 바다에 막혀 분리되어 있었습니다. 그래서 마을 주민들은 3개월 동안 3천 명이 동원되어 산을 뚫음으로써 4킬로미터에 달하는 산길을 개척해서 외성과 내성을 잇는 데 성공했습니다.

1980년 5천분의 1 지도를 보면, 남쪽에 간석지들이 보여서 이미 일부 간척 사업이 이루어졌음을 알 수 있습니다. 하지만 현재 이곳에서 볼 수 있는 벌판은 그 당시까지는 바다였습니다. 마을 주민들은 이 바다에 가로막혀 서로 소통하지 못하는 것을 불편하게 여겨서 해안 도로를 뚫은 것이죠. 하지만 이런 주민들의 노력도 헛되게, 마을 앞의 바다는 순차적으로 매립되어 오늘날 모두 평야로 바뀌었습니다. 이 간척지의 끄트머리에 들어선 것이 서산인더스밸리죠.

마을 한복판에 공단이 들어서면서, 이 마을 주민들은 흩어졌습니다. 이 마을 출신의 박정자 선생은 조금 떨어진 명천포구 쪽으로 와서 명천배턱새우젓집이라는 가게를 열었습니다. 배턱은 포구라는 뜻입니

(위) 서산시 대산읍의 신도시와 구도심.
2023년 5월.

(아래) 서산시 대산읍의 비석군. 2023년 5월.

(위) 서산시 대산읍의 비석군 가운데 〈어사 김공 정희 영세 불망비〉. 2023년 5월.

(위) 삼성종합건설 대표가 대산면 주민들을 위해 수원(水源)을 개발해 준 것을 기념하는 비석. 2023년 5월.

(아래) 폐염전 너머로 보이는 대산공단의 석유 화학 공장들. 2022년 1월.

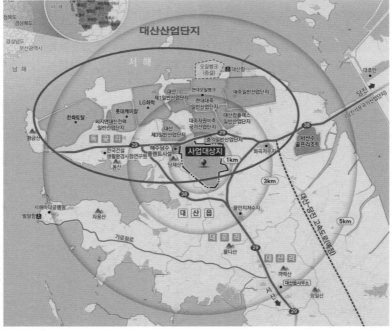

서산시 대산공단의 공장 위치도.

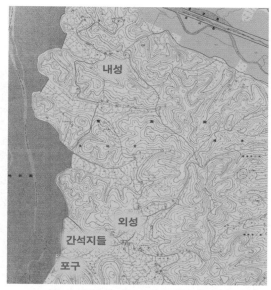

(위) 서산시 성연면 해성리 서산인더스밸리
일원을 보여 주는 1980년 5천분의 1 지도.

(아래) 서산시 성연면 해성리 서산인더스밸리
일원을 보여 주는 현재의 위성 사진.

(위)『새마을의 승자상』에 보이는 해성 마을의
도로 건설 상황.

(아래) 1980년 5천분의 1 지도에 포구라고 적혀
있는 위치에는 지금도 당시 건물들이 남아
있습니다. 2024년 3월.

다. 이 책의 곳곳에서 이미 말씀드린 것처럼 명천포구는 한때 서산 시민들이 인천으로 가기 위해 배를 타던 중요한 항구였지만, 현재는 매립되어 이름만 남아 있습니다. 박정자 선생의 증언에 따르면, 중선 그러니까 큰 배는 이 명천포구까지 올 수 있었고, 해성 마을의 간석지들 근처에는 똑딱선이 정박했다고 합니다. 박정자 선생이 증언한 포구 건물을 비롯해서, 이곳이 포구이던 시절의 건물이 아직도 몇 채 남아 있습니다.

이렇게 서산시는 공업화와 도시화를 겪으면서 역사의 단절이라 할 정도의 근본적인 변화를 경험했습니다. 하지만 공업화 이전에 서산시의 경제에서 큰 비중을 차지하던 염전업의 흔적도 여전히 쉽게 찾아볼 수 있습니다.

서산시청에서 남쪽으로 6킬로미터 정도 떨어진 양대동에서는 식민지 시기부터 염전 회사가 영업하고 있었습니다. 얼마 전까지도 정화사라는 이름으로 운영되던 이 회사 앞에는 〈정화사〉라는 이름의 버스 정류장이었는데, 얼마 전부터 〈한국농어촌공사〉라는 이름으로 바뀌었습니다. 정화사 염전 창고는 세 개 가운데 한 개가 남아 있고, 염부사택촌도 원형을 남기고 있었습니다. 이 일대의 간척지에도 여전히 〈염전〉지목이 남아 있고요.

정화사 염전은 천수만 간척이 시작되면서 농토로 바뀌었습니다. 염부사택촌의 서쪽, 서산개척단이 정착한 인지면 모월리도 간척 사업이 거듭 실패하다가 서산 방조제가 세워지면서 끝내 간척 사업에 성공했다고 정영철 서산개척단진상규명대책위원회장께서 저와 답사 팀에게 증언해 주셨습니다. 태안읍 송암리, 부석면 송시리 등, 마을 단위에서 간척 사업을 추진한 곳들도 현재는 모두 천수만 간척지에 포함되어 있습니다.

천수만 간척 사업에 이어 태안시는 북부에서 광개토대사업이라는 것도 추진하고 있습니다. 이것은 간척 사업은 아니고 도로 확장 사업이지만, 현재의 자연 환경에 어느 정도 영향을 미칠 것으로 예상됩니다. 박정희 대통령 당시의 오원철 경제수석은 정권 말기에 가로림만을 메워 국제 항구를 만들려 한 〈가로림만 프로젝트〉가 추진되었다고 증언합니다. 또 21세기 들어서는 경기도 서해안의 경기만을 간척해서 서울의 몇 배 넓이 되는 땅을 만들자는 〈광개토 프로젝트〉가 발표된 적도 있죠. 태안시가 추진하는 광개토대사업은 이 두 개의 프로젝트를 합친 느낌입니다.

1967년에 건설부가 제작한 『대국토건설계획서』에는 지금의 서산 A방조제가 지금보다 소규모로 나타나 있고, 그 대신 가로림만을 간척한다는 계획이 실려 있습니다. 만약 이 계획대로 실행되었다면 개펄을 메인 테마로 하는 지금의 가로림만 국가해양생태공원이 존재하지 않았을 것은 물론, 가로림만을 항구로 개발한다는 박정희 정권 말기의 가로림만 프로젝트도 구상조차 되지 않았겠지요.

가로림만은 간척되지 않고 살아남아서 해양 문화 자원으로 활용되고 있습니다만, 천수만은 A·B방조제가 놓이면서 어촌이 농촌으로 바뀌고 어민들은 농민으로 전직해야 했습니다. 이때 마을 주민들은 〈나라에서 부족한 쌀을 생산하기 위해 대규모 간척 사업을 하는 일이므로 괜찮겠거니 했다〉고 합니다. 하지만 천혜의 어장이던 마을 앞바다가 사라진 지금, 이들은 〈정주영씨가 마을을 망쳤다〉고 말합니다.

이들 예전 어민들 가운데에는 방조제를 터서 다시 바다를 살리는 〈역간척〉 사업을 주장하는 분들도 있습니다. 그리고 이들의 주장 중에는, 만약 간척을 안 했다면 어업으로 번성해서 인구가 늘었을 것이라는 다소 납득하기 어려운 내용도 포함되어 있습니다. 〈예전에는 부석면의

(위) 정화사 염전 창고. 2024년 3월.

(아래) 〈정화사〉 이름이 적힌 버스 정류장.
2024년 3월.

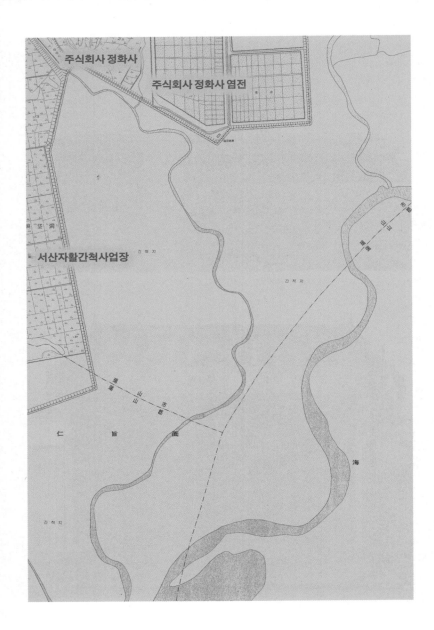

주식회사 정화사

주식회사 정화사 염전

서산자활간척사업장

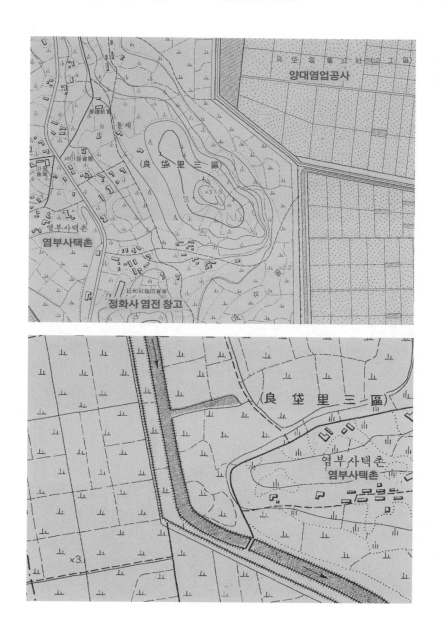

정화사, 정화사 염전 창고, 염부사택촌이 보이는
1987년 5천분의 1 지도. 국립지리원 발행, 1987.

염부사택촌 사진. 2024년 3월.

(위) 염전 지목을 남기고 있는 농토. 2024년 3월.　(아래) 염전 지목이 보이는 지적편집도. 2024년 3월.

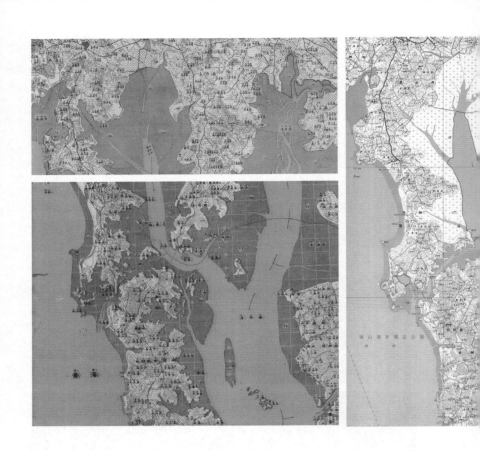

간척 사업이 시작되기 전의 천수만이 보이는
1956년 5만분의 1 지도. 삼능공업사 발행, 1956.

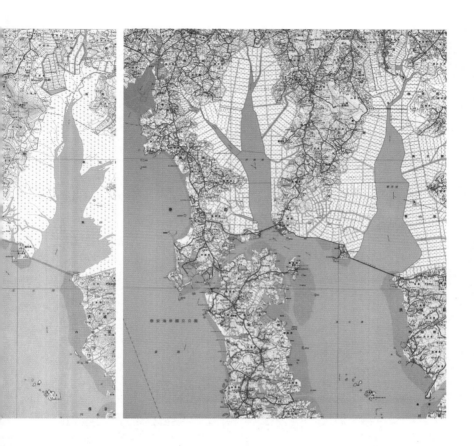

방조제가 건설된 직후의 천수만이 보이는 1986년
5만분의 1 지도. 국립지리원 발행, 1986.

방조제 안쪽의 개펄이 간척된 뒤의 천수만이
보이는 2001년 5만분의 1 지도. 국립지리원 발행,
2001.

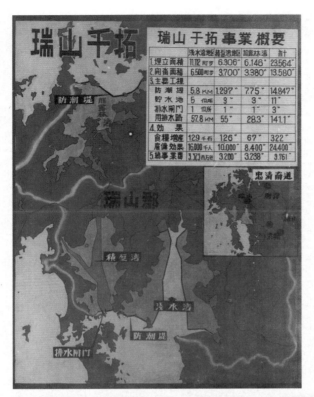

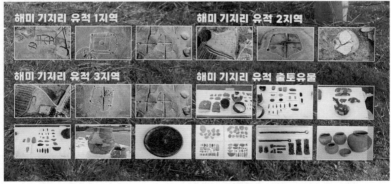

(위) 건설부 『대국토건설계획서』에 보이는 서산 간척 계획.

(아래) 서산공항을 만들면서 발굴된 유적. 2024년 3월.

(위) 서산공항 입구의 경관. 2024년 3월.

(아래) 서산시 고북면 신상리의 비행기들 지명을
보여 주는 1978년 2만 5천분의 1 지도.
국립지리원 발행, 1978.

인구가 15,000명이었는데, 방조제 건립 이후 5,000명으로 줄었어요. 방조제가 건립 안 되었다면 부석 인구가 30,000명은 되었을 테고.〉 천수만 일대가 바다로 남았어도 오늘날 농산어촌의 인구 감소 경향을 피할 수는 없었을 것입니다. 앞서의 주장은, 천수만 간척이 이들에게 큰 상처를 주었다는 뜻으로 받아들이면 되겠습니다.

서산공항을 건설하자고 주장되기도 하는 해미 군 공항도 천수만 간척지에 들어서 있습니다. 현재의 해미 군 공항 부지에서는 여러 시대에 걸친 사람들의 흔적이 확인되었습니다. 군 공항 부지에 있던 개펄에서 바지락 같은 어물을 채취해서는, 멀리 아산시의 온양장이나 공주의 유구장까지 가서 팔아 생계를 꾸리던 어민들도 있었다고 합니다. 또 이 개펄을 염전으로 바꾸기도 했고, 〈갯논들〉이라는 지명이 보여 주듯이 개펄을 농토로 개간하기도 했습니다.

또 이곳은 예전부터 〈비행기들〉이라고 불리기도 했는데요, 오랜 기간에 걸쳐 간척 사업이 이루어지면서 비행기를 이착륙시킬 만큼 널따란 평지가 생겨났다는 뜻으로 보입니다. 특히 이곳에서는 식민지 시기에 일본 자본인 불이흥업주식회사가 간척 사업을 추진했고, 해방 후에는 불이흥업을 계승한 해동공사가 간척 사업을 이어 갔습니다. 그리고 이 비행기들에 현재 해미 군 공항이 들어섰으니, 흥미로운 우연이라 하겠습니다.

해미 군 공항을 만들기 위해 토지를 수용당한 주민들의 사연이 『서산시지』에 자세히 기록되어 있습니다만, 고단한 과정을 거쳐 생겨난 해미 군 공항은 현재 충청남도 측에서 사활을 걸고 있는 공항 건설을 위한 최적지로 주목받고 있습니다. 가덕도 신공항이나 새만금 신공항은 만들어 주면서, 해미 군 공항에 민항기를 취항시켜 달라고 하는 충청남도 측의 요구는 거듭 기각당해 온 데에 불만을 가진 분이 많습니다.

　　민간 항공, 지상파 방송국, 지방 은행, 이전 공공 기관이 없는 혁신
도시, 지역을 대표할 수 있는 대형 건설사가 없다는 〈충남 5무(無)론〉
이라는 말이 있습니다. 이 가운데 한 가지인 충청남도의 민간 공항이
이 천수만 간척지에 들어설 수 있을지 지켜보고 있습니다. 서산공항이
탄생한다면 이웃한 충청북도의 청주공항이나 전라북도의 새만금 신공
항에 대한 수요가 줄어들 것이 예상됩니다. 해미 군 공항을 만드는 과
정에서 일어났던 난관만큼이나, 서산공항이 탄생하기까지도 수많은
난관이 있겠습니다만, 최근 들어 실현 가능성이 조금씩 높아지고 있어
서 주목됩니다.

서산·태안의 현재와 미래

태안반도의 교통 문제를 획기적으로 개선한 서해안고속도로는 현재
서산시의 동쪽 끝인 해미읍을 지나서 남쪽으로 향합니다. 서산시청 소
재지나 태안군 전역은 서해안고속도로의 간접적인 영향만을 받고 있
는 거죠. 이렇게 서해안고속도로와 떨어져 있는 지금도 수도권 접근성
이 획기적으로 좋아졌는데, 노선을 정하던 초기에 충청남도청이 주장
하던 대로 서산 시내까지 도달했다면 그 영향은 지금보다 훨씬 더 컸을
겁니다. 물론 이 초기 안대로 놓였다고 해도 태안군은 지금과 마찬가지
로 서해안고속도로의 간접적인 영향만 받았겠지만요.

　　현재 서산시의 인구는 17만 명 남짓이고, 태안군의 인구는 6만 명
남짓입니다. 한때 서산시의 인구가 18만을 넘어서자 20~30만까지도
갈 수 있다는 분위기가 있었지만, 현재는 다시 17만여로 축소된 것입
니다. 18만을 넘어섰을 당시에는 〈아이 키우기 좋은 환경 및 자연 친화
적 정주 여건을 조성하기 위한 시의 각별한 노력〉을 강조하는 보도들이
있었습니다. 하지만 인구가 줄어든 뒤로 시 측을 비판하는 목소리는 들

리지 않습니다.

만약 인구가 늘어나는 데 시청 측의 노력이 영향을 미쳤다면, 인구가 줄어든 현재는 시청 측이 무언가 잘못한 것일까요? 그럴 리 없죠. 인구 문제는 행정가나 정치인들의 노력과 무관하게 움직이는 것입니다. 인구가 준 것이 행정가·정치인의 잘못이 아닌 것처럼, 인구가 느는 것 역시 행정가·정치인들이 잘해서가 아닙니다.

서산시청 소재지는 서산객사나 서산 공용 버스 터미널이 자리한 원도심을 겉에서 둘러싸는 형태로 택지 개발이 순차적으로 이루어지고 있습니다. 그리고 최근에는 서산시청에서 해미읍성으로 향하는 동남쪽의 수석동에서 도시 개발 사업이 추진되고 있습니다. 농업 지대인 수석동 일대를 도시로 개발하고, 원도심의 버스 터미널도 옮기려 하는 것인데요, 버스 터미널이 옮겨 가면 예전 터미널 주변 지역 즉 구도심이 쇠퇴한다고 해서 반대하는 시민들이 많습니다.

2024년 현재 서산시 측에서는 버스 터미널을 이원화해서, 시내버스 터미널은 지금의 위치에 두고 수석동에서는 시외·고속버스를 운행하게 한다는 비전을 내놓은 상태입니다. 수석동 택지 개발이 어떻게 될지는 아직 미지수입니다만, 미세한 인구 감소 경향에도 불구하고 대산 산단 등의 각종 산업 단지 덕분에 도시화·공업화가 순조롭게 진행되고 있는 서산시의 모습을 시청 소재지 외곽에서 확인할 수 있음에는 틀림없습니다.

저는 서산 공용 버스 터미널에서 900번 버스를 타고 대산 읍내의 대산 버스 터미널까지 이동했습니다. 대산 버스 터미널 주변의 택지 지구에서는 학원 가는 학생들의 모습을 많이 보았네요. 대산산단의 배후 도시로서 젊은 인구가 많음을 확인했습니다. 건설 노동자 및 미혼 남성 노동자들을 위한 오피스텔도 많더군요. 서산 시내와 대산 읍내를 이동하는 버스를 탄 승객들은 서산테크노밸리 및 서산오토밸리의 배후 거주 지역에서도 많이 타고 내렸습니다. 이 구간을 운행하는 시내버스가 적지는 않지만, 좀 더 배차 간격이 조밀해지면 시민들에게 더 큰 편의를 제공하겠다고 생각했습니다.

한편 대산 버스 터미널에서 서산 공용 버스 터미널로 이동하는 중에는 퇴근 시간인 18시임에도 길이 막히지 않았지만, 버스 터미널이 자리한 동문동 지역에서 차량들이 뒤엉켜 버린다는 사실을 확인했습니다. 현재의 서산 시내에서 바깥에 자리한 수석동을 택지 개발 한다면 버스 터미널의 전부 또는 일부라도 옮기는 것이 낫겠다는 생각을 했네요.

해미읍은 한국의 읍성 가운데에도 특히 유명한 해미읍성을 내세워 관광 산업에 주력하고 있죠. 서산시에서는 〈만민 평등을 표방한〉 동학이 성행했고, 마찬가지로 인간 평등의 교리를 내세운 가톨릭도 크게 흥했습니다. 이런 역사를 압축적으로 보여 주는 해미읍성을 중심에 놓고, 읍성 근처의 해미 군 공항에 관계된 군인 인구가 제공하는 탄탄한 수요를 바탕으로 삼아, 해미읍은 앞으로도 태안반도 내의 주목받는 소도읍으로서 기능할 것이라고 예측합니다.

1914년에 서산군, 해미현과 함께 통합되어 서산군을 이루다가 1989년에 다시 독립한 태안군은 크게 군청 소재지와 안면도로 나뉩니다. 태안군청 소재지는 향교·읍성 등이 있는 옛 터미널 지역과 군청 등이 자리한 새 터미널 지역, 그리고 태안화력발전소를 운영하는 한국서부발전 본사 주변의 동평지구로 나뉩니다.

동평지구는 태안군의 도심에서 동쪽으로 떨어진 곳에 위치하고 있어서, 예전부터 후생촌·귀농촌 등이 들어서기도 했죠. 현재는 한국서부발전이 창출하는 고용 효과가 태안군 전체에서 큰 비중을 차지하고 있는데요, 발전소의 규모를 순차적으로 줄이는 정책이 추진되면서 지역에서 고용 불안이 커지고 있습니다.

　서산시와 태안군은 1914년에 통합되어 하나의 행정 구역이 되었습니다. 해미현은 그대로 서산의 일부로 남았지만 태안군은 1989년에 독립했죠. 이런 상황에 대해 서산시 측에서는 서산과 태안 모두를 위해 재통합하자는 주장을 『서산시지』라는 공식적 문헌에 싣기도 했습니다.

　현재 서산시는 지역 개발의 방향이 필연적으로 해안과 내륙으로 이원화되어야 하는 입장에 있으나 태안군이 행정 구역상 분리되어 있어서 해안 진출에 있어서 장애가 되고 있고, 태안군은 전적으로 해안에 입지한 지역으로서 내륙으로의 진출이 필연적이나 서산시와의 행정 구역의 분리로 인하여 여러 가지 제한을 받고 있는 것이 사실이다. (……) 또한 서산시와 태안군은 사회·문화·역사 등의 측면에서도 그 배경을 같이하고 있다. 따라서 서산시와 태안군은 양 지역의 발전을 위해서라도 통합하는 것이 바람직하다.

　서산시 측의 이런 주장에 대해 태안군 측에서는 찬성이 높다는 여론 조사 결과도 있는 반면, 독립한 지 얼마 되지 않았기 때문에 재통합을 논의하는 것은 시기상조라는 주장도 들립니다. 직접 만나 본 태안군민들 가운데에는 재통합에 결사반대하는 분까지 계시더군요.

　개인적으로는, 인구 감소 시대를 맞이하여 인구가 적은 지역들을 과감히 통합하는 논의가 이루어지는 데에 긍정적인 입장입니다. 서울특별시와 김포시, 부산광역시와 양산군을 통합하는 것처럼 수백만 명의 인구를 지닌 기존 대도시를 더 키우는 데에는 반대합니다. 하지만 안양(55만명)·의왕(16만)·군포(29만)나 전주시·완주군처럼 생활권

수석동 개발 예정지에서 바라본 서산 시내.
2023년 5월.

(위) 서산 버스 터미널 주변의 술집 거리. 2023년 5월.

(아래) 서산 버스 터미널 주변의 아시아마트. 2023년 5월.

(위) 대산 버스 터미널. 2023년 5월.　　　　　　(아래) 대산 버스 터미널 주변의 택지 개발 지구. 2023년 5월.

(위) 태안 읍내의 경관. 2024년 3월.　　　　　　(아래) 태안 미군 미사일 기지 근처의 마을 경관.

이 같고 통합시 인구가 백만 명 미만인 지역들은 좀 더 적극적으로 통합을 추진하는 것이 그 지역의 시민들께 좀 더 나은 환경을 제공할 수 있으리라 생각합니다. 서산시와 태안군의 인구를 합쳐도, 광역시의 한 개 구 정도인 30만 명 미만입니다.

태안군청 소재지에서 남쪽으로 향하면 서산 B지구 방조제 건설 이후 태어난 간척지에 들어선 태안기업도시 일대, 그리고 조선 시대 중기에 운하를 뚫으면서 반도에서 섬으로 바뀐 안면도 등이 독자적인 생활권을 이루고 있습니다. 이들 지역으로 가기 전에, 태안 읍내 바깥의 백화산에 자리하고 있던 미군의 나이키 레이더 기지 〈캠프 사파리〉에 대해 짧게 살펴보겠습니다.

태안군 소원면 의항리에서 1960년대에 체류하면서 인류학적 조사를 수행하던 빈센트 브란트는, 어느 날 더 이상 견디지 못하고 태안 읍내로 나와 무작정 미군 기지로 향했습니다. 미군 측에서 커피와 빵을 제공받아, 오랜만에 문명으로 돌아온 것 같은 느낌을 받았다고 『한국에서 보낸 나날들』에서 적고 있습니다.

그가 책에 쓴 회고에 따르면 미군 기지 근처에는 〈허니석클 로즈(Honeysuckle Rose)〉, 〈뉴욕 설룬(New York Saloon)〉, 〈카페 댄싱(Cafe Dancing)〉, 〈아메리칸 바(American Bar)〉 같은 이름의 간판을 내세운 기지촌이 있었다고 합니다. 브란트 선생이 만난 한 미군은 〈우리는 이 재미없는 기분 더러운 곳에서 18개월을 보내야 한다는 것을 잊기 위해 기지촌에〉 온다고 말했다 합니다. 오늘날 미군 기지는 한국군에 인계되었고, 기지로 들어가는 입구 근처는 한국의 여느 도시에서 볼 수 있는 황량한 모습을 보이고 있습니다. 1960년대와 2010년대라는 50년의 시간 차가 있지만, 이 일대의 모습은 별로 바뀐 것 같지 않습니다.

태안군 소원면 의항리와 빈센트 브란트

태안군이라고 하면 만리포에서 정원을 만든 미국계 한국인 민병갈 박사(Dr. Carl Ferris Miller)가 유명하죠. 그는 지역에서 인심을 얻은 듯합니다. 만리포의 선장이던 서영옥 선생은 그가 지역의 땅을 사 모았다고 말하면서도, 〈근디 밀라란 사람 악한 사램이 아녀, 저 딴 나라 사람들이란대 두 사람이 참 좋아〉라고 강조합니다.

그런데 저는 태안군이라고 하면 언제나, 조금 전 말씀드렸던 빈센트 브란트라는 미국인을 떠올립니다. 그가 충청남도 태안군 의항 지역을 집중적으로 조사한 기록인 *A Korean Village: Between Farm and Sea*는 『한국의 촌락』이라는 제목으로 번역되었는데, 일설에는 중앙정보부가 번역을 의뢰했다고도 합니다. 브란트 선생은 책 안에서 자신이 필드워크한 지역을 〈서산군 석항리〉라고 숨기고 있지만, 태안군에서는 이곳이 자신들의 지역임을 밝히고 있습니다.

브란트 선생은 만년에 한국에 대한 기억을 정리한 책 *An Affair with Korea: Memories of South Korea in the 1960s*를 출판했습니다. 한국어 번역본 제목은 『한국에서 보낸 나날들』이고, 온라인에 전체 문장이 공개되어 있습니다. 이 책을 보다가, 1966년에 저자가 태안에서 인천까지 타고 간 배의 사진이 눈에 들어왔습니다.

이 지역은 오늘날 대규모 간척 사업을 통해 바다가 농토와 공장으로 바뀌었으며, 다른 지역과의 교통 수단도 배가 아닌 자동차로 바뀌었습니다. 이 책의 제6장 당진 편에서 말씀드렸듯이, 인천시립박물관장이신 손장원 선생님도 충남에서 인천으로 오실 때 배를 타셨다고 했는데, 이렇게 충남과 인천 간을 운행하던 조각배를 보니 느껴지는 바가 많습니다.

반세기 만에 한국 사회는 근본적으로 바뀌었습니다. 브란트 선생

은 1970년대의 새마을운동 시기에 많은 발언을 통해 그러한 격변상
에 대한 본인의 견해와 아쉬움을 토로한 바 있습니다. 아래 소개하는
1977년의 인터뷰에서 그가 말하는 〈충남의 어느 부락〉은 태안군 소원
면 의항리를 가리킬 터입니다.

> 농촌의 인심이 야박해지고 있어요. 66년 충남의 어느 부락을 들른
> 일이 있었는데, 그때의 농민들은 잘살지는 못해도 서로 돕고 인정
> 을 나누는 흐뭇한 정경을 보여주었읍니다. 그러나 지난 9월 그 부
> 락을 다시 찾았을 때, 외형은 잘사는 마을로 바뀌었지만 한국고유
> 의 미풍양속은 많이 퇴색했다고 느꼈읍니다. (중략)
> 　　새마을운동은 중앙집중적, 관료주도적, 권위주의적인 특성
> 을 지니고 있읍니다. 따라서 그대로를 다른 나라의 개발 방식으로
> 채택되게 할 수는 없다고 봅니다. 한국의 성공 방식을 다른 저개발
> 국에서 실정에 맞게 적용할 때 제2의 새마을운동이 다른 나라에서
> 꽃피게 되겠지요.

박정희 정권 때 새마을운동을 진두지휘한 고건 전 총리 등은 시민
들이 자발적으로 참가하는 경향이 있었기에 새마을운동이 성공했다고
주장합니다. 〈새마을운동은 동기 유발의 과정이었고 민과 관이 협력해
서 일하는 방식이었다. 5·16 직후 추진한 재건국민운동은 관이 주도했
다. 농민의 참여를 강제했고 실패했다. 새마을운동이 관제 운동이었다
면 10년은 물론 5년도 못 갔을 것이다. 재건국민운동처럼 2~3년 내에
사라졌을 것〉이라고 말이죠. 하지만, 빈센트 브란트 같은 외부 관찰자
의 눈에서는 어쩔 수 없이 관료 주도적인 성격이 발견되었던 것입니다.
　　안면도가 원래 반도였다가 운하를 뚫으면서 섬이 된 것과는 반대

로, 태안군 소원면 의항리는 원래 섬이었다가 20세기 중반 이후 육지
와 이어졌습니다. 1915년에 제작된 5만분의 1 지도를 보면 땅처럼 보
이기는 하지만 모래사장이라는 표기가 되어 있어서, 천수만의 감길이
나 경기도 화성시 송산면 어섬처럼 모래사장이 나타났다 사라지고는
하는 불완전한 땅이었던 듯합니다.

　　이 마을에는 태안군의 주변 지역에 비해 전기가 일찍 들어왔는데,
이것은 빈센트 브란트 선생의 가족이 이 마을에 살게 된 영향이라고 합
니다. 이 밖에도 그는 어선을 구입할 후원금을 가져오는 등, 마을 발전
을 위해 상당히 많은 일을 했다고 합니다. 본인의 책에서는 그런 이야
기를 하지 않고 있고, 〈내 개발 계획이 마을에 경제적 보탬보다 해를 더
끼쳤다고〉까지 말하고 있기도 합니다. 이것은 어느 정도의 겸손한 태
도가 드러난 것일 터입니다.

　　마을 사람들은 그의 도움을 기리기 위해 마을 입구에 공적비를 세
웠고, 비석의 제막식에는 군수까지도 참가할 정도였습니다.

빈센트 브란트 공적비

VINCENT BRANDT

빈센트 부란트

PUTNEY, VERMONT USA

?

공적

기념비

MEMORIAL MONUMENT

ACHIEVEMENT

대한민국 충남 서산군

소원면 의〈향〉동민 일동

1966.11.3

공적

1. 1966,7. 의향분교 인근마을(20호)의

식수난을 해소시키기 위하

여 우물 1개소를 신설하는

데 적극 후원 준공케 함.

2. 1966,8. 당리의 낙후된 어업과 지역 사

회 발전을 위하여 미국 아

시아 재단으로부터 개발기

금으로 원화 54만원을 알선

동력선 5척을 구입하도록 하

였으며 당리 자조근로 사업

장의 사업촉진을 위하여 물

심양면으로 후원하므로서 전

주민들에게 유일한 희망과

개척정신을 불어 넣음.

3. 1966,10. 농어촌 개발에 필요한

마을문고를 설치토록 후

원함.

　2023년 말에 현지를 답사하니, 비석이 원래 있던 곳에서 사라졌더군요. 이럴 때는 마을회관에 가면 됩니다. 마을 주민분들께서는 〈빈센트 브란트〉라는 이름은 몰랐지만, 〈그 외국인 비석〉이라고 말씀하시면서 바뀐 위치를 알려 주셨습니다. 땅 주인이 바뀌면서 비석 위치도 바뀌었다고 하는데요, 비석이 있는 위치 바로 옆에 관광객을 대상으로 하는 리조트가 들어서는 등, 비석 주변에서는 땅의 용도가 크게 바뀌고 있는 모양이었습니다. 서해안고속도로가 개통되면서 태안반도 전체가 관광지로 변화하기 시작한 것이 이 바닷가 마을에까지 영향을 미치고 있습니다.

빈센트 브란트 비석은 방조제 끝에 새로 자리 잡았습니다. 그의 비석 옆에는 방조제를 쌓는 데 큰 역할을 한 이영환(이병권)의 공덕비도 나란히 서 있습니다. 이 방조제 건설은 1963년에 미국의 구호물자를 받아 시작되었지만, 중간에 정부 지원이 끊기면서 이영환의 가족들이 사비를 털어 완성시켰다고 합니다.

이 마을뿐 아니라 만리포 등 태안군 각지에는 피란민이 많이 정착했습니다. 이들을 정착시키는 난민 정착 사업의 일환으로 1965~1974년 사이에 제방 공사가 진행되었습니다. 이 사업이 한창이던 1960년대 말에 빈센트 브란트는 제방 건설 현장에서 서산시 직원을 만나 나눈 이야기를 회고록에 담고 있습니다. 그의 증언에 따르면 방조제 건설에 종사하는 10여 명 남짓한 사람들에게는 하루 4파운드의 미국산 밀가루가 제공되었다고 합니다.

PL 480 〈평화를 위한 식량〉 프로젝트에 따라 제공된 밀가루는 대체로 암시장에 되팔려지거나, 국수·막걸리로 만들어지고는 했습니다. 박정희 정부는 쌀 부족 문제를 해결하기 위해, 한편으로는 간척지를 만들어 논을 늘리고, 다른 한편으로는 쌀 소비를 줄이고자 혼분식 정책을 추진했습니다. 이때부터 설렁탕에 소면을 넣는 문화가 생겼고, 밀가루 음식을 잘 먹을 수 있도록 단무지를 함께 내놓는 문화도 정착했습니다. 해방과 분단, 전쟁과 원조는 이렇게 식탁 레벨까지 한국 사회를 바꾸었

외국인이 본 새마을 운동

특별 기고 빈센트·브랜트

국가 원수가 온 정열을 쏟아 추진하고
있는 새마을 운동과 같은 범국민운동을 외
국인이 무어라고 평가한다는 것은 마치 새
색시가 이웃에 사는 선배 기성주부의 육아
법(育兒法)을 비평하는 거나 다름 없을 것
이다. 외람된 일이라고 할지 모르겠으나
농업 생산력을 길러 농촌생활수준을 높이
려는 이 운동을 진심으로 찬성하는 입장에
서 몇가지 의문나는 점을 지적해보는 것은
해롭지 않을 줄 믿는다. 다소 비판적이 되
더라도 어디까지나 건설적인 의미의 비판
이겠기에 말이다.

정책의 중점을 농촌에

사실 한국에서 농업부문에 대한 대규모
정부 투자는 이제와서 때늦은 감마저 든
다. 지난 20여년 동안 우뚝 솟은 공장들과
눈에 띄는 건조물(建造物)에 집착하는 바
람에 잃어버린 개발(開發)의 균형은 도시
(都市)출신 지도층의 농민에 대한 전통적
무관심을 그대로 반영한 것이다. 지금이라
도 정부가 정책중점을 농업부문으로 바꾼
다는 점에서는 충심으로 환영할 만한 일이
다. 그것이야 말로 현정부로서는 가장 의
미심장한 발전적 정책혁신(革新)이 될 수
있기 때문이다. 그러나 솔직이 말하면 이
새로운 운동은 지난 10여년간 서울로 향한
헐벗은 농촌 출신 인구의 대량유입(大量流

韓國농촌의 증인…깊은 연구
忠南 실태 조사로 박사 학위

「빈센트·브랜트」박사는
우리나라 농·어촌에 관한 책
을 낼 만큼 한국의 농·어촌
에 대해 연구가 깊다.

「브랜트」박사는 1948년 국
제정치 전공으로 미국「하버
드」대학을 졸업, 그 뒤 11년
동안 한국을 비롯, 일본,
「프랑스」등지에서 외교관생
활을 지냈다. 다시 7년동안
「하버드」대학 대학원에서 인
류학을 전공했다.

지난 65년과 66년에는 우
리나라에 와서 충청남도 瑞

서울신문사가 발행한『새마을운동』에 실려 있는
빈센트 브란트 선생의 글.

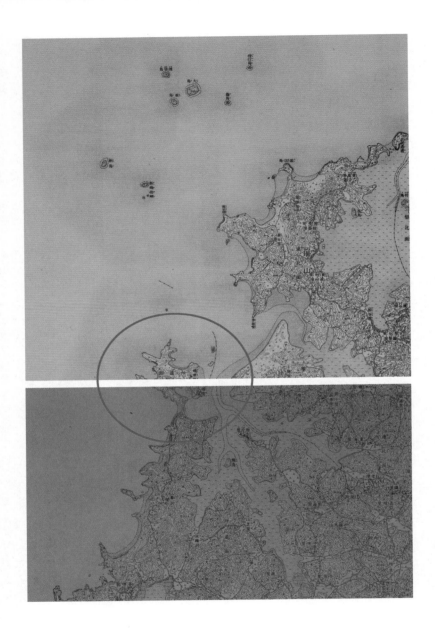

태안군 소원면 의항리를 나타내는 1915년의
5만분의 1 지도(부분). 조선총독부 육지측량부
발행, 1919.

출처: 카카오맵 로드뷰 (https://map.kakao.com)

(위) 빈센트 브란트 비석. 2023년 12월.

(아래) 빈센트 브란트 비석이 원래 있던 곳. 2019년 12월. (카카오맵의 실제 서비스 이미지와 다를 수 있음)

(위) 태안군 소원면 의항리에서 간척 사업이 이루어진 들판. 2023년 12월.

(아래) 간척 사업을 추진한 이영환 공덕비. 2023년 12월.

습니다. 태안반도 서쪽 땅끝에서도 이들 사건의 돌이킬 수 없는 영향을 확인할 수 있습니다.

태안의 운하들

태안군의 남쪽에는 안면도가 있습니다. 안면도는 원래 섬이 아니었지만 운하를 뚫으면서 섬이 되었죠. 최근에는 아라뱃길을 뚫으면서 경기도 김포시가 반도에서 섬으로 바뀌었습니다.

　태안 지역에 운하를 뚫으려 한 것은, 이 지역의 바닷물이 거세서 배를 많이 침몰시켰기 때문입니다. 태안군 안면읍 신야리에는 〈쌀썩은여〉라는 지명이 있습니다. 아마도 물살이 급해서 세금으로서의 쌀을 실은 조운선이 자주 좌초하다 보니 쌀이 썩었다는 뜻이겠지요. 남한강에서 수많은 뱃사공의 목숨을 앗아간 〈으시시비비미(황공탄)〉라는 이름의 급류만큼이나 현지 물길 사정을 짐작케 하는 지명입니다. 어떤 경우에는 쌀썩은여에 일부러 배를 침몰시키는 경우도 있었다고 하네요.

　이렇게 뱃길 사정이 좋지 않다 보니, 태안반도 서쪽 끝의 근흥면 정죽리에 있는 안흥항도 원래는 지나기에 어렵다고 해서 난행량이라고 하다가, 흉하다고 해서 지금처럼 이름을 바꾸었다고 하네요.

　또, 항구 이름을 바꾸는 데에 그치지 않고 아예 운하를 뚫어서 태안반도의 험한 물길을 피하려는 시도도 여러 차례 이루어졌습니다. 알려진 첫 번째 운하 건설 시도는 12세기 초였습니다. 고려 왕조 인종(1123~1146) 때 남쪽 천수만의 태안읍 인평리에서 북쪽 가로림만의 팔봉면 어송리까지 잇는 7킬로미터를 뚫으려 한 거죠. 굴포운하라고 부릅니다. 고려 시대부터 조선 시대의 임진왜란 전까지 수백 년간 시도했지만 결국 실패했습니다. 현재 태안군청에서 동쪽으로 4킬로미터 떨어진 인평 저수지가 이때의 흔적이라고 합니다.

(위) 쌀썩은여, 그리고 태안반도에서 이루어진
운하 굴착 루트를 보여주는 지도.

(가운데) 태안읍 인평리의 굴포 운하 흔적.
2023년 12월.

(아래) 굴포 운하의 흔적인 인평 저수지. 2023년
12월

현재 인평 저수지 근처인 태안읍 평천리에 남창 즉 남쪽 창고, 가로림만 근처인 태안읍 도내리에 북창 즉 북쪽 창고라는 지명이 남아 있습니다. 운하를 뚫지는 못했지만 배로 남창까지 물자를 가져와서, 북창까지 육로로 물자를 실어 간 다음에 북창에서 다시 북쪽으로 항해하게 하려는 시도가 있었다고 하네요. 만약 운하 건설에 성공했다면, 태안반도 서해안 쪽이 아니라 이 운하를 중심으로 남창·북창 같은 포구 마을들이 많이 생겨났겠지요.

이 굴포운하에 이어, 빈센트 브란트 선생이 머물렀던 소원면 의항리에서도 운하 굴착이 시도되었다고 합니다. 〈소원면 의항리의 소원반도 서쪽에 위치한 국사봉과 대산 사이의 무내미 골짜기〉가 그 흔적이라고 하고, 16세기 전기에 시도되어 완공되었지만 금방 막혀버렸다고 합니다. 그런데 쌀썩은여나 안흥량 같은 험한 물길을 통과한 뒤에야 이 의항운하에 도달하게 되어 있어서, 의항운하가 과연 효율적인 시스템이었는지에 대해 일부에서는 의문을 제기하고 있기도 합니다.

뱃길로 이어져 있던 태안·홍성·보령

이렇게 두 곳에서 운하 굴착을 시도하다가 실패한 뒤에 세 번째 지점에서 드디어 성공을 거둔 것이 안면 굴착입니다. 안면읍 창기리와 남면 신온리 사이를 연결한 것입니다. 이로써 안면 지역은 섬이 되었고, 태안의 다른 지역으로부터 고립되었습니다.

고립되었다고는 해도 이것은 어디까지나 육로라는 관점에서 본 것이고, 뱃길로는 주변의 홍성·보령 지역과 긴밀하게 생활권을 이루고 있었습니다. 좀 더 정확히는 북부의 생활권은 태안읍, 남부의 생활권은 홍성군 광천읍으로 분리되어 있었습니다. 현재의 홍성군에서 서쪽 지역에 해당하는 옛 결성군 지역, 특히 새우젓 굴로 유명한 광천읍 옹암포가 해상 교류의 거점 역할을 했습니다. 옹암포는 〈안면도를 비롯한 서해 도서 지방에서 잡아 올린 해산물〉이 뱃길로 이곳에 모여 육지로 퍼져 나가는 교통의 요지였습니다.

성내운·한기호·김상봉의 세 명이 1983년에 출판한 『세 학교의 이야기』라는 책에는 태안군 안면읍 고남리에 6년 3개월간 존재했던 누동학원이라는 야학이 등장합니다. 외지에서 누동학원까지 가는 멀고도 긴 과정을 소개하는 이 책의 구절을 읽으면, 운하가 건설된 뒤로 뭍과 분리되어 고립된 안면도의 상황을 느낄 수 있습니다. 태안군의 나머지 지역과 이어지는 다리가 놓인 뒤에도 여전히 고립되어 있던 안면도의 상황을 보여 줍니다.

> 충청남도 태안읍에서 버스를 타고 두 시간 정도 비포장의 길을 달리면 연육교를 거쳐 안면도의 중심지인 승언리가 나온다. 이 승언리에서 다시 한 시간 정도 남쪽으로 버스를 타고 가면 고남리가 나오며, 이 고남리에서 북쪽으로 고개를 두 개 걸어 넘으면 언덕 위에 우뚝 선 하얀 건물이 나오는데 이것이 바로 80여 명의 교사와 89명의 졸업생이 거쳐 나간 누동학원이다.

안면도가 처했던 이런 고립적 상황은, 안면도와 보령 시내를 잇는 보령해저터널이 뚫리면서 비로소 해소됩니다. 1600년대 전반기에 안면 운하가 건설되고 나서 2021년에 보령해저터널이 완성되기까지 거의 400년 가까운 세월 동안 안면도는, 태안군의 다른 지역과는 뭍길로 고립되고 홍성·보령 지역과는 물길로 이어진 역사를 쌓아 왔습니다.

태안군 안면도와 홍성군 옹암포 사이에는 〈금강호〉라는 정기 여객선이 운항했고, 안면도 사람들은 썰물과 밀물의 시간대로 인해서 옹암

포에서 하루 자고 다음 날 귀향하고는 했습니다. 홍성군 광천읍 옹암포
의 김정만 씨는, 선조들이 대대로 안면도에 살다가 아버지 때 결혼하면
서 현재의 옹암포에 정착하게 되었다고 합니다. 태안군이라는 행정 단
위나 육로(도로)라는 관점으로만 안면도를 바라보면, 군청 소재지인
태안읍보다 바다 건너 홍성군·보령시의 바닷가 지역과 뱃길을 통해 더
긴밀하게 생활권을 형성해 온 이유를 이해할 수 없게 됩니다.

태안군 안면도에서 남쪽으로 가면 보령시 오천면 원산도가 나타
납니다. 안면도가 태안군이기는 하지만 뱃길로 홍성군 광천읍의 옹암
포와 연결되어 있던 것과 마찬가지로, 원산도 역시 보령시이기는 하지
만 섬 주민들은 광천읍과 연결되어 있었습니다. 섬 주민들은 1970년대
중반까지는 5일에 한 번 운행하는 장배를 타고 광천장으로 갔고, 어부
들도 옹암포를 드나들었습니다. 그러다가 1982년에 서산 방조제가 완
성되면서 물의 흐름이 바뀌는 바람에 원산도와 광천읍을 오가는 장배
는 폐지되었습니다.

한편 1972년부터 장성호라는 정기 여객선이 보령시 오천면과의
사이를 하루 한 번씩 왕래하면서, 원산도 주민들의 생활권은 홍성에서
보령으로 서서히 바뀌었습니다. 1980년대 중반에는 〈오천항을 연결하
는《무궁화호》가 이틀에 한 번, 대천항을 잇는 〈대성호〉와 〈새마을호〉
가 하루에 한두 차례 왕래하게 되〉었고, 배의 〈운행 시간도 30~40분
정도로 대폭 축소되〉어서 이용이 편리했습니다. 이리하여 오랫동안 존
재하던 보령 원산도와 결성(홍성) 광천읍과의 교류가 끊어진 원산도
는, 보령시의 일부로서의 아이덴티티를 점차 강하게 지니게 됩니다.

원산도의 보령화 과정에 쐐기를 박은 것이 보령해저터널입니다.
이 터널이 완공되면서 보령시청까지 30분이 채 걸리지 않게 되어 육지
에서 접근하기가 편해졌습니다. 하지만 섬 주민들이 바라던 인구 증가

는 이루어지지 않고, 관광객과 도둑만 늘면서 〈다리가 놓이고, 터널이 뚫리기 전으로 다시 돌아가고 싶다〉는 말까지 나오고 있는 실정입니다.

특히 지난 몇 년간 코로나19가 유행하면서 해외 여행이 금지되자, 차박·백팩 여행자들이 새로 터널이 뚫려 접근성이 좋아진 원산도로 몰려드는 바람에 주말에는 물 부족 현상까지 발생하고 있습니다. 보령화력발전소의 영향으로 연안 지역의 환경 오염도 심해지고 있어서, 원산도 주민분들의 고민이 많은 요즘입니다.

원산도 선촌항에 가보니 이마트 24 편의점이 영업하고 있더군요. 확실히 관광객들이 많이 찾아오기는 하는구나 싶었네요. 선촌항에서 바라보이는 효자도는, 원산도를 끼고 반대편에 자리한 고대도의 모습에 자극받아 새마을운동을 전개하게 됩니다. 효자도 주민들에게 자극을 준 고대도에서는 개펄에 주목망을 설치해서 어획량을 늘린 것이 주목받아서, 대통령비서실이 1973년에 간행한 『새마을』 화보에까지 등장하게 됩니다.

이렇게 해서 우리는 태안시청에서 남쪽으로 안면도를 지나 보령시 원산도·효자도·고대도에 이르렀습니다. 다음 장에서는 이들 섬 지역 주민들이 오랫동안 뱃길로 드나들던 홍성군의 옛 결성군 지역, 최근 보령해저터널을 통해 이어진 보령시의 다른 지역, 그리고 서천군을 관통해서 충남의 서남쪽 끝 장항읍까지 가보겠습니다.

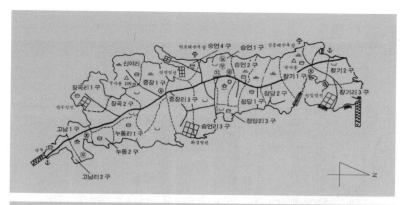

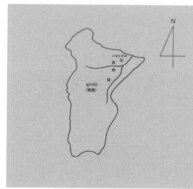
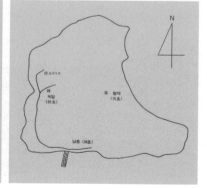

(위)『도서지』에 보이는 태안군 안면도.　　　(아래 왼쪽)『도서지』에 보이는 보령시 고대도.

(가운데)『도서지』에 보이는 보령시 원산도.　　(아래 오른쪽)『도서지』에 보이는 보령시 효자도.

(위) 보령시 원산도의 경관. 2023년 12월.   (아래) 홍성 남당항에서 바라본 보령화력발전소.

보령군 오천면 고대도리

(위)『새마을의 승자상』에 보이는 효자도.

(아래) 대통령비서실이 1973년에 간행한
『새마을』화보에 보이는 고대도.

김 양식으로 한달 한집 8만원

忠南 保寧郡 鰲川面 古代島里

(위) 『새마을의 승자상』에 보이는 고대도.　　　(아래) 서울신문사 『새마을운동』에 보이는
　　　　　　　　　　　　　　　　　　　　　　고대도.

9
언제나 가능성의 땅:
홍성 남부, 보령, 서천

더 이상 교통의 요지가 아니게 된 결성군

이 책의 제6장에서 군청 소재지이자 장항선·서해선 홍성역이 자리한 홍성읍 및 내포 신도시를 중심으로 홍성군을 살펴보았습니다. 그리고, 홍성군이라는 이름이 옛 홍주군과 결성군에서 각각 한 글자씩 따와서 생긴 것인데, 요즘 홍성군을 홍주군·홍주시로 바꾸자는 주장이 나오고 있다는 말씀도 드렸습니다.

통합 홍성군 가운데 옛 홍성군 측에서 주장하는 이런 개명 움직임에 대해, 결성면 측에서는 1991년에 홍성군이라는 이름을 지키자는 운동을 벌이기도 했습니다. 하지만 그 뒤로도 홍성군이라는 이름이 이른 바〈식민 잔재〉이니〈홍주〉로 바꾸자는 주장은 이어지고 있습니다. 이런 주장에 대해 옛 결성군에 속하던 지역에서 대응하는 모습은 잘 보이지 않습니다.

옛 결성군은 백제 때 결기현(結己縣)이었다가 통일신라 때는 결성군(潔城郡)이 되었고, 고려 시대에는 다시 결성(結城)이 되었습니다. 조선 시대에는 홍주목에 속한 결성현으로 남아 있다가 1895년에 홍주부의 결성군으로, 다음 해인 1896년에는 충청남도 결성군으로 승격했죠. 하지만 승격하고 나서 불과 18년 뒤인 1914년에 홍성군과 병합되어 사라졌습니다.

옛 결성군 지역이 거쳐 온 이런 역사를 파악하고 나서 개명 운동을 다시 한번 들여다보면, 옛 홍주군 측은 홍주와 결성 사이에 우열 관계를 상정하는 것 같고, 옛 결성군 측은 홍주로부터의 독립성을 강조한다고 해석할 수 있겠습니다. 다음 인용문에서 보듯이 옛 결성군 측의 세력이 쇠퇴하면서, 결성군의 입지는 홍성군 안에서 점점 줄어들고 있습니다.

> 홍성이라는 지명 속에는 결성이 담겨 있다. 1914년에 일제가 행정 구역을 개편하면서, 당시에 홍주군과 결성군을 홍성군으로 합쳤다. 홍주군의 홍 자와 결성군의 성 자를 한 자씩 따서 홍성군이라고 했다. 이처럼 결성은 홍성에서도 그 차지하는 비중이 큰 지역이었다. 현재는 홍성군의 낙후된 지역으로 인구도 현저히 줄어들었다. 결성중학교가 폐교되었고 초등학교도 학생 수 감소로 인해 언제 폐교될지 모르는 형편이다. 이처럼 옛날의 번창했던 결성 모습이 사라지면서 안타깝기만 하다.

옛 결성군이 이렇게 쇠락하게 된 이유로는 19세기 말부터 한반도의 주된 교통 수단이 해운에서 도로 및 철도로 바뀐 것, 1914년의 통합 이후 옛 홍주군 측의 정치적 비중이 커진 것, 그리고 간척 사업으로 바닷길이 막힌 것 등을 들 수 있습니다. 옹암포와 함께 옛 결성군의 주요한 포구였던 성호·수룡동 포구 등도 홍보지구(홍성+보령) 방조제가 건설되면서 바닷길이 끊겨 쇠락해 버렸습니다.

특히 어업이나 염전업에 종사하던 성호포구 주민들은 한때 결성면의 열한 개 리 가운데 가장 인구가 많았지만, 염전이 사라지고 포구

도 사라지면서 이제는 이 일대에서 가장 가난한 마을이 되었습니다. 성
호포구의 사례가 보여 주듯이 결성군 지역은 복합적인 요인으로 인해
가난한 농촌 지역으로 바뀌어 버렸고, 결성읍성이 있는 결성면의 인구
는 1966년에 1만 928명이었던 것이 2010년에 2,219명으로 5분의 1
토막납니다.

옛 결성군의 중심지는 두 곳입니다. 한 곳은 결성읍성이 있는 현
재의 결성면사무소 주변이고, 또 한 곳은 새우젓으로 유명한 광천읍입
니다. 광천읍은 서해안의 바닷배들이 들어올 수 있는 한계선인 옹암포,
그리고 장항선 철도가 서는 읍내의 두 곳이 중심이 됩니다. 옹암포를
통해서는 북쪽으로 인천부터 남쪽으로 전라도까지 서해안 지역의 물
자가 들어왔고, 광천 읍내로부터는 장항선 열차를 통해 물자가 유입되
었습니다. 쌀은 군산으로 보내고 콩은 인천으로 보내는 등, 각각의 산
물은 뱃길과 열차를 통해 최적의 시장으로 보내졌습니다. 지금도 비싸
게 거래되는 새조개를 둘러싸고 결성·보령·인천·전라도 어민들 간에
쟁탈전이 벌어지기도 했죠.

1970년대에 광천시장 근처의 광천읍 신촌리에서는 김순옥이라
는 분이 새마을운동을 추진했는데요, 그가 이렇게 나서게 된 이유는 이
렇습니다. 〈광천시장과 인접되어 있는 이 마을은 장날만 되면 별 볼 일
도 없이 남자 여자 할 것 없이 장에 나가는 것이 일과처럼 되어 버렸고,
장날마다 술타령으로 보내는 남자들의 극성 때문에 하루도 편한 날이
없는 마을이었다.〉 광천시장이 워낙 번성하다 보니 주변 지역들에까지
상업적·문화적으로 영향력을 미쳤음을 짐작할 수 있습니다.

광천시장이 번성한 것은 해산물이 모여든 광천읍 옹암리 옹암포
와 장항선 광천역이라는 해로와 육로를 모두 끼고 있었기 때문입니다.
특히 지금도 토굴 새우젓으로 유명한 옹암포는, 뱃길이 끊겨 버린 지

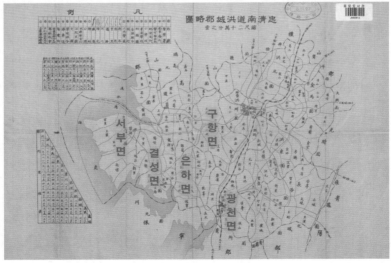

(위) 옛 홍성군과 결성군의 경계에서 마주친 풍경. 홍성군 서부면 어사리 송촌이용원. 2024년 1월.

(아래) 1928년 『충청남도 군세일반 홍성군』. 옛 결성군의 영역이 보입니다.

결성군에 속했던 광천시장의 경관.
2022년 11월.

이달사례

마을의 구각을 벗긴 여장부.

홍성군 광천읍 신촌리
김 순옥

광천시장과 인접되어 있는 이 마을은 장날만 ┌면 별 볼일도 없이 남자 여자 할것없이 장에 나가는 것이 일자처럼 되어 버렸고, 장날마다 술타령으로 보내는 남자들의 국성 때문에 하루도 편한 날이 없는 마을이었다. 이무렵부터 회장직을 맡게된 김 순옥 여인은 어떻게 해서라도 이러한 구습을 일소하여 잘 사는 마을을 만들 수 없을까 착안한 것이 마을공동 구판장이었다.

몇몇 주부들과 상의끝에 회원 63명을 구성하고 1인당 100원씩 출자하여 자금을 모았으며, 마을 기금 중 4,400원을 무이자로 대부 받고 광천 농협에서 10,000원을 융자 받는 등 총 20,700원으로 알뜰한 첫살림을 꾸릴 수 있을 정도로 추진되었으나 구판사업을 할만한 장소가 없어 한때 고심 끝에 김 순옥 여인의 봉사정신으로 자기집의 일부를 비워서 구판장을 개설하였다. 그리고 시장에 나가 술먹는 사람이나 물건을 비싸게 장에서 구입하는 사람은 1회에 100원씩 벌금을 징수하는 등 강력한 규약도 제정하였다.

마을에 헌신하는 김 순옥씨를 한편에서는 욕하는 사람도 있었으며 가정을 돌보지 않는다고 남편과의 가정불화도 수차 있었다. 알뜰하게 꾸려나가는 김 순옥 회장의 열성으로 모든 난관을 극복하게 되었고 구판사업이 시작된지 1년도 못된 현재의 기금은 25만원이란 거액으로 늘어난 것이다. 그는 퇴폐된 풍습과 장날이면 술타령이던 마을의 인습을 뜯어고치고 오늘도 늘어가는 장부를 결리 하면서 내일의 설계에 몰망하고 있다. ✱

(위 왼쪽) 오래전부터 광천시장에서 영업 중인 백환루. 지나가던 시장 상인분께서 백환루에 대한 이야기를 답사 팀에 들려주셨습니다.2022년 11월.

(위 오른쪽) 광천시장에서 영업 중인 청양여인숙. 차령산맥 중간에 자리한 청양군과 서해안 광천 지역과의 교류 양상을 보여 줍니다. 2022년 11월.

(아래) 『새마을의 승자상』에 보이는 광천시장의 김순옥 씨.

금보다 뱃길이 열려 있던 식민지 시기에 더 잘살았다고 합니다. 그래서 이 마을을 조사한 어떤 사람은 〈일제 강점기에 대한 기억도 일본의 압제로 살기 어려웠다는 식민지 백성의 한탄이 아니라 그때 옹암리는《좋은 시절이었다》는 향수 어린 추억으로 남아 있다〉고 적고 있기도 합니다. 국가의 운명과 개인의 삶은 서로 다르다는 사실을 옹암포에서 확인하게 됩니다.

　여담이지만, 토굴 새우젓이라고 하면 이 홍성군 광천읍 옹암포가 유명하지만, 옹암포와 경계를 접하고 있는 보령시 청소면 죽림리 의식 마을에서도 토굴 새우젓을 제조합니다. 의식 마을의 버스 정류장에는 홍성군 광천 방면과 보령시 오천·청소·대천 방면으로 가는 버스 시간을 정리한 시각표가 게시되어 있었습니다. 이런 사례는 모두, 홍성과 보령의 경계에 자리한 광천읍과 청소면의 성격을 잘 보여 주는 사례입니다.

　이렇게 식민지 시기에 경제적으로 번성하던 옹암포는 해로에서 육로로 교통로가 바뀌고, 옹암포구에 흙이 쌓이는 동시에 사금을 채취하느라 물길이 바뀌어 버렸으며, 이 일대의 주요 포구가 보령의 대천항·오천항으로 바뀐 결과 쇠락했습니다. 서해안고속도로가 옹암리를 비껴간 것도 영향을 미쳤습니다. 그리고 무엇보다도 보령 방조제가 놓이면서 서해안과의 해로가 끊겨 버린 것이 특히 결정적이었습니다.

　다만 방조제 덕분에 해일 피해가 사라진 것은 좋은 일이라고 주민들은 말합니다. 방조제 건설은 지역에 따라 이득이나 피해를 준 상황이 다르지만, 대체로 농업인들에게는 이익을, 어업인들에게는 피해를 주었습니다.

　결성면사무소에서 서쪽으로 3킬로미터 정도 떨어진 곳에 있는 홍성군 서부면 수룡동은 포구로 번성하던 곳이었지만, 홍성 방조제가 놓이면서 뱃길이 끊겨 버렸습니다. 방조제가 놓이기 전에는 서해 바다로 열려 있는 포구 마을이었다보니, 6·25 전쟁 때에는 한반도 북부의 피란민들이 배를 타고 이곳에 도착하기도 했습니다. 이런 피란민 출신의 수룡동 주민으로서 유명한 분이 김관은 선생입니다.

황해도 해주 출신의 김관은 선생은 1951년의 1·4 후퇴 때 이웃들과 함께 여러 척의 배를 타고 수룡동 포구에 도착했습니다. 그는 〈수룡동 원주민들은 80여 명이나 되는 피란민들을 따뜻하게 받아 주었〉고, 〈집집마다 빈방을 내어 주고 거처할 공간을 마련해 주었〉습니다. 그는 〈피란 당시에 수룡동 원주민들의 따뜻하던 모습을 평생 동안 잊을 수가 없다〉고 말합니다.

김관은 선생이 회고하듯이 수룡동 마을은 〈충청남도에서는 새마을 붐을 일으킨 데가 여기〉였다고 할 정도로 1970년대에 새마을운동이 활발했습니다. 그래서 그런지 대통령 비서실이 1975년에 출판한 『새마을』 화보를 비롯해서 각종 언론 매체에서 수룡동을 성공적인 어촌 마을로서 주목하기도 했습니다. 김관은 선생은 마을에서 행해지던 풍어제를 이어받아 행해 오다가 2023년 9월 10일에 사망했습니다. 뱃길로 이어져 있던 한반도 북부와 남부의 옛 모습을 상징하는 인물은 이 세상을 떠났고, 수룡동에서 바라보이던 바다는 이제 호수로 바뀌었습니다.

결성면 성호리는 옛 결성군 지역에서 수룡동 포구 다음가던 포구였습니다. 이곳에는 성호리가 어촌 마을이던 당시 풍어제를 지내던 오방제각도 남아 있습니다. 오방제각에 올라가 서쪽을 바라보니 수룡동 포구와 홍성 방조제, 그리고 그 너머로 서해 바다가 한눈에 들어왔습니다.

결성면사무소에서 성호 마을로 향하는 언덕 한편에 〈김녕 김공 춘규 송덕비〉라는 작은 비석이 서 있습니다. 이 마을 출신으로서 서울에서 사업을 하던 김춘규 씨가, 외부에서 마을로 향하는 진입 도로를 건설하기 위한 비용을 기부했음을 기념하는 비석입니다. 예전에 뱃길이 열려 있던 시절에는 서해안 곳곳으로의 교통이 편리하던 성호포구는, 해로가 쇠퇴하고 방조제가 지어지면서 육로 교통이 불편한 오지 마을로 바뀌었습니다. 외부로부터의 접근도 어려워졌죠. 김춘규 씨 송덕비는 어촌에서 농촌으로 바뀌면서 상황이 나빠진 성호리, 나아가 옛 결성군 지역의 상황을 대변하는 듯합니다.

　성호포구를 향하던 중에 들른 성호리 후청 마을에는 두 곳의 특징적인 시설이 있었습니다.

　한 곳은 6·25 전쟁 때 마을 주민들이 폭격을 피하기 위해 숨었던 집입니다. 〈당시 이 가옥은 마을에서 유명한 부자가 지은 가옥이었다. 가옥을 지을 때도 튼튼하게 지었으며, 특히 지붕을 다른 집에 비해 두껍게 지었다고 한다. 그래서 한국 전쟁 때 비행기가 공습을 해도 이 집의 지붕은 뚫지 못할 것이라고 생각하여 이 집으로 피란을 왔다고 한다.〉 실제로 가보니 그렇게 튼튼해 보이지는 않았습니다만, 6·25 전쟁 때 마을 주민들이 얼마나 겁에 질렸을지를 능히 상상할 수 있었습니다.

　또 한 곳은 마을 입구의 버스 정류장입니다. 서산군 해미면 사람이 지어 줬다는 머릿돌이 버스 정류장에 붙어 있더군요. 서산시 해미읍과 성호리는 직선거리가 20킬로미터 정도 되고, 육로로 이동하기에는 불편한 곳입니다. 그런 두 지역 간에 어떤 인연이 있었기에 해미 사람이 홍성군 서쪽의 땅끝 마을에 버스 정류장을 지어 준 것일지. 혹시 예전에 서산 방조제가 놓이기 전에 뱃길로 천수만을 따라 해미로 간 고향 사람이 기부한 것일지. 상상력을 자극하게 하는 도시 화석으로서의 머릿돌이었습니다.

해상 무역으로 번성하던 홍성군 광천읍 옹암리의
현재. 2022년 11월.

식민지 시기의 광산을 활용한 새우젓 토굴.
2022년 11월.

옹암리의 남쪽인 보령시 의식 마을에서도 토굴
새우젓을 제조합니다. 2022년 11월.

홍성군 광천읍과 보령시 청소면의 경계에
자리한 의식 마을의 버스 정류장. 2022년 11월.

(위) 홍성군 서부면 수룡동에서 바라보이는 홍성   (아래) 수룡동 마을회관. 2024년 1월.
방조제. 2024년 1월.

(위) 수룡동 어민 창고. 2024년 1월.

(아래) 수룡동당제가 이루어지는 풍어제단.
2024년 1월.

대통령비서실이 1975년에 출판한 『새마을』
화보에 보이는 수룡동.

（위）홍성군 서부면 성호리의 오방제각. 2024년 1월.

（아래）오방제각의 위에서 바라본 성호리, 수룡동, 홍성 방조제. 2024년 1월 류기윤 촬영.

(위) 성호 마을에서 외부로 통하는 길을 뚫어 준
김춘규 씨를 기리는 비석. 2024년 1월.

(아래) 성호리 후청 마을 사람들이 6·25 전쟁 때
피란한 집. 2024년 1월.

서산군 해미면 사람이 지어 준 홍성군 서부면
성호리 후청 마을의 버스 터미널. 2024년 1월.

간척과 염전

서산 방조제·홍성 방조제·보령 방조제 등은 옛 결성군을 포함한 서해
안 지역 일대를 해로가 편리한 곳에서 육로가 불편한 곳으로 바꾸었습
니다. 하지만 앞서 말씀드렸듯이, 이 지역에서 농업에 종사하는 사람들
에게는 방조제가 해일을 막아 주고 간척 사업을 쉽게 해주는 등의 혜택
을 주기도 했습니다.

　대규모 방조제가 건설되기 전에도 홍성군의 서해안 지역 곳곳에
서는 마을 사람들이 만을 막아 농토를 넓히는 사업을 추진했습니다. 홍
성군 결성면 성호리 가곡 마을의 간척 사업을 소개하는 충청남도청 발
간 『새마을의 승자상』에는 「바다와 싸워 기적을 낳다」라는 제목으로,
〈버려진 마을 앞바다의 간척지 7ha를 막아 경지화하는 데 성공하여 어
려운 주민〉들에게 땅이 생긴 새마을운동의 성공 사례가 실려 있습니다.
여기서 주목할 만한 대목은 〈버려진 마을 앞바다〉라는 표현입니다. 바
다는 버려져 있는 것이고, 바다를 농지로 만드는 것은 기적이라는 농업
중심적 세계관을 여기서도 봅니다.

　여담이지만, 가곡 마을에서 결성면사무소로 가는 도중의 산골에
는 피촌말이라는 지명이 남아 있습니다. 〈예전에는 이곳에 백정들이
주로 살았다〉고 해서 이런 이름이 붙었다고 하는데요, 〈피촌말에 사는
사람들은 스스로를 보호하기 위해 길가에 굴을 파고 들어가 창을 들고
지켰다〉고 합니다. 일반인들이 피차별민을 차별할 뿐 아니라 물리적으
로 공격까지 하다 보니 백정들이 스스로를 지키기 위해 무장을 했다는
설명은, 사실 여부를 떠나서 전근대의 잔혹한 계급 차별 상황을 보여
줍니다. 피촌말이라는 지명은 예산군의 서쪽 중심지인 덕산면사무소
소재지에서 조금 떨어진 곳에도 남아 있습니다.

　한편 경상북도 봉화군 춘양면사무소에서 조금 떨어진 법전면 소

지리에는 백 년 전 한센인들이 집단 거주했다고 하는 수천거리라는 지명이 남아 있습니다. 백정이나 한센인 같은 사회적 약자들이 일반인들이 살던 중심지에서 분리되어 집단 거주하던 현실을 보여 줍니다.

늘 생각하는 것이지만, 중심에서 일어난 일만 봐서는 그 사회의 진짜 모습을 볼 수 없습니다. 중심에서 벗어난 곳에서 일어난 일들을 관찰함으로써 그 사회의 냉혹하고 무자비한 측면을 확인하게 되고, 그런 발견으로부터 상황을 좀 더 낫게 만들 수 있는 계기를 만들 수 있다고 저는 믿습니다. 제가 외곽, 경계 지대를 답사하는 이유입니다.

피촌말을 지나 동쪽으로 조금 더 가면 결성면사무소 소재지가 나타납니다. 최근에는 결성읍성을 복원하는 사업이 추진되고 있는데요, 쇠락해 버린 면사무소 일대의 경관과 읍성이 당진시의 면천읍성 마을과도 비슷했습니다. 면천읍성과 결성읍성 모두, 전근대에 번성하다가 근대 들어 쇠락해 버렸던 것이 오히려 레트로한 느낌을 띠게 되어 관광지로서 부상할 가능성을 지니고 있는 지역들입니다. 이번 책에서 읍성 마을로서 여러분께 답사를 권하고 싶은 두 곳입니다. 특히 백종원 선생도 들른 화상(華商) 중국집 인발루는 주인장 분들도 친절하고 음식도 맛있는 곳이었는데요, 가게에 걸린 거울에 한 자리 국번의 전화번호와 함께 연탄 가게 이름이 적혀 있는 데에서 세월을 느낄 수 있었습니다.

다시 간척 사업 이야기로 돌아오겠습니다.

결성면 북쪽에 자리한 갈산면 오두리 마을 주민들은 1960년대부터 마을 앞 개펄을 농토로 바꾸는 사업을 추진했는데 3년간 방조제를 쌓았다가는 무너지기를 반복했습니다. 이렇게 공사한 끝에 바다를 막는 데 성공해서 마을 주민들이 농토를 나누어 가졌습니다. 그리고 20여 년 뒤인 1980년대에 서산 A·B지구 방조제가 건설되면서 마을은 어촌에서 내륙 마을로 바뀌었습니다.

　　마을 주민들이 소규모 간척 사업을 추진하다가 국가적 차원에서 방조제를 건설하면서 주변 지형이 통째로 바뀌어 버린 오두리의 사례는 서해안 전역에서 일어난 일이기도 합니다. 오두리 북쪽의 동성리 바닷가에서 새우젓 담는 옹기를 구워 팔던 성촌토기의 앞바다가 천수만 간척 사업의 결과 육지로 바뀌었다는 말씀은 이 책의 제8장에서 드렸죠.

　　결성면 용호리 덕우 마을은 서산 A·B지구 방조제가 건설되기 전까지는 〈큰비가 내렸다 하면 집 앞까지 물이 차올라 한 해 농사를 망치〉던 지역이었습니다. 그래서 마을 사람들은 〈방조제 건설과 경지 정리 이후 덕우의 농경지가 크게 늘지는 않았지만 농사는 안정화되었〉으므로, 〈기존의 경지를 확보한 것만으로도 큰 성과라고 보고 있다〉고 합니다. 또 용호리와 붙어 있는 교항리도 〈바닷물이 마을 앞까지 들어왔고, 와룡천과 합류되는 지점이어서 홍수 피해〉가 잦은 곳이었습니다. 이런 피해를 막기 위해 식민지 시기부터 1980년대까지 방조제 건설이 거듭 시도되었고, 서산 방조제가 건설되면서 물난리와의 싸움에서 최종적으로 승리했습니다.

　　옛 결성군 영역인 서부면에는 방조제 바깥에서 여전히 항구로서 기능하고 있는 남당항과 어사포구가 자리하고 있습니다. 옛 결성군의 여러 포구가 사라지다 보니, 이 두 곳의 항구는 상대적으로 더욱 번성하게 되었습니다. 지금은 남당항이 어사포구보다 활발해서 〈남당 어사리〉라고 불리지만, 1980년에 방파제가 지어지고 포구가 매립되기 전까지는 어사포구가 남당항보다 더 번성해서 〈어설 남댕이〉라 불리기도 했다네요.

　　남당항은 그 자체로도 수도권 시민들의 스포츠 낚시 포인트로 유명할 뿐 아니라, 최근 관광지로 유명해진 죽도로 가는 선착장으로서도 많은 시민들이 찾고 있죠. 이 죽도는 1988년까지 서산군(지금의 태안군 지역)에 속해 있다가 1989년에 홍성군으로 넘어왔습니다. 태안 안면도와 홍성의 딱 중간에 있다 보니 소속이 이렇게 옮겨 다닌 거죠. 하지만 예전부터 생활권은 옛 결성군 영역인 남당리와 광천이었다고 합니다. 결국 생활권에 맞춰서 행정 구역이 개편된 거죠.

여기까지 옛 결성군에서 이루어진 해운(海運)과 간척 사업의 엇갈림에 대해 살펴보았습니다. 그런데 서해안의 다른 지역과 마찬가지로 이곳에서도, 뱃길을 통한 무역과 간척 사업 사이의 시기에는 한때 염전업이 성행했습니다. 결성면 지역에서는 1945년의 광복 뒤로 전근대의 자염(煮鹽)업이 곳곳에서 시도되었고, 1950년대에는 성호 염전·결성 염전·성넘어 염전 같은 천일염전이 많이 만들어졌습니다. 결성읍성의 돌도 염전을 만들기 위해 해체되어 활용되었을 정도니, 이 지역에서 염전업이 얼마나 성행했을지 알 수 있죠.

뱃길로 번성하던 곳이 염전 지대로 바뀌었다가 간척 후에 농업 지대로 바뀐 곳으로서 홍성군 결성면 금곡리의 해창(海倉)을 들 수 있습니다. 앞에서 살펴본 성호포구보다 좀 더 내륙에 자리잡은 해창포구는, 결성군 지역에서 바닷물이 들어오는 가장 내륙 지점이었습니다. 이곳까지 바닷물이 들어오던 때에는 창고를 만들어서 세금용 쌀을 보관했다고 해서 이런 지명이 생겼습니다. 이 창고는 1814년까지 이곳에 있다가, 점점 배가 운행하지 못하는 갯골로 바뀌면서 좀 더 하류의 결성면 성남리 창말포구로 옮겨 갔습니다.

그리고 해창 지역에는 홍성 염전이 조성되었다가 지금은 농토로 바뀌었습니다. 제가 찾아갔을 때는 태양광 패널을 설치해 두었더군요. 태양광 패널 너머로 옛 홍성 염전 사무소가 보이는 경관이, 바다에서 염전, 염전에서 농토, 농토에서 태양광 단지로 어지러이 땅의 쓸모를

(위) 『새마을의 승자상』에 보이는 홍성군 결성면 성호리 가곡 마을의 간척 사업.

(가운데) 갈산면 가곡 마을에서 결성면사무소 소재지로 향하는 중간에 자리한 피촌말. 2024년 1월.

(아래) 경상북도 봉화군 춘양면사무소 소재지 외곽, 한센인들이 거주하던 수천거리. 2023년 8월.

(위) 결성읍성. 2024년 1월.

(가운데) 결성면사무소 소재지의 중심지. 2024년 1월.

(아래 왼쪽) 결성면사무소 소재지의 화상 중국집 인발루. 2024년 1월.

(아래 오른쪽) 인발루 벽에 걸려 있는 대동연탄 거울. 2024년 1월.

(위) 결성면 용호리의 간척지. 2024년 1월. (아래) 남당항에서 바라본 죽도. 2024년 1월.

(가운데) 스포츠 낚시로 인기를 끌고 있는 남당항.
2024년 1월.

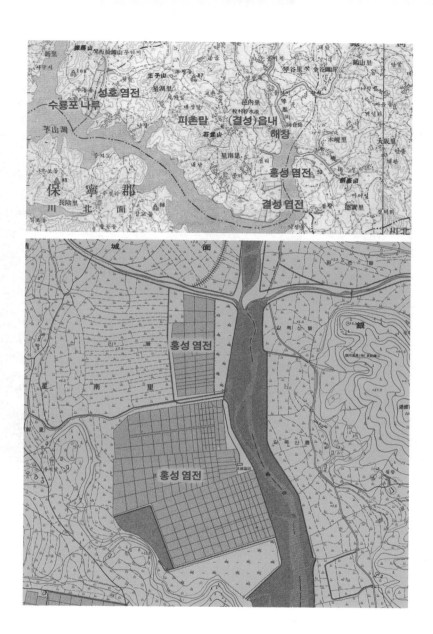

(위) 1964년 5만분의 1 지도(부분)에 보이는 결성   (아래) 1987년 5천분의 1 지도(부분)에 보이는
일대의 염전과 포구. 국립건설연구소 발행, 1964.   해창 마을의 홍성 염전. 국립지리원 발행, 1987.

해창포구가 있던 간척지의 현재. 2024년 1월
류기윤 촬영.

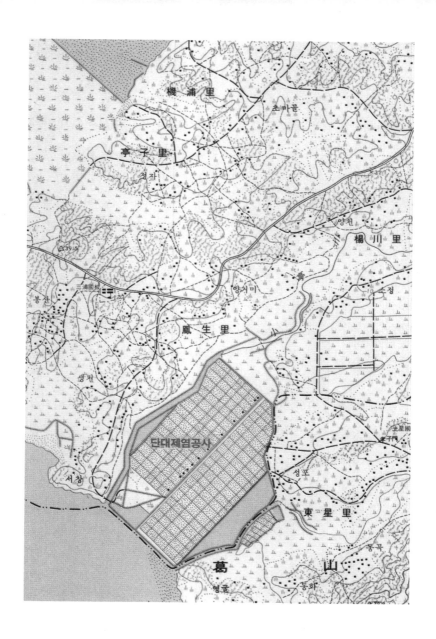

1977년 2만 5천분의 1 지도(부분)에 보이는
단대제염공사(단국대 염전). 국립지리원 발행,
1977.

바꾸어 간 한국 서해안의 지난 백 년을 압축해 놓은 듯했습니다.

새우젓을 담는 옹기를 제작하던 갈산면 동성리의 성촌토기 앞바다도 단국대학교에서 염전을 조성하면서 사라졌고, 이 염전은 다시 1980년대에 서산 방조제를 만들면서 농토로 바뀌었습니다. 단국대 염전은 단국제염공사라고 하고, 1952년에 단국대학교 재단 이사장 박정숙 씨가 공유 수면을 매립한 것입니다. 1968년 시점에 시가가 1억 원 정도로 평가받았고 연간 수익이 1천만 원을 넘었다고 하니 대단하죠.

인천 영종도의 건대 염전·홍대 염전·정치대학 염전도 그렇지만, 20세기 후반에 대학들은 수익 사업으로서 염전업에 진출한 사례가 많았습니다. 이런 말씀을 시민분들께 들려 드리면 신기해하시는 경우가 많은데요, 그런 반응을 보면서 〈한때는 유명했던 대학 염전이 잊혀지다니, 세월이 참 많이 흘렀구나〉 하는 감회를 느낍니다.

현대그룹이 서산 방조제를 만들던 당시에 마을 주민들은 〈나라에서 부족한 쌀을 생산하기 위해 대규모 간척 사업을 하는 일이므로 괜찮겠거니〉 생각했고, 〈우선 보상을 받은 만족감으로 별다른 반대도 하지 못했다〉고 합니다. 〈지금 생각해 보면 마을 앞에 펼쳐진 천혜의 바다가 없어지는 미래를 생각하지 못〉했다는 거죠. 그래서 지금도 예전의 바다를 기억하는 노인들은 〈정주영 씨가 마을을 망쳤다〉는 말을 한다고는 합니다.

결성과 보령 사이

결성군은 결성현이던 1733년에서 1736년 사이에 현이 폐지되고 아래쪽 보령에 속했던 적이 있습니다. 아들이 아버지를 죽인 일이 있어서 이렇게 지역 전체에 처벌을 내린 거죠. 요즘식으로 말하면 연좌제인데, 전근대에는 이런 행정 조치가 흔하게 일어났습니다. 이렇게 결성 지역

전체가 사라진 것은 일시적이었지만, 은하면 구동포처럼 마을 주변 땅이 대부분 보령 땅이어서 생활에 불편을 겪은 지역도 있었고, 광천읍 옹암리 같은 지역은 결성과 보령을 오가다가 1914년에야 홍성군 광천면에 편입되었습니다.

이렇게 홍성·결성과 보령 간에는 행정 구역이 오고 갔을 뿐 아니라 땅도 서로 얽혀 있고, 인적 교류도 활발합니다. 보령시 청소면의 장항선 청소역 구내에서 홍성온천이라는 이름이 적힌 거울을 보았을 때에도, 뱃길과 장항선을 통해 이어져 있는 홍성·결성과 보령 간의 밀접한 관계를 상상해 보았습니다.

홍성온천은 호텔에서 자체적으로 쓸 물을 찾기 위해 땅을 파다가 온수를 발견하면서 1993년에 개장했습니다. 제가 이 거울을 본 것은 2021년이었고, 홍성호텔은 2022년에 코로나19의 타격으로 폐업했으니, 이제 청소역에서 이 거울에 적힌 홍성호텔 광고를 보고 홍성역을 찾아간 손님들은 헛걸음하게 되었습니다.

결성과 보령에 걸쳐서는 전근대의 행상인인 보부상의 흔적도 찾을 수 있습니다. 물론 보부상은 전국적으로 활동했고, 충청남도 서해안 지역에서도 예산 같은 곳에서 그들의 활동을 확인할 수 있습니다. 그래서 예산에는 보부상촌 테마파크가 조성되어 있기도 하지요.

결성과 보령 사이에서는 홍성군 광천읍 옹암리 새우젓 거리 화장실 앞에 〈부상감의비〉가 세워져 있고, 보령시 청소면 원죽역 근처에는 〈보령 원홍주등육군상무사 임소〉와 보부상들의 공동묘지가 남아 있습니다. 이 〈보령 원홍주등육군상무사 임소〉 옆의 공동묘지를 마련하도록 재산을 기부한 것도 광천읍 옹암리의 조덕중이라는 보부상이었다고 하니, 보부상을 통해서도 홍성·결성과 보령이 연결되어 있었다고 하겠습니다.

홍성과 보령은 현대 들어서도 하나의 블록으로 엮여서 사업이 추진되는 경우가 많습니다. 대표적인 것이 홍성과 보령에 걸쳐 만들어진 홍보지구 방조제입니다. 홍성 방조제는 결성면사무소 소재지를 비롯한 결성군 중부 지역에 영향을 미쳤고, 보령 방조제는 홍성 광천읍과 보령 청소면 등 두 지역의 경계 지역에 영향을 미쳤습니다.

보령 방조제가 건설되면서 만들어진 보령호는 오염도가 심해서 농업용수로도 사용할 수 없을 정도라고 하며, 이에 따라 충청남도에서는 바닷물을 다시 들이는 역간척을 추진하고 있습니다. 보령호뿐 아니라 홍성호를 둘러싸고도 마찬가지 고민이 이어지고 있습니다. 간척 사업이 절대적으로 옳다고 간주되던 시절이 이렇게 끝나 갑니다. 시화호가 이미 역간척의 첫 단계인 해수 유입을 하고 있고, 보령호도 해수 유입을 시작한다면, 당초의 사업 목적을 상실한 전국 곳곳의 간척지를 둘러싼 갈등에도 하나의 선택지를 제공하는 것이 될 터입니다.

보령호 남쪽의 보령 시내 주변에서는 식민지 시기에서 현대에 걸쳐 여러 개의 방조제가 건설되어 오늘날의 경관을 만들었습니다. 특히 해방 후에는 대천 방조제·신흑 방조제·남포 방조제가 건설되었는데, 대천 방조제가 만들어지면서 현재의 보령 시내 서북쪽 경관이 바뀌었고, 남포 방조제가 만들어지면서 보령 시내 서남쪽에서 대천해수욕장에 이르는 지역의 경관이 바뀌었습니다. 대천 방조제는 동아건설이 성장하게 된 계기를 제공한 사업이었고, 남포 방조제는 1980년대에 서산 방조제 및 서산시 대산공단 건설과 나란히 거론될 정도로 큰 규모의 사업이었습니다.

이렇게 보령시 해안 지대 곳곳에서 크고 작은 간척 사업이 진행되다 보니, 이에 관한 이야기가 새마을운동 사례집에 실린 경우도 많습니다.

　　주포면 은포리1구에서 간척 사업을 추진한 강신국 씨는 〈서울에서 사업을 하다가 71년도에 고향으로 돌아와 보니 10년 전 간척지가 준공됨으로서 분별없이 모여든 이주민과 원주민들 사이에 분열과 나태한 정신으로 퇴폐적인 마을이 되어〉 있음을 보고 새마을 지도자로서 나서게 됩니다. 그는 맹장염에 걸려 수술을 받으면서도 마을 사람들의 작업을 지도해서 마을 사람들에게 감동을 주었다고 합니다. 천북면 낙동리2구에서도 1971년 초봄의 아직 차가운 날씨에 간척 사업을 시작해서 1년 4개월 만에 완성했다는 내용이 발표됩니다.

　　이처럼 아산시, 당진시, 서산시, 태안군, 홍성군, 보령시에 걸쳐서 충청남도 서해안 지역 곳곳에서는 어마어마한 규모의 간척 사업이 거의 백 년간 이루어졌습니다. 이들 지역의 간척 사업들에 대해서는 수많은 미담들이 중앙 정부에서 지방 정부 차원에 걸쳐 발굴되었습니다. 하지만 이와는 대조적으로 서천군에서는 간척 사업에 대한 이야기가 거의 나오지 않습니다.

　　서천군에서 이루어진 대규모 간척 사업이라고 하면 1920~1930년대에 일본인들이 장항읍 일대를 간척·매립해서 신도시를 건설한 것이 유명하죠. 춘장대해수욕장이 있는 서면 도둔리에서는 1954년부터 1961년까지 피란민들이 〈신간지〉라고 불리는 간척지를 개발했습니다. 또 도둔리와 보령시 웅천읍 소황리 사이에 부사 방조제가 놓이기도 했습니다. 하지만 다른 충남 서해안 지역들에 비하면 서천군의 간척 사업은 소규모입니다. 대통령비서실에서 1975년에 출판한 『새마을』 화보에도, 서면 도둔리는 간척 사업이 성공한 마을로서가 아니라 백합·해태·바지라기 등을 통한 수익 증대에 성공한 마을로서 소개되어 있습니다. 1950년대의 간척 사업이 잊혀진 거죠.

　　반도 지형을 띠고 있는 서천군 서면은 사실 1960년대에 비인공

(위) 보령시 청소면의 장항선 청소역 구내에서
확인한 홍성온천 거울. 2021년 5월.

(가운데) 예산의 보부상 유진룡 선생의 인터뷰가
실린 『〈장돌뱅이 돈이 왜 구린지 알어?〉』.

(아래) 홍성 광천읍 옹암포에 남아 있는
〈부상감의비〉. 2022년 11월.

(위) 보령 원홍주등육군상무사 임소. 2022년 11월.

(가운데) 대숲 속에 남아 있는 보부상 비석들. 2022년 11월.

(아래) 홍성 방조제. 2024년 1월.

(위) 홍보지구 대단위 농업 개발 사업 안내판.
2024년 1월.

(아래) 현재의 남포간척지. 2021년 5월.

「새마을의 승자상」에 보이는 보령시 주포면
은포1리 간척지.

(위)『새마을의 승자상』에 보이는 보령시 천북면 낙동2리의 간척 사업.

(아래) 대통령비서실에서 1975년에 출판한 『새마을』화보에 실려 있는 서천군 서면 도둔리.

단·비인 신도시를 건설하기 위해 대규모 간척 사업이 이루어질 예정이다가 무산되었습니다. 또 장항읍의 서쪽 바다에도 군장산업단지를 건설하기 위한 대규모 간척 사업이 예정되었다가 무산되었죠. 이 두 지역에서 공업 단지를 건설하기 위해 간척 사업을 계획했다가 무산된 것은, 서천군이 도시화·공업화의 기회를 번번이 놓쳐 온 역사를 보여 줍니다. 서천군이 번번이 놓친 대규모 간척 사업에 대한 이야기는 이 책의 마지막 부분에서 드리겠습니다.

광공업 지대로서의 홍성·보령

서산 방조제가 만들어지면서 마을 앞바다가 육지로 바뀐 홍성군 결성면 교항리 자은동. 이곳의 마을회관 앞에는 방승옥이라는 마을 주민의 공덕비가 서 있습니다. 비석에 따르면 그는 마을에 전기를 들이고 버스 정류장을 만들어 주는 등의 선행을 했다고 합니다. 그 옆에 있는 박성관 공덕비에는 〈박성관 씨는 자은동 출신으로 1991년 마을 안길 포장 공사를 하여 주민들이 편하게 이용할 수 있게 되었다〉라고 적혀 있습니다. 방승옥 씨와 박성관 씨 덕분에 자은동 주민들이 외부로 쉽게 나갈 수 있게 되었네요.

그런데 『결성면지』라는 지역사 자료를 보면, 이 방승옥 씨는 보령 성주탄광의 광업소장을 역임했다고 합니다. 이 성주탄광은 성주탄전이라고도 불리며, 보령시를 중심으로 예산군·홍성군·청양군·부여군·서천군에 걸쳐 있는 탄광이었습니다. 1989년까지 채굴하다가 현재는 폐광되었습니다. 이 성주탄전이 번성하면서 옛 보령군과 대천시에는 많은 현금이 유통되었고, 인맥을 동원해서 광부가 되고 싶어 하는 사람들이 줄을 설 정도였습니다.

성주탄전 동남쪽의 미산면 도화담리 도풍탄광은 보령·부여·서천의 경계에 자리 잡고 있어서 정체성이 애매한 데다가, 전국에서 광부들이 몰려들다 보니 〈우범 지대로 폭력과 도박, 낭비의 풍조가 성행돼 가산을 탕진, 가난을 숙명처럼 살아오던 곳〉이었다고 각종 새마을운동 문헌에서는 주장합니다. 그런 마을이 새마을운동 때 청정 운동을 벌였다는 것이 이 마을의 새마을운동을 둘러싼 미담의 핵심입니다.

이 성주탄전에서 벌어들인 돈으로 흥성하던 대천읍은 마침내 1986년에 대천시로 승격하게 됩니다. 동시에, 아이러니하게도 성주리 탄광촌의 인구는 이해부터 줄기 시작해서 1989년의 폐광 이후에는 급격히 줄어들어 오늘날에 이릅니다.

현재 성주탄전의 탄광촌에는 식민지 시기에서 현대 한국에 걸쳐 형성된 탄광촌의 흔적이 비교적 잘 남아 있고 보령석탄박물관도 설치되어 있어서, 한때 한국의 4대 탄전으로 꼽히기도 하던 성주탄전의 옛 경관을 느낄 수 있습니다. 마을을 답사하다가 예전 이장님을 만났는데, 퇴직 후에도 마을에 남아 정착하셨다고 하더군요. 그분은 저희 답사 팀이 마을에 들어섰을 때부터 계속 저희 일행을 주시하다가 말을 거셨는데요, 한번 이장은 영원한 이장이라는 사실을 다시금 확인했습니다.

성주탄전에서 채굴된 석탄은 옥마역의 저탄장(貯炭場)까지 운반된 뒤, 그곳에서 남포선 선로를 따라 장항선 남포역으로 옮겨진 뒤 전국으로 운반되었습니다. 그러다가 서천군 비인면에서 비인공단 계획이 무산된 뒤 설치된 서천화력발전소, 그리고 주교면의 보령화력발전소 등으로 석탄을 공급하다가 폐광을 맞이하게 됩니다. 옥마역 자리는 현재 골프장 등으로 바뀌어서 흔적이 지워졌습니다만, 남포면사무소 근처에는 옛 남포선 건널목이 남아 있어서 〈탄광도시 보령〉의 옛 모습을 상상할 수 있게 해줍니다.

옥마역 서쪽에는 예전에 충청남도 종축장이 있었습니다. 이 종축장의 일부를 대한탄광이 빌려서 성주탄전에서 캐낸 석탄을 쌓아 놓는 용도로 썼던 것인데요, 오늘날 옥마역은 골프장으로, 종축장은 명천지구라 불리는 보령시의 택지 개발 구역으로 바뀌었습니다. 종축장은 청양군으로 보내고 옛 부지는 개발하기로 한 것입니다.

명천지구 개발 사업은 1996년에 고시된 뒤로 지지부진한 상태가 이어져 왔습니다. 제가 이곳을 답사한 것은 사업이 고시된 뒤로 27년이 지난 2023년 말이었는데요, 이때까지도 아직 택지 개발 지구 곳곳이 비어 있었습니다. 택지 개발 지구 가운데 예전 보령 시내에서 가장 멀리 떨어진, 옛 남포선 옥마역 근처에 보령시청이 자리하고 있는데, 저처럼 대중교통을 이용하는 사람에게는 시청에 가는 것이 쉽지 않겠다고 느껴졌습니다.

또, 명천지구는 외부에서 새로운 인구를 끌어오는 게 아니라 기존에 보령에 살던 시민들의 이른바 집 갈아타기 대상으로 선택되는 경향이 높습니다. 2023년 1월 시점으로 명천지구의 인구 가운데 82.26퍼센트가 보령시 안에서의 이동이었다고 하네요. 그래서 〈명천지구가 생기며 보령 구도심이 오히려 침체됐다〉는 말까지 나오고 있습니다.

보령시는 장항선과 서해안고속도로가 뚫리면서 수도권으로의 접근성이 좋아져서 특히 청년 유출 인구가 증가하고 있습니다. 인구 10만 명이 붕괴된 현재, 보령시 측에서 명천지구를 개발해서 외부 인구가 유입될 것을 기대하고 있을 수도 있습니다. 하지만 한국의 수많은 혁신도시나 택지 개발 지구는, 수도권 등의 대도시가 아닌 자기 지역의 농산어촌이나 중소 도시에서 인구를 빨아들이는 경향이 있습니다. 보령시도 예외가 아닌 것이지요.

홍성과 보령의 광업이라고 하면 석면 광산이 주민들에게 끼친 피해를 빼놓을 수 없습니다. 석면의 유독성이 세상에 알려진 것이 최근이

대표적인 공로를 다음과 같이 표시합니다
一九七六年 마을 전기내선 공사비를 전담하였음
一九八二年 마을버스 정류장을 건립하였음
二〇〇六年 마을기금으로 답(논)四〇〇평을 매입하여 주셨음
二〇一〇年 마을관대지(三八〇평)매입 건립하여 주셨음
二〇一〇年 마을회관 건평(五〇평)을 신축하여 주셨음
會長任께서 저희 자은동 마을에 오랫동안 물심양면으로 베풀어 주신 공적을
마을 주민 대대손손 잊지 못하여 이 조그마한 성심과 정신을 표합니다
二〇一〇年 八月 日 建立

(위) 서산 A지구 방조제를 건설하면서 탄생한 자은동 앞의 간척지. 2024년 1월 류기윤 촬영.

(아래) 성주탄광 광업소장 방승옥 씨의 공적비. 2024년 1월.

보령 성주탄전 사택촌의 현재 모습.
2019년 10월.

▲ 마을 전경

(위)『새마을의 승자상』에 보이는 보령시 미산면
도화담리.

(아래) 대통령비서실이 1978년에 출판한
『새마을』화보에 보이는 보령 미산면 도화담.

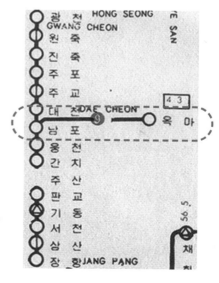

(위) 장항선 남포역에서 갈라져 옥마역으로 향하던
철길. 2021년 5월.

(아래) 『디젤기관차 형별배선도』(1972)에
수록된 남포선.

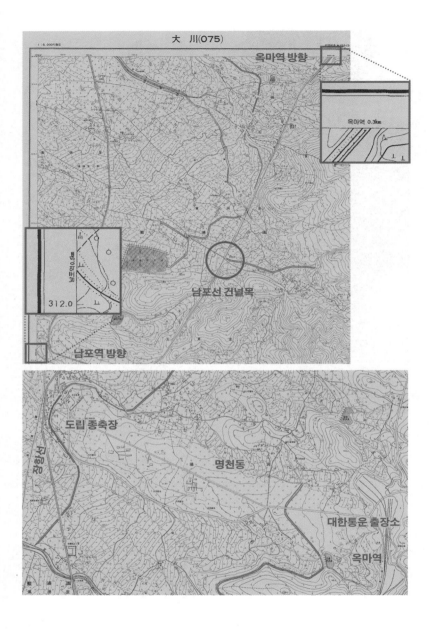

(위) 장항선 남포역에서 갈라져 옥마역으로 향하던 철길 위치가 보이는 1987년 5천분의 1 지도(부분). 국립지리원 발행, 1987.

(아래) 보령의 남포선 옥마역과 도립 종축장이 보이는 1986년 5천분의 1 지도(부분). 국립지리원 발행, 1986.

다 보니, 식민지 시기부터 얼마 전까지 직접적으로 석면을 채굴한 광부 또는 광산 주변에 거주하는 시민들의 피해가 2009년이 되어서야 밝혀 지기 시작했습니다. 충청남도에서는 홍성·보령·예산·서산·청양에서 석면 광산이 운영되었고, 특히 홍성과 보령에 가장 많은 광산이 있던 것으로 알려져 있습니다.

홍성역–광천역 구간의 장항선 선로 개량 논의 때에도 폐석면 광산 을 건드릴 수 있다는 우려가 제기된 바 있습니다. 그 결과 광천역을 옮 기지 않는 선에서 개량을 하기로 정해졌는데요, 역의 위치가 옮겨지지 않음으로써 기존 역세권이 쇠락하지 않을 수 있게 된 것은 부수적인 효 과라고 하겠습니다.

보령시 주포면에서 홍성군 광천읍에 걸쳐서는 사금 채굴도 이루 어졌습니다. 특히 오랫동안 해운·하운으로 번성하던 광천읍 옹암리의 옹암포는, 어느 때부터인가 더 이상 배가 들어올 수 없게 되면서 쇠락 하게 되었는데요, 그 이유의 하나로 〈중앙대 총장을 역임한 임영신 씨 가 학교 운영을 위해 옹암리 갯고랑에서 사금을 채취〉하느라 〈갯고랑 을 파헤쳐 뱃길이 나빠진 것〉이라고 주장하는 마을 주민들도 있습니다.

임영신(1899~1977) 씨는 〈1957년 영왕산업주식회사를 설립하 여 유엔한국재건기구(UNKRA)의 원조 사업으로 들어온 바켈라인식 채금 선박으로 해저 15m를 준설하여 뻘이나 모래에 섞인 사금 입자를 흡수함으로써 얻어진 금을 제련하여 돈을 버는 사업을 시작〉했습니다. 그리고 1962년에는 업체명을 〈삼용광업소〉로 바꾸고 옹암포 앞의 개 펄에서 사금을 채취했는데, 이때 갯고랑을 건드리는 바람에 뱃길이 막 혀 버렸다는 것이죠. 주민들은 〈중앙대학교 사금선이 작업을 한 십 년 을 했〉다고 증언합니다. 소금에 사금에, 한국의 대학 재단들은 참 전국 곳곳에서 수익 사업을 벌였네요.

한편 홍성군 광천읍에서는 식민지 시기에 금광도 운영되었는데요, 이곳에서 일했던 윤병원(윤만길) 씨가 1960년대에 폐광에 새우젓을 보관하는 시도를 하면서 광천읍 옹암리가 토굴 새우젓 마을로 거듭나게 되었습니다.

또 보령시 웅천읍 대천리의 웅천역 역전 마을 주민들은 벼루나 비석을 만들 때 선호되는 오석(烏石)을 협동 사업을 개발해서 주민 소득을 올린 것으로 유명해졌습니다. 충청남도청이 발간한 『새마을의 승자상』에서는 이 오석 협동 사업을 소개하면서 「오석은 검은 황금」이라는 제목을 붙였습니다. 〈검은 황금〉이라고 하면 석유를 가리키는 경우가 많은데, 이 책에서 〈오석은 검은 황금〉이라고 한 것을 보고는 재밌다고 생각했네요.

오석으로 유명해진 웅천역 역전 마을에서 직선거리로 2킬로미터 정도 떨어진 곳에는 웅천산단이 자리하고 있습니다. 웅천산단은 〈산을 깎아 암반으로 구성된 지반으로 건축비 절감율과 지진 등에 대한 안전도가 높〉다는 점을 내세워 수도권 기업들을 유치하려 했는데요, 여기에서 지진에 대한 문제를 강조한 것은 이 일대에서 지진이 자주 발생했기 때문인 것으로 생각됩니다.

충청남도에서는 지난 2023년 10월 25일에도 진도 3을 넘는 지진이 공주에서 발생한 것을 비롯해서 그간 여러 차례의 심상치 않은 지진이 있었습니다. 특히 1978년 10월 7일의 홍성 지진은 진도 5를 기록했고, 사망자는 발생하지 않았지만 건물들에 큰 피해를 주었습니다. 활성 단층이 존재하는 경주·포항·울산 지역만큼은 아니지만 충청남도 지역도 안전지대는 아니라는 거죠.

(위) 보령 웅천역 근처에서 영업 중인 남포벼루. 2021년 5월.

(아래) 『새마을의 승자상』에 보이는 보령시 웅천면 대천리.

보령의 고민

앞서 보령 시내의 택지 개발 지구인 명천지구에 대해 말씀드렸는데요, 보령 시내는 대천천 북쪽의 구도심에 있던 철도역과 버스 터미널이 대천천 남쪽으로 이전하고, 대천동 618-34에 있던 시청까지도 명천지구 동쪽 끝으로 옮겨가 버리는 바람에 미래 전망이 불투명합니다.

그렇다고 해서 명천지구의 미래가 밝은가 하면, 개발이 고시된 지 20여 년째인 현재도 빈 땅이 많이 남아 있는 데에서 알 수 있듯이 역시나 전망이 불투명합니다. 시내에서 조금 벗어나면 1994년에 공사가 시작되었다가 중단된 남포면 삼현리의 소라아파트 단지 같은 곳들도 있습니다.

다만 변화가 예상되는 곳도 있기는 합니다. 구도심에서 대천천 건너 옮겨 온 철도역과 버스 터미널 근처 궁촌동에는, 1927년에 사용 승인된 주택을 포함한 예전 마을이 남아 있습니다. 이 마을은 예전에는 구도심과 강을 사이에 두고 떨어져 있는 한적한 농촌이었지만, 이제는 구도심과 신도시 사이에 끼어 있는 철도·버스 역세권이 되어 그 모습을 바꿀 것으로 예상합니다. 인구 감소를 겪고 있는 보령시가 과거의 택지 개발 계획을 무조건 완수하려 하는 대신, 이렇게 현실적으로 개발이 예상되는 지역을 조금씩 손대면서 구도심의 활력도 보전할 수 있는 현실적인 행정을 펼칠 것을 기대해 봅니다.

한편으로 한때 대천시라는 독립적인 행정 구역이던 보령시의 시가지에는 1920년에 지어진 한일 절충식 기와집이 잘 남아 있는 등, 백 년 전의 도시 공간이 비교적 잘 남아 있습니다. 또한 해방 후의 좌우 대립과 북한의 위협을 상징하는 보령경찰서 망루 등도 좋은 문화 자원이 될 수 있습니다.

하지만 대천해수욕장이나 독립운동 등의 전통적인 문화 자원에 밀려서, 이들 도시 공간 자원은 상대적으로 등한시되는 느낌을 받습니다. 옛 대천역 문화 관광 단지를 조성할 때에도 예전의 역 건물이나 선로를 좀 더 잘 남겨서 관광 자원으로서 활용할 수 있었을 텐데 하는 아쉬움도 현장에서 느꼈습니다. 보령시나 충청남도청 측에서 이런 부분에 대해 조금 더 현대적인 관점에서 접근해 주셨으면 합니다.

충청남도와 보령시는 중국 관광객과 기업을 유치하기 위해 보령 신항을 개설했습니다. 하지만 제가 『한국 도시의 미래』에서 말씀드렸듯이 한국의 서해안 지역은 북한은 물론 중국의 군사적 위협에도 맞서기 위해 무장되어 있는 최전방입니다. 보령시의 경우 대천해수욕장 및 인근의 신흑동에 미군 부대가 주둔했다가 현재는 한국군 시설로 바뀌어 운영 중입니다.

신흑동의 미군 부대 및 기지촌은 많은 분들께 존재가 알려져 있지 않은데요, 1950년대에 인천을 통해 들어온 미군이 이곳에 주둔했다고 해서 〈인천부대앞〉이라는 지명이 생겼고, 〈미군들과 함께 온 위안부들에 대한 주민의 저항〉이 있어서 이들이 〈새말〉이라는 곳에 정착하게 됩니다. 하지만 1970년대에 미군이 철수한 뒤에는 농촌 지역으로 되돌아갔고, 현재는 기지촌 시절의 거리 경관과 몇 채의 건물만 남아 있습니다.

미군 기지는 사라졌지만, 한국군은 여전히 보령 지역을 주요한 작전 지역 가운데 하나로서 사용하고 있습니다. 웅천 사격장 서클(사격용 지상 표지)을 둘러싼 민군 갈등이 대표적인 사례입니다. 다음 기사가 갈등의 내용을 잘 정리하고 있습니다.

〈5602부대는 1989년부터 매년 7~8월 독산해수욕장 인근에서 해상 침투 훈련을 하고 있다. 하지만 주민들은 훈련 소음과 진동으로 일상 생활에 불편을 겪는 것은 물론 여름철 해수욕장 운영에 차질을 빚고 있다며 대책 마련을 호소해 왔다.〉 이렇듯 보령은 한국을 위시한 자유 진영이 중국 같은 권위주의 국가들에 맞서는 최전선입니다.

장항선 선로가 개량되면서 충청남도 여러 지역의 역전 마을들이 쇠락했습니다. 보령시청 소재지의 미래도 고민되는 상황에서, 장항선 선로 개량이라는 국가적 사업이 이루어진 결과 쇠락을 피할 수 없게 된 이들 역세권 지역들의 미래에까지 신경 쓸 여유가 보령시 측에는 많지 않은 것 같습니다.

청소역은 노선 변경의 피해를 입지 않았지만, 역 앞의 신작로를 중심으로 형성된 마을을 함부로 손댔다가 돌이킬 수 없는 상황을 맞이한 것 같습니다. 제가 답사했을 때는 시청 측의 사업 때문에 몇몇 업소가 폐업한 상황이었고, 최근의 로드맵을 보니 〈호환 마마보다 무서운 간판 정비 사업〉이 이루어졌더군요. 전국의 공무원분들께 늘 말씀드립니다만, 여러분들이 그렇게 하고 싶어 하시는 간판 정비 사업만 안 해도, 레트로 분위기를 좋아하는 전국의 시민들이 여러분의 도시로 찾아올 겁니다.

남포역은 한때 성주탄전의 석탄을 실어 오는 남포선의 종착역으로서 중요성을 띠고 있었습니다. 하지만 남포선이 중단된 현재는, 면사무소 소재지와도 거리가 떨어져 있다 보니 수요가 받쳐 주지 못해서 폐역이 되었습니다. 장항선 선로 개량 공사를 할 때 새로운 철도 역사를 만들었다가 금방 폐역이 되어 버려서 교통 행정의 난맥상을 확인하게 해줍니다. 남포면사무소 근처에는 남포읍성이 있는데, 소규모의 읍성이 꽤 괜찮은 경관을 만들어 내고 있습니다.

오석과 웅천산단을 말씀드리면서 이미 언급했던 웅천역은 장항선 선로 개량으로 인해 예전 역사가 폐역 되고 새로운 역사가 외딴 곳에 만들어졌습니다. 그나마 옛 역에서 걸어서 10분 정도 거리여서 새 역

(위) 옛 대천역으로 들어오던 장항선 선로의 흔적 위에 폐선이 놓여 있었습니다. 2024년 3월.

(아래) 옛 대천 버스 터미널 자리에는 여전히 〈터미널〉이라는 단어를 넣은 간판이 남아 있습니다. 2024년 3월.

(위) 대천 구도심의 구시 지역에 남아 있는
1920년에 지어진 한일 절충식 기와집. 2024년
3월.

(가운데) 보령시 외곽의 명천지구. 2023년 12월.

(아래) 보령 시내와 대천해수욕장 사이에서
공사가 중단된 소라아파트. 2023년 12월.

(위) 1927년에 사용 승인된 보령시 궁촌동의
건물. 2024년 3월.

(아래) 보령 시내의 6·25 전쟁 유적인
보령경찰서 망루. 2019년 10월.

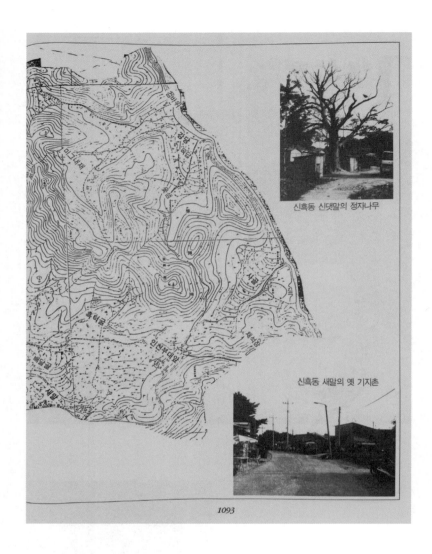

신흥동 신댓말의 정자나무

신흥동 새말의 옛 기지촌

『대천시사』에 보이는 신흥동 미군 기지촌.

(위) 대천해수욕장의 미국 선교사 휴양 시설.
2021년 5월.

(아래) 신흑동 미군 기지촌의 현재. 2021년 5월.

(위) 장항선 청소역. 2021년 5월.　　　　(아래) 청소역 역전 마을의 현재. 2021년 5월.

청소역 역전 마을의 현재. 2021년 5월.

(위) 남포읍성. 2021년 5월.　　　　　　　　(아래) 운행이 중단된 옛 웅천역. 2021년 5월.

(위) 장항선 노선이 폐지된 뒤에 철로가 걷힌 옛 　　　　　(가운데·아래) 웅천역 역전 마을. 2021년 5월.
웅천역. 2021년 5월.

장항선 주산역 폐역 인근의 의원. 2021년 5월.

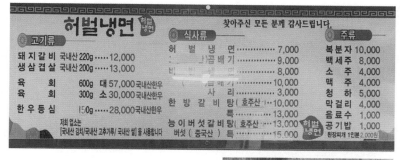

(위) 장항선 주산역 폐역 인근의 주산주조장.
2021년 5월.

(아래) 장항선 주산역 폐역 인근에서 영업하는
허벌냉면. 2021년 5월.

의 여객 수요 감소는 없었다고 합니다만, 새 역 근처에 역세권이 형성
되면 옛 역세권이 어떻게 될지 걱정되더군요. 옛 역과 새 역 사이의 아
파트 공사 현장도 방치되어 있어서, 과연 옛 역세권과 새 역이 연담화
될 것인지가 의문스러웠습니다.

　　장항선 역 가운데 보령시의 가장 남쪽에 자리하던 주산역은 폐역
처분 되면서 역전 마을 전체의 미래가 불투명해졌습니다. 주산역 역전
마을에는 의원, 양조장, 현지에서는 유명한 냉면집 등이 자리하고 있어
서 한때 마을의 규모가 상당했음을 알 수 있습니다. 하지만 역이 사라
지고 의원도 폐업한 현재, 마을의 미래는 불투명해졌습니다.

　　주산역을 통과한 열차는, 이 책에서 마지막으로 다루는 서천군의
판교역에 정차합니다. 하지만 이 판교역도 장항선 선로가 개량되면서
옛 역세권을 버리고 황무지에 새로 만들어졌습니다. 그리고 옛 판교역
역세권은 〈시간이 멈춘 마을〉이 되었습니다. 역이 사라져 버린 주산역
보다는 사정이 낫다고도 할 수 있겠습니다만, 보령시보다 더 미래 발전
가능성이 불투명한 서천군에 자리하고 있다 보니 걱정되는 바가 없지
않습니다.

환상의 비인공업도시

서천군에서는 1960년대 초와 1980년대 말에 각각 국가 산업 단지 건
설이 예정되었다가 취소되었습니다. 〈군산-서해안지역 건설종합계
획〉 또는 금강 하구 특정지역의 일환으로서 비인면에 들어설 예정이던
비인공업도시, 그리고 군산-서해안지역 건설종합계획을 부활시킨 형
태의 군장광역산업기지개발계획에 따라 장항읍 일대에 건설될 예정
이던 간척지·공업 단지입니다. 이 가운데 군장산단 계획은 상대적으
로 시기가 가깝기 때문에, 들어 보신 분들이 많으실 겁니다. 이에 반해

비인공업도시 계획은 60여 년의 세월이 흐르다 보니, 현지 주민분들이 아니면 아시는 분을 거의 만나 보지 못했습니다.

　비인공업도시는 전남 군산을 중심에 놓고 충남 서천과 전남 익산을 잇는 1960년대의 〈군산–서해안지역 건설종합계획〉에 포함되어 있었습니다. 이 비인공업도시가 무산되고 그 대신 울산공업센터가 건설된 것은, 그 후 오랫동안 충청남도 시민들에게 큰 충격과 상실감을 주었습니다. 〈서천 옆 부여 출신의 중앙정보부장 김종필과 울산 출신의 대통령 비서실장 이후락 간의 각축의 결과였다〉는 소문이 지금도 충남을 떠돌고 있습니다.

　『비인공업도시계획 보고서』에는 비인공업도시의 토지 이용 계획·상업 업무 시설·공업 시설 등의 각종 계획은 물론, 미래에 비인선 철도를 따라 비인공업도시가 동남쪽으로 확장되어 서천군청 소재지로 향하게 될 것이라는 예측까지 실려 있습니다. 그리고 1967~1971년 1단계, 1972~1976년 2단계, 1977~1981년 3단계, 1982~1986년 4단계 개발이 끝난 시점에 이 비인공업도시의 인구는 8만 명에 달할 것이라고 예상합니다.

　이 보고서에서는 비인공업도시가 포함된 금강 하류 지역이 경인공업지구에 버금가는 일대 산업 기지로 부상할 것이라고 예측합니다. 〈이 신흥 비인공업도시가 가진 향후 20년의 장래 비젼은, 정부 방침에 따라 입지하게 될 석유 공업 및 비료 공업을 주축으로 하여 이의 연관 공업이 늘어서게 될 것이며 그 진전에 따라서는 해안을 끼고 장항, 군산공업지구와 연결되어 경인공업지구 다음 가는 서해안의 거대한 블랙·벨트를 형성하게 될 것이다. (……) 목표년도(1986년)에 있어서 계획구역 내 약 8만인 그중 시가지 인구 약 7만 7천인으로 추정.〉

　하지만 앞서 말씀드렸던 대로 알 수 없는 이유에 의해 비인공업도

시 계획은 취소되었고, 그 대신 울산공업센터가 건설됩니다. 울산공업
도시가 성장하면서 북쪽으로는 포항, 서쪽으로는 경주, 남쪽으로는 부
산을 잇는 일대 공업 벨트가 탄생했죠. 저는 이런 정책 결정 뒤에, 북
한·중국에서 가장 먼 동남권이 산업 벨트로 선택되는 안보적 요인이
작용했다고 추정하고 있습니다.

　　하지만 저는 비인공업도시 계획이 무산된 이유를 좀 더 정확히 파
악하기 위해 계속해서 관련 자료를 찾고 있는 중입니다. 한국 정부는
그간 수많은 계획을 내걸었다가는 취소하기를 반복했습니다. 시민들
개개인이 정부의 이런 거짓 내지 과장을 꿰뚫어 볼 수 있는 안목을 길
러야 한다는 말씀을 거듭해서 드리고 있습니다. 이런 관점에서 보았을
때 비인공업도시 건설 계획은 단순한 선거용 공약이었다고 하기에는
지나치게 디테일합니다.

　　비인선 철도 건설의 흔적들이 보여 주듯이 계획을 실천하려는 움
직임도 실제로 있었습니다. 예를 들어 1969년에 철도건설국이 출판한
『철도계획사』에서는 비인선 철도에 대해 다음과 같이 설명하고 있습
니다.

　　〈비인선은 장항선의 서천·비인 간 21km의 철도 건설로서 총 공
사비 9억 1천 7백만 원을 투입하여 1966년부터 71년까지 6개년 계획
으로 착공하였던 것이나 현재 중단 상태에 있는 것이다. 이는 비인지
구 공업단지의 조성과 서해안 지구의 산업 개발을 촉진시키기 위하여
1966년 4월 29일 노반 일부를 착공한 이래 66년에 6천 4백만 원을 투
입하여 총 공정의 6.5%를, 67년에 3천 6백 10만 원의 예산으로 계속
시공하여 3.5%를 그리고 68년에는 1천 6백만 원의 예산으로 총 공정
의 1.5%를 시공한 다음 계속 공사가 중단되고 있는 것이다.〉

　　1960년대에 작성된 여러 보고서들을 보면 서천군 일대에는 비인

선뿐 아니라 논산에서 부여까지의 부여선, 부여에서 서천 판교까지의 보령선도 계획되어 있었습니다. 이런 계획들이 모두 실현되었다면, 서천군은 장항선·비인선·부여선·보령선 등의 철도가 촘촘히 깔린 교통의 요지가 되어 있었을 터입니다.

비인선 계획에 대해 1967년의 대통령 선거 및 국회의원 선거를 노리고 제시된 공약(公約) 아닌 공약(空約)이라고 평가하는 사람들도 있습니다. 하지만 시민을 상대로 하지 않는 『철도계획사』 같은 문헌에서까지, 〈제한된 예산 범위 내에서 시행하는 건설에 선후와 경중의 서열과 비중의 차이로서 완공의 그날이 늦어지는 아쉬움이 있〉는 노선들의 첫 번째로 비인선을 거론하고 있습니다. 이런 정황이 있기에 저는 비인 공업도시와 비인선 계획이 무산된 것을, 단순히 김종필과 이후락이라는 정치인들 간의 힘겨룸의 결과라는 영웅주의 사관으로 해석하기에는 무리가 있다고 추정하고 있습니다.

1966년에는 중국에서 문화 혁명이 발생합니다. 1976년에 마오쩌둥이 사망하고 사인방이 체포되기 전까지 공산당이 이끄는 중국은 엄청난 퇴보를 경험하게 됩니다. 중국이 혼란에 빠진 이 시기에 서해안 지역에 한국 최초의 중요한 공업 단지를 건설하기에는 위험 부담이 있다고 판단한 것이, 공업 단지 부지를 서천군 비인면에서 울산으로 옮기게 된 이유가 아닌가 하는 가설을 세우고 있습니다.

또한 1966년에 출판된 『군산-서해안지역 건설종합계획 조사보고서』에서는, 이 계획이 성공하려면 금강 상류에 용담댐이 건설되어 전력을 공급할 수 있어야 하고, 댐을 건설할 때 발생할 수몰민을 간척지로 이주시켜야 한다고 전제하고 있습니다. 하지만 전라북도 진안군의 용담댐이 착공된 것은 이로부터 20여 년 뒤인 1990년의 일이었습니다. 어쩌면 용담댐 건설과 간척지 조성 계획을 수립하는 과정에서 문제가 발생했을 수도 있겠습니다.

앞에서 김종필과 이후락의 갈등론을 언급했던 분은, 뒤이어 다음과 같이 말합니다. 〈비인공단 계획을 버렸으면 바다를 그냥 놔 두기나 할 것이지, 20년 뒤인 1980년대 초 그것을 보상한답시고 세운 게 서면 마량의 서해화력입니다. 서해화력을 세운다고 하필이면 서해에서는 드물게 맑은 물과 차돌이 부서진 백옥 같은 모래사장이 펼쳐 있던 천혜의 동백정해수욕장을 매립해 없앴습니다.〉

이 글처럼 비인공단이 들어설 예정이었던 지역의 일부에는 서천화력발전소가 들어섰습니다. 여기에 공급할 석탄을 보령의 성주탄전에서 채굴해서, 남포선을 따라 장항선 남포역까지 나르고, 장항선 간치역에서 서천화력선에 실어 발전소로 보냈습니다. 이러한 산업 생태계가 생겨나면서 성주탄전의 폐광일은 늦춰졌습니다. 어쩌면 서천화력선은 비인선이 현실화한 노선이라고 할 수 있을지도 모르겠습니다. 사람과 공산품 대신 석탄이 열차에 탔다는 차이가 있습니다만.

박동현의 여행 안내서 『구름에 달 가듯이』 1976년판까지는 비인해수욕장으로의 교통 안내가 보이지 않다가, 1978년판부터 안내가 실리기 시작합니다. 그리고 1987년 개정 중판에는 비인해수욕장과 더불어 춘장대해수욕장에 대한 설명도 추가되었죠. 시민들이 접근할 수 있는 이 일대 관광지의 범위가 조금씩 넓어져 왔음을 알 수 있습니다. 서천화력발전소에 보낼 석탄을 캐던 성주탄전은 이제 폐광했고, 서천화력발전소도 순차적인 폐로를 계획하고 있습니다. 폐로한 뒤에는 동백정해수욕장을 복원할 계획이라고 하는데요, 현재는 동백나무 숲까지 복원된 상태입니다.

비인공단 계획이 무산되고 나서 20여 년이 지난 1980년대 말에는 군장산업기지 개발이 추진되었다가 또다시 무산되는 일이 벌어집니

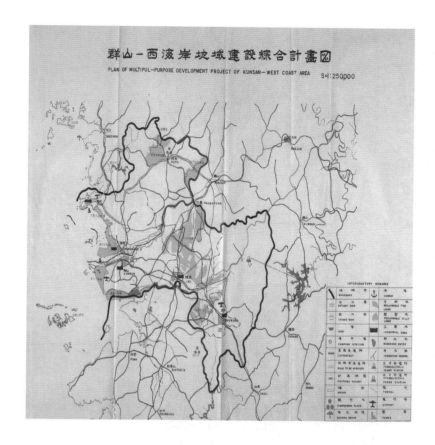

群山-西海岸地域建設綜合計畫図

PLAN OF MULTIPUL-PURPOSE DEVELOPMENT PROJECT OF KUNSAN—WEST COAST AREA   S=1:250,000

『군산-서해안지역 건설종합계획 조사보고서』에
실려 있는 비인 신도시 및 장항·군산 간척 계획도.

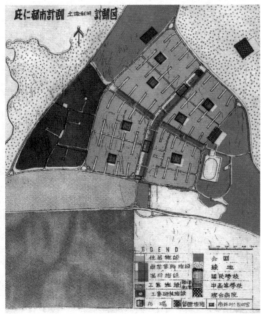

(위) 『비인공업도시계획 보고서』에 보이는 「비인　　(아래) 『비인공업도시계획 보고서』에 보이는
도시 계획도」.　　　　　　　　　　　　　　　「비인 도시 계획: 토지 이용 계획도」.

『비인공업도시계획 보고서』에 보이는「도시 확장 가능 방향도」.

비인공단 기공식이 열린 바다에서 바라보이는
서천화력발전소. 2019년 10월.

비인선 건설 당시의 흔적들. 2019년 10월.

(위) 장항선 간치역 폐역. 2021년 5월.　　　　　(아래) 장항선 간치역의 차량전차대. 2021년 5월.

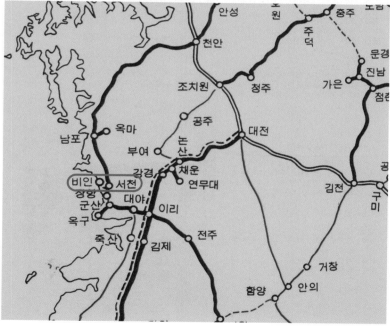

(위) 장항선 간치역에서 갈라져
서천화력발전소로 들어가던 서천화력선. 2021년
5월.

(아래) 『철도건설사』 수록 「철도 건설 계획도」에
보이는 비인선.

비인해수욕장⇨〈기차편〉 서울—비인(장항선) 이용. 서천에서 하차할 경우는
8:10, 18:00 특급이용. 서천까지 1,130원
〈버스편〉 여름에는 서천—마량리, 간치—마량리 수시 내왕
〈숙박〉 수정여관 외 대절천막, 민박 다수
〈음식〉 간이식당, 여관에서 제공

무창포(武昌浦) 해수욕장

보령군 웅천면 관당리(冠堂里), 대천 남
방 16km, 웅천역 서 7km, 백사장 1.2km,
폭 22m, 송림 울창, 경사도 5도, 평균수
심 1.2m, 탈의장 7, 샤워장 20, 파라솔
200, 주차장 700m²

〈교통〉

[버스]
서울 - 온양 - 대천 - 웅천   6회, 3시간
　　30분 소요
웅천 - 무창포   20회
대전 - 웅천   19회, 3시간 소요
천안 - 웅천   20회, 2시간 소요
군산 - 웅천   18회, 1시간

〈숙식〉

여인숙 中 6 (50실), 민박 50 (180실), 별
장 中 10 (30실), 캠프장 6,000m², 방갈
로 1 (5실), 한식당 中 5, 수퍼마켓 4, 기
념품상 2

비인(庇仁) 해수욕장

서천군 비인면 선도리, 서천(舒川)읍 서
북 12km, 비인면 서 2km, 백사장 2.5km,
폭 30m, 경사도 완만, 평균 수심 1~1.5
m, 탈의장 3, 주차장 100m²

〈교통〉

[버스]
서울 - 천안 - 대천 - 서천   15회, 4시간
　　30분 소요
장항 - 서천   25회, 50분
서천 - 해수욕장   25회, 25분

〈숙식〉

민박 6 (18실), 캠프장 2,000m²

춘장대해수욕장

서천면 서면 중리, 서천읍 북 34km, 동
백정 북동 6km, 백사장 1.5km, 폭 70m,
송림, 아카시아숲 울창, 경사도 1.5도, 평
균수심 1.5m, 샤워장 1

〈교통〉

[버스]
서울 - 예산 - 대천 - 비인   15회, 4시간
　　30분 소요
장항 - 비인   15회, 1시간 30분
서천 - 해수욕장   50분
[기차]
서울 - 서천 (장항선)   10회, 6시간 소요

〈숙식〉

여관 上 1 (25실), 여인숙 上 1 (20실), 별
장 2, 캠프장 5,000m², 기념품점 1

연포 해수욕장

(위)『구름에 달 가듯이』1978년판에 실려 있는
비인해수욕장 교통 안내.

(아래)『구름에 달 가듯이』1987년판에 실려 있는
춘장대해수욕장 교통 안내.

다. 이때는 공산권의 개혁 개방에 따라 중화인민공화국과의 무역이 늘
어날 것으로 예상되었습니다. 그래서 〈서해안 시대 도래에 능동적 대
처〉해야 한다는 명분으로 군장산업단지 건설이 추진되었습니다. 서해
안 지역을 개발하려 할 때마다 〈서해안 시대 도래〉를 내거는 일은 이때
부터 시작되었다고 해도 과언이 아닙니다. 이런 공식의 최신 버전이 새
만금 간척지 개발 사업입니다.

  처음에는 식량 자급에서 시작된 새만금 간척지 사업이, 최근에
는 서해안 시대에 대비한다는 목적을 내걸고 있습니다. 국민당의 자유
민주주의 중국과 한국 사이를 〈마카오 신사〉가 오가던 것은 1940년
대 말이었습니다. 하지만 국민당과 공산당 사이에 벌어진 국공 내전이
1949년에 공산당의 승리로 끝난 뒤, 한국 서해안의 도시들은 한중 교
류의 거점으로서의 기능을 상실하고 쇠퇴하게 되었습니다. 그 뒤로 반
세기 이상 중단되었던 〈서해안 시대〉가 다시 찾아오기를 바라는 것은
충분히 이해가 되기는 합니다만, 1980년대 말부터 온다고 주장되고 있
는 〈서해안 시대〉는 도대체 언제쯤 찾아오는 걸까요?

  군장산업단지 계획이 무산되면서, 최근 서천에는 그 보상으로 국
립생태원이 건설되었습니다. 산업 단지 대신 관광 자원을 받는 상황이
계속되는 서천군 측의 상황이 안타깝습니다. 이런 상황에서 서천군은
추가로 관광 자원을 개발하기 위해서 민간 기업과 MOU를 맺었다가,
사업이 지지부진한 상태에 빠지면서 곤란한 상황에 처해 있기도 합니
다. 국가가 산업 단지를 건설하기로 했다가 취소하는 것은 서천군의 책
임이 아니지만, 마음이 급하다고 해서 불확실한 사업 계획을 시민들에
게 홍보하는 일은 신중에 신중을 기해야 할 것입니다.

서천 주요 지역의 현황과 미래

보령시를 지난 장항선이 처음 정차하는 판교역은 앞서 말씀드린 것처럼 위치를 바꾸었습니다. 예전 판교역 역전 마을은 쇠락해 버린 상황을 역으로 활용해서 〈시간이 멈춘 마을〉이라는 콘셉트로 지역을 홍보하고 있습니다. 그 과정에서 지역에 널리 퍼진 보신탕 문화를 주제로 축제를 열기로 했다가 비난을 받고 취소하는 등 시행착오도 겪었습니다. 하지만 2021년에는 〈서천 판교 근대역사문화공간〉이 국가 등록 문화재로 지정되는 등 순조로운 상황이어서, 과연 관광 산업으로 지역의 활력을 되찾을 수 있을지 지켜보고 있습니다.

서천에는 판교면이나 뒤에서 말씀드릴 장항읍 이외에, 식민지 시기의 농장 마을인 서천읍 삼산리 길산 마을처럼 이른바 〈레트로〉한 관광지로서 발견되지 않은 지역이 적지 않습니다. 길산 마을은 서천군청과 장항선 서천역에서 그나마 멀지 않은 곳에 자리하고 있습니다. 서천군청 소재지, 장항읍, 길산 마을 등을 연결하는 관광 코스를 만들고 대중교통을 확충한다면 관광 자원으로서 주목할 만한 결과를 기대해 볼 만합니다. 서천군에 인접한 부여군이나 전라북도 군산시처럼, 이런 마을들의 원형을 최대한 유지하면서 정비한다는 섬세한 접근이 필수적이겠습니다만.

서천군에서는 서천군청 소재지보다 장항읍이 더 발달했었습니다.

장항은 하나의 생활권을 이루고 있는 전라북도 군산과 여러모로 비슷한 점이 많습니다. 두 곳 모두 일찍이 산업이 발달했고, 근대 시기에 조성된 신도시가 현재 레트로한 분위기를 잘 남기고 있다는 것입니다. 두 도시 모두 철도역이 멀어지기도 했습니다.

두 지역 간에 차이가 있다면, 최근 군산이 관광지로서 주목받는 것에 비해, 비슷한 시기에 비슷한 규모로 건설된 장항 읍내의 근대 경관

（위）장미사진관. 2019년 10월.　　　　　（아래）옛 판교 중대본부. 2021년 5월.

삼화정미소. 2021년 5월.

(위) 동일주조장. 2021년 5월.　　　　　　　　　（아래）옛 판교극장 건물. 2019년 10월.

한국예수교 판교전도관. 2021년 5월.

동생춘. 2021년 5월.

길산 마을의 경관. 2019년 10월.

식민지 시기 장항에 만들어진 건물들.
2020년 4월.

(위) 장항 국민주택. 2020년 4월.　　　　　(아래) 풍농 사택. 2020년 4월.

장항 어느 커피숍의 아침 메뉴. 2021년 5월.

이른바 도시재생을 시도한 장항의 어느 카페.
2021년 5월.

은 상대적으로 덜 주목받는다는 것이죠. 두 도시 모두 꼼꼼히 들여다보고 있는 제 입장에서는 이런 차이가 참 신기하게 느껴집니다.

장항에는 비록 오염 문제를 일으키기는 했어도 역시 압도적인 산업 경관을 자랑하는 장항제련소 굴뚝, 장항제련소 직원들이 건설한 국민주택 단지, 장항제련소에서 금속을 녹일 때 생성되는 슬래그를 섞은 〈슬래그 벽돌〉을 사용한 건물 등 수많은 근현대 경관 자원이 존재합니다.

제가 꾸준히 군산을 다니며 답사한 바로는, 군산이 지금처럼 전국적으로 주목받게 된 것도 10여 년 정도 전부터였습니다. 장항에서는 아직 그런 변화가 시작되었다는 느낌을 받지 못하고 있습니다만, 목포·여수·통영 그리고 군산과 마찬가지로 장항의 근대 문화유산도 머지않아 한국 시민들의 주목을 받게 되리라 예상합니다.

언제나 가능성의 땅으로 남아 있는 서천

앞에서 말씀드린 것처럼 서해안의 다른 지역에 비해 서천군에서는 간척 사업이 상대적으로 활발하지 못했습니다. 1920~1930년대에 간척·매립 사업을 벌여 장항읍에 도시를 만든 것을 제외하면, 1960년대 초에 비인공업도시 건설이 무산되고 1980년대 말에 군장산단 건설이 무산되면서 간척 사업도 실시되지 않았죠. 1960년대에 제시된 군산-서해안지역 건설종합계획과 1980년대의 군장 산업기지개발계획에서는 모두 장항읍 서쪽 바다를 대규모로 간척한다는 계획이 포함되어 있었지만 실현되지 못했습니다.

모처럼 서천군이 보유한 기간 산업 시설인 장항제련소는 황금정 마을을 비롯한 주변 마을들을 오염시켰습니다. 또 장항제련소와 관련된 산업 단지가 대서울권이나 동남권만큼 확장되지도 못했습니다.

장항선 선로 개량에 따라 장항역이 읍내에서 멀리 떨어진 곳으로 옮겨 갔고, 장항선의 종착역이 익산역으로 바뀌면서 〈장항선〉은 사실상 〈익산선〉이 되어 버렸습니다. 장항역이 떠나가 버린 읍내에서는 옛 장항역 건물을 거점으로 삼아 이른바 도시재생 사업이 추진되고 있지만 아직 성과는 미미한 듯합니다. 서천군의 공업화·도시화는 이렇게 좌절되었습니다.

1914년에 통합한 서천군·한산군·비인군의 각 중심지 및 일본인들이 개발한 장항읍 가운데, 한산·장항·비인은 쇠락했거나 아예 공업화·도시화하지 않았습니다. 이로 인해 서천군청 소재지인 서천읍이 군내의 다른 지역에 비해 상대적으로 우위를 점하고 있기는 합니다만, 서천읍에서도 특별한 도시화·공업화의 움직임은 보이지 않습니다. 서천군청 앞에는 다른 업종에 비해 설계 건축 사무소들이 눈에 많이 띄었습니다. 관급 공사가 그 지역의 주된 수입원인 지역에서 흔히 보는 풍경입니다.

서천군 장항읍에서 금강을 넘어 남쪽으로 가면 전라북도 군산이 나옵니다.

저는 대학생 때 김포공항에서 비행기를 타고 군산공항에 내려, 배를 타고 장항과 군산 사이를 건넜던 경험을 가지고 있습니다. 군장 생활권을 이루고 있는 군산과 장항 두 도시 사이에 군산대교 또는 금강대교라는 이름의 다리를 놓아 준다고 1967년에 기공식이 열리고 나서, 51년 뒤인 2018년에야 비로소 동백대교가 완성되었죠.

새 군산역에서 바라본 장항제련소와 군산 시내는 참 가깝게 느껴집니다. 정치와 행정은 이 가까운 두 도시 사이에 다리 하나를 놓아 주는 데 51년이 걸렸습니다. 그 반세기 사이에 서천군은 도시화·공업화의 기회를 여러 차례 놓쳤습니다.

제가 인생에서 처음으로 선짓국을 먹었던 장항포구의 도선식당은 이미 폐업했고, 옛 도선장 한편의 벽에 이름만 남아 있더군요. 두 도시 사이에 진작 다리도 놓이고 군장산업단지도 실현되었다면, 아마 지금쯤 충청남도와 전라북도에는 상당한 규모의 공업 벨트가 존재하고 있을 터입니다. 이처럼 서천군은 언제나 가능성의 땅으로만 남아 있습니다.

장항 읍내에서는 장항제련소에서 나온 슬래그 벽돌을 사용한 집을 흔히 볼 수 있습니다. 손으로 두드리면 깡깡 하는 금속성 소리가 나는 벽돌이죠. 그런데 얼마 전 차령산맥 너머 서천군과 마주하고 있는 부여군을 답사하다가, 석성면의 석성주조장이라는 곳에서 이 장항제련소의 슬래그 벽돌로 쌓은 벽을 보았습니다. 장항제련소는 슬래그 벽돌뿐 아니라 오염 물질을 담은 연기도 부여로 보냈습니다.

차령산맥은 충청남도를 대서울권과 중부권으로 나눌 정도로 높고도 험한 장벽이지만, 사람과 벽돌 그리고 오염 물질은 그 장벽을 뛰어넘어 두 지역을 이었습니다. 금강 남쪽의 전라북도 군산과의 사이에서 형성되어 있던 생활권도 잊으면 안 되겠죠.

오늘날 서천은 한국 문명의 끄트머리이지만, 한때는 교류의 중심에 자리하고 있었습니다. 인간과 물질을 통해 이어져 있던 충청남도 서해안 지역과 중부권 메가시티, 전북 서부 소권. 〈한국 도시 아카이브〉 제5권에서는 그 궤적을 추적해 보겠습니다.

(위) 장항제련소 굴뚝. 2020년 4월.

(아래) 주민들이 이주된 장항제련소 주변에,
토양이 오염되었다는 경고문이 세워져 있습니다.
2021년 5월.

출처 : 카카오맵 스카이뷰 (https://map.kakao.com)

출처 : 카카오맵 스카이뷰 (https://map.kakao.com)

(위) 2008년의 장항제련소 주변 상황.
(카카오맵의 실제 서비스 이미지와 다를 수 있음)

(아래) 2024년의 장항제련소 주변 상황.
장항제련소 주변의 건물들이 철거되었음을
확인할 수 있습니다. (카카오맵의 실제 서비스
이미지와 다를 수 있음)

(위) 장항선 폐역. 2021년 5월.　　　　　　(아래) 장항선 폐역 주변 경관. 2021년 5월.

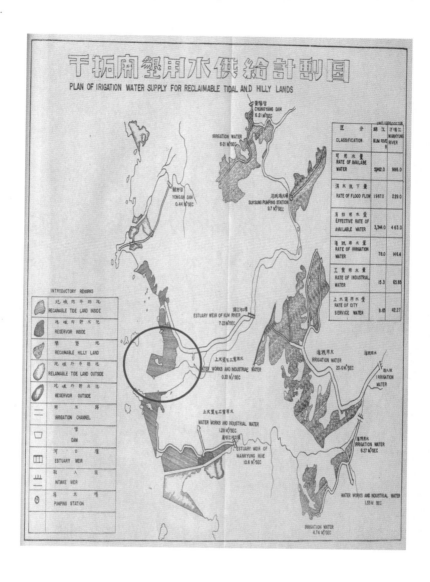

『군산~서해안지역 건설종합계획
조사보고서』(부분)에 보이는 간척 계획.

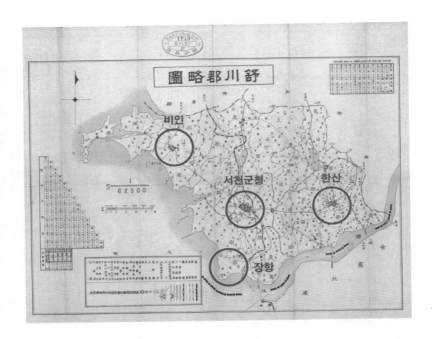

『충청남도 군세일반 서천군』(1929)에 보이는
서천군의 4대 중심.

서천군청 앞길. 2019년 10월.

(위) 새 군산역 역세권에서 바라본 장항제련소와 장항-군산 간의 동백대교. 2023년 6월.

(아래) 군산으로 넘어가던 도선장이 있던 장항의 물양장. 2021년 5월.

(위) 옛 도선장에서 영업하던 도선식당의 흔적.
2021년 5월.

(아래) 옛 도선장 근처에 있던 장항미곡창고.
2021년 5월.

(위) 옛 조선정미소 사무소. 2020년 4월.   (아래) 장항의 슬래그 벽돌을 사용한 부여군
석성면의 석성주조장. 2023년 12월.

장항 시내에서 슬래그 벽돌을 사용한 건물들.
2020년 4월.

참고 자료

단행본·논문·기관 발행 자료

강우검, 「농촌개발과 농지조성의 시급성」, 『부민농업』, 부민문화사, 1966년 5월.

강제윤, 『바다의 황금시대: 파시』, 한겨레출판, 2012.

강화교동진오기굿보존회, 『강화 교동 부군당굿』, 민속원, 2019.

건설교통부, 『광역권개발계획』, 건설교통부, 1999.

건설부, 『군산-서해안지역 건설종합계획 조사보고서』, 건설부, 1966.

건설부, 『군장 산업기지개발조사설계용역 착수보고서』, 건설부, 1989.

결성면지편찬위원회, 『결성면지』, 결성면지편찬위원회, 2015.

결성면지편찬위원회, 『유서 깊은 결성』, 결성면지편찬위원회, 1994.

경인일보특별취재팀, 『실향민 이야기: 꿈엔들 잊힐리야』, 다인아트, 2018.

고건, 『국정은 소통이더라: 고건의 公人 50년 다큐 스토리』, 동방의빛, 2013.

고수웅 편집, 『한국의 인간상록수: 지역사회를 빛낸 지도자들의 상』, 경제신문사, 1978.

관광교통문화사, 『관광교통 시각표』, 관광교통문화사, 1987년. (류기윤 소장)

교동지편찬위원회, 『교동지』, 교동지편찬위원회, 2017.

교통부, 『여객열차시간표』, 교통부, 1960.

국토개발연구원 외, 『서해안 고속도로 건설 기본조사 도면집』, 건설부, 1989.

국토개발연구원 외, 『서해안 고속도로 건설 기본조사』, 건설부, 1989.

국토개발연구원, 『서해안 개발사업 사전조사』, 건설부, 1989.

권호원 외 구술, 김아람 면담, 『이주와 정착: 1950~60년대 농촌 정착사업 참여자의 경험』, 국사편찬위원회, 2016.

김선재, 『장항선 비둘기: 천안-장항 1998』, 눈빛, 2021.

김수웅, 『소금 장로 김수웅』, 두란노서원, 2009.

김아람, 「한국의 난민 발생과 농촌 정착사업(1945~1960년대)」, 연세대학교 대학원 사학과 박사 학위 논문, 2017.

김영미,『그들의 새마을운동: 한 마을과 한 농촌운동가를 통해 본 민중들의 새마을운동 이야기』, 푸른역사, 2009.

김왕국 외,『용담, 새로이 기억하다: 2021 국립전주박물관 특별전』, 국립전주박물관, 2021.

김용국,『구비전승 및 민속자료 조사집 6 봉담읍 편』, 화성문화원, 2008.

김윤식 외,『인천 중구 도시마을 이야기 영종·용유』, 인천광역시 중구문화원, 2021.

김정만 외 구술,『홍성의 옛 포구』, 홍성문화원, 2019.

김정연,『내포광역도시권 형성을 위한 기초연구: 지역간 연계·협력권 구성과 분야별 추진과제』, 충남발전연구원, 2013.

김정헌 조사,『수룡동 당산풍어제의 어제와 오늘』, 홍성문화원, 2008.

김창일·전호창,『영도에서 본 부산의 해양문화』, 국립민속박물관, 2020.

김태우,『한강 유역 부군당 의례의 전승과 변화 양상』, 민속원, 2017.

김해규,「평택지역의 간척과 변화」,『2014 평택학 시민강좌 자료집: 평택 근현대 읽기』, 평택문화원, 2014.

김해규,『평택의 마을과 지명 이야기』, 평택문화원, 2005.

김해규,『평택의 마을과 지명이야기 III』, 평택문화원, 2008.

김해규·양선아·이도정·김지석,『2017 평택의 사라져가는 마을: 조사보고서』, 평택문화원, 2017.

김현정 외,『충남, 잊혀진 시간을 말하다 2』, 충청남도문화원연합회, 2020.

김효경,『서산 천수만의 옛 모습』, 서산문화원·충청남도문화원연합회, 2018.

내무부 새마을지도과,『영광의 발자취 4』, 마을문고본부, 1981.

내무부 새마을지도과,『영광의 발자취 5』, 마을문고본부, 1982.

내무부 새마을지도과,『영광의 발자취 6』, 마을문고본부, 1983.

내무부 지방국 새마을지도과 엮음,『영광의 발자취 1』, 마을문고본부, 1978.

내무부 지방국 새마을지도과 엮음,『영광의 발자취 2』, 마을문고본부, 1979.

내무부 지방국 새마을지도과 엮음,『영광의 발자취 3』, 마을문고본부, 1980.

내무부 지방행정국 농촌주택개량과,『민족의 대역사: 농촌주택사』, 마을문고본부, 1978.

내무부,『1974년 새마을운동: 시작에서 오늘까지』, 내무부, 1974.

내무부,『1979년 새마을운동: 시작에서 오늘까지』, 내무부, 1979.

내무부,『도서지』, 내무부, 1973.

내무부,『새마을총람』, 내무부, 1972.

내무부,『새마을하천표: 세천+소천+중천』, 내무부, 1972.

노무라 모토유키,『노무라 리포트: 청계천변 판자촌 사람들 1973-1976』, 눈빛, 2013.

농수산부,『새마을 소득증대』, 농수산부, 1975.

농어촌진흥공사,『한국의 간척』, 농어촌진흥공사, 1996.

당진군지편찬위원회,『당진군지』, 당진군, 1983.

대통령비서실,『새시대 새마을』, 대통령비서실, 1980.

대통령비서실,『새마을』, 대통령비서실, 1973.

대통령비서실,『새마을』, 대통령비서실, 1974.

대통령비서실,『새마을』, 대통령비서실, 1975.

대통령비서실,『새마을』, 대통령비서실, 1976.

대통령비서실,『새마을』, 대통령비서실, 1978.

대통령비서실,『새마을』, 대통령비서실, 1979.

대한나관리협회,『한국나병사』, 대한나관리협회, 1988.

대한주택공사,『아산배방 택지개발사업 개발계획』, 대한주택공사, 2004.

민운기 외,『숭의공구상가 조사결과보고서』, 스페이스빔, 2021.

박동현,『구름에 달 가듯이』, 샘터, 1972·1976·1987.

박동호,『실지답사 전국여행가이드』, 여성동아, 1969. (『여성동아』 1969년 9월호 부록)

박범,「조선 후기 예산현 국사당보 설화의 전승과 역사적 사실」,『역사와 담론』 92,
호서사학회, 2019.

박성신,「근대 산업도시 장항의 형성과 변천 그리고 산업유산」,『한국지리학회지』 9-1,
한국지리학회, 2020.

박점규,『노동여지도: 두 발과 땀으로 써내려간 21세기 대한민국 노동의 풍경』, 알마,
2015.

부천군,『경기도 군세일반 부천군』, 경기도 부천군, 1930. (종로도서관 소장,
한국학중앙연구원 공개)

부천군,『제12회 통계연보』, 부천군, 1972.

Brandt, Vincent S. R., *An Affair with Korea: Memories of South Korea in the 1960s*,
University of Washington Press, 2014.

빈센트 브란트,『한국에서 보낸 나날들: 인류학자 빈센트 브란트 박사의 마을현지조사
회고록』, 김지형·강정석 옮김, 국사편찬위원회, 2011.

뿌리깊은나무 엮음,『한국의 발견: 충청남도』, 뿌리깊은나무, 1992.

사단법인 한성협동회,『기억으로 다시 쓰는 국가폭력과 편견의 기록: 땅을 빼앗긴 게
아냐, 희망을 뺏긴 것이지』, 사단법인 한성협동회, 2002.

서산군지편찬위원회,『서산군지』, 서산군수, 1982.

서산시지편찬위원회,『서산시지 1』, 서산시, 1998.

서영옥 구술, 박미아 편집,『옛날엔 날 사공이라고 혔지』, 뿌리깊은나무, 1990.

서울신문사 편집국,『새마을 운동』, 서울신문사, 1973.

서재송 구술,『옆에서 함께 한 90년 徐載松』, 다인아트, 2018.

서천군, 『충청남도 군세일반 서천군』, 충청남도 서천군, 1929. (종로도서관 소장, 한국학중앙연구원 공개)

성내운 · 한기호 · 김상봉 『세 학교의 이야기』, 학민사, 1983.

성태규 · 임상혁 · 김훈, 『공군사격장 환경피해 해결을 위한 환경영향조사 사전연구 2차 워크숍』, 충남연구원, 2016.

세대사 엮음, 『흙과 땀과 훈장』, 세대문고, 1974.

손민환 외, 『도쿄제강 사택에 담긴 부평의 시간』, 부평역사박물관, 2021.

순천향대학교 아산학연구소, 『아산학』, 보고사, 2022.

신수연 「상생＋협력 ― 〈암 마을〉이라고 불리는 보령 갓배마을 이야기」, 『열린충남』 68, 충남발전연구원, 2014년 1월.

아미노 요시히코 지음, 『고문서 반납 여행』, 김시덕 옮김, 글항아리, 2018.

아산시 엮음, 『아산시지 5』, 아산시청, 2016.

안건혁, 『분당에서 세종까지: 대한민국 도시설계의 역사를 쓰다』, 한울아카데미, 2020.

안기돈 · 박향수 · 노원종 · 황광명, 『충남 북부지역과 경기 남부지역의 상생발전 방안』, 한국은행 경기본부, 2013.

안산시사편찬위원회, 『안산시사 제5권』, 안산시사편찬위원회, 2011.

Andrews, William, *Historic Byways and Highways of Old England*, 1900.

양종승, 『금성당제』, 금성당제보존회, 2021.

예안면발전협의회, 『월곡 · 예안 통합 40년사: 안동댐 수몰지역 역사 · 문화의 재조명』, 예안면사무소, 2015.

오원철, 『박정희는 어떻게 경제강국 만들었나』, 동서문화사, 2006.

옥천군, 『대청댐 건설과 수질보전특별대책에 따른 옥천군민 피해백서』, 옥천군, 1996년 7월.

유진룡 구술, 김택춘 편집, 『〈장돌뱅이 돈이 왜 구린지 알어?〉』, 뿌리깊은나무, 1984.

이관묵, 『수몰지구: 이관묵 제일시집』, 현대문학사, 1982.

이동순, 『숲의 정신: 이동순 시선집』, 산지니, 2010.

이용원, 『대전여지도 2: 동구편』, 월간토마토, 2017.

이은만 엮음, 『고양군 지명유래집』, 고양문화원, 1991.

이종호 · 이기석 · 김찬영 · 최오상, 『수도권 신공항 입지선정을 위한 자료조사』, 한국교통연구원, 1990.

이훈익, 『향토사료 제2집 인천지지』, 대한노인회 인천직할시연합회, 1987.

인천광역시부평구문화재단, 『20세기 인천부평 대중음악』, 태림스코어, 2017.

인천도시역사관, 『없었던 섬, 송도: 그곳을 살아간 사람들』, 인천도시역사관, 2019.

정건화 외, 『근대 안산의 형성과 발전』, 한울아카데미, 2005.

정기윤 엮음, 『영광의 훈장』, 새마을홍보사, 1976.

정연학·우승하·손정수·황동이·변윤희·문덕관,『70년(1947~2017년) 만에 다시
기록한 강화 선두포 마을지』, 국립민속박물관, 2018.

정재욱·박성신,「구술사를 통해 본 지역의 역사와 재생의 가능성 — 서천군 장항읍
황금정 마을을 중심으로」,『2019년 대한건축학회 춘계학술발표대회논문집』39-1,
대한건축학회, 2019년 4월.

정재욱·박성신,「장항 국민주택 건립 배경과 특징에 관한 연구」,『대한건축학회
학술발표대회 논문집』39(1), 대한건축학회, 2019.

정진각·김구용국·김소희·이명숙·김태수,『2018 경기만 에코뮤지엄 대부 선감지역
마을 연구조사』, 경기창작센터, 2018.

조우성 엮음,『영종·용유지』, 영종·용유지발간위원회, 2008.

주택도시및지역계획연구실,『비인공업도시계획 보고서』, 주택도시및지역계획연구실,
1971.

차명수,『기아와 기적의 기원: 한국경제사, 1700-2010』, 해남, 2014.

천원군지편찬위원회,『천원군지』, 천원군, 1984.

철도건설국,『철도건설사』, 교진사, 1969.

철도청,『디젤기관차 형별배선도』, 철도청, 1972.

최선화·김형중·김해도·김동환·이태호,「강화도 고구저수지의 물리적 특성
및 수질오염유형에 따른 수질개선방안」,『한국환경농학회 학술발표논문집』,
한국환경농학회, 2014년 7월.

최영준,『국토와 민족생활사』, 한길사, 1999.

최중기 외,『교동도』, 민속원, 2015.

최진하·김태경,『보령 공군사격장 환경피해 갈등 해소방안 마련 워크숍』,
충남발전연구원, 2014.

충남대학교 마을연구단,『태안 개미목마을: 어촌 생활의 파노라마』, 대원사, 2006.

충남대학교 마을연구단,『홍성 독배마을: 토굴 새우젓으로 이름난 옛 포구마을』,
대원사, 2008.

충청경제사회연구원,『홍주지명 되찾기: 범군민운동본부 출범 및 학술세미나』,
홍성문화원, 2015년 2월 6일.

충청남도,『새마을의 승자상』, 충청남도, 1976.

충청대관편찬회,『충청대관』, 의회평론사, 1959.

평택시사편찬위원회,『평택시사 제2권』, 평택시사편찬위원회, 2014.

한글학회,『한국지명총람 1 서울편』, 한글학회, 1966.

한글학회,『한국지명총람 17 경기편(상)』, 한글학회, 1985.

한글학회,『한국지명총람 18 경기편(하), 인천편』, 한글학회, 1986.

한글학회,『한국지명총람 4 충남편(상)』, 한글학회, 1988.

한글학회,『한국지명총람 4 충남편 (하)』, 한글학회, 1988.

행정자치부,『관보』12898호, 행정자치부, 1994년 12월 23일.

허우긍,『교통의 지리』, 푸른길, 2018.

홍금수,『전라북도 연해지역의 간척과 경관변화』, 국립민속박물관, 2008.

홍금수,『탄광의 기억과 풍경: 충남 최대의 탄광 취락 성주리의 문화·역사지리적 회상』, 푸른길, 2014.

홍성군,『충청남도 군세일반 홍성군』, 충청남도 홍성군, 1928. (종로도서관 소장, 한국학중앙연구원 공개)

화성시,「화성시 개발제한구역내 지구단위계획 재정비 매송도시관리계획 결정(변경)(안)』, 화성시, 2017년 7월.

화성시사편찬위원회,『화성시사 2』, 화성시, 2005.

신문·방송·잡지 기사

「100만평 간척지에 벼농사 성공모델 실현」,『농기자재신문』, 2012년 8월 19일.

「〈10년 간 30% 채운 내포신도시〉, 도시의 체질을 바꿔라」,『TJB NEWS』, 2023년 2월 12일.

「10년 맞은 〈내포신도시〉 목표 인구의 3분의 1 수준…덕산온천도 편입 검토」, 『경향신문』, 2022년 8월 14일.

「1940년 연수동에 국내 첫 결핵병원 56년간 전국 각지의 〈폐병 환자〉 수용」, 『조선일보』, 2012년 10월 10일.

「1957년 사천 비토리 학살, 한센인 피해사건 인정」,『뉴스사천』, 2013년 7월 22일.

「2035년 당진시 인구 30만 명?…도시기본계획 논란」,『헬로tv뉴스 충남』, 2020년 12월 8일.

「〈21개 석면광산 주민건강영향 조사할 것〉」,『머니투데이』, 2009년 1월 7일.

「24년째 방치된 잿빛 아파트… 못다 핀 1230세대의 꿈」,『한국일보』, 2022년 6월 25일.

「〈5無 충남〉… 무력한 정치가 만든 무서운 지표」,『충청투데이』, 2021년 6월 27일.

「73새마을 그 알찬 현장」,『경향신문』, 1973년 12월 24일.

「SK건설, 충남 서산에 친환경 산업단지 조성 추진」,『SK에코플랜트 뉴스룸』, 2021년 4월 29일.

「각 군에 혁명촌 ― 박 지사가 건설 다짐」,『경향신문』, 1962년 2월 11일.

「간척지 농토 분양 미끼 수몰민 74명에 사기」,『동아일보』, 1977년 1월 17일.

「간척지에 심은 집단귀농의 꿈 ― 서울 청계천변 철거민 50가구 남양만에 이주」, 『동아일보』, 1976년 6월 25일.

「개간되는 60만평 미곡증산에 박차」,『조선일보』, 1959년 7월 8일.

「개발열기에 찬 중부권 10 서해안」,『매일경제』, 1986년 2월 1일.

「개척이란 이름 아래 사기 엮인 난민 150명」,『경향신문』, 1963년 7월 12일.

「개펄을 지키자 6-2. 석문지구 간척농지」,『디트뉴스24』, 2018년 12월 17일.

「〈개펄 되살리자〉…역간척 바람」,『한겨레』, 2019년 10월 19일.

「결성과 홍주」,『충남시대뉴스』, 2021년 1월 26일.

「경기-충남〈베이밸리〉건설 합의…〈상생의 기회〉」,『chBtv 기남』, 2023년 3월 15일.

「故 김종필〈불교적 분위기에서 성장, 부처님의 가르침이 삶의 바탕〉」,『BBS NEWS』, 2018년 6월 23일.

「공군 대천사격장 갈등해결 첫발…보령시·공군·충남도 상생협약」,『연합뉴스』, 2020년 11월 19일.

「공동 영농지를 제공 피난민에 쾌보」,『경향신문』, 1955년 10월 4일.

「[공동체이야기]〈북한 두레마을 준비 다 됐어요〉농촌에서 사람살림 운동을 펼쳐나가는 두레마을 사람들」,『함께걸음』, 2007년 1월 12일.

「공주서 규모 3.4 지진 발생…충남 대부분 흔들림 느껴」,『한겨레』, 2023년 10월 26일.

「관리천 독성물질로 시퍼렇게 멍든 평택 농심」,『평택시민신문』, 2024년 2월 6일.

「관리천 오염 대응〈총체적 부실〉…〈지하수 마시면 안 돼〉」,『chBtv 수원』, 2024년 1월 2일.

「구정 민속행사」,『조선일보』, 1987년 1월 28일.

「군사시설이〈한눈에〉…국가보안시설 한복판에 해변공원」,『연합뉴스』, 2016년 4월 8일.

「극심한 가뭄에 강원 댐수위 바닥…수몰지 흔적 드러나」,『연합뉴스』, 2015년 6월 17일.

「금강대교 기공」,『조선일보』, 1967년 3월 23일.

「기술을 메고 월남에 가는 군번없는 3형제」,『동아일보』, 1966년 5월 24일.

「기업유치 충남북부〈쏠림〉지역불균형 심화」,『디트뉴스24』, 2021년 1월 20일.

「김태흠 충남지사 1호 결재〈베이 밸리 메가시티〉」,『노컷뉴스』, 2022년 7월 1일.

「김태흠 충남지사〈천안과 아산, 결국은 하나 될 것〉」,『디트뉴스24』, 2023년 5월 30일.

「[김환기 교수의 전북개발 실화 비화] ⑦옥정호에서 반월까지」,『전북일보』, 2008년 8월 28일.

「난맥상 이룬 사학재단」,『경향신문』, 1962년 6월 20일.

「난민을 등쳐먹는 자를 철저히 응징하라」,『경향신문』, 1963년 7월 13일.

「〈날개〉접은 현대의 항공업 진출」,『연합뉴스』, 2000년 12월 21일.

「남양간척지 유상분배」,『매일경제』, 1975년 6월 28일.

「남양에 시범조립주택」,『매일경제』, 1976년 10월 6일.

「남해별신굿 기능 보유 등 5명 인간문화재 새로 지정」,『조선일보』, 1987년 7월 2일.

「〈내포신도시 목표 인구 10만명은 무리아니냐〉」,『홍성신문·내포타임즈』, 2013년 1월

28일.
「농수산부 남양 간척사업 착수」, 『매일경제』, 1973년 12월 6일.
「농토 분양 늑장 … 이주민 생계 막연 충남 당진 〈이주민촌〉」, 『한겨레』, 1989년 9월
17일.
「〈당진 땅 돌려 달라〉…매립지에 모인 당진시의원」, 『MBN』, 2019년 12월 13일.
「당진 석문산업단지 인입철도 2027년 개통」, 『서산시대』, 2019년 2월 1일.
「당진 市승격 내년에 가능할 듯」, 『금강일보』, 2011년 2월 6일.
「당진, 시 승격위해 주민 1만명 〈위장전입〉」, 『한겨레』, 2008년 4월 1일.
「당진군 석문간척사업완공」, 『동아일보』, 1968년 7월 10일.
「당진군수 〈부당한 위장전입, 전적으로 내 책임〉 ― 무더기 위장전입 공식사과…
시민단체 〈자진사퇴해라〉 압박」, 『오마이뉴스』, 2008년 4월 3일.
「당진군수 해임 지시 〈간척사업 말썽 묵인〉」, 『동아일보』, 1973년 4월 6일.
「당진시 도시개발사업 어디까지 왔나…현황 총정리」, 『당진신문』, 2020년 9월 21일.
「당진시, 수원 군 공항 유치?」, 『당진신문』, 2021년 9월 11일.
「당진시, 시내버스 노선 개편 용역 최종보고회 가져」, 『충청매일』, 2023년 5월 10일.
「당진시, 인구 17만 명 돌파!」, 『충청뉴스』, 2023년 10월 24일.
「대규모 국책사업의 시작 투자자들의 선망의 땅 〈서천군〉」, 『중앙일보』, 2009년 4월
6일.
「〈대산항 인입철도는 필수…서산민항은 예타 면제해야〉 ― 이완섭 전 시장, SNS에 글
게시」, 『서산타임즈』, 2021년 5월 12일.
「대산항~석문산단 구간은 제외…충남도 〈2021년부터 재도전〉」, 『충청투데이』,
2019년 1월 29일.
「대청댐 수몰민 정착촌 어떻게 생겨났나?」, 『충북인뉴스』, 2005년 9월 19일.
「대청댐 준공 30년, 그 후 ― 도내지역 피해는」, 『충북일보』, 2011년 3월 27일.
「[대청호오백리길 : 역사의 향기 품은 대청호②] 마을 둘러싼 비석들만이 망향의
그리움 달래고…」, 『금강일보』, 2020년 2월 26일.
「대청호의 눈물, 물에 잠긴 고향」, 『금강일보』, 2021년 2월 5일.
「대학재단…그 이면 ② 단국재단」, 『매일경제』, 1968년 9월 12일.
「대호방조제 물막이 끝나」, 『동아일보』, 1983년 1월 24일.
「도 종축장 정산 학암리 이전 확정」, 『청양신문』, 1995년 1월 28일.
"These cities will be very rich in 10 years", CNN, 2016년 4월 29일.
「망각의 인간가족 ― 그 후의 정착난민들 평택군 삼계리 현지서 좌담회」, 『경향신문』,
1963년 7월 24일.
「〈먹튀〉에 위장전입…전남 〈출산장려금〉 줄줄」, 『한겨레』, 2008년 10월 6일.
「면민들이 되찾은 〈70년전의 만세 역사〉」, 『조선일보』, 1990년 2월 24일.

「면천면 성상리 전설」, 『당진신문』, 2010년 1월 20일.

「면천읍성 동벽 정밀 발굴 조사 결과는?」, 『헬로tv뉴스』, 2024년 2월 26일.

「文대통령 〈충남 석화발전소 12기 폐쇄…신재생에너지 중심지로〉」, 『파이낸셜뉴스』, 2021년 3월 19일.

「문화 예술인 새해설계 5 무형문화재 김금화 씨」, 『한겨레』, 1998년 1월 10일.

「물 담기 시작한 대청댐 〈내륙의 바다〉 꿈의 만수 눈앞에…」, 『동아일보』, 1980년 7월 3일.

「미 하버드대 사회인류학 브란트 교수」, 『조선일보』, 1977년 12월 20일.

「미군 위안부 손해배상 청구소송, 대법원 상고심 재판중」, 『뉴스매거진21』, 2019년 11월 21일.

「미군기지촌 출신 해외 입양 혼혈인들의 기억과 고향 찾기」, 『인천투데이』, 2015년 10월 21일.

「미장이가 숨겨놓은 〈세멘꽃〉, 제주 가면 꼭 찾아보세요」, 『오마이뉴스』, 2020년 12월 18일.

「민원현장 〈내고장 이것이 문제〉 — (108) 충남」, 『연합뉴스』, 1996년 10월 9일.

「바닷물에 잠기는 광활한 간척지」, 『동아일보』, 1974년 3월 4일.

「바이든, 尹대통령과 평택 반도체 공장 시찰…이재용 부회장이 안내」, 『조선일보』, 2022년 5월 20일.

「박 대통령, 충남 순시 — 수몰지 주민 지원에 만전 유적지 주변 정화」, 『동아일보』, 1979년 2월 24일.

「박대통령 치사 — 아산·남양만 두 방조제 준공」, 『동아일보』, 1974년 5월 22일.

「발전소 노동자 사라진 자리, 희망도 사라졌다」, 『충청투데이』, 2022년 2월 13일.

「발전소 하청노동자들의 내일은 올까」, 『경향신문』, 2022년 2월 13일.

「〈밥-밀가루 혼용〉의 혼분식 계몽 첫날」, 『조선일보』, 1971년 11월 11일.

「백종원 대표가 옛 충남방적 부지 찾은 이유」, 『굿모닝충청』, 2023년 2월 12일.

「백종원 이름 빠진 예산 국밥거리 홀로서기는…」, 『대전일보』, 2023년 4월 13일.

「버려진 아파트엔 무엇이 남겨져 있을까?」, 『경향신문』, 2023년 4월 19일.

「변모하는 재벌등기 16 동아건설」, 『매일경제』, 1968년 7월 16일.

「보령 주민 vs 군부대 해상훈련 갈등 일단락…상생발전 협약」, 『연합뉴스』, 2021년 7월 6일.

「보령, 명천지구 택지개발사업 〈청신호〉」, 『뉴스스토리』, 2011년 10월 28일.

「보령시, 인구 10만 마지노선 무너져…〈인구 유입에 총력〉」, 『머니투데이』, 2021년 2월 2일.

「〈보령에서 청년을 위한 싹을 틔우고 싶어요〉 — 임명 위원장(보령)」, 희망제작소, 2021년 12월 17일.

「보신탕축제 〈논란〉」, 『뉴스서천』, 2003년 9월 25일.

「복지사각지대…충남, 한센인 정착마을 두곳 남아」, 『서산시대』, 2021년 10월 27일.

「부영 송도테마파크 특혜 논란, 도대체 언제까지」, 『인천투데이』, 2024년 2월 18일.

「부영, 송도테마파크 또 사업기간 연장… 준공기한 2027년」, 『인천투데이』, 2024년 2월 1일.

「비인공업지구 기공」, 『조선일보』, 1966년 4월 30일.

「사기 없긴 난민 백오십명에 농토를 무상분배」, 『경향신문』, 1963년 7월 15일.

「사라져가는 조선 역사 담긴 당진포진성」, 『당진신문』, 2022년 8월 13일.

「사라지는 마을…서산 한센인 정착촌〈영락마을〉」, 『서산시대』, 2021년 8월 19일.

「[사라지는 전남의 리아스식 해안] (5)보령호 복원사업 추진 — 방조제 허물어 간척 이전 상태로 … 해수 유통시켜 수질 개선」, 『광주일보』, 2016년 10월 31일.

「새 공항 국제규모 배후도시 계획」, 『동아일보』, 1990년 2월 1일.

「새 국제공항 후보지 선정 — 수원-이천-군자-남양 중 1개소에」, 『조선일보』, 1981년 5월 9일.

「서구인물사전 — 05.농민교육자 심운섭」, 『GREEN서구』, 2021년 6월.

「서부면 판교리 김관은 옹 9월 6일 별세…향년 97세」, 『홍성신문』, 2023년 9월 10일.

「서산·당진 미분양 아파트 골머리…충남의 절반 육박」, 『한국경제』, 2020년 1월 20일.

「서산시 인구 18만 돌파, 그 의미와 가치 그리고 미래비전」, 『디트뉴스24』, 2021년 8월 17일.

「서산시, 〈바이오·웰빙·연구 특구〉 조성 박차」, 『연합뉴스』, 2023년 8월 23일.

「서산시, 수석동 신도시 내년 착공」, 『신아일보』, 2023년 4월 20일.

「서산시, 수석지구 도시개발 적극 추진」, 『디트뉴스24』, 2022년 12월 20일.

「서산시-태안군 〈항공우주산업단지〉 급부상」, 『동아일보』, 2009년 9월 25일.

「서산·태안 항공우주산업단지로 급부상」, 『전자신문』, 1996년 8월 8일.

「서산시장 〈수석지구 도시개발…《2028년 준공》정상 추진〉」, 『뉴시스』, 2024년 1월 26일.

「서천군 골프장 건립, 소문만 〈무성〉」, 『국제뉴스』, 2023년 7월 5일.

「서천군, 충남도-새서울그룹 〈설해원 서천관광단지 조성〉 투자 협약」, 『충남일보』, 2021년 6월 9일.

「서탄면 마두리(2)」, 『평택시민신문』, 2007년 3월 7일.

「〈西海 경기만 10억평 매립, 서울 5.5배 기가시티 만들자〉 — [세종연구원 〈광개토 프로젝트〉 발표]」, 『조선일보』, 2015년 7월 8일.

「서해대교 행담도에 휴양.유통시설 조성 본격화」, 『연합뉴스』, 2009년 12월 11일.

「서해안 고속도 축소 구설수」, 『경향신문』, 1990년 11월 20일.

「서해안고속도 우리 고장으로… 주민들 유치경쟁 치열」, 『매일경제』, 1989년 8월 8일.

「〈석문간척〉 대역사 한창」, 『경향신문』, 1989년 8월 14일.

「석문국가산단 미분양에 한숨짓는 당진시」, 『디트뉴스24』, 2016년 9월 11일.

「설계 6종 작성 — 농촌용 조립식주택」, 『매일경제』, 1977년 1월 26일.

「섬진강댐 수몰민 〈40여년의 고통〉」, 『전북일보』, 2004년 5월 8일.

「성환 종축장의 추억과 국가 산업단지 조성에 대하여」, 『천안아산신문』, 2023년 6월 16일.

「세계 최초 해수욕장 복원…모래 해변 복원 잇따라」, 『KBS』, 2021년 6월 28일.

「〈소음과 암으로 못 살겠다〉 대천에선 무슨 일이?」, 『충청투데이』, 2022년 4월 1일.

「송포동(松浦洞) 마을이야기」, 『고양일보』, 2017년 12월 20일.

「수도권 대규모 국제공항 건설」, 『매일경제』, 1989년 1월 26일.

「수도권 명소 송도유원지 추억 되살린다…백사장의 부활」, 『연합뉴스』, 2023년 6월 23일.

「수몰지구 4천 2백 가구 3백 29억 보상」, 『매일경제』, 1977년 1월 8일.

「〈수원비행장〉 누구를 위한 이전인가…20조에도 꿈쩍않는 화성시」, 『노컷뉴스』, 2021년 11월 2일.

「시군통합 과연 바람직한가?」, 『내포시대』, 2012년 1월 13일.

「시내버스·전철 환승 각자도생…상생협력 절실」, 『대전일보』, 2021년 10월 12일.

「시퍼렇게 멍든 냇물 〈유해물질〉이 가해자(?)」, 『주간평택』, 2024년 1월 20일.

「〈신대·도두지구〉 분쟁에서 합의까지」, 『평택시민신문』, 2004년 12월 22일.

「신례원 파란채 국토부 사업선정 12년째 흉물, 내년 LH인수 정비」, 『예산뉴스』, 2019년 9월 9일.

「신생아 양육비 위장전입까지… 거주민 우선 정책 필요」, 『해남신문』, 2017년 3월 9일.

「아산 둔포는 지원 제외…평택지원법 개정 〈공론화〉」, 『chBtv 중부』, 2023년 3월 15일.

「〈아산~천안 셔틀전동열차〉 도입 잠정 보류」, 『chBtv 중부』, 2023년 3월 8일.

「아산·남양 간척지 미분배지 분배 공고」, 『경향신문』, 1983년 10월 27일.

「아산·천안 통합반대 모두 일어나」, 『아산뉴스』, 2009년 10월 1일.

「아산·천안 통합반대 성난 파도처럼…」, 『아산뉴스』, 2009년 10월 12일.

「아시아 최대 규모의 석면광산이 있었던 〈광천석면광산〉」, 『홍주일보』, 2023년 7월 30일.

「[안내면 신촌리] 대청댐 건설피해 극심, 피해의식 커」, 『옥천신문』, 1995년 6월 10일.

「안산 호수공원에 〈섬진강 이주민〉 기념비 제막」, 『노컷뉴스』, 2012년 5월 1일.

「양승조, 출마선언 〈5선의 힘으로 홍성·예산 획기적인 발전 이룰 것〉」, 『홍주포커스』, 2024년 3월 5일.

「어느 노점상의 죽음…유족들 〈23년간 풀리지 않는 의문사〉」, 『연합뉴스』, 2018년 5월 23일.

「어민으로 돌아가고픈 40년 농민들, 〈검은여〉는 소원 들어줄까?」, 『한겨레21』, 2023년
9월 23일.

「여객선 충돌 침몰」, 『동아일보』, 1969년 12월 8일.

「역사의 산증인에게 듣는 〈오산 이야기〉」, 『오산인터넷뉴스』, 2013년 10월 25일.

「연평도 사격훈련 北 대응시 인천공항 폐쇄 가능성」, 『경향신문』, 2010년 12월 20일.

「영종도에 새 국제공항 계획」, 『동아일보』, 1988년 12월 9일.

「예산 옛 충남방적 부지 개발 탄력…공장 지붕 석면해체 비용(20~30억원) 지원
근거마련, 산업단지 조성등 계획」, 『동양일보』, 2022년 5월 2일.

「오성환 당진시장 〈당진합덕역 개발계획 없다〉」, 『디트뉴스24』, 2024년 1월 17일.

「용인정신병원 〈노역치료〉 실상 — 환자시켜 황무지개간·농삿일」, 『한겨레』, 1991년
7월 19일.

「[우현선의 포구 이야기] 깔판포구 1 거적 깔아 꽃새우 말리던 〈깔판포구〉 풍경」,
『당진시대』, 2020년 8월 24일.

「[우현선의 포구 이야기] 깔판포구 4 황해도에서 피난 온 이씨 일가 집성촌」,
『당진시대』, 2020년 9월 14일.

「[우현선의 포구 이야기] 대두런포구 4 간척사업으로 논이 된 바다」, 『당진시대』,
2022년 12월 9일.

「[우현선의 포구 이야기] 맷돌포구 8 아이 업고, 머리에 생선 이고 피난민 이입분
할머니」, 『당진시대』, 2020년 3월 30일.

「웅천 〈사격장 떠나라〉」, 『충청투데이』, 2004년 6월 4일.

「유승분 인천시의원 〈인천의 딸, 생활정치인으로 한 발자국〉」, 『경기신문』, 2022년
10월 3일.

「윤준병 국회의원, 〈서해안 철도관광시대를 열겠다〉」, 『새전북신문』, 2024년 2월 4일.

「을씨년스럽게 방치된 홍성온천」, 『홍성신문』, 2022년 3월 21일.

「이장님 우리 이장님 — 청북읍 삼계5리 최봉석 이장」, 『평택시사신문』, 2013년 7월
17일.

「이통 선정과정 의혹 없었나」, 『매일경제』, 1992년 10월 19일.

「인구와 식량의 대결 — 개간작전」, 『경향신문』, 1966년 3월 28일.

「인천 계양 효성도시개발사업 강제철거…주민 반발 극심」, 『인천투데이』, 2020년 12월
11일.

「인천 동아건설산업 매립지 일부 수도권 종합유통단지 개발」, 『매일경제』, 1994년
11월 4일.

「일제수탈 상처 기록 서천 〈장항 제련소〉」, 『대전일보』, 2016년 7월 13일.

「임종건 — 넋두리 고향길」, 『자유칼럼그룹』, 2015년 5월 5일.

「자력갱생하는 사람들 — 정착난민을 찾아서 상 — 맨손으로 쌓은 제방 팔백미터」,

『조선일보』, 1957년 10월 15일.

「자력갱생하는 사람들 — 정착난민을 찾아서 하 — 날품팔아 겨우 연명」, 『조선일보』, 1957년 10월 17일.

「자활사업 모순많다」, 『경향신문』, 1970년 7월 9일.

「장단 피난민 평택에 이농」, 『조선일보』, 1952년 9월 20일.

「장항선 홍성~보령, 석면광산 터널통과〈갈등 첨예〉」, 『홍주일보』, 2017년 8월 31일.

「전국 1위 세종시 단무지 산업, 우연이 아니다」, 『세종의소리』, 2020년 5월 12일.

「〈전력-식량-용수-관광〉을 겨냥한 금강의 기적 다목적〈대청댐〉」, 『조선일보』, 1979년 7월 26일.

「정부, 옛 장항제련소 주변 이주 결정 — 주민들〈치료·생계비 없이 쫓겨날 판〉」, 『한겨레』, 2009년 7월 31일.

「제대군인 시범농장 어제 입소식」, 『조선일보』, 1963년 7월 21일.

「〈조립식 건물 바람소리 장단 맞춰 살아〉— 대청댐 수몰민 김학규 옹〈이주 30년사〉눈길」, 『충북인뉴스』, 2007년 2월 15일.

「조사단 급파 — 보사부, 사기 얽힌 난민에」, 『경향신문』, 1963년 7월 13일.

「주민 수만명이〈애향적〉위장전입한 까닭 [분석] 정치인-공무원, 중층적 공모의 사슬… 피해주민 말도 못 꺼내」, 『오마이뉴스』, 2008년 4월 1일.

「지나치는〈관광서천〉악순환 계속되나?」, 『국제뉴스』, 2023년 1월 25일.

「집값 서울만큼 오르니… 리모델링 시작된 천안, 미니재건축 나선 아산」, 『조선비즈』, 2021년 10월 26일.

「참 나를 찾아 떠나는 여정, 내포문화숲길」, 『홍주일보』, 2014년 11월 7일.

「천경석의 [행복한 아산 만들기]〈신온양〉100주년을 생각하며」, 『온양신문』, 2022년 7월 1일.

「천경석의 [행복한 아산 만들기] 애착과 집착」, 『온양신문』, 2020년 11월 27일.

「천안 성환종축장 함평 이전 내년부터 본격화」, 『뉴시스』, 2020년 12월 3일.

「천안시 성환 제3탄약창 부지 지방정원 추진」, 『노컷뉴스』, 2023년 4월 7일.

「천안시, 13년간 방치된 아파트 공사 재개…입주자모집공고 예정」, 『중도일보』, 2024년 2월 18일.

「청라도 30만평 내년매립」, 『동아일보』, 1994년 3월 12일.

「청북읍 고잔리」, 『평택시민신문』, 2005년 11월 23일.

「청북읍 삼계리」, 『평택시민신문』, 2005년 11월 9일.

「〈추석〉대청댐 수몰민 집단취락지를 가다」, 『충북인뉴스』, 2005년 9월 16일.

「〈축소도시〉신규택지, 인구유입 효과 미미… 전입자 4명중 3명이 이웃동네서 옮겨와」, 『동아일보』, 2023년 1월 3일.

「충남 당진군〈서해안 최대 공업단지〉부푼 꿈」, 『한겨레』, 1993년 2월 21일.

「충남 보령 〈수도권 기업 모시기〉 잰걸음」, 『매일경제』, 2021년 6월 16일.

「충남 서해안 석탄화력발전소를 어찌할까」, 『동아일보』, 2018년 11월 12일.

「충남 소외론, 끊이지 않고 나오는 이유」, 『디트뉴스24』, 2021년 5월 16일.

「충남 예산 주민들 도청 앞에서 예당2산단 추가조성 철회 촉구」, 『연합뉴스』, 2021년 4월 19일.

「충남 예산군 신례원 〈에이원 파란채〉 분양」, 『머니투데이』, 2005년 10월 24일.

「〈충남 하늘길〉 확보 민·관·정 뭉쳤다」, 『대전일보』, 2021년 6월 1일.

「충남, 천안 종축장 부지 개발 〈고심〉」, 『한국경제신문』, 2022년 11월 2일.

「충남·경기 〈베이밸리 메가시티〉 공동 연구 착수」, 『충청남도 도정신문』, 2023년 3월 15일.

「충남도, 내포신도시 경계선 재설정 〈10만 인구 대비〉」, 『디트뉴스24』, 2023년 3월 27일.

「충남도, 보령신항 20년 만에 〈첫 삽〉」, 『한국경제』, 2016년 10월 3일.

「충남방적 부동산 매각 추진」, 『충청투데이』, 2004년 4월 24일.

「칠곡의 고엽제 매립과 신흑동 공군사격장 〈암마을〉」, 『보령신문』, 2011년 6월 1일.

「〈태안군 미사용 군용지 되찾기 범군민회〉에 국방부에서 날아온 답변은」, 『오마이뉴스』, 2021년 4월 8일.

「〈태안기업도시에 국제학교 설립 가능〉…기업도시특별법 개정」, 『연합뉴스』, 2024년 1월 26일.

「태안에 340억 들여 〈해양치유센터〉 만든다」, 『동아일보』, 2020년 11월 27일.

「태안은 13년째 〈공사 중〉…애물단지 된 기업도시」, 『한국경제』, 2021년 3월 17일.

「터널 뚫려 좋아질 줄 알았는데… 원산도 인구는 왜 줄었을까」, 『한국일보』, 2022년 5월 6일.

「토공, 홍성 월산지구 택지개발」, 『서울경제』, 2000년 5월 17일.

「판자촌 주민들 집단귀농 — 청계천 하류 송정동 백 가구」, 『동아일보』, 1975년 8월 9일.

「팽성읍 본정리」, 『평택시민신문』, 2003년 10월 29일.

「평신도 사역의 선봉장 전준기 장로 ③」, 『한국성결신문』, 2013년 5월 1일.

「평택시史로 보는 〈삼계리 옹포 공출미 수납창고〉」, 『평택자치신문』, 2019년 7월 19일.

「평택역사 — 12. 간척(干拓), 평택지역 삶의 공간적 확대(3)」, 『평택시민신문』, 2013년 7월 19일.

「평택역사 — 42. 한국전쟁의 피난민들」, 『평택시민신문』, 2014년 3월 13일.

「평택학특별기획 — 평택사람들의 길 〈3. 나루·포구 그 위의 삶〉 — 18」, 『평택시사신문』, 2015년 5월 20일.

「행안부, 〈위장전입 물의〉 당진군 시 승격 반려」, 『경향신문』, 2008년 4월 23일.

「허술한 당진간척공사에 말썽 준공1년만에 보수」, 『매일경제』, 1969년 9월 8일.

「현대우주항공, 서산 항공기 공장 준공」, 『전자신문』, 1998년 5월 29일.
「현대자동차, 남양만 일대에 제2공장」, 『경향신문』, 1979년 4월 9일.
「호남향우회」, 『안산타임스』, 2011년 4월 21일.
「〈홍성~서울 고속전철 45분〉 상술?」, 『내포뉴스』, 2023년 1월 16일.
「홍성·예산군 참여 내포신도시 공동관리조직 신설」, 『연합뉴스』, 2021년 3월 11일.
「홍성군명보존회 구성·반대서명 운동계획 ― 결성, 〈홍주〉 이름 거센 반발」,
『주간홍성』, 1991년 9월 9일.
「홍성에 큰 지진 ― 피해 5억원」, 『동아일보』, 1978년 10월 9일.
「홍성온천 역사 속으로 사라질 위기」, 『홍성신문』, 2021년 1월 30일.
「〈홍성의 화두, 《홍주》〉 지명변경 목소리의 어제와 오늘」, 『홍성신문·내포타임즈』,
2016년 11월 18일.
「화려한 재기를 꿈꾸는 〈광천역〉」, 『홍주일보』, 2022년 5월 1일.
「화력발전소 위치 충남 지자체 〈더는 못 참겠다〉…국회서 대책 촉구」, 『경향신문』,
2016년 6월 14일.
「〈화력발전소 폐쇄에 대비한 정부 대책 시급〉…충남 보령·태안 등 강력 촉구」,
『경향신문』, 2023년 11월 9일.
「[화성8경 탐방기] 제5경 남양황라, 광활한 바다를 풍요로운 땅으로!」,
『경기도뉴스포털』, 2016년 4월 19일.
「화성·옹진 앞 바다 메운다」, 『중앙일보』, 1989년 11월 10일.
「화성군 원천리·시리 59가구가 일군 6만평 도(道)서 딴 개인에 매립허가」, 『동아일보』,
1976년 5월 22일.
「화성시 110만㎡ 그린벨트 해제」, 『경기신문』, 2004년 7월 4일.
「〈황무지를 옥토로 바꾼 이가순·이원재 부자, 추앙받아 마땅〉」, 『고양신문』, 2022년
4월 29일.
「효성구역도시개발사업 〈누구를 위한 개발입니까!〉」, 『인천뉴스』, 2021년 12월 28일.
「휴게소로 변한 행담도… 조용했던 원주민 〈흔적〉을 남기다」, 『서울신문』, 2023년 8월
3일.

온라인 자료

국가기록원 ▶ 검색 〈한보철강 부도〉. www.archives.go.kr
대전고등법원 2004. 8. 18. 선고 2004나559 판결 [소유권이전등기]
[각공2004.10.10.(14),1426]. https://casenote.kr/%EB%8C%80%EC%A0%84%EA%
B3%A0%EB%93%B1%EB%B2%95%EC%9B%90/2004%EB%82%98559
대한민국 국가지도집 ▶ 『국가지도집 2』 ▶ 인간과 환경 ▶ 토지 이용 ▶ 「대한민국의 대표
간척지」. http://nationalatlas.ngii.go.kr/pages/page_2275.php

디지털당진문화대전 ▶ 검색 ▶ 「꽈리 풋고추」. https://dangjin.grandculture.net/dangjin/toc/GC06400796

디지털당진문화대전 ▶ 검색 ▶ 「당진 축항 준공 기념비」. https://dangjin.grandculture.net/dangjin/toc/GC06400502

디지털당진문화대전 ▶ 검색 ▶ 「당진의 뿌리, 면천-읍성과 인물」. https://dangjin.grandculture.net/dangjin/toc/GC06401434

디지털당진문화대전 ▶ 검색 ▶ 「매산리」. https://dangjin.grandculture.net/dangjin/toc/GC06400294

디지털당진문화대전 ▶ 검색 ▶ 「면천면」. https://dangjin.grandculture.net/dangjin/toc/GC06400164

디지털당진문화대전 ▶ 검색 ▶ 「삶을 바꾼 흔적, 방조제」. https://dangjin.grandculture.net/dangjin/toc/GC06401444

디지털당진문화대전 ▶ 검색 ▶ 「석문방조제」. https://dangjin.grandculture.net/dangjin/toc/GC06400718

디지털당진문화대전 ▶ 검색 ▶ 「신흥리[신평면]」. https://dangjin.grandculture.net/dangjin/toc/GC06400289

디지털서산문화대전 ▶ 검색 ▶ 「거성리」. https://seosan.grandculture.net/seosan/toc/GC04100280

디지털서산문화대전 ▶ 검색 ▶ 「운산면」. https://seosan.grandculture.net/seosan/toc/GC04100261

디지털예산문화대전 ▶ 검색 ▶ 「조익 신도비」. https://yesan.grandculture.net/yesan/toc/GC06600573

디지털천안문화대전 ▶ 검색 ▶ 「일제의 직산 금광 수탈」. https://cheonan.grandculture.net/cheonan/toc/GC04500008

디지털화성시문화대전 ▶ 검색 ▶ 「동방대교」. https://hwaseong.grandculture.net/hwaseong/toc/GC08600262

디지털화성시문화대전 ▶ 검색 ▶ 「아산국가산업단지[우정지구]」. https://hwaseong.grandculture.net/hwaseong/search?keyword=%EC%95%84%EC%82%B0%EA%B5%AD%EA%B0%80%EC%82%B0%EC%97%85%EB%8B%A8%EC%A7%80

Locations of Former NIKE MISSILE SITES. https://ed-thelen.org/lock.html#Korea

보령시청 ▶ 보령소개 ▶ 일반현황 ▶ 행정구역 ▶ 개별 읍·면·동 선택 ▶ 「마을유래」. https://www.brcn.go.kr/kor/sub06_02_02.do

봉화군청 ▶ 봉화문화관광 ▶ 문화유산 ▶ 지명유래 ▶ 「법전면 소지리」.

https://www.bonghwa.go.kr/open.content/tour/cultural.heritage/pla
ce.history/?id=347&division=HrxygC1VGEWAMaksnpHUiQ&ha
sh=36.87597789936986,128.87885797279415,8

〈송도〉지명 관련 SNS 글 1. https://twitter.com/gihwa_yocho/
status/1477191788586999809?s=21 (현재는 삭제됨)

〈송도〉지명 관련 SNS 글 2. https://twitter.com/exo_hyun056/
status/1477233138820861953?s=21

연암대학교. https://www.yonam.ac.kr/

인천 서구청 블로그(구), 「사진으로 보는 서구 풍경 27탄! 「인천 서구 가좌농민학교〉」,
2015년 5월 27일. https://icseogu.tistory.com/1265

인천국제공항공사 ▶ 주요사업 ▶ 공항건설 ▶ 4단계 건설사업 홈페이지 바로가기 ▶ 공항
이야기 ▶ 개발배경 ▶ 「입지선정」. https://www.airport.kr/ai_cnt/ko/story/selection.do

천안시 동남구청 ▶ 읍면동 ▶ 개별 읍·면·동 선택 ▶ 「지명유래」. https://
www.cheonan.go.kr/dongnam.do

충청남도 혁신도시 ▶ 정보공개 ▶ 개발관련자료 ▶ 『개발계획보고서(20차)』. http://
www.chungnam.go.kr/naeponewtown/board.do?mnu_url=/cnbbs/view.do?board_se
q=414621&mnu_cd=NAEMENU00108&searchCnd=0&pageNo=1&pageGNo=0&
showSplitNo=10&code=472

충청남도 혁신도시 ▶ 정보공개 ▶ 개발관련자료 ▶ 『내포신도시 개발계획 최종보고서』.
http://www.chungnam.go.kr/naeponewtown/board.do?mnu_cd=NAEMENU00108

충청남도청, 「BAY VALLEY 메가시티」. https://www.chungnam.go.kr/
downloadUtil.do?filename=Bay%20Valley%20%EB%A9%94%EA%B0%80%EC%8
B%9C%ED%8B%B0%20%EA%B1%B4%EC%84%A4_%EC%B6%9C%EB%A0%A
5%EC%9A%A9.pdf

CAMP ECHO HILL: KIMJE, SOUTH KOREA. https://nikekimje.tripod.com/
Howitwasnike.html

한국 기록유산 Encyves ▶ 검색 ▶ 「삼화목장」. https://dh.aks.ac.kr/Encyves/wiki/index.
php/%EC%82%BC%ED%99%94%EB%AA%A9%EC%9E%A5

한국민족문화대백과사전 ▶ 「간척」. https://encykorea.aks.ac.kr/Article/E0000601

한국민족문화대백과사전 ▶ 「남양방조제」. https://encykorea.aks.ac.kr/
Article/E0012003

한국민족문화대백과사전 ▶ 「한미잉여농산물협정」. https://encykorea.aks.ac.kr/
Article/E0075718

한국민족문화대백과사전 ▶ 검색 ▶ 「서산시」. https://encykorea.aks.ac.kr/
Article/E0027828

한국사 총설 DB ▸ 검색 ▸ 『한국에서 보낸 나날들』. https://db.history.go.kr/diachronic/level.do

한국학자료통합플랫폼 ▸ 검색 ▸ 〈한국구비문학대계 혁명촌〉 ▸ 「혁명촌 지명유래」. https://kdp.aks.ac.kr/inde/gubi?id=POKS.GUBI.GUBI.2_29618

항공정보포털시스템 ▸ 기본 정보 ▸ 항공역사 ▸ 국내항공역사 ▸ 항공의 민영화시대 ▸ 수도권 신공항 건설. https://www.airportal.go.kr/life/history/his/LfHanKo.jsp

한국 도시 아카이브 4 한국 문명의 최전선

발행일 2024년 7월 1일 초판 1쇄

지은이 김시덕
발행인 홍예빈 · 홍유진
발행처 주식회사 열린책들

경기도 파주시 문발로 253 파주출판도시
전화 031-955-4000 팩스 031-955-4004
홈페이지 www.openbooks.co.kr 이메일 humanity@openbooks.co.kr